U0910694

水文化与水历史探索

EXPLORING THE WATER CULTURE AND WATER HISTORY OF CHINA

郑晓云　著
ZHENG XIAO YUN

中国社会科学出版社

图书在版编目（CIP）数据

水文化与水历史探索／郑晓云著．—北京：中国社会科学出版社，2015.9
ISBN 978－7－5161－5569－1

Ⅰ.①水…　Ⅱ.①郑…　Ⅲ.①水－文化－中国－文集②水资源管理－中国－文集　Ⅳ.①K928.4－53②TV213.4－53

中国版本图书馆 CIP 数据核字（2015）第 032770 号

出 版 人　赵剑英
责任编辑　任　明
责任校对　李　莉
责任印制　何　艳

出　　版　中国社会科学出版社
社　　址　北京鼓楼西大街甲 158 号
邮　　编　100720
网　　址　http：//www.csspw.cn
发 行 部　010－84083685
门 市 部　010－84029450
经　　销　新华书店及其他书店

印刷装订　北京市兴怀印刷厂
版　　次　2015 年 9 月第 1 版
印　　次　2015 年 9 月第 1 次印刷

开　　本　710×1000　1/16
印　　张　24.5
插　　页　2
字　　数　406 千字
定　　价　75.00 元

凡购买中国社会科学出版社图书，如有质量问题请与本社营销中心联系调换
电话：010－84083683

序　一

特叶－特沃蒂（Terje Tvedt）

首先，我认为这本书的主题非常重要，它探讨了水的社会关系历史，尤其是与水相关的文化实践活动。尽管所有社会系统中都有水的维度，水一直以来也都与全世界范围内从宗教仪式到世俗活动的各种社会互动相交织，但是涉及到不同的人们在不同社会中怎样将其概念化并理解它的相关的学术著作出版甚少。尽管水对古代和现代文明都具有文化重要性，但当代人对于水在整个文化历史和社会发展中重要性的理解极其有限。对于文化、社会与自然关系的占支配性的解读都没有将水的作用考虑在内，而事实上，水与社会及其文化表象都深深交织在一起。人们如何受到水的物质景观的影响、如何改良它，水的文化内涵以及影响如何形成了一种与人类至关重要的联系等，这一切往往都被现代社会科学的构建者们习惯性地忽略了，但这是水管理中非常重要的。

然而，诚如水和对水的控制塑造了历史，人类与水有关的观念和文化活动也同样造就了历史。在很多文化中，水被视为是神圣的，被视为是上帝或众神显灵的介质。有些情况下，水是用来惩戒人类的，这在中东地区的一些关于洪水的神话中有描述。在另外一些场景中，水被视为是给予人类的奖赏，这种说法见诸于一些沙漠地区的一神论宗教中关于天堂中流水的描述。在另一些文化背景下，水被视为是有益于人类的，诸如为了经济效益，人们可以控制它、操纵它、开发它。有些文化则倾向于将江河湖海视为敬畏之物，人类不应该去冒犯。在不同的文化和社会观念中，人类对于水的理解也及其多样，同样也因为水总是处于流动状态，所以人们对它的理解也从来都不是相同的。

目前，还没有人撰写全球和不同国家的水文化史，而这一著作旨在做重构这一历史局部的尝试。

对水的控制是一个人类征服物质制约的过程。由于人类必须依赖水而生存，并需要更多的水而获得繁荣，所以，控制水资源对于所有社会和所有社会的文化史都具有重要性。从几千年前亚洲和中东地区的早期人类文明开始到现在，对水的使用和对水的治理形式已经成为整个地球上各种社会系统中的核心。重建人类对水的概念将因此显示出水是如何被作为一种经济、政治、社会的和象征性力量的工具，也有助于理解人类是如何思考自然和社会的。基于水文化知识在未来水管理中至关重要的信念，这本书也由此而具有一种实践的目的。最佳效益的水治理不仅仅反映在诸如水坝建设和水改造项目等水利和经济方面，还应反映在受到影响的民众和相关的项目规划者的文化方面。

这本书涉及中国少数民族地区的水文化。该书是一本原创著作，描绘了一个目前外界并不尽了然的领域。在众多探寻去识别、描述和解释不同的人群如何在历史上不同时期、不同社会和不同背景下感知水，以及在世界宗教和传统知识中、在现代科学和水的崇拜中、在净化仪式和重大发展项目中、在都市建筑和农业经济中认知水的研究中，该书可以该被视为一个贡献。为了理解水在社会构建中具体的构建性角色与不同的人水状况之间的关系，地理和历史两方面的比较视野都是必要的，这本书即代表着在这一领域中全球性努力的一个成就。

这本书尝试证实世界上一些丰富的文化传统是来源于连续不断、多姿多彩而具体的人-水景况中的，它基于对水这一自然物质的唯一性的认识：水具有“纯净”的本性、生物学意义上的必需性，一种所有社会中社会控制同时也是社会构建的物质。水总是在不断流动的，作为流动的物质，它能改变所经之处的质性与容量，然后它又总是以一种新的形式出现。例如，海洋中的水被蒸发到空气中，变成雨水后降落到另外的地方，降水使河水充沛，河水又可被用来灌溉田地，田地因此变得适宜耕种，这样的自然链循环往复。水的这种特性使得人们围绕水而编织起有意义且影响深远的网络，而这一点是任何其他元素都不能匹敌的。本书中，郑晓云教授在这部著作中旨在向我们展示中国一些民族中的水文化及其意义。

郑晓云教授致力于水文化和水历史研究长达30年之久，尤其关注中国的水文化和水历史，包括作为在中国文化多样性中重要因素的水相关问题。他积极促进中国和国际范围内水历史和水文化研究，目前担任水历史学会主席。过去这些年来，随着一些水文化期刊和一共九册的《水的历史》系列丛书的出版，表明很多国家都开展了对水和水文化的研究。综上所述，对于这样一个非常宽泛和重要的主题，本书作者确有足够的经验和能力为我们呈现一部引人入胜的作品。

（特叶－特沃蒂，挪威奥斯陆大学教授、首任国际水历史学会主席）

序　二

安德来斯·N. 安吉拉克斯（Andreas N. Angelakis）

现代的水利技术原理可以追溯至三四千年以前，这些成就包括水坝、水井、水库、水渠、公共浴室、娱乐设施甚至是水的再利用。这些早期水设施及其特征也反映出人类先进的科学知识，例如在两端同时掘进建设长距离地下输水渠并通过开放的水渠和封闭的减压管道来实现水的运输（此指公元前530年建造的希腊欧帕里诺斯隧道－译者注），以及先进的公共浴室，雨水收集系统等。毫无疑问，为了使人类文明更能抵挡自然因素的破坏，提高生活水平，人类对于自然水资源的有效利用促进了水利技术的发展。

在古代文明中，水治理的基本原则和实践并不像其它文明成就那样为人熟知，如诗歌、哲学、技术、政治、视觉艺术和其它科学等。在世界各地，人类对水治理的经验很多都是从经历几个世纪的古代水利技术和实践中学习来的，立足未来去看古代水管理的原理与实践，最重要的是审视它们和现代水利技术的相关性并从中学习到一些有用的经验。例如，中国有很长的历史，包括水历史，但其中很多要素都长期被忽视了。同样，不像其它与西方文明有关联的早期文明（如印第安人和美索不达米亚人），中国早期文明，至少有一部分，由于受到地理条件的阻隔，例如北方的西伯利亚，西边的喜马拉雅山以及南边的太平洋等沙漠、草原、高山、海洋等，形成了自身文化、政治的凝聚力和连续性特征。因此在中国这样的环境中发展起来的早期水供给设施、下水道设施、农业灌溉系统等，包括众多少数民族地区在内，其成就和相关文化应是自发形成的，也就意味着不受任何外来影响。

基于这些背景，当前的这本书汇集了30余篇郑晓云教授所作的文章，其主题也相当广泛：在中国多样的环境中，从古至今不同区域和民族社会对水、污水和雨水的管理情况。中国是一个具有丰富的地理、社会和文化多样性的广袤国家，因此，历代水治理也是一个非常复杂的问题。本书中的文章大致可以被分成以下四类：

一是几个世纪以来中国水管理的情况。这部分文章主要关注的是公元一世纪前后形成的早期的城市水管理，并且作为一种模式，在随后几百年内被广泛传播到其它中心和边远地区，这不仅仅是水系统建设的一个模式，而且还是中国古代城市的象征。这是一项创新的研究并引起了学术界关注。其中有些文章探讨的是污水和排水设施的历史发展，边远地区的水供给、下水道设施和农村发展的个案研究本书也有涉及，这些探索研究对于理解水治理和城市发展的关系同样有着很大贡献。

二是水文化和相关环境问题。本书的一个显著特点就是对水文化和相关环境问题的探索。其中一些文章讲述的是与水有关的神话、宗教、社会习俗、当地社会规范以及其它文化因素。这些文章都与自然资源，尤其是少数民族如何依靠他们的水、森林，环境文化和治理手段等相关。因此，本书对研究自然资源管理，对理解文化在自然资源可持续中的价值都打开了一个新的视野。

三是水管理的多样性。这本书不仅探讨了中国中心地区水管理的历史，也涉及了边境地区的水管理情况，例如云南和新疆。典型的例子就是新疆坎儿井系统及其水供给。通过当地少数民族社会的研究，开拓了一种广阔的途径去理解自然资源管理多样性，这同样对于“主流的研究”也是一种突破，因为通常的研究关注的重点是中心地区，而边疆地区和少数民族社会通常会被忽视。

四是遗产和从过去学到的经验。本书不仅针对历史和文化问题，还对我们能从过去学到什么及学到的经验如何用于改善目前的水管理实践等问题做了探讨。除此之外，在什么样的情况下，包括制度和物质方面的自然资源管理的文化传统会发生崩溃，这一点也是书中考虑和讨论的内容。例如，古代的城市污水和雨水治理系统在目前的城市化进程中遭到了破坏，给现代城市带来明显的问题，诸如下水道设施问题及城市洪涝的风险。因此，怎样向过去学习，怎样保护历史和文化遗产在这本书中得到广泛考虑和讨论。

本书致力于定义、描述和解释在多样的环境中不同的人在不同历史时期、社会和区域中如何感知不同类型的水文化。在这样的背景下，本书认真探讨了中国少数民族地区的水文化。这本书不仅仅对那些对中国从古至今的水治理和社会发展感兴趣的人有用，还对学术研究和现今环境的可持续发展做出了贡献。本书从一个广阔的地理视角，对水与文化在科学领域的主要成就进行了呈现、回顾和讨论，为古代的水、污水、雨水处理技术和治理提供了有价值的深刻见解。在中国不同地区，包括少数民族地区，这些技术和治理手段具有持久性，对环境具有适应性，以及具有可持续性的显著特征。这对于现代水供给工程和污水、雨水管理实践起到了奠定基础的作用，是对“过去是通往未来的钥匙”这句话最好的证明。

本书作者郑晓云教授，积极从事于水历史文化研究长达三十年之久，尤其侧重于中国和国际上层面上的水文化研究。他曾经担任国际水历史学会（IWHA）主席，也是国际水协会古代文明中的水与污水技术专业委员会（IWA－WWTAC）中的活跃成员之一，对推动国际水历史文化的学术交流合作做出了积极的贡献。在历史与文化之外，他一直致力于研究水和排水管理问题，尤其关注中国多样性文化环境中的少数民族社会的相关问题。过去这些年，本书作者一直在很多国家研究水文化，其成就反映在诸多国际学术会议的演讲及一系列国际期刊杂志上发表的论文，拥有丰富的经验和能力完成这样一本涉猎广泛且引人入胜之作。

总而言之，这本书对于历史学家、考古学家、社会学家以及研究水科学的学者都是一本佳作。同样，本书可被用作水资源、水文学、环境、历史、考古等学科本科和研究生的教材。对于以上各个领域的研究人员，该书都是一本有价值的工具书。我确信，读者会发现这本书的有用和有趣之处的。

（安德来斯·N. 安吉拉克斯，国际水协会古代文明中的水与污水技术专业委员会主席、前任欧盟供水与污水管理联合会主席）

自　序

这本文集汇集的是我本人过去20年来研究水问题，尤其是关于水的历史和文化研究方面的主要文章，其中一部分直接用英文写成并发表在国外学术刊物上，还没有来得及进行翻译。将这些文章汇编成册出版的目的，一是对过去的研究做一个总结，二是便于和学术界做更深入的交流。

自我做一个序，是作者一次难得的话语权机会，故借此机会谈谈自己的研究经历以及对相关研究工作的一些感受，尤其是一些其他场合中没有机会谈的内容。

我本人对水问题感兴趣起源于20世纪80年代初。1982年我大学实习前往云南省西双版纳州基诺山区进行调查研究，发现这里虽然是中国最好的热带雨林地区，但是由于20世纪50、60年代历次政治运动中错误的导向，当地大量森林被毁坏，导致了很多源自于山区的河流水量减少或干涸，从而直接影响到了周边一些坝区水供给，大量山坝结合地区的水稻田无水灌溉，成了当地老百姓称之为“雷响田”的旱地，即只能靠老天下雨浇灌的农田。当我再进一步深入到和基诺山区接壤的橄榄坝傣族农村调研时，缺水给当地老百姓带来的困境更让我感受深刻：在西双版纳这样一个热带雨林地区，水本应是一种十分充足的自然资源，但是这里的很多村寨的老百姓却因为缺水而致使生计和日常生活受到了严重影响。这里的农田过去都是靠从基诺山区的流淌下来的河沟水进行灌溉，由于山区森林减少，河沟无水，很多农田干涸无法进行种植，导致很多村民缺少粮食，生活十分困难。更进一步的调查发现，由于缺水，还给当地农村带来了很多社会问题，包括土地分配（能够灌溉和不能灌溉的）之间的激烈冲突，当地傣族村民和山区基诺族群众因为水源的冲突等。由于河沟的干涸，傣族村民延续了千百年的河沟边集体沐浴的习俗也被改变了，这对他们来说是一件非常痛苦的事情。为了求水，笔者曾经随几位村里的长者秘密前往河边进行祭祀活动，这在当时还是不能公开的。围绕着当地傣族村寨的缺水问题，我做了第一次关于水的调查并写了报告，注意到了水问题的现实。而事实上当我重返基诺山进行调查研究的时候，发现基诺山区的缺水问题在一些村子中同样严重。虽然当时水问题在整个中国不是突出的问题，水问题的探讨基本没有知音，但是这一个局部调研所获得的认知却成为我随后几十年来对水问题关注的开端。

80年代中期以后，对傣泰民族的研究成为我自基诺族研究之外一个新的重点，这更给了我从人类学的角度理解水的机会，通过傣族和水的关系去理解水和人类历史、社会生活之间深刻的文化关系。在傣族的历史发展过程中，以水稻种植为主业的生计方式、社会生活中人们的观念、社会习俗、节日活动、宗教信仰、生活方式无不生动地体现着和水的密切关系，形成了和水的相关的文化形象，也就是水文化——这在当时还是一个未普遍地被提及的文化概念。但在20世纪80、90年代，我虽然写了一些关于水的文章，但在当时的学术环境中极少被国内学术刊物采用。1999年，一篇写了三四年，多次在国内学术刊物投稿未被采用的文章《傣族的水文化和可持续发展》翻译成英文，经推荐受到首任国际水历史学会主席特吉－特沃蒂教授的重视，被国际水历史学会第二次全球大会组织委员会选中作为正式参会论文，笔者也受到了会议的资助于2001年前往挪威伯尔根市出席了那次盛会。那次会议让笔者感受深刻的是水的历史和文化问题在国际上有如此大的对话空间，如此高的关注度，和人类当代的可持续发展也有紧密关联度。这次会议也成为笔者对水问题研究的一个重要转折点，因为从此以后不仅有了广阔的关于水的历史文化研究的对话空间、相互学习借鉴的平台，也有了推动国内外水的历史文化交流的舞台。可以这样说，在新世纪我本人对水的研究都是站在一个国际性的平台之上，从中获得知识与能力的提升、交流学术研究、贡献出自己的智慧和能力，包括学科上和现实的应用上力所能及的。我深感幸运的是我自己的学术成长基本和中国的改革开放过程同步，使我有了广泛开展国际学术研究和交流的机遇，自1986年第一次跨出国门以来，先后60多次前往海外进行学术考察研究、出席国际会议、进行演讲等学术活动。其间领导了多个国际合作项目，组织或者参与组织了多个有影响的国际会议，担任了多个国际会议的主旨发言人，也有越来越多的论文在国际学术刊物上发表。2009年当选为国际水历史学会副主席、2011年当选为主席，承担起了更多推动水的社会科学研究和交流的国际组织责任。学术的组织工作和研究工作相得益彰，使我在这个过程中有了更多更深入进行学术研究的机会，这几年在欧洲、亚洲、非洲的很多国家有机会深入进行水的历史文化的实地研究，这对我本人的学术积累和提升带来了很大的益处，使我学贯中西的学术理想一步步变为现实。这些年来除了自己的研究外，也与国际上一些著名的科学家合作进行研究并产出了一系列成果，收获学术的同时也在收获友谊，今天真正是朋友遍天下，让我常常欣慰不已！与此同时，尽力推动国际学术的合作与发展，提升了国际水历史学会在国际空间的影响力及与其他重要国际水组织如国际水协会的有效合作，受到了国际学术界的尊重，这一点是我倍感欣慰的。目前推动中外水历史文化的交流与合作也初具成效，水历史这一学科理念也渐为国内学术界所认可，《光明日报》、《中国社会科学报》等主流报刊都组织编发了水历史专刊，产生了较好的反响。

如果要说一点题外话，那就是作为一个中国人能够在有影响的国际组织中担任重要的职务、在国际学术环境中产生影响，这确实不是一件容易的事，需要付出很大艰辛，然而国内的无援无助又常常使我感觉到行走在一条孤独的探索道路上，这才是真正的痛处。不过，科学探索的道路本身就是一条孤独前行的道路，这一条道路的尽头一定拥有光明，难以确定的只是你最终能不能走到光明升起的地方。但是选择了就必须走下去，这是一个科学家的基本精神。我以三个自己的“法宝”去赢得国际学术界的尊重，那就是：占有丰厚的研究资源、拥有自己的学术思想、对人对事的友善与执着。

在当代，人类面临着越来越严峻的水危机的挑战，目前世界上不仅有10多亿人缺乏清洁的生活用水，更多的人生产生活受到缺水的影响，同时人类生存的水环境总体上在恶化，尤其是在落后和发展中国家这种现象更为突出。犹如笔者切身的经历和感受，在过去短短的一二十年中，水的问题在中国成了全国性的突出问题，从一个无人感兴趣的话题成了社会的热门话题，水环境恶化成了人们能够切身感受到的痛处。水问题的出现，除了自然的原因，更多和人类活动有直接关系，因此，从人类自身中去寻找化解之道，仍然是解决水问题的根本。大量的研究表明，人类需要和自己所处的自然环境有一种友好关系，对待水也是一样的，必须要有正确认识水和人类生存关系的观念、有利于水保护的行为、制度和能力，才能够最终保护这一人类生存的重要资源。这就是说，人类必须要建立起一种和自然之间的文化关系，我们把与水相关的文化现象归纳为水文化。水文化既是人类在长期的生存发展过程中使用水、治理水所形成的观念、行为、制度、建设结果等构成的一种文化现象，同时它也是我们实现水的可持续利用的重要财富，因为人类对待水如果没有用正确的观念、价值判断、行为、制度，不从一种文化的角度去理解水、使用水，而是仅仅从一种需要的角度去无度地开发利用水资源，那么带给水资源的后果将是灾难性的，相应地，人类自身的生存也是不可持续的。大量的研究表明，人类的传统社会中，尤其是在当代的城市化和工业化社会之前，人类和水有着更密切的文化关系，这种现象从中国边疆少数民族中丰富的水文化资源中就可以反映出来。而在城市中，水往往是作为一种消费品和商品而存在的，是通过货币可以轻易买到的，和我们的祖辈、父辈相比，城市中的人们或者正在经历城市化的农村中的中青年一代，拥有的与水相关的认知与习俗越来越少，这种现象使我们越来越背离了对水的深刻理解，从而不利于水的可持续利用。因此，我们注重通过对传统社会中、历史上有关水的文化现象的研究，希望通过对水文化的继承和保护去强化对人水关系的理解和认识，维持保护水资源的文化关系。在这方面，我本人二十余年来对云南少数民族的水文化进行了深入的研究，部分的成果可以在这本文集中看出来。我在多年前就提出了当代化解水危机必须通过文化、制度、技术的三条途径并行，其中缺一不可。在这种认识之上，水文化的研究不仅是一门学问，同时也是一种化解水危机的手段。

为应对当代的水危机，人们越来越注重访人类的历史，去寻求治理水、管理水的历史智慧，同时更深入地认识水在人类文明形成和发展过程中的角色，以保持我们对水应有的理解，也正因为如此，水历史研究近年来在国际学术空间中的影响力迅速上升。越来越多的国际学术组织关注并且加入到水历史研究和推广应用过程中，这其中尤其是联合国教科文组织国际水文计划的大力推动，例如促使了国际水历史学会在 1999 年的成立，并迅速成为一个具有广泛国际影响力的科学组织。在国际水历史学会的推动下，越来越多的科学组织、政府组织关注并参与到水历史研究和相关的学术活动中。在国际上水历史研究之所以有广泛的空间，关键在于人们将水在历史上的角色放在了一个更广泛的范畴之中，去研究探索水在人类文明形成和发展的过程中所产生的方方面面的作用，将水作为一种推动人类社会发展的动力因素来考虑，关注水的使用与治理如何改变了人类社会的组织关系和人类的生活方式，关注历史智慧与经验的总结运用，相比中国传统学术领域内将历史上水的研究更多地局限在水利工程建设和治水活动中，国际上水历史的研究具有更广泛的学术渗透力和对话的空间，这就是“水历史”和“水利史”相应的差距。因此，近年来我也积极向国内学术界介绍国际上水历史研究的理念和动向，尽己所能推动中外学术界的交流，可喜的是水历史的概念在国内学术界也受到了越来越广泛的认可。我相信水历史研究在中国的发展不仅是一门学问的拓展，同时也将对中国保护水环境、实现水的可持续利用、应对气候变化等产生积极的作用。当然在这一点上还将有大量的工作要做，我将此作为自己的学术使命之一。

在水问题的研究工作中，一方面要推动学术的建设，另一方面更要注重将研究的成果应用到现实中。作为学者，很少有机会去直接操作一项具体的工作，但我们能够向人们提供历史上的或者当代人类不同社会中管理水的智慧、经验和教训，使人们从中得到启发，进一步转变为关爱水的行动，我认为这就是一个学者最大的贡献了。

目　录

Content

水文化的理论与前景

水文化是近年来一个在国内外受到多学科关注的、在交叉学科视野中的热点。今天人类在生存及可持续发展中面临着水危机的巨大挑战，并且这种挑战表现出在人类历史上前所未有的严峻性。人类为治理水环境、应对水危机、化解水问题做出了种种努力，时至今日，人们越来越关注和重视文化因素在水环境治理、应对全球水环境变化的挑战过程中的作用，水文化也由此成为一个受到广泛关注的热点领域，越来越多的科学家从不同的学科背景中参与到这一研究领域中，使水文化在水环境保护和建设中得到越来越多的重视与广泛应用。2006 年联合国教科文组织将当年的世界水日主题确定为“水与文化”。2008 年，联合国教科文组织正式设立“水与文化多样性”项目，标志着政府间组织在国际层面上对水文化研究、建设和应用的全面推广，中外学者至今已对与水相关的文化现象进行了大量研究，目前每年在国际层面上都有很多涉及水文化研究的学术与公众活动。在中国，水文化的研究与学术活动也有了较快的发展，近年来召开了一系列重要的国际及全国性学术会议，发表了大量的研究成果，也涌现出了一批学术研究的领军人物。除了学术界的研究外，政府有关部门也十分重视水文化的研究与推广，如 2010 年中国水利部在济南市召开了第一届中国水文化论坛，2011 年又制定并颁布了《水文化建设规划纲要(2011—2020 年)》。这一切都标志着中国政府对于水文化建设的全面推动。

然而客观的讲，水文化作为一门学科或一个专门的研究领域无论在国外还是在中国都还很年轻。在国际上，水文化的研究和应用虽然已经有了广泛的基础，相关研究涉及领域较多，但是作为一门学科其定义和理论含义还不是十分明确。在中国水文化的研究和应用也是近十余年来才开始受到较多关注的，尤其是社会科学工作者参与到这个领域的研究和应用的推广过程中也只有十多年的历史。今天随着水环境问题和水危机挑战日益严峻，水文化的研究必将成为一个新兴的、具有广阔前景的科学领域，水文化的应用也必将成为人类保护水环境、实现水可持续利用的重要途径，同时水文化的建设和应用也急切呼唤着理论的支撑，因此也提出了关于水文化理论和科学的进一步构建问题；在今天水文化为什么重要、水文化在当代化解水危机、实现水的可持续利用中能够扮演一种什么样的角色？水文化能否成为一个科学学科，水文化的理论结构和理论属性是什么？在中国水文化建设的目标和前景是什么？建设的途径是什么？这些问题都需要从理论上进行深入的探索。本文将结合水文化在中国和国际层面上的发展与现状，探讨水文化的内涵和理论结构、水文化在实现水的可持续利用过程中的价值、推动中国水文化建设的目的和途径以及水文化在国内外科学领域内的前景等问题。

一 水文化的内涵和结构

1. 什么是水文化

水是人类生存和发展不可缺少的资源，在人类生存的每一天都要和水发生联系，人类生存的历史事实上也是一部使用水、管理水、治理水、维持水资源可持续利用的历史。在历史上，很多国家的形成、政治制度的形成、科学技术的进步、生活方式的变化、生活品质的提高乃至战争和冲突、灾害等毁灭人类社会生活的现象的产生都和使用、管理、治理、维持、争夺水资源有直接关系。因此水不仅是我们人类生存的基础资源，水与人类的生存和发展的长期历史过程也深深地影响到了人类社会发展的过程。在这个过程中，人类的思想观念、政治制度、生活方式、生产方式、文学艺术等都打上了水的烙印。2006 年世界水日的主题是“水与文化”。在联合国教科文组织发布的世界水日主题宣言中这样说道：“全世界有多少种文化传统就有多少看待、使用、赞颂水的方式。从神圣的角度讲，水处于很多宗教的核心，并被用于不同的典礼与祭祀中。水具有强大魅力，在不同国家中都被表现在艺术中，诸如音乐、绘画、文学、电影等，同时它也是很多科学探索的基础要素。世界上每一个地区都有一种崇敬水的途径，但是共同的是都认可它的价值及其在人类生活中的核心地位。文化传统、土著的实践及社会价值决定了在世界上不同地区的人们如何理解与管理水。①”水哺育了人类的文明，使人类的生存得以延续、文明得以发展，与此同时在与水的互动过程中，关于水的观念、禁忌、通过文学艺术方式进行的情感表达、规范和制度、管理和治理技术、新的生活方式等也得以形成。这就是水文化形成的基础。

水文化，简言之是人类在长期的历史发展过程中与水产生互动而形成的相关文化。如果给水文化下一定义，那我认为水文化是存在于不同民族、地区和国家中关于水的相关文化，简言之，水文化是人类认识水、利用水、治理水的相关文化。它包括了人们对水的认识与感受；关于水的观念；管理水的方式、社会规范、法律；对待水的社会行为、治理水和改造水环境的文化结果等。水文化可以通过认同、宗教、文学艺术、制度、社会行为、物质建设等方面得以表达。

水文化客观地存在于人类社会中。当人类和自然发生互动关系，尤其是和水发生关系时，人们就产生了对水的认识、感受、观念、治理方式、管理方式、社会规范、法律和改造水环境的工程建筑，以及通过文学艺术、宗教、物质建设表现出相关的文化等内容，构成水文化的要素。因此水文化是人类文化中长期存在的一种核心构成要素，对今天来说，不同民族、国家、文化背景下产生的传统水文化都是人类文化重要的组成部分和文化遗产。

水文化在人类社会中不仅博大精深，在不同社会文化背景中更是丰富多彩。水文化作为一种文化现象贯穿了人类从精神、行为、制度到物质建设的各个层面。

人类自古就有对水的深刻感受，水深刻影响到了人类的精神世界，同时人们也对水具有深刻的感悟，这种感悟和感情存在于人类对水的认识、热爱或恐惧之中。大禹治水所产生的水在于疏导而不在于堵的治水思想同时也成为中国社会管理的哲学思想。中国古代的贤哲们对水具有深刻的感悟，老子的名言“上善若水”（老子《道德经》）隐含着深刻丰富的哲学含意，两千余年来脍炙人口。在一些宗教背景中，水不仅是一种自然的物质，同时也是一种超自然力量的象征和介质。在基督教中，入教的洗礼要

① http：//webworld. unesco. org/water/wwd2006/faq/index. shtml.

在水中完成，信仰印度教的人们将恒河水视为神圣的物质，每年都要到恒河中沐浴。在南传上座部佛教中，水是一种超自然的介质，很多重要的宗教仪式要通过滴水来显示人和佛性之间的沟通。在中国古代文明中，有水的地方往往都和龙联系在一起，形成了特有的龙文化。

水也深刻地影响到了很多民族的世界观。傣泰民族是东南亚最大的族群，这个民族的人们认为不仅人类起源于水，世间万物都来自于水。在傣泰民族的历史发展过程中，水对傣泰民族的历史迁徙、定居、生产方式、社会组织、生活方式都产生了深刻的影响。人们认为水不仅是人类生存的必需资源，水也是最神圣的物质，在社会生活中人们通过水来表达祝福、感情、宗教等超自然力量的存在的，在社会生活中人们敬畏水、热爱水、保护水，是傣泰民族认同与文化认同的重要基础①。

水对人类社会产生了深刻的影响，这不仅表现在人类的早期定居总是选择水资源丰富的地方，包括河流流域、泉水、湖泊等地方。同时水对人类社会的政治制度、生产方式、社会结构、生活方式都产生了深刻影响。目前所知的人类的早期文明起源和发展与河流分不开，如人类早期的文明发源于底格里斯河和幼发拉底河两河流域，中国的文明发源于长江、黄河流域，使这两条河流流域成为中华文明的摇篮。中国国家雏形的形成起始于大禹治水，成功的水治理也使大禹成为中国第一个君王。在随后的岁月中，中华民族和长江、黄河的互动过程，包括水资源的利用、水患的治理无不深深地影响国民对水的感受、国家的政治制度、社会生活、经济发展、技术进步等方面。代表古代城市文明的中国古都市的形成都与水有直接关系，如安阳、西安、洛阳、北京、南京、杭州等著名的古都都是沿江河而建，进而发展起了供水、灌溉、排水、航运、水景观等技术与制度，而古都大多为一个国家的首都，水技术与制度的进步更影响到了中国的政治②。再如对黄河的长期治理过程中，不仅耗费了大量的财力和物力，同时也影响到了当地人民的生产生活、社会组织方式的变化，形成了人们对黄河敬畏而产生的民间祭祀和相关习俗，黄河在历史上的泛滥也给当地社会带来了极大的灾难，因此黄河对当地社会产生了极大的影响，黄河流域

① 参阅郑晓云《傣族的水文化与可持续发展》，载《思想战线》2005 年第 6 期。

② 靳怀春：《中国古代城市与水——以古都为例》，载《河海大学学报》2005 年第 7 卷第 4 期。

社会的组织结构、制度、社会习俗、民间信仰、生活方式和生产方式都和黄河有直接的关系①。

在人类社会的历史发展过程中，并不是完全被动地适应当地的水环境和水资源状况，也在不断地努力改造水环境和水资源状况，控制水资源，使水环境和水资源状况更有利于自己的生存。因此人类在不同地区都建设了大量的水利工程，如中国历史上的郑国渠、都江堰、京杭大运河等伟大的水利工程，这些伟大的水利工程不仅在当时改善了当地的水环境和水资源状况，提升了生产力，同时也形成了丰富的文化现象，为后人留下一笔因为水的治理形成的丰厚的文化遗产。这种现象在世界各地都普遍存在。随着人类社会从农业社会都市化社会发展，城市的发展使水的利用有了新的内涵，不同的城市发展过程都大大地改善了供水的条件，尤其是自来水业的发展，从而改变了人们的用水习惯和相关的生活方式，提升了人类的生活品质。城市供水和城市水环境、景观的建设，都是巨大的综合性工程，凝聚着水环境建设的理念、艺术、技术、制度等②。

正是由于人类对水有不同的认识，依据不同的水环境和资源状况，人们形成了不同的使用水、管理水、治理水的知识和技术，同时也形成了关于水的价值、认同、宗教信仰、社会习俗、政治制度和社会组织制度等。在很多民族及不同的文化背景，包括宗教背景的社会中，水相关的认知和习俗甚至成为一种民族的文化标志，成为一民族的文化认同重要的构成因子。由于水深刻地影响到了一个民族从精神到行为、制度、生产和生活方式，因此人们管理水、治理水，对待水往往也是从不同的社会价值出发的。2006 年世界水日的主题是“水与文化”。在联合国教科文组织发布的世界水日主题宣言中这样说道：“人们在不同的地区、国家总是基于他们对水的理解、价值、宗教、习俗、政治、经济去认识与管理水。这就是一种水管理的文化基础。”③ 联合国教科文组织总干事松浦晃一郎也指出：“管理水就是尽可能地将技术文化化，反映出人们及社区如何将自己与自

① 参阅《黄河水利史述要》，水利出版社 1982 年版。

② WATER FOUNTAINS IN THE WORLDSCAPE. A. J. Hynynen. P. J. Juuti. T. S. Katko（EDS）. IWHA, 2012.

③ http：//webworld. unesco. org/water/wwd2006/.

然联系起来。”① 这些论述精辟地概括了人类社会对待水的基础和出发点，那就是植根于不同社会中的文化。

从上面的简要论述中可以看出，人类社会在长期发展过程中与水产生了纷繁复杂的关系，水深深地影响到了人类社会从精神、行为、制度到物质建设等不同的层面，影响到了人们的生产方式和生活方式，甚至带来人类社会的冲突和社会的整合，由此而形成了人类社会中丰富多彩的相关文化。与此同时，人类在利用水、管理水、治理水环境的过程中也是从不同社会对水的认识、价值观、宗教、制度、技术水平、组织能力和组织方式等植根于一个社会中的文化为基础的。水文化是一种在人类社会中客观存在的文化，而且是一种博大精深的文化、一种将会影响到人类未来生存发展可持续性的文化，有必要将这种文化现象在当代凸显出来，成为我们生活中不可缺少的一种文化。因此在当代加强对水文化的研究，对人类既有的水文化遗产的传承、教育和新的水文化建设，将水文化作为一种化解当代的水危机和维持水资源可持续利用、保持良好水环境的重要手段，显得十分必要而迫切。

2. 水文化的结构与属性

作为一种人类文化的类型，水文化有其结构与属性。就其结构而言，基于水文化在人类社会中的形成和发展以及今天存在的现实，我认为水文化的一般性理论结构由以下四个层面构成：

（1）精神层面的要素。包括了人们对于水的认识、理解、价值观、崇拜，因水而形成的文化认同以及通过宗教、文学艺术等方式表达出来的对水的感悟等。

（2）制度层面的要素。包括了人们利用水、管理水、治理水、社会规范、社会习俗及法律法规。

（3）人类行为层面的要素。包括了人们对待水、利用水的行为模式。

（4）物质文化层面的要素。包括了人类在使用水和治理、改造美化水环境过程中形成的具有文化内涵和象征的物质建设结果，尤其是以文化遗产方式表现出来的水环境建设成果。例如，有文化象征意义的运河、水

---

① Message from Mr Ko? chiro Matsuura http：//portal. unesco. org/en/ev. php-URL_ ID = 32199&URL_ DO = DO_ TOPIC&URL_ SECTION = 201. html.

渠、水井、桥梁、水坝、喷泉等水景观设施等①。

以上四个方面构成了水文化一般意义上的结构，同时这一结构也可与水文化为一个科学的领域，即学科结构相对应，水文化作为一个学科的理论结构也由上述四个方面构成。这一点对于这一研究领域的科学界定是十分重要的，有了其理论结构及属性的界定，我们就可以明确水文化研究、运用的范畴及作为一个学科领域的理论边沿，也有利于我们将目前与水文化相关的研究纳入一个统一的学科范畴，使这一学科能规范化地发展及在当代获得更广泛的运用。

水文化具有普遍意义上的理论框架，同时又具有民族性、地方性、不同文化背景及时代性等特征。由于水文化产生于人类与自然环境长期的互动过程中，存在于世界上不同民族、不同国家、不同地区及不同文化背景（尤其是宗教背景）的人群之中，因此产生了水文化在不同的民族、国家、地区以及不同的文化背景下的差异性，同时也具有时代的差异性，因此水文化具有以下属性特征：

民族属性。不同的民族在对水的观念、感悟、行为等都是不同的，因此水文化表现出它的民族属性。例如在少数民族中，傣族、壮族等少数民族对水具有特殊的崇拜，傣族、哈尼族等少数民族甚至认为宇宙是起源于水的。而彝族等少数民族更崇敬火。同时对水的利用在不同民族中也是有较大的差异性的，这点在人类社会中很容易看到。

地方属性。由于人类生存的环境不同，因此人类生长在不同的水环境中，人类总依据自己所生存的水环境来获取生存资源，或者改造水环境来提升自己的生存能力和质量，由此在和不同的水环境的互动过程中形成的不同的水文化，使水文化具有鲜明的地域性特征，例如生存在海洋、河流、湖泊以及沙漠、山区、平原等地方的人们的水文化就会有很大的差异。随着人类社会的发展，人们生活在城市与乡村，因此城市水文化与乡村水文化也不同。

在不同的地方文化或不同的文化背景下，尤其是不同的宗教背景下，水文化呈现出不同的特征。例如对于水的认识，中国文化背景下和日本、泰国等国家的文化背景下的人们就不一样，如在中国水文化中龙的文化现

① Zheng Xiao Yun. Water Culture and its Role in Water Management: with Case Study on Mid Reach of Red River. Cultures of Water Management, Spriger Publishing, 2012.

象扮演着重要的角色，日本的水文化与传统宗教有密切关系，泰国的水文化受到佛教的影响较大，具有代表性的泼水节就是佛教节日。佛教文化、伊斯兰教文化、基督教文化、印度教文化背景中的人们对水的理解和认识也同样不一样。即使在一个国家中，受地方文化的影响，不同区域的水文化也会有差异。因此水文化在人类社会中具有多样性，使得水文化在人类文化中呈现出五彩缤纷的状态。

文化背景属性和时代属性。由于在不同的时代人类和水的关系是不同的，人类认识水、利用水、治理水、改造水环境的途径和方法都有较大的差异，因此水文化的特征在不同时代是不同的，水文化具有时代的属性。人类历史上不同时期的水文化有延续性，但是有较大的差异。这主要是人类所处的自然环境和社会环境在不同的历史时期有了较大的变化，例如在人类处在农村社会中，以农业作为生产方式的阶段，人类的水文化是一种和当时的社会发展状态和自然环境相适应的形态，但同一个地区进入到城市化发展过程中，人们的居住环境、社会结构、生产方式、生活方式等都发生了较大的变化，那么相应的水文化也会发生较大的变化，这点在人类社会中随处可见。在当代，人们还会在不同的生存环境之中建设新的水文化。因此水文化也是一种发展的、动态的形态，在不同时代形成了不同的特征。

二　中国水文化研究的现状

事实上，水文化的研究在国内外都有了较好的基础，但是真正使用水文化这个概念来规范一个研究领域或者说一种文化现象都是最近几年才有了较快发展并且获得认同的。在国际学术层面上，虽然说水文化这个概念是最近几年才逐渐受到认同的，但是相关的研究和应用却有很长的历史。国际学术领域内，和今天的水文化最直接相关的是有关水和人类历史发展过程中的各种关系研究以及不同民族、地区在使用水和利用水的过程中所形成的与水相关的传统知识，以及由水的文化现象所构成的一个民族的一些标志性特征[①]。

在中国，水文化的研究和建设同样是一个较为年轻的领域。水文化的研究和建设较为明显的开始于20世纪90年代中，在此之前，一部分在水利部门工作的专家学者开始了水文化探索，早期的研究主要是集中于探索研究中国传统文化中关于水的文化现象及地方的水文化历史遗存，有兴趣于这一方面探索的专家学者在水利部门是较为众多的，并且产生了一批成果，随后水文化的理论探索也逐渐展开[②]。水文化的研究和推广应用尤其是理论建设的繁荣时期是20世纪以后，《中华水文化概论》（中国水利文学艺术协会编，黄河水利出版社2008年版）一书的出版，是中国水文化研究的一部重要的系统性论著。各地相关水文化的研究和介绍除了一些出版物之外，更多的还包括各地水利部门的网站发表的大量当地水文化的介绍文章。目前中国水文化杂志、《中国水利报》之“现代水利周刊”及新近创刊的“水文化周刊”都是中国目前水文化研究成果发表与传播的重要阵地。1995年成立水利部中国水利文协水文化研究会，为水文化建设的搭建了一个较大的平台。

国内一系列的国际会议召开，使水文化受到更多的关注。2005年在云南召开的“水文化环境保护国际会议”，是中国关于中国水文化研究的一次较大规模的国际学术活动。2006年3月在北京召开的“中国首届水文化高峰论坛”是中国较高规格的水文化的论坛会议。2010年，水利部举办了首次中华水文化论坛，是国家层面上最高规格的一次关于水文化的论坛会议，这次会议发出关于推动水文化在全行业建设的号召，将水文化作为水利行业先进文化建设的重要内容，随后水利部曾经多次举办关于水文化建设的培训班。

目前水利部已经颁布了《水文化建设规划纲要（2011—2020年）》，在全系统广泛开展水文化的建设工作，这些工作包括了水文化研究、建设、应用、人才培养、国际交流等方面，应该说在全球层面上这都是极

---

① 关于水文化在国际上的情况，参阅郑晓云《国际视野中的水文化》，载《中国水利》2009年第22期。

② 这其中最具有代表性的是靳怀春著《中华文化和水》（长江出版社2003年版）、《水之礼赞》（长江出版社2008年版）、张耀南、吴铭能编著《水文化》（中国经济出版社1995年版）、郑国铨著《水文化》（中国人民大学出版社1998年版），李宗新著《水文化概论》（黄河水利出版社2007年版）等著作。

少的明确将水文化作为一种文化来建设的国家政府性纲要，对中国水文化的研究和建设具有重要的意义。

除了水利行业以外，目前国内社会科学界也有一些学者进入了水文化的研究中，极大地拓展了水文化的研究领域。在此以云南的少数民族水文化研究为例：近年来云南的一些学者首先从人类学的角度来研究水和少数民族社会的关系。笔者是较早涉及这个领域研究的社会科学工作者，自20世纪80年代开始关注云南少数民族的森林文化、水文化现象研究，并从傣族的水文化研究开始进行田野研究。近年来，除了不断地进行中国西南少数民族水文化的调查研究及一些东南亚国家、日本等海外的水文化研究之外，还积极进行水文化理论的构建和推广工作，尤其是积极进行水文化的国际推广，近年来频繁应邀到国外一些机构进行水文化的演讲，受到了国际学术界的认同①。很多学术论文发表于国外学术刊物上，如《傣族的水文化与可持续发展》、《红河流域少数民族的水文化与农业文明》等学术论文发表于国际知名的刊物如日本《日本农业》、德国《泰文化》上等。《水文化》越南文版2008年由越南世界出版社出版，在越南产生了较大的影响。立足本土的研究，积极开展国际学术合作和交流、构建自己的水文化理论，是笔者进行水文化研究的特点。

概括而言，中国的水文化研究关注点和特点有以下几个方面：

1. 关于水和中华文化的关系研究，包括了中国古代贤哲对水的认识和理解、古代哲学思想中的水文化问题，例如孔子、老子、管子等古代思想家对水的哲学理解；关于水的古代文学艺术、中国古代的水利思想、古代水利工程的文化含义、中国古代社会和水的关系、中国古代水文景观中的美学等研究。

2. 地方性的水文化研究。这包括了不同地区的水环境特征和水文化现象，例如长江、黄河的文化现象和治理历史研究，渭河、运河等河流水文化研究，鄱阳湖、洞庭湖等湖泊水文化研究。一些伟大的水利工程的文化现象研究，如郑国渠、都江堰水利工程的文化现象研究等。地方性的水文化研究，尤其是水和一个地方、城市的文化研究，例如对水和北京城市

① 笔者主要的水文化演讲包括了2010年在泰国清迈皇家大学研究生院、越南文化部文化艺术研究院的水文化演讲、2009年10月在日本京都“水与文化多样性国际研讨会”演讲，2010年10月日本东京大学、国学院大学、日本亚洲经济研究所水文化专题演讲。2012年伊朗“联合国教科文组织水管理的世界史研讨会及培训班”演讲等。

文化的研究、[①] 泉水和济南城市文化的研究等。

3. 少数民族的水文化。少数民族是中华民族大家庭的重要组成部分，少数民族的水文化丰富多彩，因此少数民族水文化是中国当代水文化研究的重要领域，同时也取得了丰硕的成果。研究的成果包括少数民族的水文观、水和少数民族社会的形成、少数民族社会中关于水的风俗习惯、少数民族用水，管理水的传统知识以及社会规范，宗教伦理等问题。少数民族的水和少数民族地区的可持续发展问题[②]。

4. 水文化的应用问题。探讨水文化在水利工程建设中的应用、水文化在水环境保护和建设中的价值和利用、水文化与城市建设、农村水环境的可持续发展问题。水文化在当代的保护传承问题。如何将水文化应用到当代水资源的可持续发展和水环境的改善之中、构建当代的水文化等问题。

5. 水文化的理论问题。探讨水文化的内涵问题，在当代如何建设、应用、传承和保护传统水文化的问题[③]。

水文化研究在中国的较快发展虽然只有10余年的历史，但是已经取得了可喜的成就。不论是水文化理论的探讨，还是水文化和中国传统文化、地方文化之间的关系研究、水文化应用问题研究及国际交流都取得了丰硕的成果，为中国的水文化研究和建设奠定了良好的基础。如果将中国的水文化发展现状放在国际学术环境中来加以观察，笔者认为有以下的优势和差距。

首先，从优势上来讲，目前中国是在国际上大张旗鼓地明确提倡水文化应用和研究的主要国家，中国直接主张“水文化”这个概念，并且围绕这个概念进行理论探讨、水文化现象研究、水文化的传承和当代建设、应用，取得了丰硕的成果。虽然说中外在水文化的内涵上没有更多本质的差别，但是中国直接使用水文化这个概念，国外则从某个方面来特指相关现象，比如关于水的传统知识、水的伦理观念、宗教中的水观念、水文化

① 参阅李复兴主编《水与文化》，中国市场出版社2007年版。

② 参阅郑晓云《云南少数民族的水文化与当代水环境保护》等，载《郑晓云学术研究文集2006—2011》，中国社会科学出版社2012年版。耿鸿江：《纳西族的水文化》，云南人民出版社2008年版。

③ 参阅李崇新《浅议水文化的界定、实质及定位》；周魁一：《水·水科学·水文化》；李家和：《文化概念雏议》。以上论文载李复兴主编《水与文化》，中国市场出版社2007年版。

遗产、水管理的传统规范和习俗，关于水的文化认同等。在学科上有水人类学、水社会学、水考古学、水历史学等学科分野和我们在此所谈的水文化的概念比较相近，但在国际学术领域内使用水文化的概念来概括上面谈到的传统学术领域人们也是理解的，并且有了越来越多应用。中国直接应用水文化的概念来概括相关领域的研究，这说明中国的水文化研究和应用在概念上是比较鲜明的，并且在国际学术领域内也是前沿的，这一点有助于中国的水文化研究的建设在国际上异军突起，成为中国学术领域的一个新的增长点。

其次，从差距上来说，笔者认为中国的水文化研究有三个方面与国际上有较大的差距。

第一个方面是中国的水文化研究行业性的特点较浓厚，从事水文化的研究和应用的科研人员大多数来自于水利行业，近年来水文化研究和应用主要也是由水利部门推动的，这本身无可厚非。但是与此同时，社会上（尤其是非水利行业）从不同的学科领域开展水文化研究的专家学者还很少，成果也不多。大学，社会科学研究机构这些主要承担科学研究任务的机构中涉及文化相关研究无论是专家群体还是科研成果都是不能和水利行业相比的，这一点和国外的现状有鲜明的反差，因此在中国水文化研究还不是一个社会化的领域。在国外涉及水文化研究和建设的专家学者往往并不一定是水利行业的从业人员，更多的来自于高校和科研机构，这一点中外形成了鲜明的对比。

第二个方面是关注的内容。中国的水文化研究目前主要是探讨和水相关的文化现象、文化建设等问题，国外的水文化研究更注重于水和人类社会发展的关系、水文化和可持续发展、关于水的伦理道德问题、水文化和人权问题、关于水的传统知识及应用问题等。在学科层面上也更注重从政治学、社会学、人类学，哲学等学科去研究水和人类之间存在的文化现象。水文化已是一个社会化的领域，没有更多的行业化的色彩。

第三个方面是水文化的应用和公众的参与程度还较低，目前水文化已经开展了很多研究，但是水文化研究的成果在实践中应用程度和一些发达国家有较大的差距。公众对水文化参与者分享程度都较低，没有成为水文化分享、拥有和实践的主体。在水文化普及程度较高的国家例如日本，政府和民间机构每年都会主办大量的活动，例如聘请专家学者进行关于水的公众演出，举办水周，和水主题相关的绘画、摄影展览、音乐会、征文等活动，让大众广泛参与，了解水和人类历史发展之间的关系以及今年水环境的状况，倡导科学用水的理念和方法，让公众对于水的历史、现状和未来有清楚的认识，并且在社会生活中付诸行动。同时在很多城市都有关于水的各种博物馆，让大众能够随时了解到水的知识。

三 水文化的前景

在当代社会生活中，我们不能仅仅依靠技术和工程的手段去化解当代的水危机，而必须通过建立人类对水的科学的价值观、行为模式、制度和规范，也就是通过人类自身的约束和努力，通过文化、技术与工程的途径去应对我们面临着的日益严峻的水危机，这一观点已经受到了国际社会越来越广泛的认同。联合国教科文组织总干事松浦晃一郎指出：“自从人类降生以来，水就使我们获得灵感、从精神上、物质上、智慧上与感知上赋予我们的生命力。分享与运用我们知识系统中包括传统的与本土社会中的丰富内容，同时学习我们在历史上与水互动中形成的经验，将极大地贡献于寻求应对今天水挑战的解决方法。……说到底，我们必须更好地理解社会、水、环境之间的复杂互动关系，这些互动是植根于社会与文化过程中的，确实地，水管理自身理应被理解为一个文化过程。”①

人类在历史上已形成了和水这一自然物质之间的纽带关系，即水文化。我们不能把人类和水之间的关系简单地看作是一种利用和被利用的关系，而应该是一种文化关系，这就是水文化在当代的价值所在。水文化使我们在对待水的时候拥有科学的价值观和理解、更丰富的知识、友好的行为模式、完善的制度和法律规范、对水资源和水环境有更多的亲近和更美好的享受、拥有更高品质的水生活。

既然水文化在当代仍然有巨大的价值和广阔的前景，那么应该怎么看待水文化呢？我认为可以从三个层面上去理解水文化，也就是科学研究、文化建设与运用三个层面。

---

① Message from Mr Koïchiro Matsuura http：//portal. unesco. org/en/ev. php URL _ ID = 32199&URL_ DO = DO_ TOPIC&URL_ SECTION = 201. html.

1. 作为一门学科的建设和科学研究的层面

在上面我们已经论述过水文化具备其理论结构和科学的属性。从水文化的理论特征上来说，水文化包括了人类对水的理解、价值观、宗教理念、行为，关于水的社会规范和风俗习惯、物质建设成果等多个层面，以及不同时期、不同民族、不同文化背景之中的水文化。因此水文化研究可以成为一个独立的学科领域，人们可以从不同的角度，不同的学科进入水文化研究。水文化研究的核心是研究人水之间的文化关系，这种文化关系包括上述不同的层面以及不同时代、不同文化背景之间的差异，与此同时这些特点也注定了水文化研究是一个巨大的，可以包融多学科进行研究的交叉学科。水文化研究为不同学科进入这一领域的研究提供一个巨大的平台和深入研究的广阔空间，在当代其学科上的价值在于为不同的学科提供了一个共同研究水文化现象的平台和对话的空间，如果仅从某个学科去研究关于水的文化问题，那么在这一学科内部对话的空间是有限的。因此在国际上很多相关水文化的国际会议上，来自不同学科领域的专家都能找到自己对话的对象和表达的方式，不论用展览还是音乐、学术演讲的方式，在这个空间内都是可以被接受的。因此不论水文学、哲学、宗教学、历史学、社会学、考古学、人类学、建筑学、艺术学等不同学科都可以进入这一领域研究，从不同的学科去研究人类和水之间的文化关系。这些学科在进入水文化研究之后，都可以在水文化这一领域取得相关的成果，同时也可以丰富既有的科学领域。例如研究宗教和水的关系、关于水的哲学思想、古代水建筑的艺术学内涵、少数民族的人水文化关系和文化现象等。因此水文化作为一个学科，作为一个多学科可以进行共同研究和对话的科学领域是成立的。

尽管大量的科研成果和学术活动都直接涉及我们所论述的水文化概念，包括前面所论述到的联合国教科文组织也积极努力在官方层面上推动水的相关文化研究和应用，但是在现实的科学领域之内，尤其是在国际学术空间中，水文化还不是一个有明确定位的科学学科。但是水文化研究在国内外已有了广泛的学术基础，获得了理解，这也是一种现实。在英文中 Water Culture 一词也不会再被单纯地理解为水耕法，而会被很容易地理解为水的相关文化现象，近年来笔者在国外进行了很多关于水文化理论的学术演讲，都很容易受到认同。

在中国谈及水文化，则更直接指向本文中所谈到的内涵，不会有更多的分歧。我认为这种状况对中国进行水文化学科建设、举起水文化这面旗帜十分有利。在当代进行新学科的创新、在国际环境中建设起一门新的学科非常困难，切入点已经非常有限，而水文化不仅在国外有广泛的基础、在国内也受到了广泛的认可，尤其是政府已经列入建设的规划，这就为中国创立水文化这门学科奠定了基础。因此水文化完全可能是中国在当代国际学术领域推动建设的一门新兴学科，不仅有利于中国的学术创新、通过建设使中国在这一学科概念下成为领先的国家，与此同时水文化的研究和建设、应用也将对建立良好的人水和谐关系、保护水环境、实现水资源的可持续利用发挥积极作用，这应该是中国建设水文化更大的价值所在，也是中国学术创新一个难得的机遇。

2. 水文化的继承和建设问题

水文化是一种已经存在于人类社会中的文化现象，大量的研究表明，水文化作为人水关系的表现形式，在人类社会中产生了积极的影响，尤其是在维持人与水环境之间的良性关系方面起到了积极作用。水文化不仅是人类保护水环境的一种重要基础，同时也是人类享受水的高级形式。在中国西南的很多少数民族之中，历史上的水环境保护主要依赖于人们对水崇敬的观念、宗教观念、社会规范以及相关的技术等，各民族的水文化体现了人水之间特殊的关系，同时也保护了水环境。从藏族等少数民族人民将河流、湖泊视为神圣的地方加以保护，到傣族、哈尼族、壮族人民将水看作是创造世界的物质、人类和自然之间的神圣媒介、人的生存的根本，从而在社会中创造出丰富多彩的水文化，实现了人水之间的和谐，都表明水文化是人水之间的和谐关系的基础①，水文化在水资源保护中所扮演的重要角色也同样获得了验证②。水文化也是人类享受水的一种表现形式，傣族的泼水节、东南亚泰人社会中的宋干节都体现了人们对水的享乐。在土耳其，有数千年历史的沐浴文化是一种公认的水文化，围绕着享受水的沐浴发展起来了在一个民族社会生活中一种重要的文化现象，成为土耳其民

① 参阅郑晓云《云南少数民族的水文化与当代水环境保护》等，载《郑晓云学术研究文集2006—2011》，中国社会科学出版社2012年版。

② Zheng Xiao Yun. Water Culture and its Role in Water Management: with Case Study on Mid Reach of Red River. Cultures of Water Management, Spriger Publishing, 2013.

族社会文化的代表之一。除此之外，人类在利用水、改造水环境的长期发展过程中发展起来的相关制度和技术、大量的水利工程也都成为人类一笔重要的文化遗产，其价值在今天仍然受到公认①。因此我们可以说，人类历史上所形成的水文化是我们今天应该继承的一笔重要文化遗产，同时也是我们应该延续下去的关于水的文明，这一点毋庸置疑。因此在当代对待水文化首要的是传承和发展人类历史上形成的水文化，不能让人类这一笔宝贵的财富在当代发展中丧失，而是通过不同的方式与渠道继承传统水文化，使之在当代发挥积极的作用并代代传承下去。

但是由于水文化具有民族性、地方性、时代性等特征，因此水文化的构成要素在不同的民族、地区、不同的时代是不同的。在今天全球迅速的城市化过程中，人和水的关系与农业社会相比发生了巨大的变化，同时某些民族中存在的水文化因子在另一些民族和地区中或许并不存在，但是在今天人类对很多水文化的因子有着共同的需要，尤其是在城市化过程中。例如对水和人类社会生存发展的关系的理解和认识、对水环境的友好行为、美化城市的水景观建设、当代的节水文化、亲近水、享受水环境的设施与场所等。与此同时，人类面临着越来越多的涉及水的共同问题，如水短缺、污染、干旱、洪涝、水资源不均衡、水冲突等问题，也需要共同的文化去加以应对。

因此在当代有必要在继承人类优秀的传统水文化的基础上，结合当代社会经济发展和居住环境建设进行新的水文化建设，建设和当代发展相适应的水文化。水文化的建设包括关于水的观念建设、行为规范建设、制度建设、物质建设等层面，具体到人们对水的深刻理解、对水的友好行为、保护水环境的社会习俗、社会规范和制度，富有文化内涵的水利设施建设等，让人们在当代社会生活中拥有水文化。水文化的建设应当结合当地的自然环境和社会经济发展状况，规划设计水文化的建设内涵和建设目标，将传统和现代结合起来。

3. 水文化的应用问题

水文化应用的核心是将优秀的传统水文化、当代水文化研究与建设的

---

① 国际水学会截至2012年已经连续举办了三次“古代文明中的水技术”国际会议，并且形成了大量的会议成果。最新的成果参阅 Conference Proceedings：3rd IWA Specialized Conference on Water and Wastewater Technologies in Ancient Civilization，TurKey，2012。

成果运用到提高人们对水的理解与认识、保护与建设水环境、让人们享受更高品质的水生活的过程中去，将文化作为一种手段，使人们在对待水、使用水和保护水、建设环境的过程更具有文化的内涵，通过文化的应用来实现水的可持续发展。大量的研究表明在当代对待水、使用水和保护水的过程中有无文化仍然是有较大的差别的。今天在城市中由于居住环境的变化，人们和自然的水环境的距离越来越远，尤其是对很多青年人来说，对水的来源的认识可能只是天上下雨、打开水龙头或者从商店中买到，对水和人类文明形成和发展之间的关系认识可能越来越少，水的属性也越来越多地从自然的属性被商品化属性所代替，对待水的行为也可能越来越多地成为一种商品消费化的行为①。这一切都将不利于水的可持续利用。因此人类的水文化建设和应用的终极目标是实现人类对水的可持续利用，使水资源成为人类生存永久的可利用资源，而水文化建设的过程则是使人类在对待水、使用水和保护水的过程中更具有文化性，也就是对于水的状况有更丰富的知识、对水和人类文明的发展过程对象关系有更深刻的理解、在使用水和保护水的过程中有更好的友好行为和习俗、规范、制度，水利建设也更具有文化内涵。因此我们有必要利用文化的手段实现上述目标。将人类共同的优良水文化传统、当代的水文化研究成果和水文化建设理念和规划应用到现实生活中。为此我们需要开展广泛深入的公众教育和水文化知识普及，规划设计更富有文化理念的水资源和水环境保护的社会规范、社会习俗和管理制度，通过文化的手段保护水环境和水设施。

2009 年笔者曾经在日本大阪市考察过“大阪水周”活动，在这个以“水城大阪”为主题的活动周中，活动的主办者以丰富多彩的活动向市民展示了大阪市水的历史、水资源的状况、科学使用水的知识，同时也包括了全球水资源的状况、水和人类历史文明发展的关系等。活动的内容包括国际会议、专家学者进行的面对公众的演讲、摄影图片展、分发宣传册、青少年的水主题绘画比赛等，在活动周中营造起浓郁的水知识和水保护的氛围，有关的宣传资料从飞机场的出口到街头上随处可见。这是一个将文化的手段运用于公众教育的例子。那么如何通过文化的手段保护水资源和水设施呢？这一方面笔者在日本所做的研究工作同样有较大的启发。在日本的东京，水源主要来源于地下泉水，今天在东京仍然有几十处地下泉水

① ［英］富瑞克－哈桑：《水文化与生态文明·序》，云南人民出版社 2008 年版。

在涌水，被称为东京的“生态之根”，这些泉水的保护有一部分是作为宗教场所保护起来，即在神社、佛寺中并被赋予宗教内涵，其他的很多被列入政府的文化遗产保护名录加以保护。在日光市，为了治理河流的砂石流灾害，自100多年前至今人们在河流上建设了十余座阻挡沙石流的大石坝，由于这些大石坝工程巨大、功能重要、历史价值高，但是同时保护这些大石坝困难也较大，然而过文化的手段使这些大石坝的保护获得了新的资源，其中的六座大坝先后被列为国家级文化遗产和地方的文化遗产，受到国家法律的保护，成为人们了解水环境治理的重要场所，每年都吸引了大量当地的学生和游客。相同的例子日本还有很多，大量的水设施被列为文化遗产加以保护、随处可见的和水相关的博物馆、经常性的水知识的公众教育活动、节约和保护水资源的宣传和广告随处可见，这些都表明日本社会中水文化应用得到了较好的普及。总之，水文化的研究和建设，最终的目的还是在水资源实现可持续利用的过程中得到应用，将水文化应用到丰富人们对水的科学认识、建立人和水的和谐关系、保护水资源和水环境的过程中来，尽可能地使水的使用、保护、水环境建设更具有文化的内涵。

四　结论

通过上面的论述我们可以看到，水文化作为一种人类社会中与水相关的文化，形成于人类与水的长期互动过程之中，这种文化现象不论我们今天注意到或没有注意到，都已在人类社会中广泛存在。研究也已表明水文化在人类历史上对水的利用、保护起到了积极的作用。而在当代，文化是实现水的可持续利用不可缺少的要素，是我们维持对人水关系的理解、建设良性的行为、制度与环境的重要基石。联合国教科文组织在2006年世界水日宣言中指出：“在世界上不同的地方，文化传统、本土惯例、社会价值决定着人们如何看待与管理水。”①水文化可以作为一种遗产加以继承，也可以作为一种文化进行建设、作为一种手段运用到水的保护之中去。总之，在当代对水文化继承、建设与运用是我们化解水危机、保护水

---

① http：//webworld. unesco. org/water/wwd2006/.

环境的一项迫切工作，有必要大力彰显水文化的价值，推动水文化的建设与运用。

水文化作为一种客观存在的文化现象，有其结构，同时也有其理论特性，作为一门新兴学科出现有现实的基础，也是时代的迫切需要。水文化在国际学术空间尽管有不同的表达方式，但相关的研究与应用已有较好的基础，水文化的概念也越来越多地被国际学术界所认同。中国学术界近年来大力推动水文化的发展，大力拓展水文化的理论与运用研究，开展国际交流，取得了有目共睹的成就，同时水文化的建设已上升到中央政府的层面上，为中国水文化的建设与发展提供了更大的机遇。因此作为一个新兴学科而言，水文化研究不仅在国际上有广阔的前景，也是中国学术创新的一个重要机遇，只要加强学科建设，中国就有可能将水文化建设成为一个在国际上领先的新兴学科。应当大力加强水文化的学科建设与研究工作，鼓励不同学科的科研人员从不同的学科对水文化进行研究，包括水文化的理论、历史上形成的文化现象、当代的文化及其建设与运用等，将水文化建设成一个新兴学科。应当注重培养水文化研究与教学的人才，鼓励大学与科研单位设立水文化教学与科研机构。

作为一种应对当代水困境的有效手段，水文化的运用不仅有广阔的前景，同时也有迫切性。因此应当大力加强水文化的建设与运用，一方面是继承人类历史上形成的优秀的水文化，另一方面则需要根据当代不同的人类居住环境特征与发展的需要，建设相适宜的水文化。在一些民族、地区存在的水文化因子但在另一些民族中却不足或不存在，这就需要在当代加强对人类共同的优良水文化因子的吸收。不论人类的水文化存在何种差异，但对水文化的需要却是共同的，我们都需要有对人水关系的充分认识、对待水的友好行为、可持续利用水的制度、保护水环境的规范等。这就需要我们加强对水文化的建设。在应对水危机、保护水环境的过程中，大力加强水文化的运用。将水文化运用到提高公众对水的认识、培养水环境友好行为、建设人水和谐关系、水环境建设与保护中，开展水文化宣传与普及，在改造水环境、建设水设施的过程注入更多的文化因子。

中国的水文化目前在研究与建设、应用上与发达国家相比仍然有较大的差距，尤其是存在着行业内的局限性，社会性还较弱。水文化作为水利行业的文化建设是大有益处的，但水文化肯定不等同于一种行业文化，应当具有更广泛的社会性，应当成为一种公众文化，成为一种全社会共有的文化，因此在缩短中国与水文化较发达的国家之间的差距，全社会更广泛的参与是一个关键。从科学研究的角度说应当有更多学科的学者参与到水文化的研究中来，从社会的角度讲应当让全社会都拥有更丰富的水文化，享受到水文化建设的成就，使水文化成为中国生态文明建设的重要内容。

水文化是一种人类共同的文化，在今天为了实现水的可持续发展人类需要有共同的文化，因此中国不论是在进行水文化的研究、建设还是应用，都应该加强国际合作和交流。一方面使中国优良的水文化能够走向世界，成为人类共同的文化遗产，造福于人类；另一方面应该大力吸收世界不同民族、国家、地区丰富的水文化，应用于中国的水文化建设，这样才能很快地提高中国的水文化建设和应用的水平。加强水文化的研究、建设和应用，不仅要注重物质层面上的水文化建设，例如水景观的建设、亲水场所的建设等，更重要的是意识和制度层面上的建设，提高人们对人水关系的认识，强化可持续利用水的制度建设和行为建设，这是缩短中国和国外的水文化建设差距的重要环节。同时我们也要关注水文化研究和应用的前沿问题，例如如何通过水文化建设去应对气候变化、水文化和构建当代可持续发展相关的文化认同的关系、如何以水文化作为手段促进水环境保护、水文化如何应对当代的水危机等问题，都是一些有待中国学术界进行思索的前沿问题。

（本文的压缩版作为“特稿”载于《思想战线》2013 年第 4 期）

国际视野中的水文化

水文化是一个全球性的话题。水文化产生于人类与自然环境长期的互动过程中，存在于世界上不同民族、不同国家、不同地区及不同文化背景的人群之中。今天随着水问题成为全球性的共同话题，水文化也跨越时空成为一个全球性的、可以为不同民族、不同文化背景的人们及不同学科的科学家共同对话的领域，并且在水环境保护和建设中得到越来越广泛的应用。中国目前积极推进水文化建设，面临着重大的机遇本和挑战，我们必须要了解国际上相关的发展动态。文章将结合作者近年来在水文化研究和推广应用的国际合作中的认识和经历，对水文化在国际环境中的发展和现状做一个简单的论述，供国内水文化建设参考。

一　从水历史到水文化:理论的发展过程

水文化的产生是一个长期的历史过程。不论我们是否加以总结研究，它都已经长期、客观地存在于人类社会中。当人类和自然发生互动关系，尤其是和水发生关系时，人们就产生了对水的认识、水的观念、管理水的方式、社会规范、法律，对待水的社会行为、治理水和改造水环境的技术，以及通过文学艺术、宗教、物质建设等方面表达出来的对水的感受、认识、应用、管理、治理等构成水文化的要素。因此水文化是人类文化中长期存在的一种核心构成要素，对今天来说，不同民族、国家、文化背景下产生的传统水文化都是人类文化重要的组成部分和文化遗产。

然而客观而言，水文化作为一门学科或一个专门的研究领域都还很年轻。在今天水问题和水危机成为人类生存及可持续发展的一个巨大的挑战，在过去的几十年中所形成的这种挑战在人类历史上表现出前所未有的严峻性，人类为治理水环境，应对水危机，化解水问题作出了种种努力。不同国家推动了水科学的发展、强化了水管理法律法规、建设了无数的水利工程，但是人类面临的水问题仍然没有得到根本的化解，水危机仍然成为影响到人类可持续发展的最严峻环境危机。为什么人类的科技进步、制度建设、工程建设在积极推进的时候，水问题仍然在加重，除了工程技术的进步及制度建设外，我们是否还有什么更为根本的手段？答案是肯定的，一个重要的因素被忽略了，这就是水文化在当代水治理中的价值。我们不能不深入地认识水在人类生存以及人类文明形成的过程中所扮演的重要角色，尊重不同地区和民族、文化背景中的水文化在当代水环境治理中的重要价值，建设和当代发展相适应的水文化。

基于这种认识，1999 年在联合国教科文组织政府间水文理事会（IHP）的倡导和协调下，国际水历史学会（International Water History Association. www. iwha. net）正式成立，就我们今天水文化这个话题而言，这是全球性水文化对话和研究、推广平台建设的开始。在此之前欧美国家已普遍成立了国家层面的水历史学会，国际水历史学会的成立为协调各国相关学术组织，开展全球性水历史研究与教育提供了平台。学会的宗旨在于推动和加深对于人类文明发展过程中水所扮演的角色的认识，促进人类对于水的理解和关注。国际水历史学会由包括水利专家、水环境工程师、关注水话题的艺术家、历史学家、人类学家、政府官员和民间组织的人士构成了一个以水的历史研究和对话为主题的国际空间。学会所关注的话题不仅是人类改造水环境的历史过程，更关注水在人类文明形成中的作用、水与不同民族、不同国家、不同文化背景的人们的社会、经济、文化发展之间的关系。国际水历史学会成立以来已先后与联合国教科文组织以及有关国家政府和科学组织合作在英国、挪威、埃及、法国、丹麦等国举办了多次全球性国际会议以及一系列的地区性会议，通过提供奖学金、短期培训、编辑出版系列丛书、出版《水历史》杂志、拍摄影视片等方式推动水历史研究和普及，是联合国教科文组织的长期战略合作伙伴，也是国际上最有影响力的有关水研究的人文组织。笔者在国际水历史学会创立之初就已经开始了和学会的会员联系，并且积极参与了学会的各种活动和大多数国际会议。笔者一个深切感受是国际水历史学会的影响力之所以迅速扩大，并且在学会中有来自于不同学科的人们的热心参与，尤其是很多水工程师的参与，原因就在于今天对水的关注和理解、对于水危机的化解已经不仅是一二个学科，尤其是工程技术能够解决的，它必须基于多学科基础上，尤其是要重视文化作用。因此 2005 年 12 月国际水历史学会与联合国教科文组织合作在联合国教科文组织总部举办的第四次全球大会的主题是“水与文明”，同时本次会议上也举行了庆祝国际政府间水文理事会成立 30 周年典礼并且将 2006 年国际水日主题确定为“水与文化”（笔者参与了这一主题的确定过程）。这一切都表明了国际上对于水和文化之间的关系越来越深入的关注。

国际水历史学会有自己的宗旨，也成为今天国际水文化建设的过程中的局限性，那就是将学会的工作宗旨定为水历史研究，对于当代水问题的关注显得不够，尤其是当代的水文化研究和建设仅仅是学会关注的一个领域。但是水文化的重要性是显而易见的，开展水文化的专门研究和应用工作也由此提上日程。自 2000 年起，联合国教科文组织展开了关于水与文化多样性的讨论，并且于 2007 年正式设立了“水与文化多样性项目”（WATER AND CULTURAL DIVERSITY. www. unesco. org/water/ihp-water-society/water-and-culturaldiversity. html）。并提出了“水的文化多样性是可持续的关键”的理念。这一项目主要的议题集中在四个方面：一是水与文化多样性的含义和价值；二是致力于水的文化实践和科学技术问题；三是水利用管理的社会、文化、政治和制度问题；四是与文化多样性相关的、涉及利用、获得和控制水的合作与冲突问题。目前已开展了关于世界各地水文化多样性，即关于水相关文化的数据库建设，2009 年 10 月 1—4 日在日本京都召开了“水与文化多样性国际研讨会”，并且在积极致力于将水与文化多样性问题纳入政府间的正式对话中，积极筹备成立国际水与文化多样性学会。以上所介绍的两个例子都涉及联合国教科文组织相关的组织活动，在全球层面上具有代表性及导向性，这些组织和项目的活动将会影响到世界各国有关水文化活动和政策制定的走向，因此具有典型性。

除了联合国层面上水文化建设活动之外，水文化相关研究在越来越多的国家受到关注和重视，有越来越多的学者致力于其中的教育、研究和推广工作。越南、泰国的有关机构多次邀请笔者前往进行水文化的演讲，根据笔者的理论构建在越南最近已经设立了一个国家水文化建设项目，将水文化建设纳入国家的生态建设体系之中。在美国，很多大学都开有水历史、水和人类文化多样性的教学课程，一个重要的讯号是美国人类学家协会已经成立了水人类学分会，水人类学的概念已经正式成为一个相对独立的人类学领域，即将出版的《美国人类学进展》的主题就是“水人类学”，一些美国学者已经将水人类学纳入大学的教学体系中。在瑞典，斯德哥尔摩大学的学者近年来将水和欧洲国家形成、城市文明的研究领域构建起来，并取得了突出的成效。联合国教科文组织环境教育研究所已经决定将水文化的相关教育作为系统性的教育内容，开展有关的学位教育。在日本，各地都经常性地举办和水文化相关的教育活动，例如 2009 年 8 月在日本大阪举行的水教育周，包括公共教育、学术研究等多种丰富的形式。在中国很多相关的学者也早已致力于这方面的研究，并组织了一些重要的学术活动，产生了很多成果，例如李崇新、靳怀春、郑晓云等学者都长期致力于这一领域并产生了较有影响的成果，2005 年在云南省召开了中国首次“水文化和水环境保护国际会议”，在国际合作的环境中竖起了中国水文化研究的旗帜。2009 年 8 月水利部成立了中华水文化专家委员会等。总而言之，近年来世界上越来越多的学者从文化学、历史学、宗教学、人类学、水利学、哲学等角度广泛地开展了水文化的相关研究，很多国家的政府和机构都从文化学的角度推进有关水的公众教育。

二 国际上对水文化理解及问题的一些关注点

那么在国际视野中的水文化是什么呢？尽管对水文化在国际上有不同的理解，但概括而言，笔者认为在国际视野中，水文化主要包括以下几个方面：

一是有关水和人类文明形成的关系，水在人类文明发展过程中的角色，也就是水的文明史、利用史。

二是世界不同民族、国家以及不同文化背景中的人们对水的观念、认识、宗教信仰，使用和利用水的社会规范、行为模式等文化要素。

三是人类在改造水环境的过程中形成的有文化内涵的物质结果。

四是当代人类的水文化价值观、观念、使用和管理水的行为模式、社会规范等。

五是水教育体系的构建，包括学校与公众教育。

就水文化的关注而言，根据笔者近年来在国际合作和研究中所了解的情况，国际上目前在水文化问题方面主要关注以下问题：

1. 关于水文化的内涵和价值

如上所述，水文化的研究在近年来才上升到全球层面上，因此关于文化、水文化、水与文化多样性等概念的定义仍然是人们关心的问题。关于水文化的内涵仍然需要认真研究，并且获得一致性的认可。水文化既然成为一个相对独立的学科或者是领域，那么独立的学科体系是什么，同时水文化在水资源的管理中、在化解水危机、解决水问题、改善水环境的过程中究竟有什么样的价值，尤其这种价值如何获得不同学科的学者、公众、政府官员理解，通过什么途径来实施水文化的教育，仍然值得深入探讨。

2. 关于水文化和人类文明的关系

在人类文明的形成和发展过程中，水文化扮演了什么样的角色、起到什么样的作用，水文化和人类文明形成发展的关系如何，这是世界各地学者普遍关心的问题。在世界各地不同民族、不同国家及不同文化背景的人群中所存在的水文化是如何促使人们的文明形成，并且成为人类可持续发展的重要基石。如果我们能够理解水文化和人类文明之间密不可分的关系，我们就可以在今天让公众理解水文化的价值和重要性。例如欧洲很多学者就水与欧洲城市发展与文明形成的关系、历史及水管理等进行了深入的研究。

3. 现在存在于世界各地、各民族中的关于水与资源管理、保护、利用的土著知识和传统文化的价值问题

学者们相信，植根于不同民族中的风俗习惯、宗教信仰、世界观、价值观、传统智慧对水的保护作用，土著知识和传统文化对于世界各地的温泉、湿地、河流、湖泊的保护起到积极的作用，在今天这其中往往包含了应对气候变化、环境危机的可持续的途径。因此认识世界各地关于水的传统文化并加以保护和利用有重要的现实价值。因此如何发掘、保护、尊重传统不同民族中相关水的文化，值得深入研究。不少学者都已就传统社区中传统知识与社会规范之间的关系进行了深入研究。

4. 关于水文化的应用

在当代水文化的价值已经受到越来越多的关注，但是如何将水文化应

用在今天的发展过程中，尤其是能够进入到政府的决策过程中，并且在各种发展建设项目中得到广泛的应用，仍然是非常艰难的，需要寻找可行的途径和方法。水文化并不仅是传统，从传统的农村社区到今天的都市，水文化拥有应用的前景，只有将水文化应用到今天的发展过程中，使之成为可持续发展的重要基础，才能真正显示水文化的价值。

5. 关于水文化政策

水文化政策是一个较为前沿深刻的问题，它所关注的是在政策制定过程及当代的发展环境中如何尊重水文化、将水文化作为一种必需的构成要素来加以看待，水文化在相关水的决策过程、规划过程、项目实施和国民教育中产生影响，使水文化成为一种政治因素，主动地去影响上述过程。

6. 水文化权

水文化权所表达的内涵是不同地区的人们有权力依据自己的传统文化和管理水的土著知识对当地的水资源和水环境进行管理。在当代的发展中，很多国家中管理水的传统被政府和一些企业等利益集团所取代，因此争取对水资源的自主管理权力涉及深刻的政治和利益关系，受到广泛的关注。

7. 水文化教育问题

要使水文化在当代的发展环境中产生真正的作用、实现应有的价值，很重要的就是实施水文化的教育，通过什么样的途径和方法实施水文化教育，包括教育的方式、内容等，这是水文化建设中面临的一个艰巨的挑战。世界上很多教学与研究机构都在探索，日本是目前水文化教育做得较好的国家。

三 结论

从以上的简单介绍中我们可以看出，从人文科学的途径关注水问题已经受到国际社会的高度重视。但是客观而言通过人文科学的途径来化解当前的水问题和水危机在全球层面上也还是一个起步时间并不长的领域。尤其是关注水与文化之间的关系也是21世纪初才开始受到重视的。客观来说，水文化还不是一个被国际上广泛公认的独立学科或领域，世界上不同的国家的学者和各种组织从不同的角度、不同的学科关注水和相关文化的关系，注重文化在水资源管理、水环境建设以及通过文化建设应对水危机、气候变化、环境变化等问题中的价值和作用。在这种背景下，使文化作为一个独立的学科或者领域已成为一个明显的发展趋势。目前水文化吸引了越来越多的水科学家、社会科学家，政府官员的重视和参与，但是它仍然是一个新兴的领域，其系统性的理论构建和应用仍然处于起步阶段，仍然有广阔的空间和前景。尽管如此，在联合国国际政府间水文学理事会的协调下，全球性的关于水的文化研究和应用的行动已经展开。

也就是在上述的发展背景和发展趋势之中，基于中国近年来水文化研究上取得的进展，积极举起水文化建设的旗帜，将水文化作为国家环境建设和生态文明建设的战略组成部分，将使中国的生态文明建设和国际环境战略处于领先的地位，今天中国水文化建设在国际环境中将是一次重大的理论建设和环境战略构建重大机遇。近年来中国水利部高度重视水文化的建设，积极采取行动推动水文化的建设，在今年成立了中华水文化专家委员会、今天又举办第一次中国水文化论坛，这些工作在国际水文化建设中都具有前瞻性、引导性，是国家层面上的大手笔，都是对人类生态文明建设和当前应对水危机和水环境变化、气候变化所采取的积极而重要的行动，必将在国际上产生深远的影响。今天开展水文化建设对中国来说并不算晚，只要我们积极地推进水文化的研究，进行水文化理论体系的构建、普及水文化知识、保护水文化遗产、促进水文化的应用，那么中国将在世界水文化领域中异军突起，为应对当代人类的水危机、气候变化以及为人类的生态文明建设作出积极的贡献。

（本文原载《中国水利》2009年第22期）

少数民族水文化：一个全新的研究领域

2001年8月，由联合国教科文组织、国际水历史学会、挪威王国外交部联合主办的国际水历史学会第二次大会在挪威召开，笔者撰写的论文《傣族的水文化传统与可持续发展》一文在全球1000多篇应征论文中入选而受到邀请，作为中国大陆两名代表之一前往挪威参加了这次世纪初的学术盛会。来自80余个国家的300多位专家、学者、政府官员出席了这次会议。会议围绕着人类活动与水的关系进行了三天的学术研讨。这次会议标志着在全球水环境日益恶化、水资源日益枯竭的背景之下，人们已经越来越多地关注人类与水这一与我们的生存密切相关的重要资源的关系。会议所产生的很多成果对于今天都有重要启示。

这次会议涉及的主题及研究的领域十分广泛，所发表的研究报告涉及诸如澜沧江—湄公河的水环境变迁、亚洲传统的农业灌溉系统与今天的可持续发展、非洲人类活动造成的水污染与水短缺、世界各地修筑拦水大坝对当地环境的影响、世界各民族对水的认识、使用水与保护水资源的历史、世界各地宗教与水资源的关系、各国文学作品中对水的描写，甚至世界各地的温泉与人类生活等等。总之，人类与水的种种关系，人类对水的认识以及利用都在水历史的研究领域之内。

作者本人所提交的有关傣族水文化与可持续发展的论文在会议上发表以后，引起了众多学者的广泛兴趣，这篇论文从傣族的人类起源的传说、水与宗教、农业生产、社会生活、节日的关系，人们对水的认识、对水的保护与利用的历史等方面概述了傣族的水文化，并从水文化变迁与当代水环境的变化探讨了水文化与可持续发展关系。这篇论文之所以被大会选中并且能够在会议上引起广泛的兴趣，原因就在于从一个民族的传统入手探讨了今天具有广泛意义的主题，从而也得到了很多今天开展这一学科研究的启发。

首先，今天水文化与水的社会史为什么会在全世界范围内受到越来越多的关注，是因为水问题在当代社会中显得越来越突出，人类的活动直接导致水环境的变化以及水污染、水资源枯竭等严重的后果。认识人类历史上利用水、保护水、治理水环境的经验对于今天的可持续发展是十分有意义的，很多传统的智慧在今天仍然有挖掘利用的价值。其次是人类对水的认识，可以加深今天人类对于自己与环境之间关系的认识，从而达到保护水资源与水环境的目的。因为水环境问题并不仅仅是个自然的问题，在当代更是一个社会问题，需要人们从认识自己的生活意识开始去认识人类社会与自然环境的关系。如果每个民族、每个地区的人们都怀有对水的崇敬以及科学合理地利用、保护水环境，那将对水资源的可持续利用产生积极影响。

水文化资源在云南十分丰富。云南各个民族都有自己对于水的认识及利用水的社会史与当代的方式，都具有自己的水文化。傣族把水视为圣洁的物质，从种植水稻的灌溉系统到泼水节、人们每天劳作后的沐浴习俗、保护水源的“龙林”等都是水文化的重要内容。在基诺族等山区民族中，历史上曾经规划有保护水源的森林，对水资源进行有效的保护；在红河流域的傣族、哈尼族、彝族中人们利用自然环境的优势修建了蔚为壮观的梯田，同时对山顶的森林进行保护而达到保护水的目的，这一切正是当地人基于对于水环境的深刻认识、保护以及巧妙利用水的结果。在大理、丽江等地的白族、纳西族中人们充分资利用水环境修筑了农业灌溉系统，同时将居住环境、社会生活与水深深地融合在一起，创造了人与水共生的景观，凡是到过丽江古城的游客，无不为古城中条条清澈溪流与座座古老的建筑巧妙融合的景观叹为观止。这种水文化是各民族在社会发展中形成的对水的充分认识及利用的结果，是各民族留给当代的一份丰厚的文化财富。对各少数民族水文化与水的社会史的认识，不仅有助于开发利用各民族的传统智慧、总结水环境变迁的历史经验教训、加深对于可持续发展观的认识，也将对世界水文明做出一份特殊的贡献。

开展少数民族水文化的研究，是云南民族生态学科建设中一个全新的领域，具有广阔的前景。但目前总体而言，这一方面的专门研究还很少。云南各民族丰富的水文化资源，为水文化的研究提供了广阔的舞台，这一领域的开启不仅仅是一笔文化财富的开发，也是今天云南少数民族地区可持续发展的迫切需要。目前这一领域研究切入点笔者认为下面几个方面值得关注：各个少数民族对水的看法与认识、各个少数民族宗教中有关水的崇拜、观念与保护、各个民族的社会生活中有关水的使用的种种习俗、历史上治理河流的经验、保护水资源的方法、利用水资源的途径（包括农业灌溉、生活用水、水能利用等方面）、一个地区少数民族传统文化与水环境变迁关系、少数民族水文化与可持续发展的关系等等。

（本文发表于《云南日报》2001 年 12 月 18 日）

水文化与生态文明

水是人类生存的根基，也是人类一切文明的根基，如果没有了水那么人类所有的文明将不复存在。因此在当代建设生态文明的过程中，水仍然是核心要素，在当前的发展过程中，人类面临着一系列的水问题乃至于水危机，包括了水资源短缺、水污染、水环境破坏以及干旱、洪灾等和水相关的灾害。因此化解水危机、建设良好的水环境、保障充足的水资源供给、建设人类和水之间良好的关系，是建设生态文明的重要基础。

水文化是人类和水之间的关系的体现，并且这种文化现象的存在总体上表达的是人类和水之间的良性关系，人类如果丧失了和水的良性关系，那么人类赖以生存的水资源也将受到威胁，最终影响到人类自身的生存，因此人类和水之间的良性关系，也就是水文化和生态文明建设有直接的关系。本文将探讨水文化与生态文明之间的关系、水文化在生态文明建设中的作用，以及如何通过水文化的建设促进生态文明的建设。

一 水文化是生态文明的重要构成与支撑

生态文明是人类在认识自然与自身的生存的关系的基础上形成的人类活动与自然和谐的文明形态，集利用自然、改造自然、享受自然的过程中的精神、社会行为、制度、生计方式与物质成果等要素为一体的文明形态。

生态文明作为一种人类的文明形态，包括了从人类精神上的、制度上的、社会行为以及物质建设成果等多个层面。作为一种文明形态而形成和存在，在于它反映了上面不同侧面人类和自然之间已形成的良性关系，这种良性关系通过相关的形式表达出来，因此生态文明根本上是一种人与自然的良性关系和状态，是集人类对待自然的价值、行为和建设成就于一体的文明形态。因此在现实社会中，生态文明体现在人们拥有利用自然资源的正确认识、善待自然的价值观和行为模式、利用自然资源满足人们自身生存和发展需求的技能、改造自然环境使人类的居住环境更适合自己的生存、生活品质获得提高，人们能够充分地享受自然、自身的发展和自然保持在一种和谐的状态中。例如中国古人说“上有天堂、下有苏杭”，这天堂一般的苏杭，它的内涵更多显示的还不仅是它的富裕，而是一种人与自然的和谐形态，也就是一种生态文明的形态。

生态文明是人类的基本文明形态，是人类的一种与生态和谐相处的形态，自古就有，而非今天才提出来，它不是一种孤立存在的文明形态，更不是人类文明发展的一个阶段。从人类早期文明包括了幼发拉底河和底格里斯河流域的文明、古代地中海文明、埃及文明到中国的黄河流域文明，以及在随后中国各个繁荣时期，都包括了生态文明。生态文明是这些不同特征和发展时期文明的重要构成，是这些古代伟大的文明存在的基础。之所以能够成为文明形态，是因为人们深刻地认识了自然的规律、有效利用自然资源、成功改造自然来适应人们的生存，与此同时形成了人类和自然之间的和谐关系。因此人类所有成型的文明中，都包含了生态文明。今天建设生态文明，就是要使我们发展过程中形成并且保持和生态环境相和谐的关系，包括人类的价值观、行为准则和行为模式、相关的制度以其良好的环境状态。尤其重要的是生态文明不仅仅是人类的生存需要和自然资源之间的平衡关系，或者是一种生态良好的状态，更是一种人类对待自然的价值观的体现，生态文明体现着一个民族对自然的认识以及和自然相处的价值观和伦理观。一切的生态文明首先是建立在一个民族对待自然的价值观之上的。

生态文明有不同的构成层面，同样建设生态文明也需要有多方面的支撑。人类的生存需要土地、森林、海洋、水等不同的资源，人类的生态文明也包括人类和自然资源之间的平衡关系。在这其中水是人类生存的必需物质，是一切文明存在的根基，因此良好的水环境、充足的水资源不仅是人类生存的基础，也是生态文明建设的目的所在。我们要保持良好的水环境和充足可持续的水资源，建立起人和水之间的良性关系就至关重要，这种良性关系就是水文化。水文化反映了人与水之间的关系，因此反映人类和水之间的良性关系的水文化是生态文明重要的构成，同时也是重要的支撑。如果没有充分的水文化，那么就人类缺少了和水之间的良性关系，最终将导致人类对水环境的无序开采、对水资源的无序索取，最终将使人类丧失生存的基础，更谈不上生态文明。在这个意义上讲，人类要拥有良好的水环境和可持续利用的水资源，就必须拥有水文化。

当代发展中人类面临着严峻的水危机，水问题直接制约着生态文明的建设。在人类的发展中，对资源的无序开采已经导致了极端气候灾害的频发、水污染、水资源匮乏、水环境破坏等严重的水问题，人类生存和发展的诸多方面都越来越受到水的制约。这其中有诸多的原因，但是一定和人类对水的正确使用的观念缺失、价值观偏差、缺少善待水环境的行为模式和制度有关。化解水危机，最根本的还是要拥有善待水环境和水资源的观念、制度和行为，要拥有人和水之间的文化。

笔者曾提出，在当代化解水危机、保护水环境、实现水的可持续利用有三条重要的途径，即文化的途径、制度的途径、技术的途径。这三个途径缺一不可，在当代尤其要重视文化的途径，重视文化的建设。仅仅拥有技术和制度没有文化，是不可能从根本上解决当代的水问题的，今天我们不缺少处理水、建设宏大的水利工程的技术，也不缺少管理水的法规，但是我们缺少正确使用水的观念、利用水资源的价值观、善待水的行为，正在丧失亲近水享受水的生活等。因此生态文明建设需要强化水文化建设，拥有与生态文明相适应的水文化，就拥有了生态文明建设的重要基础。因此文化建设生态文明建设必不可少的环节。

二　如何通过水文化建设促进生态文明建设

在上面我们谈到，生态文明是人类自古以来就存在的一种文明形态，人类历史上不同的生态文明总是和人类当时所处的自然环境相适应的，它反映的是不同时期、不同地区人类和当地自然环境之间的关系，因此当人类历史不断发展变化、人类和自然之间的关系发生变化之后，人类拥有的生态文明的内涵也同样将发生变化。人类没有一个统一的生态文明模式，也没有一种永恒不变的生态文明。人类不同的文明都是建立在不同的地域特征、资源状态和人们不同时期的发展水平之上的，因此人类文明具有民族性、时代性、地方性的特征，人类的生态文明也同样有不同的发展阶段特征、不同地域的特征、不同民族文化背景的特征。中国当代的生态文明建设也需要与中国的实际相结合，体现中国生态文明建设的民族性、地方性、时代性的要求。

水文化建设需要与中国生态文明建设的属性相结合，建设体现中国民族性、地方性、时代性特点的水文化。任何一个民族使用水、管理水都是依据自己的文化价值而展开的，都是建立在一个民族对水的理解以及这一个民族的文化传统之上的，因此水与一个民族的社会文化具有最亲密的关系，不同民族的水文化往往成为一个民族的文化标志。因此从中国水文化的民族性来讲，它体现了中国各民族人民对水的深刻感悟和长期生存发展中所建立起来的与水的友好关系，以及这种友好关系上所形成的各种表达方式和表达现象，是对中国人利用水、保护水、亲近水的传统的继承，在继承传统的基础上建设我们当代的水文化。如果我们在当代建设水文化的过程中不注重对中国传统水文化的继承，那么我们也就不可能建立起一种与我们民族传统价值观相符合的水文化，最终也不能够成为真正植根于中华民族中的一种文化现象。

中国地大物博，不同的地理环境决定了当地人与环境之间的关系的差异，例如有的地区地处平原、湖泊众多，有的地方江河纵横或地处山区，有的地方靠近海洋，这一切决定了当地人和水的关系的不同，因此建设水文化需要从当地的实际出发，构建起和当地的地理环境尤其是水环境相适应的水文化。

在人类历史上，每个时期人类与其所处的自然环境的关系都是不同的，包括和水的关系也是不同的。因此不同时代的水文化都打上了时代的烙印、不同时代对水文化的建设有不同的时代需求。在今天的中国，我们和水环境的关系和几百年前相比，甚至50年前相比都不一样，今年我们面临的快速的城市化、工业化发展等对水资源不断扩大的需求，同时水资源短缺和水污染等问题日益突出，我们需要构建和这个时代与水资源和水环境保护、实现水的可持续利用相适应的文化，通过文化的建设去保护水环境和水资源，进一步推动生态文明的建设。因此今天我们需要切合时代的需要，继承中华水文化的传统去构建和这个时代相协调的水文化。

当我们建设好了水文化，我们就拥有了和水之间的良性关系，拥有了对生态环境，尤其是生态环境构成最根本的要素水的正确的价值观、保护水的制度、规范、行为模式和建设成就等文化的各个层面要素，这就构成了对生态文明建设最基本的支撑，就是对中国生态文明建设积极的推动。

三 积极推动当代的水文化建设

推动当代的水文化建设就是建设生态文明的重要实践。由于水文化具有民族性、时代性和地方性特征，因此水文化的建设也应该具有针对性才能达到实效，对当代的生态文明建设做出具体的贡献。那么如何推动当代的水文化建设呢？我认为应注重以下方面：

其一，在当代的水文化建设中，我们必须继承中国传统水文化精髓，这样才能使中国的水文化建设植根于中国的社会中，成为我们中国人共同拥有、共同珍视的一种文化。中国自古以来就已经形成了对水的深刻认识，包括中国老子、孔子等贤哲，也形成了中国人对水的认识和中国人对的水崇拜，尤其是以龙文化为代表的水崇拜。在长期的生存实践中，中国自古形成了丰富的治水思想和治理水的实践经验、技术，管理水的规范和制度等。中国有众多的少数民族，各民族在生产实践中都形成了丰富的水文化，使得中国的水文化体系丰富多彩。中国传统的博大精深的水文化，是今天我们在治理水环境中不可缺少的重要财富，也是当代水文化建设重要的基础，如果离开了这些基础，那么水文化的建设将是不可能深入人心的。我们只有总结、继承中国博大精深的水文化财富，结合当代中国社会经济的发展、资源状态、人和水之间的关系来进行水文化的建设，才能建立起一种符合时代要求、充满时代精神的水文化体系。

其二，在当代的水文化建设中必须要开放和包容，必须积极地借鉴全人类优秀的水文化成果，学习其他民族的水文化内涵和形式，以及建设水文化的有益经验，将这些经验应用到中国当代的水文化建设中去。事实上，世界上各民族都拥有丰富多彩的水文化，并且在今天水文化仍然在各个民族、各个国家中被保持、被珍重，在当代的水管理过程中发挥着作用。例如欧洲城市中，古老的城市水景观设施，尤其是随处可见的喷泉今天仍然焕发着异彩，不仅美化了城市，同时也成为市民亲近水的场所。在亚洲国家，例如泰国、越南等今天仍保持着祭祀水神的传统，通过对水的祭祀活动来强化人们的水观念，达到实现水的公众教育、保护水环境的目的。在日本，很多重要的水环境都是由宗教机构加以保护的，同时在社会生活中结合传统的公众水教育非常普遍，在水利工程中融入文化的元素、通过文化手段及保护水利工程和水环境也非常有成效。因此我们在建设水文化的过程中应该积极地学习借鉴其他国家、其他民族有益的经验，这样必将大大提升中国的水文化建设水平。为此，应当积极加强水文化的国际交流活动。

其三，有针对性地加强水文化建设。水文化建设需要体现时代发展的需要，需要针对发展的差距与现实，将水文化建设落到实处。今天中国的发展中的水资源和水环境状态的现实是不同的，这需要我们在建设水文化的过程中针对问题加强建设。我认为加强以下方面的针对性：

1. 在城市中，很多研究表明在当代的城市中由于供水机制和传统社会的极大差异，水越来越多地被看作一种消费品和商品，城市市民尤其是年轻一代对水资源的状况、水和人类文明形成发展的关系、水的伦理价值越来越缺乏深刻的了解和关心。因此在城市水文化建设中，要重点加强公众的水教育，将水教育作为水文化建设的重要内容。在城市中培养市民的水观念，儿其是节水观念和行为，使市民具有应有的水观念和良好的节水习惯。同时在城市中加强城市水景观建设，改造城市的水环境，让水滋养城市、美化城市，更多地建设市民亲近水、享受水环境的场所。

2. 在农村，近年来由于环境的破坏、经济作物种植、小企业对水环境的污染和水设施的缺失等，农村普遍存在水环境污染、水环境破损、水资源短缺的困扰，有的地方还相当严重。因此在农村水文化建设中，首先要加强人们关爱水环境的教育，提高人们保护水环境的意识。在农村建立起村民参与的保护水环境的制度和相关组织，通过农村社会资本的建设有效保护农村的水环境。加强农村水环境的管理制度建设，加强对种植业和农村小企业使用水、排放污水的管理等。在国家层面应该大力推行农村水环境的整治工作，从根本上遏制当前农村水环境恶化的趋势，恢复建设农村传统的水池、水井、水沟、坝塘等基本的水环境设施，让农村拥有良好的水环境、享受水环境。

3. 在水利工程建设中更多地体现文化，使水利工程建设不仅是一个单一的土木工程项目，它也能体现治水的思想、艺术，体现这项工程和当地的社会和文化需求之间的关系，体现一个地方长期的发展利益。在当代的水利工程建设中，体现和当地的自然环境相协调，体现对自然环境和生物多样性的保护，让一项水利工程有利于人类、生物和自然环境三个层面，在未来有价值去回顾这一个工程对当地的社会经济文化产生的深远影响。因此水工程应该成为人类和水沟通的桥梁，每项水利工程都是为了解决人们对水的需求、改善人们生存的水环境，满足人们享受水的需求。只有使水利工程更多地融入当地社会、与当地民众使用水、亲近水、享受水的需求相结合，拥有治理水、管理水的智慧，同时体现出人类会关爱自然和生物多样性的价值，才能使其有更丰富的文化内涵，才是上乘的水利工程。

（本文为2013年5月水利部在淮安召开的“水文化与生态文明高层论坛”论文）

人与水的历史关系：一个文化动力学过程

水是人类最重要的生存资源，人类为了生存必须要利用水资源，这是一个亘古的定律。但是人类与水的历史关系并不是一种简单的利用和被利用的关系，而是一种复杂的文化关系。在人类历史上，一方面为了更好地生存，人类总是尽最大的努力去改善水环境和水资源供给，以满足人类的生存与发展需要。另一方面，人类因为水环境的改善、对水的利用也推动了人类社会自身的变化，社会、经济得以发展，人类的文明程度得以提升。因此在人类的生存过程中，人类并不是被动地去使用水，而是积极主动地提升自己的能力、努力改造水环境与供给状况，创造一种适应于当地水环境的文化与社会体制，让水资源更有利于人类的生存和发展需要。因此人类的历史也是一部生动的利用水、管理水、改造水环境的历史。

首先，治水是一种人类的基本生存动力，人类在历史上的任何时期都在为改变水环境、满足自身的生存需要而努力。人类所生存的环境中，并不都有良好的水环境状态，都需要人类付出努力去改变它，使它更有利于人类的生存，这是人类历史上的一个普遍现象。在中国历史上，传说中的大禹由于其成功地治水而成为中国历史上的第一个君王，也开创了中国作为一个国家的历史，通过水环境的治理为当地的人类生存提供了有利的条件，也产生了“水在于疏而不在于堵”的治水思想。秦国蜀郡太守李冰及其子率众于公元前256年左右修建的都江堰，不仅消除了当地的水患，而且有效地提升了成都平原的农业灌溉，推动了2000多年来成都平原的社会经济发展。中国古代有影响的都城基本都建立在大江大河沿岸，中国古代的都城建设都必须处理好和河流的关系，一方面要利用河流的便利满足城市水供给，另一方面也要防止河流水患，因此中国古代的都城建设都设计建设了水供给、城市水循环利用、河道、污水和暴雨排水等功能为一体的城市水系统，古代的长安城就是其中的典范。在古代的罗马帝国时期，罗马帝国在他的所有统治所及的地方修筑了数以千条计的引水渠，罗马引水渠不仅成为罗马帝国统治的象征，同时也成为人类水利史上的一个工程奇迹，使当地的水供给得到了极大的改善，也对社会经济发展起到了极大的推动作用。在中亚干旱、半干旱地区，2000 年前古代波斯人发明了坎儿井技术，当地的人们运用这种技术修建了数万条坎儿井，有效地支撑了当地人的生计与发展。总之，人类在历史上总是不断地为了满足自己的生存需要在改造水环境，为了生存必须治水，这已成了人类社会发展史上的一个规律。人类为治水而付出的艰辛难以言表，有诸多成功，也有诸多失败。在这个过程中，产生了治水的思想、治水技术、管理水的社会制度，形成了工程成果，使得人类控制水、利用水的能力不断得到提升。一个民族的治水能力的提升，是其文明与发展进步的重要标志，从这个基点上来说人类社会的进步往往是因为治理水的需要而得到推动的。因此水治理的愿望和行动对人类社会发展是一种重要动力。

水的利用和治理的改善，不仅满足了人们的基本生存需要，同时也推动了社会经济的发展，促进了人类文明的提升。例如古代的罗马是一个没有充分水资源的城市，水源是通过百里外的引水渠工程引水进城的，公元前 312 年到公元 226 年，罗马城市修建了 11 条大型引水渠，使得罗马城成为一个水资源供给充沛的城市，每天人均拥有 500—1000 立方米的水供给。规模宏大的引水渠工程不仅保障了罗马城中充沛的水供给，同时它发挥了供给饮用水、保障市民公共健康设施以及为军事设施、市民家庭、花园灌溉、水上娱乐、水磨、装饰性的喷泉和公共用水水池等设施的供水功能，罗马的古代城市文明就是建立在引水渠之上的。以市民的生活方式而言，古代罗马建设了大量的城市喷泉，使罗马城成为名副其实的喷泉城市，与此同时，古代罗马修建了大量的公共沐浴设施和公共厕所，极大地改善了城市公共卫生，减少了疾病流行，水的利用带来了人们生活方式的变革和社会进步。在公元 1 世纪，罗马城已有 700 个蓄水池、500 个喷泉，到公元 4 世纪，已有 1352 个喷泉，11 个大型公共浴室、865 个小型浴室，144 个公厕。目前罗马城中已有超过 3000 个喷泉，2000 多年来人们能够在这个城市中充分享受水带来的快乐。再例如中国京杭大运河的修建，不仅便利了南北的水上交通，更带来了两岸城市的繁荣，南北方文化的交流，从而对中国社会文化发展产生了深远的影响。事实上不论在世界的任何地方，成功的水治理和水供给的改善，必将推动当地的社会和经济发展。

人类在利用和治理水的历史过程中，也努力去适应水环境，构建起和水环境相适应的社会经济制度和文化，形成了人类在不同自然条件下、不同地区和民族的人们对水的认识、因水而形成的生活方式、生产方式以及相关的宗教、文学艺术等的丰富多彩的文化现象。不同的民族都有对水的理解和认识，很多民族宗教中都有水的因素，包括基督教、伊斯兰教、佛教等世界主要的宗教中水都是沟通人神的重要媒介。水也成为很多民族构建民族文化认同的基础，例如龙在中华民族认同中的含义，傣泰民族将水作为民族认同的重要标志等等。人类社会因为水的形成了不同的生活方式，例如中国的江南一带，水乡生活成为当地社会生活方式的特征。社会组织往往和水的使用和分配直接相关，很多社会制度和组织形式都是因为水的管理而形成的，为了水的治理与管理而形成了相关的社会组织形态，例如在历史上黄河流域的治理而形成当地政府的一些特殊的组织运行方式，在北部非洲很多部落社会组织形式都是建立在水分配的需要之上的。总而言之，人类在利用和治理水的过程也是一种文化适应过程，人类在这个过程中形成了和当地水环境相适应的文化，与此同时也基于不同的文化去管理水和利用水。

通过上面的分析，我们可以看到历史上人类和水的关系并不仅仅是一种简单的利用水资源满足人类基本生存的关系，而是一种文化关系，人类社会的发展往往是因为水的治理而推动的，水的治理和利用是人类社会发展重要的文化动力。深入认识这种文化动力对人类社会发展的推动作用，有助于我们从一个新的角度去理解人类的历史，总结经验教训、努力实现水的可持续利用。如果我们丧失了对人和水之间的文化关系的理解，将人与水的关系仅理解为利用和被利用的关系，那么人类就不可能去关爱水。在今天随着技术的进步和城市化发展，人类对水环境的治理能力已经有了空前的提高，人类生活方式有了根本的变化，我们往往随意改变水环境，改变人类历史上形成的人水关系的成就和文化脉络，尤其是在城市化过程中运用工程技术手段去构建起一个城市的供水、用水和排水的新的系统，水在城市中成为一种消费品和商品，人们对于历史上人与水之间的关系越来越淡漠，事实上这种现象正是造成当代很多城市陷入水困境的根本原因。大量的研究已经表明，人类社会中的用水和管理水的很多基本原则并不是今天的成就，而是在四五千年之前的人类社会中已形成并一以贯之。因此今天我们有必要重返历史，从历史上学习利用、治理和管理水的经验，吸取教训，这是水历史研究的根本价值所在。通过对历史上人与水的文化关系的深刻认识，形成并永葆我们关爱水的价值观。

水历史的关注与前景

——答《中国水利报》记者刘雁飞问

问：“水历史”这一话题为何值得关注

答：对水在历史上扮演的角色的认识仍然是我们今天值得认真理解的一个主题。水是人类生存的基本资源，但是在人类生存的历史上水并不是一种被动的资源，人类和水之间产生的是一种互动关系，人类必须要不断地构建自己社会关系、制度和能力以有效地使用和管理水资源，同时还要治理水患，这一切都使水成为人类历史发展的一种重要动力。人类生存在不同的地域中，可能和河流、泉水、湖泊、大海相伴，也可能和草原、森林、沙漠相伴，人类必须从当地的地域环境中获得水资源，但是利用和管理水资源也需要相应的社会制度、能力和技术，才能使水资源被便捷有效地使用。不论从更便捷地为满足自身发展的需要去使用水资源，还是被水患所困而不得不动用巨大的人力财力解决水患，无论是主动去适应水环境还是被动地适应水环境，都将导致人类社会发生变迁，导致新的社会关系的产生、技术的进步和生活方式的变化。因此人类的历史也是一部利用水资源和管理水资源的历史，水在人类社会历史上既扮演着人类生存的必需资源的角色，同时也扮演着推动人类社会发展的动力角色。从水在人类社会中扮演的角色、从水的角度去理解人类社会的发展，我们可以有新的认识与发现，同时对水在人类生存和发展过程中的重要性同样会有新的理解，使我们更加关爱水。

问：顾名思义，水历史是和水相关的历史吗？它的具体定义是什么？

答：所谓水历史，我理解可以分为自然史和人文史二种，自然史是水在自然状态下变迁的历史，我们今天所谈论的水历史是水的人文史，也就是在人类生存过程中和水之间的互动的历史，不仅研究在人类活动中水环境的变迁，也研究人类因水而导致的自身的种种变化。水历史作为一门科学来说具体的内涵。水历史的研究关注人类是如何在历史上，包括并不久远的历史上人们是怎样利用水、治理水、改造水环境，同时关注这个过程中如何导致了我们的社会关系改变、政治和社会制度的形成、生活方式的改变和科学技术的进步。人类如何因为利用水而形成相关的社会制度和社会模式、形成新的生活方式，同时也研究在人类历史上水管理、分配乃至于水权、水冲突，水相关灾害对人类社会的历史影响和治理的过程、经验等。例如在中国历史上大禹治水的成功不仅促进了中国国家雏形的形成，同时大禹治水形成的“水在于疏而不在于堵”的治水思想不仅影响到数千年来中国的水治理，同时在中国的政治和社会管理过程中也产生了深远的影响。在历史上，为了改善水环境条件、防范和控制水灾，不同地区和国家的政府往往需要动用大量的人力财力修筑大型水利工程、从事相关的水利活动，这不仅影响到了当时的国家治理、国家的政治和社会制度，同时在这个过程中也使得相关的科学技术得以发展。很多学者都已经指出古代社会中的政治制度往往和水的治理和控制有直接关系，古代重大的水利工程对随后的社会关系、经济关系和生存状态都产生了深远的影响，例如中国的都江堰。再例如因为水的利用，尤其是自来水的发展，使得人类卫生条件得到极大的改善，水厕、沐浴等日常生活用水的条件的改善，提升了人们的生活品质，也减少了疾病的流行。因此人类和水的互动关系是一种不可割断的历史渊源关系，我们在今天仍然不能割断这种历史渊源关系去应对我们今天面临的水问题、去思考我们的未来。

如果要给水历史和水历史研究下一个简单的定义我认为可以是：水历史是人类与水互动的历史，是人类使用水、管理水与治理水环境的过程及其对水环境和人类社会产生的影响和后果的历史。水历史研究是一门研究人类在历史上与水互动的过程、结果与影响的科学，即人类在历史上认识水、利用水、管理水与治理水的过程、结果、影响，包括在这个过程中人类社会自身及水环境两个方面的变化。研究人类与水互动过程中形成的相关制度、社会关系、生活方式、技术、工程等及其历史影响以及人类活动造成的水环境变化和后果。

问：水历史这门学科主要包括哪些内容？或者说延伸下来的还有哪些学科？

水是人类不可缺少的生存资源，水和人类社会的方方面面都有密不可分的关系，由此而产生的影响力植根于人类社会的每一个方面，因此人类社会中的水历史也就是一部人类和水相互关联互动的历史，这也决定了水历史这门学科的研究具有广泛性，涉及人类社会生活的方方面面。尽管如此我们仍然可以做一些疏理，从目前国际上关注的研究点中主要有以下方面：水的社会史，包括水在历史上如何影响到国家和地方社会关系和制度的形成、水和人类生活方式的进化、治理水环境的技术进步及其影响、历史上的水冲突及其影响等；水利用史，包括水供给史、灌溉史、排水史等；水环境的变迁史，考察在人类活动中水环境的变化变迁；水管理的制度史，包括在历史上人们利用水和管理水的过程形成的相关制度、社会规范及其影响等；水利史，包括历史上水利工程及其影响；水的文化史，包括水是如何影响到人类的精神活动和产品生产、宗教的相关现象的形成等；水权史，包括水在历史上的形成与权属关系演变等；水的治理史，包括人类在历史上治理水环境、水灾害的历史；水经济史，包括在历史上水是如何影响到人们的经济生活、经济发展、水作为商品的历史和角色等。

事实上由于水和人类社会的关系密不可分，因此从人类社会历史发展的各个侧面切入探讨水和人类之间的相互关系，都是水历史研究的内容。可以有更细的分野，包括目前很多专家的关注的水灾害史，又可以细分为干旱史、暴雨水管理史、洪灾史、污水管理史等。对水历史的研究还可以细分到地域性研究，例如河流史、湖泊史、泉水史等。总而言之，水历史是一个大的学术平台，历史学家可以从不同的层面和角度切入研究。

问：研究水历史有哪些积极的作用？

这个问题确实重要，水历史研究的积极作用决定了这门学科存在的价值。在当代水历史研究的积极作用我认为可以从以下几个方面加以理解：

第一，加深我们对于水和人类生存、发展之间的关系的理解。在今天，水对人类社会的发展所产生的作用的理解仍然是远远不够的，从大处讲事实上人类社会的进步往往都是由水而推动的，人类在利用水和治理水环境的过程中推动社会进步、技术进步和生活方式的进步，因而水并不是一种被动的资源。对于人类和水之间的历史互动关系的理解，不但有助于我们深层次地认识人类自身的历史，或者说从一个新的角度去认识人类的社会历史，认识很多历史事件的深层次因素，同时也认识历史上一些重大的水事件和水利工程所产生的历史影响。从细部讲，人类在社会生活中利用水、管理水产生了诸多的影响，包括水的利用带来生活方式的变化，例如厕所、沐浴、饮用水、生活洗涤的发展演化。因此人类社会发展不同层面的发展变化都可以看到水在其中所扮演的角色。这种理解的加深，有助于我们注重处理水和人类生存的关系，实现水资源的可持续利用，这也是人类可持续生存的基本保障。

第二，水历史的研究也是对经验的总结，总结人类在历史上利用水、管理水、治理水的过程中的历史经验和教训，探索其中的智慧，为今天实现可持续的水利用和水管理提供有益的借鉴。人类在和水的长期互动关系中，有诸多的历史经验教训可以总结，例如在中国当代的城市化进程中，很多城市的传统水环境被改变，城市河流被破坏、覆盖，填湖造田等破坏水环境的事例比比皆是。在当代城市发展中，古代城市系统化的水环境设计，尤其是城市排涝设计和建设是十分值得借鉴的。因此我们在思考今天的水利用和治理的过程中总结历史经验教训、汲取智慧，避免对水环境造成不利影响是非常重要的，至少在很多发达国家是非常重视这一点的。

第三，水历史研究的成果可以被直接应用到现实生活中。在国际上一些前沿的研究中，历史上的水灾害和水环境研究对于今天应对气候变化有重要的价值，因此在很多国家中水历史研究的专家直接参与到了今天的气候变化应对工作中。在一些国家和地区，历史上使用水的权属关系对于今天的水权争端有直接的影响，因此相关的研究直接被应用于水谈判、水外交。水与人类社会发展的关系的研究成果对于今天的环境教育十分重要。地域的水环境史研究包括河流史、湖泊史等对于今天的环境保护有重要的参考价值。

第四，水历史研究可以丰富科学研究，推动科学发展。水历史研究作历史学的一个分野，吸引不同学科的科学家进入这个领域共同研究，成为历史学发展新的前沿领域。水历史研究的繁荣发展不仅有益于科学发展，对化解当代的水危机，实现水的可持续利用也同样有积极的作用。

问：近年来国际层面上水历史的学术相关活动状况如何？

水历史是近年来国际上备受关注的一门学科，就笔者最近两年来参加了一系列国际学术活动就可以看到这门学科的活跃程度。2011 年 6 月在南非举办了国际水历史学会第六次双年国际会议，同年 12 月日本政府和亚洲开发银行共同主办了水历史国际研讨会。2012 年 3 月在伊朗召开了“水管理的世界史”研讨会，会后联合国教科文组织、联合国水教育学院和国际水历史学会共同主办了“水管理的全球史”短期课程培训班。4 月在土耳其召开了国际水学会古代文明中的水和污水技术国际研讨会。在今年除了目前在昆明召开的“水在历史上的角色”国际研讨会之外，6 月和 10 月还将在法国、摩洛哥举办与水历史相关的国际会议，未来 3 年中的一系列水历史相关国际会议已经在筹办中。国际会议是反映国际学术活动活跃性的重要标志，最近几年来有关水历史国际学术活动有几个特点：一是活跃度、频繁度高，二是参与面广，越来越多相关领域的学者、工程师和政府官员参与到水历史的学术活动中；三是受重视程度高，一方面是联合国教科文组织积极推动了水历史研究和应用的开展，另一方面一些国家政府积极鼓励水历史研究和应用工作，很多水历史国际会议往往都由主办国政府直接参与主办。

水历史研究和相关学术活动受到重视，一方面反映了在国际层面上人们对于继承人类水管理和治理的传统的重视，另一方面也反映了在当代化解水危机、实现水的可持续利用过程中学习历史经验、汲取历史智慧的迫切性。

问：国际上和中国水历史研究的现状如何？有什么差距和可借鉴之处？

这是一个较大的问题，但是我们仍然可以就其中的一些特点做一个归纳。近年来在国际学术界水历史的研究发展确实很快，学术活动也是较为活跃的，尤其是近 20 年来。自 1999 年我开始和一些国际上的水历史学家接触以来，十多年来国际上这一学科发展变化我基本上都是亲身经历了的。在国际上水历史研究有较长的历史，这还反映在他们注重学术组织的建设上，因此在欧洲一些国家包括德国、英国、美国、芬兰等都有水历史学会，或者在历史学学术组织中有水历史的分科组织。学术组织是一个重要的平台，是学术活动有规律、可持续开展、促进学术交流的重要保障。1999 年国际水历史学会的成立被提上议题，2001 年在联合国教科文组织国际水文项目的协调下在挪威正式成立，成为推动国际水历史研究和交流的重要组织平台，今天也成为国际水科学研究最有影响力的组织之一。联合国教科文组织国际水文项目积极推动了水历史研究的开展，这方面的情况从英国富瑞克－哈桑教授所著《我们时代的水历史：联合国教科文组织国际水文项目对水历史的尝试》一书中可以反映出来。目前联合国教科文组织水历史丛书已编撰完成。

目前国际上对水历史的研究关注我认为主要有以下几个方面：一是对水和人类文明形成和发展中的作用、对水对人类社会发展进步的推动作用较为关注，注重探讨水和人类社会发展之间的关系、历史上的水事件、水工程对后来社会的影响等，这一点在最近几年来表现得特别突出。二是注重探讨人类历史上在使用水和管理水中的历史智慧、经验、教训对于当代水管理的启示作用。注重水历史研究成果的应用，较为前卫的研究包括利用水历史研究成果去探讨对气候变化的适应，解决当代一些国家和地区存在的水争端等的问题。三是水工程、水技术史的研究，这是水历史研究较早的发端领域，但是目前仍然有较多科学家在研究，产生很多研究成果，除了重大的水利工程研究，例如大江大河治理的历史、大坝史等，也包括水相关的卫生设施的演化历史，例如厕所、沐浴设施、自来水和其他生活设施的演化历史，历史上的污水，暴雨排洪管理，城市下水道史等。二是由较多的学术组织在推动这一领域的研究和应用的展开，如上面所提到的。国际上对水历史的研究的参与面广，除了专家学者以外有兴趣的群体还包括政府官员、工程师和水务管理专家、企业家等。近年来包括过去纯自然科学杂志，例如国际著名的学术刊物《水科学与技术》也开始发表水历史方面的研究论文。三是研究的切入领域较广，包括历史研究的不同领域，从政治、社会、经济、文化、技术的角度去开展水利史的研究。

近年来我也注重收集分析中国水历史研究的文献。中国的水历史研究也是有非常大的成就的，包括对古代治水思想的研究、古代水利工程的研究、古代治理水患的研究、大江大河治理史的研究、古代中国城市水供给和排水研究、历史上的水利工程和水管理对地方社会的影响研究，少数民族水文化史的研究等方面都取得了很多成果。

如果一定要对中外水历史研究现状作一个对比，那么我认为最主要的差别表现在以下几个方面：一是中国学者研究的角度仍然较为单一，大多数的研究集中在历史上水利工程史上，因此在谈到历史上的水研究往往使用“水利史”，不是更广义的“水历史”。对水和历史上社会经济文化、制度、技术发展的关系的研究较为薄弱，即便是水工程技术史的研究，分野和成果也不多，例如供水史、水厕史、城市下水道史、水灾害、水权史等。二是在中国这门学科的交流平台仍然较少，涉及水历史研究的专门学术会议和学术刊物较少，国际交流不多，很多学术会议往往局限于水利部门，学术界的参与性不够广泛。缺少自然科学和社会科学研究部门、教育部门、水利部门、政府部门等的研究人员之间的交流和协作。也正因为如此，中国的水历史研究还没有形成规模和应该有的气候、气派。三是不注重历史研究和水环境治理、水可持续利用、气候变化适应、减灾防灾等之间的关系研究。例如中国古代城市建设中各系统规划思想和建设成就对今年的城市洪涝减防有什么经验教训可以借鉴，研究不多。了解这些差距，有助于我们有针对性地推动水历史研究在中国的发展。

人类在同一个地球上生存，尽管生存的地域不同，使用水的方式不同，但是人类生存都离不开水，在长期和水的互动过程中，都积累起了大量有益的经验，也有值得总结的教训，推动中外水历史的研究和交流可以使我们携手合作共同应对当前所面临的水危机，规划水的可持续利用，使人们能够在地球上持续生存下去。因此加强水历史研究，尤其是加强全球水历史研究的合作和交流在当代有着重要意义。我认为中国不仅要加强水历史学科的建设、推动不同学科的专家从不同的角度参与到水历史的研究中来，同时要加强国际学术交流，了解并且共享人类的水历史文化遗产，为当代的水可持续利用做出贡献。

问：水文化与水历史之间的联系和区别有哪些?

答：水历史和水文化之间既有区别也有联系。首先水文化本身就是有时代属性的，水文化是形成于人类在和水的互动过程中的文化，而这种文化从人类和水产生互动关系之后就已经产生，包括人们利用水、管理水、治理水环境的过程中产生的有关水的观念、社会习俗，对待水的行为准则、社会规范、管理制度及治理水的物质建设成果等，这些都伴随着人类的历史发展而存在、发展，在历史上形成和存在的水文化就是水历史视野中的文化，因此历史上的水文化也是水历史的一个重要组成部分，这就是水文化和水历史之间的必然联系。当然在当代我们也有水文化，我们还要随着时代的发展建设新的水文化，它就不是水历史的组成部分。这一点也提示我们研究水文化的时候应该注意它的历史属性、划分水文化的历史阶段。研究历史上的水文化，是水历史研究的一个重要的视野，即从文化的角度去研究历史上的水，具有重要的价值。

问：如何才能做好水历史和水文化的传承工作？如何才能将中西方水历史中值得我们借鉴的智慧和经验共享？

答：水历史和历史上的水文化的研究一方面是作为一门学问去探索研究的，但是探索和研究的结果在丰富科学研究的同时，更应该为现实服务。人类利用水、管理水和治理水环境的过程中都有大量的历史智慧和历史经验教训值得今天去学习和借鉴，例如中国古代城市的规划和建设，因此做好水历史和水文化的传承工作确实非常重要。我认为一方面是加强水历史和水文化研究工作，使我们对历史上水管理的过程、结果以及相关智慧和经验教训有更深入的认识。对祖先给我们遗留下来的水文化遗产更加善待、保护，对于中国大地上难以计数的水文化遗迹都应该作为文化遗产加以普查，通过制度方式加以保护。对于非物质文化遗产加以清理、研究。

另一方面要尊重水历史和水文化遗产，发挥它在当代的水管理、水环境建设和水教育中的积极功能。在今天，我们对待水历史遗产和很多西方国家是有较大差距的，不论是物质文化遗产还是非物质文化遗产，强调它的历史价值以及在当代的功能都非常不足，重视不够。事实上，割断历史来看当代的水管理和水治理都是不全面的，例如我们对少数民族水文化的研究表明，如果在历史上所形成的水文化完全丧失，那么当代的水管理将不是可持续的，甚至将是混乱的，这已经有很多现实的教训。因此我们应该在水管理和水环境建设的过程中注重历史经验和历史传承关系，同时将历史文化遗产作为当代水教育的重要内容。

我认为中外水历史、水文化的历史经验的互相借鉴是非常重要的，它将使我们在借鉴历史经验、推进今天的水管理和水治理过程中开阔视野、获得启迪、提升水平。相互借鉴就必须要相互了解，因此我们需要更多地相互研究、相互学习。中国的学者应该更多地研究国外水管理的历史和文化，应该有更多的学者走出国门，加强对世界各国水历史的研究，目前这一点对中国学者来说还是非常弱的，因此要鼓励中国学者积极参加相关的国际学术活动，包括国际会议、学术考察和合作研究。同时中国也有很多管理水和治理水环境的历史经验和成就值得向人类传播，这也需要鼓励中国学者将自己的学术成就和中国的水历史向全世界传播，鼓励学者到国外去讲学、发表学术研究成果、通过媒体和其他的活动向全世界介绍中国的水历史。再如组织编撰出版或者拍摄有关全球水历史研究文集、个案图集和影视片，都有利于我们借鉴人类水历史的共同智慧。最近国际水历史学会编撰出版了大型画册《世界景观中的泉文化》一书就是一个好的例子，将全球著名的喷泉和泉水文化遗产集中在一起，让人读后倍受启迪。

（本文载《中国水利报》2013 年 2 月 28 日，原文标题为《世上所有的“水”可以相通》，在此略有压缩）

Drainage in Ancient China: Historical Wisdom and Lessons

Abstract: China as a country has an extensive history of drainage engineering. However, the purpose of drainage in the ancient ages was for flood control, river management, irrigation, urban water supply and waste water management, storm water drainage, etc. Also, the ancient Chinese society was made up of the rural society and the urban society. Accordingly, the functions of drainage in the rural areas was for flood management and irrigation purpose, and that of the urban area was also for managing flood, storm water and waste water control. According to the idea of Chinese ancestor, riverside was strongly considered as a major priority before a city is established. However, almost all the early influential cites in China were established near the rivers, just like Xi'an, Beijing, Nanjing, etc. During the ancient ages, the city governors did not only apply great efforts in developing water supply system continually in the cities, but also improved the drainage systems at same time. The archeological evidence showed that drainage facilities have long existed at the early city in Henan province in 2300 BC. Therefore, it was also evidenced that drainage system began from early designs and was developed along as the city develops. The traditional water system comprises of drainage system that had been in existence in most Chinese Cities before the current great urbanization in the 1980s. Thus, the incomplete drainage system of the current rapid urbanization process has brought more and more problems like storm flood and water pollution which does not just occur frequently in common cities but also in major cities like Beijing, Tianjin, etc. As a result, it requires us to rethink on the drainage situation in the current enlarging process of the cities, and to proffer solutions especially by learning from history. Therefore, this paper aims to explore the idea and process of the drainage in the history of China and the lessons learnt from history so as to proffer solution to water risk in current urbanization.

Key words: China Drainage, Historical Wisdom, Lessons

Introduction

After 1980s, China was involved in rapid urbanization. Consequently, almost all the cities have involved in an enlarging process. Urbanization has effectively promoted the urban development, but has also brought obvious problems simultaneously; for example, incomplete drainage system had brought more and more problems like storm flood and water pollution which does not just occur frequently in common cities but also in major cities. In 21 July, 2011, Beijing, the capital of China experienced a rainstorm flooding with rainfall of about 164mm that was recorded as the highest rainfall in past 61 years. The area of 14000 km^2 in the city with 1.9 million people was affected leaving 77 dead in this rainstorm①. In recent years, rainstorm has also brought disaster frequently to other major cities like Wuhan, Hangzhou and Nanchang. This situation requires us to rethink on the drainage situation of the city's enlarging process, especially to learn from history for solution. Therefore, it is a fact that China has an extensive history of drainage engineering, as many cities and resident areas formed and developed have successful drainage engineering. Thus, this paper aims to explore the logic and process of the drainage in ancient China and the lessons learnt from history in order to proffer solution to flooding risk in current

① Baidu, 2011.

urbanization.

The history of drainage in China was dated back 4000 years ago①. The archeological evidences showed that the drainage facilities had been in existence in the early city of Henan province in 2300 BC. Therefore, it was also evidenced that the construction of drainage system began from the cities early design, and was developed along as the city grows. In the subsequent ages, the drainage system had been developed with the city's development which was incorporated with the urban water system construction. Furthermore, it has also achieved a traditional model of urban drainage before 1980s. Simultaneously, drainage in rural areas has played an important role in agricultural and community development, especially in the river basins and lake countries. The purpose of drainage from the ancient times was for flood control, river management, irrigation and urban waste water management.

In the early age of the cities in China, the major river basins were strongly considered to be the site of the city, especially the Yellow River basin and the Yangtse River basin. However, all the influential ancient cities in China were built near the major rivers, including the 8 most influential ancient capital cities such as Anyang, Changan, Luoyang, Kaifeng, Nanjing, Hangzhou and Beijing. For example, Anyang, the oldest capital city of China, was built across the riversides of the old Heng Shui (洹水) River. Chang'an, today's Xi'an City, was built near 8 rivers such as Wei (渭) River、Jin (泾) River、Lao (涝) River、Feng (沣) River, etc, and it was regarded as the capital city for 1700 years by thirteen dynasties. Kaifeng city is located at a place between the Yellow River and the Huai River. Also, Nanjing city is located at the south riverside of Yangtze River②.

Being situated close to rivers, the city was convenient for water supply and irrigation, and this later made transportation convenient. Though a city built close to the river side is at a high risk of flood, the emperors and the governments in any of the dynasty has employed measures to counterattack flood disas-

① Du Peng Fei, Qian Yi. 1999.

② Jin Huai Chun 2005.

ter from its early construction to aged times. Accordingly, the history of drainage in China began with the city's early construction. Consequently, when a place has been chosen to be the site for the establishment of a city, drainage was first designed for the water system. Also, when planning a city as the capital, usually the city founder has to construct canals to bring water from the river nearby into the city for water supply. Similarly, the city founder has to construct other canals to direct used and waste water from the city into the lower basin of same river where the water supply canal linked. Therefore, this was the model designed as the system of water supply and drainage in the ancient city of China in general. Inside the city, water supply and drainage system are usually built for palaces preferentially, then for others resident areas. Accordingly, the model of water system in ancient city usually combines (1) Water supply system: It was a canal or river to introduce water into the city. (2) City's rivers: They are rivers or canals flowing inside the city as a water-cycle system with the functions of water supply and drainage. (3) Draining channel: The network of draining channel was built in palace and resident areas. However, some are underground channel and some are upper channel for draining waste water and rainwater into the city's rivers. (4) Ponds: It was built or naturally linked with the city's rivers and functions as a sluice and waterscape. (5) Fosse: A canal commonly built to surround the town with the functions of the defense and sluice, and the canal linked with the city's water system. (6) Draining river: It was the river that passed the city or canal to direct water from the city into the lower basin of the river with the function of draining water from the town. By this systemic design, water was introduced from the nearby river to supply the city, and after cycling in the city through the water system, it then flows into the lower basin of the rivers. Also, the drained waster and rainwater from the town also flows into the lower basin of the river as well. If rainstorm is coming, the city's rivers, ponds and round town-fosse will perform the function of sluice for the storm water to reduce the risk of flooding. (Fig. 1)

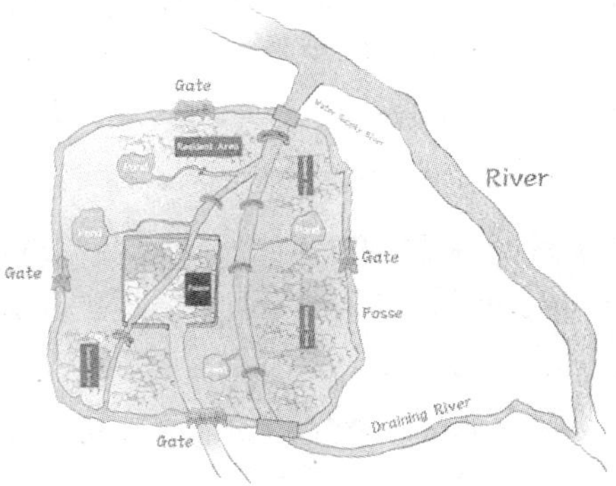

Fig. 1 The urban water system of ancient China in general

The Development of Drainage in the Ancient Ages

The earliest event of water governance documented as well as a most popular folklore in China is the story of Da Yu Governance Water. According to the story, in that time of Da Yu's life (around 2000 BC), Yellow River was flooding frequently in its' middle basin where the ancestors of Chinese were inhabited. However, so much efforts has been put in place by the leaders of the local tribe groups in governing flood but was not effective. Da Yu, the son of the leader of the tribe groups was appointed to continue governing the flood after the works from his father and forefathers failed. After a filed survey, he found that the failed works of the flood governance was foregone because of the false measure of just making more dams and mounds to stop flood from the basin of the river but neglected how to manage the water after the mounds. So he changed the idea of water governance from stop water to lead water into the East Sea. He led people to dredge the rivers up in great force to direct water into the sea successfully; after that, flood was effectively governed and Da Yu became the first emperor of Xia Dynasty of China. "Water has to be led and not just be stopped", the logion of Da Yu was the most important idea of water governance but it had been deeply influenced by the Chinese society not only for water management but also for social management for thousands of years. It is a fact that this story also was the event of the earliest storm water drainage in Chinese history.

China is an agricultural based country, and so, the ancient society of China is combined of both the rural and urban societies. Accordingly, the functions of drainage were separated in the rural areas and the urban areas; drainage in rural areas was used for governing flood and irrigation while that of the urban area was for governing flood, storm water and waste water.

Archeological evidence showed that China has an extensive history of urban drainage. Therefore, according to the archeological discovery, dated back to 2300 BC, the urban drainage facility was built in the cities. Earliest drainage facility was discovered in the old town Pingliangtai (平粮台) of Henan province. However, what was remarkable from the discovery was that the pottery used for the construction of the downcomer inside the town (i. e. some earthen pipelines for drainage) was found to be used in building an underground drainage system under the street①. In 10—15 century BC in the Shan dynasty, urban development in Centre China was developed into a golden age, and many major cities were formed near the Yellow River basin as well as urban drainage was also improved accordingly. Archeological discovery from Xihaocheng town (偃师西亳城), today's Yanshi (偃师) city of Henan province shows that systematical drainage system had been built inside the city. According to the archeological works, the city was around 1. 9 million M2. There was an underground sewer with a length of 800m which serves as the main urban drainage sewer from the East Gate to the palace; and inside the palace, there were branch downcomers which formed a well-designed drainage system for draining rainwater and waste water. Hence, the underground sewer with a breath of 1. 3m and a height of 1. 4m directs water from the palace and town into the fosse②.

In 1100—221 BC, many kingdoms were established in Centre China close to the Yellow River basin and Yangtse River lower basin, as a result of it. Thus, there were many cities that were formed, and they brought a golden

① Henan Institute for Cultural Relic 1983.

② Henan group 2 of Institute for Archeology 1985.

age on the city's history of China. Along with urban development, urban drainage techniques have also improved to a great extent. Archeological discovery shows that the urban drainage has developed on a high level in Lingzi city (临淄), the capital of Qi kingdom in today's Zibo city (淄博) of Shandong Province. During that time, Lingzi city was a major city with a population of 300,000 and 15 km^2 in size. A complex water supply and drainage system was built combined with river, drainage ditch, pipeline and the fosse. The city built closes the river and linked with fosse. Also, three sewer networks were built in the city, gathering waste water and storm water into the fosse and again directing it to flow into the lower reach of the river①. According to the archeological digging, a major draining station was found under the west Rounding Town-Wall. The structure was made of stone, with a length of 43m and a breadth of 7m. It leads water from the city and cross the wall into the river. The draining station has 15 outfalls which were distributed in three floors i. e. 5 outfalls per floor. Anyway, the drainage system of Lingzi city was the oldest and biggest one in ancient China by archeological discovery so far②, and has also listed into China National Important Relic Protection Site. (Fig. 2)

In 221 BC, Qin Empery, the first unitive country on Chinese history was established in today's Centre China. Mr. Qin Shihuang, the emperor of Qin built the capital at Xianyang City (咸阳), Shanxi province. Today, the old city had disappeared long time ago, but according to the historical documents, it was a very large city at that time, and archeological discovery in recent years found that consummated drainage facilities was built in the city. For example, archeological digging in the palace site found that a draining facility combined with 4 pools and earthen pipelines was built in the palace. This gathers the rain water and waste water from the palace by sewer to the pools, and made use of pipeline which directs the water into the rivers. However, the wisdom shown in this facility was that water can be stored in the pools for fire control firstly, and then leads into the river subsequently if too much water flows into the pool. It was also

① The Museum of Qi Kingdom Old City Site of Ling Zi District 1988.

② Fan Chun Tai 1987.

Fig. 2 The Draining station of Lingzi city
(with permission of Xiao Yun Zheng)

remarkable that earthen pipeline was popularly used as draining facility. Another important discovery in Shanjailing ruins of Qin dynasty, shangxi Province in 2010 was that the earthen pipe used as downcomer in the residential area where out of the major city. Some earthen pipelines were discovered including a pipe elbow. Hence, it is very rare to found such a type of earthenware (Fig. 3, 4) .①

Found in 206 BC, Han Dynasty was a flourishing dynasty in the Chinese history. The founder of Han Dynasty founded its capital, Chang'an city (长安) near today's Xi'an city, Shanxi province. According to the historical documents, this city was developed to be a very large city quickly after it was founded and has existed as the capital city for 15 dynasties until 907 AC. Chang'an city was 35 km^2 in size at that time with a population of 500, 000 (Yang Kuan 1989). According to the archeological discovery, a complex water system including drainage system was built in the city and it performs the functions of water supply, drainage, storage of water and ship transportation. The city was found at

① Shanxi Provincial Relics Bureau, 2010.

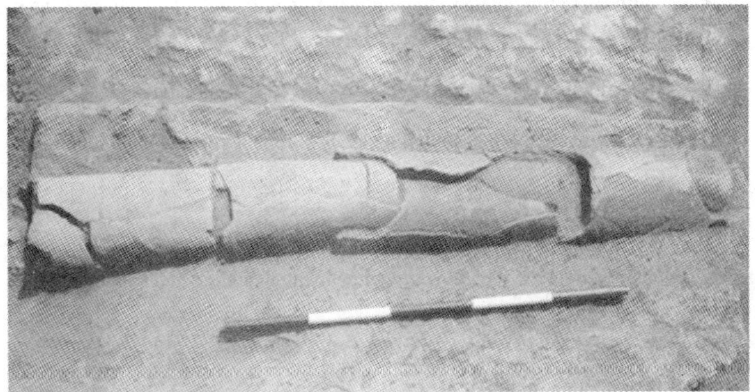

Fig. 3 The earthen pipeline discovered

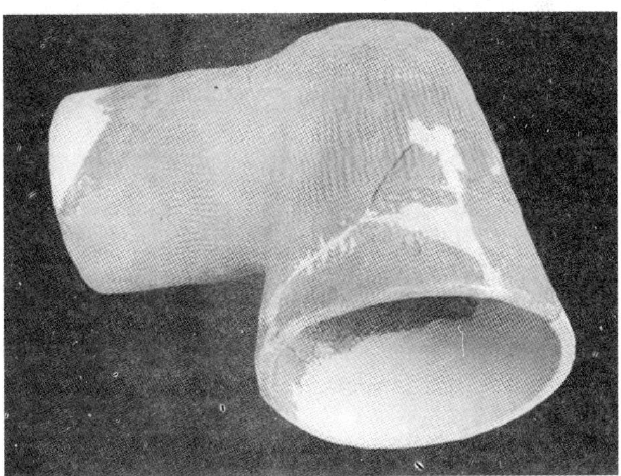

Fig. 4 The elbow of the earthen pipeline

the south side of Wei Shui (渭水) River, but the water supply was from the Jue Shui (泬水) from the south of the city and it flows to the north into the town. Similarly, it also flows across the palaces and the city this part called Ming Ditch, (9 km of length) then out of the town into Wei Shui River. The other branch of Jue Shui river also flows across parts of the town and then into the Wei Shui river. As a water system, series of hydraulic engineering were built to accomplish separate functions. For example, 10 large ponds were built for sluice, and the most famous one which still exists today is called Kunming Pond. This pond performs the functions of rainwater sluice in summer, water storage and supply in winter. Outside the town, a fosse (length of 26km) was built around the town, it was connected with the city river, Ming Ditch, and it also performs the function of sluice of rainwater from the town①. The water systems were connected to water supply rivers, ponds, drainage sluiceways, fosses and drainage rivers. However, rainwater and waste water which was gathered by underground sewers and channels from the palaces and resident places of the city was led into the main system, and later into Wei Shui river via Jue river which comprises of a perfect urban drainage system. What is important was that this water system also created a model of urban drainage system for the urban drainage designing in subsequent thousands of years in China, especially for major cities. Accordingly, a city usually built a rounding town fosse outside the town-wall, one or more canals across the city and some ponds which were constructed as the main structure of the water system. Finally, the building of subsystem of drainage with underground sewers, pipelines, channels, etc, in connecting main system from resident places of the city was also done. When the rainwater or waste water gathers, it will be directed into the main system via the subsystem, and stores in the ponds or the fosse. Outside the city, normally a canal will be built from a river to channel water into the city for water supply, and another channel will be built to connect the fosse and the river in the lower reach of the river for drainage. With this function, waste water is usually cleansed in the ponds and the fosse, and when the storm water comes, it can also be channeled into the ponds and the fosse, and later into the river. Therefore, flooding could be effectively stopped by this system and also with the act of storing water during the dry season. The archeological discovery also found that there are consummated sewer system which was built inside the city. For example, in 2008, a major brick sewer was found in the old Chang'an town. This sewer was 2m in width, and 40 m of length which was discovered (Fig. 5, 6).

① Wu Qingzhou 2009.

Fig. 5 The brick structured sewer of Han①

Fig. 6 Part of the sewer of Han②

After Han Dynasty, there wereaseries of dynasties which have existed in the Chinese history and have established their capital in today's Xi'an (Han Dynasty, Tang Dynasty, etc), Kaifeng (Song Dynasty) and Beijing (Yuan, Ming, Qing Dynasties). The sizes of the cities were enlarged more and more as well as drainage system was also developed to perform the functions of the drainage of rainwater and waste water. Also, more and larger draining facilities were built in accordance with the urban population growth and construction; hence, the model of urban water system design almost all followed the structure from Han Dy-

① Feng G 2008.

② Feng G 2008.

nasty, typically according to Chang'an city. Consequently, drainage techniques also advanced. The East Capital of North Song Dynasty (960—1127), today's Kaifeng City was a paradigm of urban drainage development after the Han Dynasty. In this age, urban design and construction has been improved more effectively for water supply and drainage. Been built near Yellow River, Kaifeng city was around 50 Km^2 in size at that time, and there were four rivers: Bian river (汴河), Jingshui river (金水河), Cai river (蔡河) and Wuzhang river (五丈河) flowing cross the city performing the functions of water supply and drainage. At the early age of the city, flooding risk was of a strong concern due to seasonal water change and because the water was introduced into the city from Yellow River by Bian river directly as the main source of urban water supply. Nevertheless, this situation has brought about the design and construction of the city more conditionally for drainage. The water system of Kaifeng was consisted of (1) Rivers: It was mentioned above that there were four rivers flowing cross the city as well as series of city river connected to each other which serves as water supply and drainage. (2) Fosses: It was of great importance that there were three rings of fosse extending from the palace to the urban area. (3) The ponds: There were four ponds inside the city which were Ningxiang (凝祥), Qiongling (琼林), Jinming (金明) and Yujing (玉津)①. (4) The sewer system: It was documented that there was a complex sewer system built covering the urban area; some of them were underground channels while some were ditches along the streets. For instance, they were ditches built especially along the four royal streets. How the water system functions as drainage was that all the sections named above are connected to each other to regulate the flow of water seasonally. In winter and the non-rainy season, all the sections functions as water storage but correspondingly, it functions as drainage by receiving water from the fosses, ponds and draining the water by the sewers and rivers during the rainy season in summer. For example, the capacity of sluice of the three fosses was 17.65 millions m^3 and that of the four rivers were totaled a-

① Deng Zhicheng 1982.

round 18.52 millions m^3. Hence, it effectively reduced the flooding risk[①]. Anyway, in this age, the model of urban drainage has been developed to a matured stage likes Kaifeng city, and in subsequent centuries, the drainage design and construction of the city in China mostly followed this model.

China is an agricultural based country from its original history. However, drainage development not just in cities but also in rural areas has been an important part of water management for subsistence. In addition, many great drainage projects which were implemented from history have brought more possibilities for agriculture and urban development. Lake Tai Hu is a paradigm to better understanding the drainage in the rural areas.

Lake Tai Hu, having a size of 2213 km^2, is the fourth freshwater lake in China in the Basin of Yangtse River. Basically, it performs the function of water storage from Ynagtse River during summer; hence the lake country is the most important agricultural based area of China until nowadays. Started from the 6th century BC, a large people moved continually into the lake countries for farming purposes; thus, it has led to a rapid population growth and increscent requirement of farmlands. Therefore, more and more edge area of the lake were mounded for farming, and the local people got largely farmland, but the natural draining system was changed a lot at the same time especially in 12 century AC. Furthermore, mounding in the lake countries has become an immoderate situation, and the Drainage Rivers and canals of the lake were destroyed or choked by huge mounding engineering. However, this resulted to an increase in water and flooding in the farming area. From Song Dynasty, dredging the rivers and building new canals for drainage of the lake to Yangtse River was becoming to be a very important project for the governments until late of Qing Dynasty (late 19 century AC) . Also, the local governments had to treat the lake frequently with great force at any period; hence the work was mainly focused on draining storm water from the lake and protecting the farmlands in the lake country[②]. It is a fact that Lake Tai Hu was one of the biggest rainwater draining engi-

① Wu Qing Zhou 2009.

② Tain Xi Ming 2005.

neering in China. Even though it was not very successful in the past periods, it had contributed immensely to local agriculture and urban security.

Drainage and the Urban Development

It has been a fact that many cities in China do not have a good water system in their early age. Once the local people built city near water, they might eventually suffer from flooding frequently. Therefore, as a result of this, the city's development would be limited due to incomplete drainage system simultaneously. Drainage has become a key factor in security and has fostered the development of the ancient cities. The governments and the rulers of the cities have to invest much money and labor to dredge the river or build draining facility ineluctably at various age of the city's history. Accordingly, it has also been a fact that many cities that existed and were developed in history were based on successful draining engineering.

Kunming City is the capital of Yunnan Province being located at southwest China. It is a paradigm that a city was developed from a small town to be a major city by successful draining engineering from its history. Basically, the water situation of Kunming city was not good. The landform of Kunming is a narrow area between the north bank of Lake Dian Chi①and the mountains, and there is only one major river from the north mountain which flows cross the city as the mainly water supply resources. As a result, the water draining from the mountains to the lake mainly depends on this river. It has brought frequent flooding to the city. Also, an increase in the water level of the lake has brought about flooding in the lake country during summer. Therefore, the water governance in the history of Kunming city was mainly focused on two key projects: one is Song Hua Ba Dam which was built at the middle reach of Pang Long Jaing river which performs the function of flood control. Another one is Hai Kou He river dredging en-

① Dian Chi lake is biggest fresh lake in Yunnan province and sixth fresh lake of size in China, 306. 3 km2 of size today.

gineering that controls the drainage of Lake Dian Chi. After Song Hua Ba dam was built and more water were channeled into the lake, the water level in the lake increased during the rainy season. Thus, this brought about flooding to the lake country, especially the north bank which was very close to the city. For declining of the water level in rainy season, how to drain water from the lake has become a new challenge for the local governments. However, the main way to solve this problem was to have better drainages from the lake to the Yangtze River upper basin by Hai Kou river. The earliest event to governing Hai Kou river was recorded by the document in 1273, Yuan Dynasty. According to the document, Mr. Zhang Li Dao, the agricultural administrator of provincial government forced 2000 labors to dredging and extending Hai Kou river. After that, the river was dredged more deeply and broadly; hence the accumulated soil in the river was moved and a new riverbank was built which made Hai Kou river to be a river 20 m broad with a length of 10 km after 3 years. Through this project, drainage of the river was effectively improved, and the water level of the lake declined from 1890 m (a. s. l) to 1888. 5 m. Also, the size of the Lake was diminished to 410 km^2 from 510 km^2 during the 12th century. In addition, thousands hectares of farmland were formed as a result of the declined water level. In 1501—1502, the governor organized a major project to dredge the river way again. However, they built some new channels for the rising of drainage, and 15 mounds were built to stop flood along the riverbank. After this project was completed, the water level of the lake declined to 1888m and the size of the lake was diminished to 350 km^2. Also, thousands of hectares of lands emerged again by the water decline, and this change was effectively supported by the rapidly growing population and agricultural development in Kunming area; and finally, it has become a major city in China (Fig. 7, 8). Accordingly, Kunming city was developed by successful water management especially by the drainage constructed in the history of Kunming city①.

Fig. 7 The Hai Kou river floodgate which was built in 19 AC (with permission of Xiao Yun Zheng)

---

① Xiao Yun Zheng. 2013.

Fig. 8 The lake life in early 1940s (with permission of Xiao Yun Zheng)

Conclusion and discussion

China started the history of drainage from its early age especially at the age of early urban formation, and then it was developed with the rural and urban development. The ancient founders of cities always choose the riverside as the site for building their cities for convenient water supply. However, it is easy to be understood normally in the world history that early civilizations almost emerged from the riversides. Hence, what we learnt from the wisdom of the Chinese ancestor in designing a city was that they did not just build the city close rivers but also designed and built the city with drainage system. Hereafter, it was developed to be an integrated water system with the functions of water supply, use and drainage. Normally, the water system was combined with river, city rivers, draining aqueducts, ponds, town- rounding fosse, draining rivers, etc. Thus, this system had performed the functions of water supply, use and drainage of a city thereby working as a water cycle system.

The systematic water system design and construction in the history of the urban development has been remarkable. The water system of the urban history not only focused on water supply and other single purpose, but it also considered it as a systematic design and construction which included water supply, use and drainage which are the constituents of a water cycling system. Accordingly, the systematic idea and construction of water system was the essential factor of the ancient urban construction in China that has enhanced all ancient major cities' development from their early age even till nowadays to thousands of years.

The strategic design and construction of drainage system is also the outstanding feature of the ancient urban construction. For example, city rivers, sewers, ponds and town- rounding fosses were built and linked to the urban water system serving as the function of water circulation and especially that of drainage. Today, there are many historical draining structures which are still functioning in many cities. The meaning of "strategic design" is that people not only designed the urban water system systematically for multi-purpose use but was also strongly considered to encounter possible flood after a longtime. With the case of the storm flooding in Beijing in July 21, 2011, the storm mainly hit the area of West No. 3 Rounding-town Express Way and West No. 4 Rounding-town Express Way. Nevertheless, the area of the old town where located inside No. 2 Rounding-town Express Way with the ancient draining structures which was not heavy affected. The drainage system in this area was built in Ming Dynasty and has been used for more than 500 years. So far, the drainage system in the area which was heavily hit in July 21, 2011 was built just about 20 years ago. The outstanding paradigm is the royal palace and the Forbidden City. However, there were no hit by this storm event and many old structures nearby were also in same condition. What was more outstanding was that there were no records of storm flooding regarding the historical structures in the past 600 years. However, it is strongly relying on the consummate drainage system incorporated together with the palace construction. (Fig. 9, 10)

China has been involved in rapid urbanization in recent decades; conse-

Fig. 9 The draining river inside the Forbidden City (with permission of Xiao Yun Zheng)

Fig. 10 The Draining outlet which was built likes dragon head (with permission of Xiao Yun Zheng)

quently, all the cities have gone in a quick enlarging process. Compared to the difference of the drainage in the old time and current age, the focus in ancient time was mainly on storm flood draining and not the waste water due to limited population and simple livelihood at that time. However, there were no special concern for waste water, but the situation in this current age is mainly focused on waste water, and rainstorm is even been neglected in many cities. It is a common status that many cities have planned the reconstruction of waste water disposal facility but rainstorm disposal is not included at same time. Today, the situation of the cities in China is quite different from that of old times; therefore, it is difficult to expect the old drainage facilities to perform all functions including rainstorm disposal. But even so, it is still valuable to learn from history by having a systematic and strategic design and reconstruction of the water system in the enlarging urban construction. Also, it is very important to put water supply, waste water disposal and rainstorm treatment on a coequal basis.

Reference

Chef edited by Tain Xi Ming. History of Irrigation and Flood Control in China. China Water & Power Press. 2005.

Du Peng Fei, Qian Yi. Urban Drainage in Ancient China. Studies in the History of Natural Sciences. Vol. 18. No. 2. 1999.

Baidu, 2011, Extraordinary Rainstorm Disaster in Beijing in 21 July, 2011. http: //baike. baidu. com/view/9023313. htm (accessed at 6 May, 2014).

Fan Chun Tai. An Ancient Draining Station was Discovered in Old Lingzi City. The Space of Water Engineering. No. 6. 1987.

Feng G, 2008. Photo of Han Chang'an sewer. Available online: http: // news. xinhuanet. com/photo/2008-10/24/content10247383. htm (accessed on 2 January 2014).

Henan Institute for Cultural Relic. Brief Report of Testing Digging at Long Shan Culture old City Site of Huai Yang Pingliangtai (淮阳平粮台) of Henan. Cultural Relic. No. 3, 1983.

Henan group 2 of Institute for Archeology, Chinese Academy of Social Sciences. Disentombment Brief Report of Yanshi Shi Xiang Gou Cheng (偃师尸乡沟城) The Palace site. Archeology. N0. 4. 1985.

Jin Huai Chu. City and Water in Ancient China: with case of old Capital Cities. The Journal of Hai He University. Vol. 7, No. 4. 2005.

The Museum of Qi Kingdom Old City Site of Ling Zi District. The Drainage Network of Qi Kingdom Old City Site. Archeology. N0. 9. 1988.

Wu Qing Zhou, Research on Ancient Flood Control. China Construction Industry Press. 2009.

Zheng Xiao Yun. Water Management in a City of Southwest China before 17th Century. Water Science and Technology: Water Supply. 2013. pp. 574—581.

Shanxi Provincial Relics Bureau, 2010. Rich Discovery in Shanjailing ruins of Qin dynasty, shangxi Province. http://cms. smejs. com/siteRoot/zgycw/kgfx/yykg/2521268681. htm 2010 (accessed at 6 May, 2014).

Wu Qing Zhou 2009. A Study on Ancient Chinese Urban Flood Controlling. China Construction Industry Press, 2009, Beijing.

Yang Kuan, Re-discussion on the Design of Chang An in West Han Dynasty. Archaeology. No. 4. 1989. pp. 348—356.

(Published at The Finnish Journal of Environmental History, No. 1, 2015.
本文载《芬兰环境史》2015 年第 1 期)

The Ancient Urban Water System Construction of China: the Lessons from History for a Sustainable Future

Abstract: China is an agricultural based country, but the documented urban history was dated back to more than 4000 years. The early civilizations of China began in the mid and lower basin of Yellow River and Yangtze River. Being situated near the rivers, water supply was advantageous to the cities, but at the same time, they also faced flooding risk from the rivers. Accordingly, an urban water cycling system which includes water supply use and rainwater management, waste water management, river flood control, drainage and river transportation etc, in a city was achieved in ancient China. More especially, a perfect model of urban water system was formed at ancient Chang' an City, the capital of Han Dynasty (202 BC—220 A. D.). Thereafter, it influenced the urban construction of water system in many ancient cities of China. Unfortunately, this water system has changed widely in China due to the current urbanization, which brought obvious problems to the cities, for example, frequent rainstorm flood in many cities due to lack of complete drainage facilities. Therefore, the aim of this paper is to explore the urban water system construction in ancient China, and study the wisdom and lessons from history to ensure a sustainable future.

Keywords: The ancient Chinese city, Urban water system, Design and construction, Systematic feathers, water supply, drainage, Current challenge, Urbanization, lessons from the history

Introduction

China is an agricultural based country, but the documented urban history was dated back to more 4000 years. The early civilizations began in the middle and lower basin of Yellow River (Cai, 2012). Accordingly, in the early age of the Chinese cities, the major river nearby places were strongly considered as the site for building the city, especially rivers like Yellow River basin and Yangtze River basin. However, all the influential ancient cities in China were built close to the major rivers. They includes a series of the most influential ancient capital cities such as Anyang, Chang'an, Luoyang, Kaifeng, Nanjing, Hangzhou, Beijing, etc. For example, Anyang, the oldest capital city of China was built crossed the riversides of the old Heng Shui (洹水) river. Chang' an, today's Xi'an City, was built close to 8 rivers likes Wei (渭)、Jin (泾)、Lao (涝)、Feng (沣), etc, and became the capital city for 1700 years by thirteen dynasties. Kaifeng city was located between the Yellow River and Huai River. Nanjing city located at the south riverside of Yangzte River, etc. (Jin, 2005). Being situated near rivers, the city had convenient water supply and irrigation system, which later also made transportation convenient. At the same time, it also faced high flooding risk from the rivers; accordingly, the ancient founders and governors of the cities always paid strongly attention to combat urban flood. Even later, many cities were built near the major canals, for example the Grand Canal Jinghan. However, the situation did not change (Teng et al., 2012).

Basically, the early Chinese civilization was developed in the Yellow River basin. Accordingly, the major cities also developed in the Yellow River basin before Nan-Bai Dynasties (420—589 AD), but after Nan-Bai Dynasties, the major cities along the Yangtze River were developed. This outnumbered the Yellow River basin hundreds of years later, along with the economic development of the basin (Dong, 2004).

Rapid urbanization in China has become a wave beginning from the

1980s. It brought urban development into a new age, but at same time, it also ended the traditional urban water system through the construction of new water system during the process of enlarging and reconstructing the city widely. Most cities of China have changed their old form and structure of water system to this process. Anyway, the approach of urban reconstruction is currently the way of putting an end to the traditional urban form which includes water system. Unfortunately, more and more reconstructed cities are faced with rising water problems which include water shortage and pollution. In addition, frequently storm disaster has become a main challenge of the urban security in many cities in recent years. Nevertheless, this is because storm disaster in many old cities or the old part of the city was in less occurrence than in the new cities (Zheng, 2013) . Consequently, this phenomenon requires us to rethink on the current construction of urban water system, questioning whether these impacts just reflect an incomplete infrastructure of the cities, or others which were disregarded. This can be viewed especially on the historical principle and heritage of urban water management. Therefore, the aim of this paper is to explore the construction of urban water system and its systematic feathers in ancient China, to study the wisdom and lessons from the history for the sustainable urban construction of water system for the process of rapid urbanization, and for a better understanding of the values of historical heritage of urban water management today.

The Urban Water System Design

Although, the ancient cities had a complex design to adapt to the local water environment especially the rivers, but the tracks of regular pattern of urban water system can still be followed. Usually, the model of water system in ancient Chinese city was usually combined with (1) Water supply river, (2) Urban rivers, (3) Internal draining system, (4) Ponds and lakes, (5) City moats (fosse), and (6) Draining river (Figure 1) . However, these parts formed an urban water system in a city. Usually, each part performs its function, but they are connected to each other to perform the integrated functions in a city.

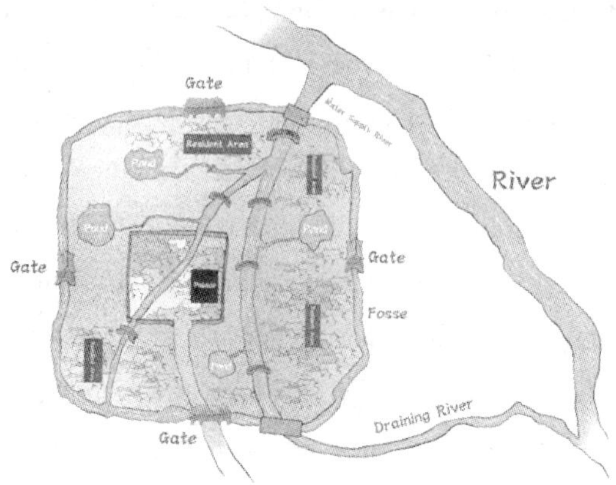

Fig. 1 The urban water system of ancient China in general

The water supply system

The water supply system is a canal or river that directs water into the city for water supply. According to the regulation of city site, a major city is usually located close to the river. However, if the river was not suitable to be used for water supply directly due to unexpected food risk by the river drop, the city founders have to build a canal to lead water into the city. But the fact is that, many cities were built very close or crossed the river to make the river as the urban water supply source. For instance, the East Capital of North Song Dynasty (960—1127 A. D.), today's Kaifeng City, was built near the Yellow River. Hence, there were four rivers: Bian river (汴河)、Jingshui river (金水河)、Cai river (蔡河)、and Wuzhang river (五丈河) which crossed flow the city, and performs the functions of water supply and transportation. Also, many cities were built close to the Grand Canal Jinghan. The canal and its branch rivers usually cross the urban areas of the city, and became the water supply rivers directly due to lower flood risk. Also, if the flood risk was not high, the city built close to the river in the urban area would always be in a favourable situation.

The urban river

The urban river is the rivers or canals that flow inside the city as a water-cycling system. During the ancient ages, the urban rivers were very important to perform the functions of water use and drainage. Sometimes, they include the natural rivers inside the city when the city was built. Other times, canals were built as the urban river. For example, in Shuzhou city, there are many rivers inside the city. Consequently, there are 7 major rivers flow in the city, but at same time, many other smaller rivers flow inside the city. For example, in every one street in some district, one river flows through. In the Han Chang' an city, not just the natural rivers in the city were present, but some canals were also built; for example, a very famous canal "The Open Ditch" was built to introduce water into the palaces. Urban river performs the functions of water supply, drainage and transportation, waterscape, etc. Furthermore, the residents especially, use water from the rivers (Chinese usually do not drink from river, but from wells especially in major cities) according to the Chinese tradition. Thus, urban rivers were convenient for residents to get daily water, wash foods and clothes, etc. Urban river is also a function of the urban drainage, and most rainwater and wastewater were drained by the urban rivers. In another way, urban river also plays an important role in transportation, especially in many cities in Yangtze River basin. Along with the Grand Canal Jinghan, river transportation is not just busy inside the city, but is also important for the trade outside, for example, the cities of Jaingsu province like Suzhou, Yangzhou, Huaiyin, etc.

Ponds and lakes

Ponds and lakes are usually natural or are built in a city. Thus, it is very popular to find ponds and lakes inside the old cities. Ponds and lakes are very important part of the city's natural water system, but many of them were built for multi-purpose use e. g. for storage and sluice of water, and also as the city waterscapes. For example, in the ancient Chang' an city, 10 big ponds were built for rainwater sluice and water storage in summer, but water supply in winter. At same time, many cities also included the natural lakes inside the city. The ponds and lakes were usually linked with the urban rivers during the dry season, and were used for water storage. Also, this ponds and lakes were important for sluice of rainstorm water during summer. At same time, the waterscape made the city more beautiful.

The draining system

The drainage system for rainwater and wastewater were strongly considered during the construction of a city. Usually, it was designed and built with a city's original construction plan. The archeological discovery showed that early sewer in China was dated back to 4000 years ago (Zheng, 2013). In major cities, the network of draining channel was built in palace and residential areas. However, some were underground channel, while some were surface channel for draining waste water and rainwater into the urban rivers, and later, into the drainage rivers. The draining system usually constitutes of four parts. They include: 1) the small sewers from the houses; 2) the street sewers and channels receives water from the house sewers. In many cities, there were open ditches or underground sewer along the street, and is a very popular way of building sewer along the streets, which is then covered with flagstones; 3) the urban rivers receives water from the street sewers; 4) the draining river to drain water to the outside the city. In addition, an urban draining system also includes other parts of the water system such as ponds, lakes, and moat.

Moat (Fosse)

The ancient city was usually built with the town walls. Also, a canal was built outside the walls which surrounded the town. Basically, the moats were built for the urban defense, but it was also linked with the city's water system for drainage. When the city meets rainstorm, it will perform the function of sluice from the town to reduce the risk of flood. Accordingly, the function of moat was often used for drainage purpose than its original purpose, which is for defense.

Draining river

Draining river is the river or canal that passed the city which leads water into the lower basin of the river or to other places. However, it is important that all cities should have or build a draining river for urban drainage. If a river was included inside the city, the rainwater and wastewater will be drained out of the city by it. Also, if the city does not have a river, a draining canal has to be built to drain water from the city.

Through the above systemic design and construction of a water system, water was introduced from the nearby river to supply the city. Water cycling in the urban water system includes the urban rivers, channels, ponds and moats, which then flows into the lower basin of the rivers or the farmlands outside the city. If rainstorm comes, the urban rivers, ponds and towns surrounding moats would serve as sluice for the storm water to reduce the risk of flooding. Therefore, if a city was built with such a logical water system, a water cycling system from the nearby river then returns the water to the river again. This puts the city in a superposition with its natural environment especially the water sources. In such cases, not just the citizen can use and enjoy the water conveniently, but would also make the city flourish. Consequently, some cities even faced high flood risk, but the towns were still built close to the river or include the river as an urban river. For example, the Kaifeng City in Song Dynasty was built near the Yellow River. Also, the Bian river (汴河) inside the town, before the city was destroyed by flood was from the Yellow River. The Bian riversides had become a very flourishing area of the city. However, Figure 2 is a most famous painting which shows the flourishing view of the riversides of Kaifeng city at that time.

The Practice of the Urban Water System

Early cities emerged at about 3000 BC according to the archeological discovery. The Shan Town which is today's Zhengzhou is at a very important stage (Dong, 2011). The archeological evidence shown that water facilities were built including the town construction, especially the sewers. Earliest sewer facility was discovered in the old town, Pingliangtai (around 2000 BC) of Henan province. Thus, what was remarkable by the discovery was that earthenware was

Fig. 2 A part of the Qing Ming Upper River Painting shows the busy commercial view of the Bian riversides

used to build the downcomer inside the town. Also, some earthen pipelines which was used for building a drainage system underground were found (Fig. 3) Henan Institute for Cultural Relic, 1983.

Fig. 3 The earthen pipeline before 4000 years (with permission of Zheng X. Y.)

A very clear golden age of the early urban development was the Spring-Autumn and the Fighting-state periods (around 700—100 BC) . During this period, many cities were formed and developed in the Yellow River Basin. The archeological evidences showed that water facilities such as drainage were incorporated during the urban construction. For example, the earthen sewer was found in the ruins of the Yan Xia Du town (燕下都), today's Yi county of Hebei province (Dong, 2011) .

In 221 BC, Qin Empery, the first unitive country in the Chinese history was built in today's centre China. Mr. Qin Shi Huang, the emperor of Qin built the capital at Xian Yang city, Shanxi province. Today, the old city had disappeared long time ago, but according to the historical documents, it was a very large city at that time, and archeological discovery in recent years found that consummated drainage facilities was built in the city. It was also remarkable that earthen pipeline was popularly used as sewer facility. For example, archeological digging in the palace ruins showed that a drainage facility combined with 4 pools and earthen downcomer were built in the palace. It gathers the rain water and waste water from the palace by the downcomers and raceways (uncovered) to the pools, and uses pipeline to direct water into rivers. Another important discovery in Shanjailing ruins in Qin dynasty, shangxi·Province in 2010 was that the earthen pipes used as downcomer in the residential area were out of the major cities. In addition, some earthen pipelines which were discovered includes a pipe elbow. The pipe elbow is a type of earthenware which is very rare to find (Fig. 4, 5).

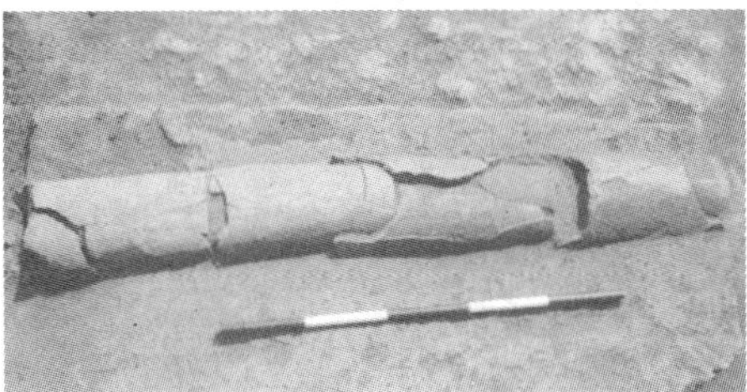

Fig. 4 The earthen pipeline discovered

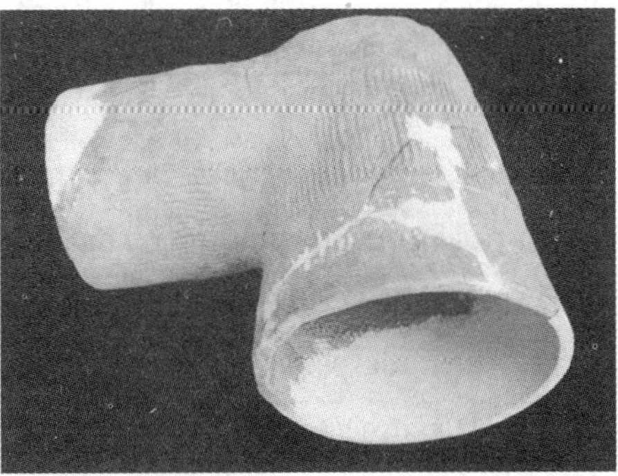

Fig. 5 the elbow of the earthen pipeline

(Shanxi Provincial Relics Bureau, 2010.)

Furthermore, the drainage facilities designed and built was an important advancement in the urban water system in history. It shows that people not just consider water supply naturally, but on the fact that drainage also brought the city into an age of integrated urban water system construction.

From Han Dynasty (202 BC—220 A. D.), the urban construction of China was going into a new age. Taking more than 400 years construction and development, Han had become one of the flourished tops of the dynasties in Chinese history. Also, many major cities were built with complex urban water system.

The founder of Han Dynasty founded its capital Chang'an city near today's Xi'an city, Shanxi province. According to the historical documents, this city was developed to be a very large city quickly after it was founded. It has also existed as the capital city for 15 dynasties until 907 A. D. Chang'an city was 35 km2 in size at that time with a population of five hundred thousand Yang, 1989. The archeological discovery showed a complex water system which was built in the city, and which combines the functions of water supply, drainage, storage of water, and ship transportation. However, the main constructions of the water system are described below.

Water Supply: The water supply of the city was from the river naturally. The city was found at the south side of Wei Shui (渭水) River, but the water supply was from the Jue Shui (泬水) River because the location of the town was higher than the Wei Shui River. Jue Shui River flows from the south of the city and flows to the north into the town. It flows across the palaces and the city (this part was called Ming river, meaning open ditch, 9 km of length), and then out of the town into the Wei Shui river. Furthermore, other branch of Jue Shui River also flows across part of the town, and then into the Wei Shui river. However, for the purpose of improving water supply, a big pond was built to receive water from Jao Shui River (交水). This pond is a very famous pond called "Kunming Pond". After this pond was built, an aqueduct was built to introduce water into the town for urban water supply.

Urban Rivers: There are many rivers or canals inside the town which serves as water cycling system. For example, the main water supply source, Jue Shui River, flows into the town directly. Firstly it passes through the palaces for water supply, and then, it separates into two ways to the residential areas, and finally into other rivers. As mentioned above, there are also aqueducts built from Kunming Pond or other sources to introduce water into the town. Hence, the aqueduct from the Kunming Pond was called "Kunming Aqueduct", which is the important water supply canal to the city. In addition, the urban river cycling inside the town to supply water to the town also performs the function of drainage.

The Ponds: There are 10 big ponds which are built for rainwater sluice in summer and water storage supply in winter. According to the documentary, the ponds was also use for training water war for the army, but fortunately, it became the waterscapes of the city mainly, and gave adequate space for the citizens to enjoy water most periods.

The Drainage System: Drainage systems were built inside the town. They include the sewers, open ditches, channels, ponds and moats, and draining rivers. There are many earthen pipes and underground sewer which has been found. However, by archeological discovery shown, a sewer system was built in the palaces, and the residential areas then were linked to the urban rivers (Li et al, 1981). In 2008, a major sewer was found in the old Chang' an city. It was built with bricks of 2m wide and 40m length, Hence, we can see how large a sewer system was built in Han city (Fig. 6, 7) (Feng, 2008).

Fig. 6 The brick structured sewer of Han

The water systems are connected to each other through Water Supply Rivers, ponds, drainage sluiceways, moat and Drainage Rivers. However, not only wastewater can be drained, but also rainstorm water could be sluiced.

Fig. 7 Part of the sewer of Han

The Town Moat: Outside the town, a moat (length of 26km) was built around the town. It was connected with the main urban river, Ming River, and also performs the function of rainwater sluice from the town (Wu, 2009).

Additionally, the water system include parts of the water supply rivers or aqueducts, urban rivers and channels, ponds, sewers, moat and draining rivers, which combines to form a perfect urban water system. An important point was that the water system in Chang'an City also created a model of urban water system which influenced many Chinese cities subsequently. Consequently, Cheng'an city was not just as a flourishing city historically, but also at a very important stage in the history of urban construction of water system in China (Zheng, 2013).

Another paradigm is the East Capital of North Song Dynasty (960—1127), today's Kaifeng City. In this age, urban design and construction has been improved more effectively for water supply and drainage. Being built close to Yellow River, Kaifeng City was around 50 km^2 in size at that time. Also, there were four rivers: Bian River, Jingshui River, Cai River, and Wuzhang River flowing cross the city, which performs the functions of water supply and drainage. At the early age of this city, flooding risk became a great threat due to seasonal water change and water introduced directly into the city from Yellow River by Bian River as the main source of urban water supply. However, this situation also brought about the design and construction of the city more conditionally for drainage. The water system of Kaifeng was consisted of (1) rivers-mentioned above that there were four rivers flowing cross the city as well as series of urban river connecting to each other which performs the function of water supply and drainage. (2) moats-it was recorded that there were three rings of moats which extended from the palace to the urban area. (3) ponds-There were four ponds inside the city, which are: Ningxiang (凝祥), Qiongling (琼林), Jinming (金明), and Yujing (玉津) (J. H. Dong, 2004). (4) the sewer system-It was documented that there were a complex sewer system built in the urban area. Some of them were underground channels, while some were ditches along the streets. In four royal streets especially, ditches were built along with all of them. However, the water system of Kaifeng City perfectly met the demand of water through the rivers at same time. It was greatly achieved for urban drainage due to its closeness to the Yellow River mainstream. Thus, the water system performs drainage functions by connecting all the sections above to each other to regulate the flow of water seasonally. For example, the capacity of sluice of the three moats was 17.65 millions m3, and included four urban rivers with a total of around 18.52 millions m3. However, it effectively reduced the flooding risk (Wu, 2009) commonly from the Yellow River or by rainstorm.

Furthermore, not just the capital cities were built with typical urban water system modeled from Han Chang'an city, the sub-cities also had their own water system. Shaoxi City is a paradigm. Being located at the west of Zhejaing Province, Shaoxi City is a very famous city not just because of its long and important history or local culture, but also has a typical urban water system. The history of Shaoxi city was dated back to 2500 years ago, According to the historical documents, the city was built by Wu kingdom, a local kingdom at that time. From the original history of the city, the city was found with abundant water. There are 43 rivers from the Kuai Ji Mountains to the north flat, bring abundant water to this region. Consequently, the city was built with convenient water resource. However, this city does not just have a natural source of water, but the urban water system was an artificial one. In East Han Dynasty, a lake called lake Jian was built by the governor to store water for urban water supply. After it was built, a supply river was also built from the north lake into the town. This river goes to the south of the lake again after flowing into the town. In Tang Dynasty (618—907 A. D.), the Zhe Dong canal was built to link Shaoxin town. It brought more water resource to the city. In Song Dynasty (960—1279A. D.), the water system of the city was formed with supply rivers, urban rivers, moats, lakes, and rivers. What was remarkable was that many urban rivers were built inside the town. Also, after a river has been built, the streets and houses were built close to the riversides, therefore forming a water net inside the town. In Qing Dynasty (1636—1912 A. D.), a complete water system was combined with 33 rivers inside the town, 60km of total length, and two moats (inside and outside town), 27 lakes and ponds, and they are all linked to each other as well as to water systems outside the town. For instance, 8 out of 9 town-wall gates were mainly for river cross, as there were linkage of the rivers with Zhe Dong canal, lake Jian, and other rivers. Therefore, water system perfectly performs the function of water supply, cycle, use, drainage, and transportation; thus, it also sustained the local social life (Qiu, 2012).

Conclusion and Discussion

The rivers nearby were strongly considered in the building of cities by Chinese ancestor due to its convenient water supply. Accordingly, most Chinese early cities were built along the major rivers basins, especially the Yellow River basin and Yangtze River basin. Nevertheless, there are high flood risks when a city is built near a river for the purpose of convenient water supply. Therefore, it had a major impact on the cities at any period because flood was the major disaster to ancient cities. Consequently, the logic of design and construction of the urban water system was to build a water cycling system in the city, and ensure water cycling which flows in and out of the city. Hence, a perfect situation was the seasonal balance of water storage and drainage in the city. Therefore, when a city was built with water supply through river or canal, the drainage river and sluice system inside the city will be built simultaneously. After water was introduced into the city and cycled inside the city for use, it will be channeled out of the city into that same river source or other rivers. Through this water cycling system, the city met the demands of water supply and reduces the risk of flood. Notwithstanding, not all risk was saved, but was effectively achieved at this point which had been evidenced through centuries. Accordingly, the design and construction of urban water cycling system was one of the most important wisdom of the ancient urban water management of China.

Systematic design and construction for multipurpose usage was another remarkable lesson from the ancient urban water system. Mentioned above, the ancient urban water system is not just used for water supply, but was also used for water storage, personal use, sluice, drainage, transportation, defense and waterscape, etc. Therefore, an excellent city is a city with a good design and construction of urban water system whose water resource is multipurpose e. g. for water supply, storage, drainage, transportation and urban waterscape, etc. (Guo, 2013) . Accordingly, a model of urban water system was created in the Han Dynasty 2000 years ago, and was followed by other popular cities in subsequent centuries.

Finally, it is also worthy to note that many ancient urban water system were constructed strategically in meeting the sustainable demand. This was the reason many urban hydraulic engineering is still functioning today.

The lessons learnt from the ancient urban water system design and construction is that a perfect and sustainable urban water system not only depends on the engineering solution, but on the logic of the water management. It is remarkable that the ancient urban water system was constructed logically, systematically, and for a sustainable use that adapts with the local environment. Hence, the situation of water resource made the urban water system to become a multi-purpose water cycling system in the city. It also gave the city a nice waterscape. The situation of water was remarkably improved in many cities through the water system construction. Thus, some of them even improved from being cities with poor to cities with rich water. For example, the Kunming City had deficiency in water supply before the 13th Century, but they became a city with good water conditions at 19th Century. Hence, it was called "Water City", by the construction of urban water system which also followed the model of Han Chang' an City (Zheng, 2013) .

Additionally, an ancient Chinese urban water system under construction systematically and logically which was adapted with the local water situation, performs the function of water supply, storage, use, transportation, drainage, urban waterscape, etc. Also, it formed an infrastructure in the city, of which most of the old Chinese city was developed based on such infrastructure, even until today.

Unfortunately, along with current urbanization and urban reconstruction, the old urban water system was suspended in many cities. The new urban water system was reconstructed in a way such that, there was no water cycling, single proposal, which even destroyed the old water system. For example, the moats and urban rivers were destroyed in many cities before 1980s. A paradigm was the case in Shaoxi City of Zhejaing Province. Hence, there were 17 urban rivers destroyed for the construction of the urban road in 1952—1977. Furthermore, the major river called Hu He river which crosses the town also serves as an underground river that have caused the urban drainage difficultly in this city (Yan, 2012). Anyway, more and more evidences shown that current urban water problems, especially urban storm disaster, are obviously correlated with the changes of the old urban water system. This was adapted particularly to the local environment in constructing a water cycling system naturally. Consequently, a sustainable urbanization requires sustainable water system design, and its construction depends on the local environment. Therefore, the lessons learnt from history are very valuable in establishing a perfect solution to water supply systems.

Reference

Cai, M. B. (2012). A Brief History of China, Social Sciences Academic Press, Beijing, pp. 5—8.

Feng, G. (2008) Photo of Han Chang'an sewer. http://news.xinhuanet.com/photo/2008-10/24/content_10247383.htm (accessed on 2 January 2014).

Guo, T. (2013). The History of Chinese Ancient Hydraulic Science and Technology, China Constructional Industry Press, Beijing, p. 276.

Jin, H. C. (2005). City and Water in Ancient China: with case of old Capital Cities. The Journal of Hai He University, Vol. 7, No. 4, pp. 23—27.

Li, Y. C and Jan, K. R. (1981). The Ruins of Han Chang' an-

Town. The Cultural Relic. No, 2, pp. 22—25.

Dong, J. H. (2004). The history of Chinese Urban Construction. China Construction Industry Press, Beijing, pp. 73—82.

Henan Institute for Cultural Relic (Ed). (1983) Brief Report of Testing Digging at Long Shan Culture old City Site of Huai Yang Pingliangtai of Henan. Cultural Relic, No. 3, pp. 43—46.

Qiu, Z. R. (2012). The Water Culture of Shaoxi. XioLing Press House, Beijing, pp. 100—112.

Wu, Q. Z. (2009) Research on Ancient Flood Control. China Construction Industry Press, p. 88.

Shanxi Provincial Relics Bureau (Ed). (2010). Rich Discovery in Shanjailing ruins of Qin dynasty, shangxi Province. http: //cms. smejs. com/siteRoot/zgycw/kgfx/yykg/2521268681. htm (accessed at 6 May, 2014).

Tang, X. M et al. (2012). Chinese Grand Canal: its Form of Heritage and Evaluation on the Value. China Water & Power Press, Beijing, p. 5.

Zheng, X. Y. (2013). Drainage in Ancient China: Historic Wisdom and the Lessons we learnt. Proceedings of 2013 IWHA International Conference on the Role of Water in the History: Exploring Historical Wisdom for Current Water Management. Kunming, China, pp. 268—275.

Zheng, X. Y. (2013) Water Management in a City of Southwest China before Seventeenth Century Current Water. Sciences and Technology: Water Supply, Vol. 13, No. 3, 2013, UK. pp. 574—581

Yan, Y. (2012). The Water Culture of Zhejaing River Way Engineering: Shaoxi Section. Printed by Center for Water Culture Research and Education, Zhejiang University of Water Resource and Electric Power, Zhejiang, p. 76.

Yang, K. (1989) Re-discussion on the Design of Chang An in West Han Dynasty. Archaeology, No. 4, pp. 348—356.

(原载英国《全球环境问题》2015 年第 1 期)

城市化与河流生命：构建中国长江上游的河流文化

河流不仅是地球的血脉，同时也人类生存资源的主要供给者，因为河流对人类的生存和发展起着至关重要的作用。人类和河流共生的历史可以追溯到几千年以前，人类的文明往往都起源于河流沿岸。中国最早的文明起源于黄河和长江两条大河流域，中国古代几乎所大城市的形成和发展也都在河流沿岸，人类文明事实上已成为河流系统的一个组成部分。在当代大规模的城市化建设开展以前，总体上对河流影响，尤其是危害并不大，但是在当代大规模的城市化建设开展以后，城市化发展对河流的影响在不断增大。因此在当代的发展环境中，如何在城市化建设的过程中保护河流，同时借助与河流相伴的优势去建设更加美好的城市，构建一种城市发展与河流相适应的河流文化，对于河流的保护以及城市自身的发展都非常重要。本文将以长江上游金沙江云南流域的城市化发展和河流保护之间的关系为例，从宏观的角度对城市化与河流文化建设进行探讨。

一　导论:关于河流生命系统与河流文化

河流是否有生命，答案是肯定的，河流中只要有水在流淌着，那么这条河就是有生命的河流。但是河流的生命往往也是受到其他因素的影响的，包括对河流可能产生影响的河流流域的生态状况和人文状况。因此笔者认为一个河流的生命系统包括河流自身的功能，也就是河道以及河流沿岸的生态状态和人文状态三个方面，河道、生态、人文三位一体构成的河流的生命系统。在这个系统中的三个要素相互之间都有着关联性，每个要素的状态往往都会影响到其他的要素，进而影响到整个河流生命系统。

那么河流生命系统中三个要素之间是如何产生着关联关系的呢？首先有生命的河流是有水流淌的河流。一条河流之所以形成在于它有水源，有着流淌过程中不同河段生态系统对河流进行的水补充，使一条河流涓涓细流成为一条奔流不息的大江。由于河流在流淌的过程中带来了水分，它也涵养了河流流域的自然生态系统，尤其是生物系统，因此在河流两岸往往都有茂密的植物，在自然状态下都可能有茂密的森林。茂密的森林植被系统同时又成为河流水量的重要补充来源。这就是河流和它的流域生态系统之间的相关关系。没有了河流的流水，那么河流两岸的生态系统就会受到影响，同样如果河流流域的生态系统受到破坏，同样也将使河流失去水量的补充来源，使得河流受到影响，甚至枯竭，成为一条死河，这样的例子在人类历史上并不少见。

人类成为河流生命系统内的一个重要构成要素是有重要原因的。河流为人类提供了生存的资源，人类的文明发源并成长于河流流域，人类依靠河流提供的生存资源而获得了发展，今天大江大河流域都已成为人类重要的居住区，形成众多大型的城市，但是今天人类也成为影响河流生命的一个重要因素。人类可以通过较好地利用河流流域所提供的资源建设自己美好的家园，获得生存的条件，例如在云南省的红河流域当地的居民利用红河生态系统建设了数百万亩种植水稻的梯田，成为人类与自然和谐的典范。但是今天伴随着人类越来越快的发展，人类对待河流是更多的是开发利用，包括在河流沿岸建设更多的居住地，更大型的城市，修建水坝蓄水、发电，从河流获取更多的资源等。与此同时，人类在开发河流流域的同时，往往也毁坏了河流流域的生态系统，过度开发河流沿岸资源，使得河流流域的水补充减少，最终危害到河流的生命。20 世纪 90 年代中国黄河流域的断流就是和河流流域自然生态系统的破坏和大量建设水库截流水资源有直接关系。因此人类的活动直接成为河流生命的一个重要影响因子，相反的事实是如果河流生命受到危害，甚至结束了生命，那么人类的生存也将受到危害。

从上面的分析可以看出，河流、河流流域的生态系统、人类这三个要素在河流的生命系统中有着相互支撑、相互制约的作用，只有这三个要素处一个平衡的状态，河流的生命才会是一种旺盛的状态，同样也有利益人类的生存和发展。相反如果这里的某一个要素处于非良性的状态，那么他就会危害到整个河流生命系统。在今天，对河流生命系统的影响既有气候变化和其他自然因素的影响（例如干旱），更多的是人类活动的影响，包括采伐森林、建设大坝、调取水资源、污水排放等开发河流资源和人类居住区的建设的活动。因此我们今天需要更多地关注人类活动对河流生命的影响。

今天要实现对河流的保护和河流资源的可持续利用，我们需要建立一种人类和河流生态系统之间的良性关系，我认为这就是河流文化。河流文化包括人类对河流的价值观以及对河流的行为、保护河流的有关制度和规范、科学开发利用河流资源的技术和建设手段等。河流文化是宏观的文化，但是文化的核心在于保持人与河流生态系统之间的平衡和友好关系，只要拥有这种文化，我们就可以建立起人类和河流生态系统之间的友好关系。

事实上河流文化在人类历史上早已存在，包括人类在漫长历史发展过程中对河流资源的认识、和河流相关的宗教崇拜、人类保护和利用河流水资源的社会规范和制度以及治理和利用河流水资源的各种努力和成就等。在人类社会中存在的、因河流而形成的文化，尤其是反映人类与河流之间良性关系的文化，都是河流文化，并且是我们应当传承和建设的文化。

今天我们处在新的发展过程，我们需要在传统的河流文化的基础上建设和今天的发展相适应的河流文化。河流文化的建设不仅有利于河流的保护，同时也将使生活在河流沿岸的人们享受到更多的河流资源。作为一个河流畔城市来说，将会因为河流带来资源、景观、和河流共生的文化内涵以及生活方式等而更美好。

二　金沙江流域的城市和河流文化

金沙江是中国长江的上游。长江青海玉树县境进入横断山区，开始称为金沙江。金沙江流经云南高原西北部、川西南山地，到四川盆地西南部的宜宾接纳岷江为止，全长 2316 公里，流域面积 34 万平方公里。由于流经山高谷深的横断山区，水流湍急，向东南奔腾直下，至云南省丽江纳西族自治县石鼓附近转向东北。金沙江因为古代盛产金沙而得名。金沙江流经西藏自治区，在云南省的迪庆藏族自治州德钦县进入云南境内，至昭通市的水富县离开云南境，在云南境内的主干流全长 1650 公里。金沙江在云南境内大部分河段是云南和四川两省的边界河流。

金沙江在云南境内河道蜿蜒曲折，落差较大，近 2000 米，因此使得金沙江在云南境内成为一条深山峡谷中的河流，河道河谷高深、狭窄、弯曲是金沙江河道在云南境内的特征。由于这样的环境，形成了很多特殊的地理现象，例如河流至丽江市石鼓镇附近突然转向东北，形成著名的虎跳峡，虎跳峡两岸山岭与江面高差达 2500—3000 公尺，是世界最深峡谷之一。

金沙江河流流域由于地理环境的变化，形成了不同的人类居住环境和生态系统，更形成了和河流相关的文化现象。

在金沙江流经云南境内的上游地区是云南的迪庆藏族自治州和丽江市。迪庆藏族自治州是藏族人民的家园，藏族人民的宗教信仰系统和河流有直接的关系。人们将当地的高山峡谷赋予神灵，同时也形成了和金沙江共生的河岸文化。

丽江市境内，金沙江流域的民族主要有纳西族、普米族、傈僳族、藏族、汉族等。

金沙江在通过丽江市石鼓镇附近转向云南东北以后的流域主要是汉族人民居住的地区。

三　金沙江的城市化进程

在金沙江流域云南段边境内共有 22 个县级城市。今年这些城市都已处于迅速的城市化发展过程中，城市建设的规模正不断扩大，城市人口也在不断增长。很多城市的建设规模扩人到了原有城市的一倍或者多倍，传统的城市格局正在迅速被改变。城市建设主要表现在城市区的占地面积及交通设施建设规模的扩大，而相应的供水排水、垃圾处理等基础设施建设并不完善。在城市中新的产业如旅游业、工业、建筑业的发展迅速取代传统的农业发展成为增长最快的产业。由于城市的发展，大量的外来人口进入这些城市，或者农村人口转变为城市人口，扩大了原有的城市人口规模。这一切都改变了传统的城市状态，城市的空间和人口规模都在不断扩大，这些改变都将影响到原有的城市和河流的关系。不断扩大的城市规模建设对河流必将产生影响，包括河岸生态状况、水资源和污水排放对河流管理带来的压力、外来人口增加所带来的对河流生态状况以及原有的城市文化了解和认同的欠缺等。这些情况都对建设新的河流文化带来了挑战。下面我们通过几个城市的情况来做一些考察。

香格里拉县。香格里拉县地处青藏高原南缘，横断山脉腹地，是滇、川及藏三省区交汇处，也是举世闻名的“三江并流”风景区腹地。总面积11613平方公里。香格里拉县除主体民族藏族外还有汉族、纳西族、彝族、白族等十几个民族，全县总人口近13万人，人口密度为10人/平方公里。金沙江由德钦县奔子栏流入县境，环绕县境流程375公里，是长江流经全境的唯一县。2002年5月5日，中甸县正式更名为香格里拉县，香格里拉县走上了一个发展的快速时期。

香格里拉县拥有丰富的旅游资源，境内雪山林立，有气势磅礴的虎跳峡，静谧迷人的高原湖泊及藏民族的独特民族风情。目前香格里拉县的建设与发展都与旅游业有直接关系，旅游业已成为这个县发展的主要推动力。

2006年，香格里拉建立了普达措国家公园，整个国家公园的规划面积1300多平方公里，内部包含了高原湖泊、高原植物、高原草甸、原始森林等多种高原风光。而后，香格里拉乃至整个迪庆州旅游都参照了国家公园的发展模式，并陆续建立起了虎跳峡国家公园、维西滇金丝猴国家公园、美丽雪山国家公园和香格里拉大峡谷国家公园共5个国家公园。2011年，全县完成生产总值35.95亿元，虽然不多，但却是2002年4.8亿元的7.5倍。2011年的固定投资达到了67.34亿元，更是10年前的22.9倍。2011年，海内外共有600多万游客前来香格里拉。香格里拉也成为全国八大旅游黄金线路之一。

同时，香格里拉县也在大力推进城市化进程。全面实施了县城环境综合治理、香巴拉旅游观光小镇开发、廉租住房、独克宗古城市政工程、松赞林寺扎仓大殿保护性拆除重建及县城居民区基础设施建设，如县城垃圾处理场改扩建工程、县城道路建设，全年市政建设项目投资达7.97亿元。随着旅游业的发展，一些旅游大型项目的建设也加快了，目前正在加快推进香格里拉大酒店、喜来登和中信别庄等高端酒店建设；全力做好独克宗古城红色旅游开发项目、香巴拉月光城项目、松赞林景区完善等项目。加快能源等基础设施建设，完成了梨园电站、汤满河二级电站、浪都河四级电站、格基河松八电站、尼汝河木星土电站、毛坡河电站、岗曲河一级电站、中西部农村电网完善工程、无电地区电力建设工程和城市电网改造工程建设项目顺利推进。全年完成水电建设项目投资16.57亿元。

为了进一步加快城镇化建设，完成了《香格里拉县城市总体规划》修改及审批，《虎跳峡镇总体规划》，建塘镇、三坝乡、小中甸镇三个乡（镇）的特色小镇规划，《香格里拉近期建设规划（2011—2015）》、《香格里拉县东西环线规划》编制工作正积极推进。加快能源建设步伐，随着这些规划的实施，香格里拉县的城市化进程将会大大加快。目前香格里拉县正在争取撤县建市立香格里拉市，实现更进一步的城市化发展战略目标①。

永仁县。永仁县东临金沙江与四川省会理县隔江相望，属云南省楚雄彝族自治州，是全州彝族最多的山区县，全县总面积2189平方公里，其中山区占96%，坝区占4%。全县辖7个乡镇，人口10.9万人，有汉、彝、傣、回等19个民族。

永仁县是一个少数民族众多的县，现在有彝族、白族、傣族、壮族、苗族等19个少数民族。其中少数民族人口占总人口的61.4%，是楚雄州人口最少、少数民族比例最大的县彝族是境内少数民族的主体民族，有悠久的历史文化和浓郁的民族风情，有以农历六月二十四的彝族“火把节”和正月十五的“赛装节”。每逢节日，各族群众不分男女老少，均换上绚丽独特的民族服装，载歌载舞，尽兴方休，县内有万马、永兴两个傣族乡，每年的阳春三月，傣族同胞都要举行盛大的“泼水节”，开展丰富多彩的文化活动。

近年来永仁县以工业发展的推动的城市化发展很快。虽然这是一个山区为主体的县，但是县城及乡镇都在推进城市化进程。在这个过程中提出了“紧紧围绕‘中国太阳城、云南北大门、特色产业县、民族风情园’的县情定位，突出太阳能综合开发利用和民族文化融合，抓紧完成太阳能综合利用示范县规划、县城10平方公里的总体规划及县城新区控规、民族文化大街立面规划、城市绿地系统规划编制。扎实做好县城新区及东片区的规划建设工作，以此加快提升县城品位，塑造永仁形象”。目前县城

---

① 主要资料来源：《“四产一化一支撑”推进香格里拉县经济社会协调发展》，http：//info. tibet. cn/news/szxw/201203/t20120309_ 1725972. htm。

《香格里拉县香格里拉品牌落户迪庆助推旅游业发展》；《春城晚报》2012年7月2日。

《香格里拉县政府工作报告——2012年2月26日在香格里拉县十三届人大六次会议上》。

新区民族文化大街和东片区物流中心建设工程有序推进，县城新框架基本形成。依据有关政策，把符合条件的农业人口逐步转移到城镇就业和落户。现城镇化率已达25.3%。

目前工业循环经济示范园区累计投入建设资金1100万元，完成二期492亩土地收储。计划投资6300万元的县级机关单位地震恢复重建新区已完成项目前期上报及审批工作，正在进行场地平整；计划投资1.2亿元的永定河城区段综合治理一期工程已完工，二期工程前期准备工作已完成；污水处理厂及管网配套工程已到位资金1350万元，完成投资325万元，完成了永定河边2500米截污干管的铺设；投资200万元的108国道城区北段亮化、绿化工程已完成。同时，全力打造以方山为重点的文化旅游品牌，推进“攀枝花市旅游休闲基地”建设①。

水富县。水富县位于云南省的东北端，地处长江、金沙江、横江交汇地带，是一个长江岸边的县，长江水富港是云南第一大港，也是“万里长江第一港”，已完成扩建，千吨级船只沿重庆、武汉、上海等城市可直航大海。内昆铁路进入云南省的第一站便是水富县。

水富县的成立源自于1974年4月，云南省天然气化工厂选址在四川省宜宾县安富公社安富大队的滚坎坝（今水富县城所在地），国务院批准将四川省宜宾县的水东、水河、安富3个公社划入云南省，同年7月1日成立水富区。1981年8月14日，国务院同意划出绥江县太平公社和会仪公社的新安、新寿两个大队，盐津县的两碗公社与水富区组建水富县。同年10月1日，水富县正式成立。因此这一个县是长江边上一个新兴的城市。水富县总人口9.75万人，国土面积439.8平方公里。

水富县在成立以后，工业就成为这个县发展的重点，是增长最快的产业，其中的一些企业都是大型企业，如早在1994年就跻身全国500家最佳经济效益企业，化学原料及制品制造业高居第7位的云天化股份有限公司，紧邻水富县城，其他的工业主导产业有化肥、酿酒、食品加工等，如建成张窝水电站、云南包装厂水富分厂、金明化工公司等重点项目13个，云天化26万吨甲醇项目基本建成，工业项目累计完成投资23.8亿元，规

---

① 主要资料来源：《永仁县全力推进县域经济发展》，http://www.cxjyzx.gov.cn/Html/cxzb/index.html。

《永仁县政府工作报告——2010年》，http://www.cxjyzx.gov.cn/Html/201002/090539984.html。

模以上工业企业增加到10户。商贸服务业加速发展，以西部大峡谷温泉为龙头推动旅游产业发展提档升级，五年累计接待游客295.7万人次，实现旅游综合收入8.52亿元。

目前最大型的企业是向家坝水电站，初期下闸蓄水于2012年10月10日上午9点正式开始。向家坝水电站位于水能丰富的金沙江，主体工程于2006年11月正式开工。电站计划安装8台巨型水电机组，每台机组容量达80万千瓦，超过三峡70万千瓦单机容量，是世界单机容量最大的水电站。电站总装机规模达640万千瓦，仅次于三峡和溪洛渡水电站。

从经济增长的结构中也可以看出这一个县的工业化发展规模。2011年全县实现生产总值30.95亿元，增长14.0%，其中第一产业增加值1.49亿元，增长1.5%；第二产业增加值21.11亿元，增长17.3%；第三产业增加值8.35亿元，增长8.3%①。

通过上面的描述我们可以看出，是一个在长江边上建设的年轻的县从它的开始就是以工业化发展为推动力的，目前更成为云南天然气化工厂和向家坝水电站的所在地，由此而形成的城市化发展也非常迅速，已经成为金沙江上一个外来人口为主体的城市。

四　城市化进程与河流文化建设

上面的几个例子分别是金沙江流域在云南境内流域段上、中、下三个部分有代表性的县。以这几个县的县城为代表的城市化推进过程也反映了这些地区的城市化进程。通过这些实例的分析我们可以看出：在整个流域的发展过程中，城市化都已经成为发展的大趋势，尽管它们在发展中的特点各有不同。在金沙江的上游地区，主要是通过大力发展旅游业的带动当地的发展，尤其是城市化的发展。通过旅游业的发展推动旅游景区项目的建设、以县城为中心的城市建设和乡镇的建设、旅游基础设施建设包括交通和各种档次的饭店建设等。在城市化建设的过程中，城市的规模正不断地扩大，尤其已规划中的城市发展将会使城市的发展水平有较大的提高，

---

①　主要资料来源：水富新闻网，http：//www.ynsfxjb.gov.cn/index/index.asp《向家坝水电站10月10日开始蓄水》。

香格里拉县也正努力撤销县的建制转变成为一个市。在中游的永仁县大力城市化的发展过程中一方面是扩大以县城为中心的城市的规模，另一方面是通过工业的发展推动工业园区和项目的发展，使这个县的工业化水平和城市化水平有较大的提高。下游地区的水富县，是一个完全由于工业化的建设形成的新的县，大规模的工业化建设进程决定了这个县走的是城市化发展的道路，城市化水平在迅速提高。迅速的城市化进程一方面需要更大量的资源支撑，包括电力、水资源、土地资源，另一方面会加大污染物和废弃物的排放，包括废水和生活垃圾等，加大了环境的压力。

在城市化的发展进程中，都必须要加大基础设施的建设。这其中包括能源建设、水利建设和道路、交通方便、环境保护方面的建设项目。今天在金沙江流域的这些城市化过程中，已经有很多个大规模的工业项目在建设，向家坝水电站更是其中的王者。城市化的过程往往都和工业化的发展相伴随，包括在金沙江上游的香格里拉县也提出了大力发展工业化的战略。城市基础设施的建设和城市化发展本省需要大量的能源支撑，因此能源建设成为金沙江流域的重点建设方向，例如香格里拉县 2011 年全年完成水电建设项目投资就达到 16. 57 亿元，一批水电站建成投入使用。这些项目本身对当地的环境也是一个较大的改变，尤其是在河流流域的大规模基础设施建设对当地的环境尤其是河流流域的环境将产生什么样的影响，还有待于时间的评估。

城市化的另一个结果就是使当地的传统社会重新整合，大量的外来人口进入当地的城市化进程中，也包括农村人口向当地城市集中，使城市人口较快地增加。这种情况带来的后果是使固有的传统文化，尤其是对环境保护有好处的文化可能会消失，而新的文化没有建立起来，人们没有对当地传统文化和社会的认同，可能缺乏保护环境的意识和环境的友好行为，这一切都被证实不利于环境保护。

总之，目前的城市化是一种替代文化多样性的推动力，今天这种城市化的现象在金沙江流域已经成为一种大的发展趋势，使金沙江流域人类居住的传统格局和生存状态被极大地改变，对河流原有的生态状态也是一种极大的改变。

以上的这种状况更证实了河流文化建设的重要性。建设河流文化首先是要在观念上树立起建设及保护河流的强烈意识，使人们对河流和河流保护有认同。在这一点上，金沙江流域各个民族传统文化中有利于环境保护的因素都应该得到继承，成为河流文化建设的重要组成部分。河流文化建设应该建立在流域内的文化多样性基础上，使河流沿岸不同地区的传统文化在当代的河流保护中发挥积极的作用，而不是在城市化的一体化进程中被改变、被替代。金沙江流域传统的文化多样性的继承和发展也将使金沙江流域的河流文化显得丰富多彩。

在保护河流成为一种普遍认同基础上，河流城市的建设和发展都应该考虑到河流的保护，所有的发展和建设项目都应该考虑到长远的河流发展利益，使得城市化的发展融合进河流保护的概念。建设项目应该更全面地、更长远地评估对河流的影响。通过这些努力建设起和河流共存的人类友好行为，这同样也是河流文化的重要内容。

河流文化建设一方面有利于河流保护，另一方面城市建设因为有了河流文化更具有魅力。在城市化的建设过程中将河流特征作为城市建设中的重要因素，思考一个河流畔的城市和其他的城市有什么不同，从而发展这种不同，这将会使城市的建设显现出自己的魅力。

上面的研究表明，城市化是改变原有的河流沿岸文化多样性的重要动力，这种改变也将不利于当代的河流保护和河流城市自身的建设发展，尤其是建设一个独具魅力的河流城市。因此河流文化的建设将使河流沿岸城市从单一的城市化发展模式，向着保护河流、具有自身文化内涵和魅力方向发展。这样也才能构建起一种新的河流生命系统，使河流这一地球的血脉能够持久地造福于人类的生存。

（本文为 2012 年 10 月在韩国华川召开的“河流文化论坛”论文，中、英、韩三种文字发表于会议论文集）

Water Management in a City of Southwest China before Seventeenth Century

Being situated in southwest China, Kunming City is the capital of Yunnan Province with a current population of 7000000. It is also the largest city closest to Southeast Asia and it is planning to be built as a regional international city in future accordingly (Figure 1). Today, 50% of Kunming City's residents are from other areas resulting in a lack of good understanding of the water situation, especially the history of the water in the city. Also, the rapidly enlarging urban body has disengaged with the traditional water supply design achieved in history. This situation has challenged the city's water supply and protection of water (Zheng 2008). Rapid urbanization still progresses today, but it is a fact that Kunming City is one of the large cities in China with a shortage of water. Water has become a prominent restrictive factor for its sustainable future. Under such a situation, better water management is required that not just depends on more hydraulic projects but also for a good public understanding of the water situation, including a good understanding of the achievements and lessons of water management from history. The fact that Kunming has developed from a remote town in the eleventh century to a large city was basically achieved by successful water governance. Many major hydraulic engineerings, which are still in functional conditions even today, are the heritage from the history, especially from Song and early Yuan dynasties (1271—1368 A. D.). Consequently, a good understanding of the role played by water and the logics of water management on the city's history is highly valuable, not just for shaping the public identity of water protection but also for managing water supply in a growing city. This paper

Fig. 1 The location of Kunming City

aims to taking Kunming City as an example to understand the role of water governance and the logic of water management on its history as well as discussing what could be learnt from history for today's urbanization.

INTRODUCTION

Kunming City is located at the north bank of Dian Chi lake (it is the largest fresh water lake in Yunnan province and the sixth largest fresh water lake in China, 306. 3km^2 in size), having a narrow zone between the lake and mountains (Fig. 2) . Naturally, the location of Kunming city is the upper basin of the sub water-system of the Yangtze River. Water resources in the city consist of the Dain Chi lake and six main rivers, but the water resources in this city are mainly from Pan Long Jiang, the largest river from The north mountains into Dian Chi lake. Historically, the lake was used by the local residents for fishing, transportation and limited irrigation, and after the 1960s it was also used for the

Fig. 2 A bird's-eye view of Kunming City

water supply of Kunming City. After the early 1990s, the water supply was stopped due to its growing pollution. The foundation of livelihood for most of the residents of Kunming from its original history to 1960s were agriculture and fishing, but fishing just for the people settled closely around the lake, most of the residents relied on agriculture, so these rivers are the most important water resource for the livelihood of the city.

Pan Long Jiang river is the only large river flowing across the urban area of Kunming City, its basin consists of a series of branch rivers, but the main branch rivers such as the Jin Zhi River and the Yin Zhi River were man-made in the twelfth century. Pan Long Jiang river has a total length of 104km including 37km in the urban area. It originates from the north mountains of Kunming City, from a high area (around 2200m a. s. l.) flowing into a flat urban area (around 1800m a. s. l.) As result of this difference frequent flooding has been recorded. According to historical documents, there were six large floods have been recorded in the past 700 years, for example, the largest was in 1857 (Yunnan General-graphy. Written in Middle 19 century) . Documents recorded that flooding water was at a depth of 9. 5m, all houses outside the round-town wall were destroyed and hundreds of thousands of people died. However, on the other hand, Pan Long Jiang river has played an important role in local irrigation and city water supply from the city's early age. Control and development of the usage of the river has been most important for local governments over the past thousand years. People have to control flood from Pan Long Jiang river and also develop irrigation systems for extending farmland, so many water projects for control flooding and developing irrigation have been implemented in different periods of the city's history. The key, and largest, hydraulic engineering, Song Hua Ba dam, was built in 1275 (Yuan Dynasty of China). After the dam was constructed, flood was effectively controlled in general, and Kunming City developed as a large city and an economic, political center of Yunnan province. After the Yuan dynasty, the Song Hua Ba dam has been rebuilt numerous times until the 1980s, so we can say that the history of Kunming City was developed along with this dam, mainly achieved on Pan long Jiang river's control and water management.

Dian Chi lake is an inland lake. It receives water from the north mountains mainly by Pan long Jiang with drainage by the Hai Kou river, the draining mainstream of Dian Chi lake. Hai Kou river starts from the west bank of the lake and flows into the branch of the upper reaches of the Yangtze River. The function of the river was mainly for balancing the water level of the lake due to the water level regularly rising by receiving water in summer, therefore bringing frequent flooding to the banks of the lake, especially after the Pen Long Jiang river basin was effective in governing, water in the north area of the lake was leaded smoothly by Pen Long Jiang river into the lake but also brought rising water levels and caused more flooding in summer. As a result, impactful drainage of the lake was used to reduce the flooding, so the governing of Hai Kou He river become another main effort for the city's water management from the twelfth century to later centuries. After the river was governed, causing a decline in the water level of the lake, farmland emerged around the lake that also brought great possibilities for the development of the city (Fig. 3).

Consequently, as the subsystem of upper Yangtze River, the water system in Kuming area is combined with Pan Long Jiang river, Dian Chi lake and Hai Kou He river. Correspondingly, the water supply system in Kunming City consisted of parts of Pan Long Jiang, Dian Chi lake and Hai Kou He river with its functions of leading water, keeping water and drainage. Historically, hydraulic engineering was mainly focused on: 1) Pan Long Jiang river governance for water supply, control flooding and irrigation; 2) Hai Kou He river governance for

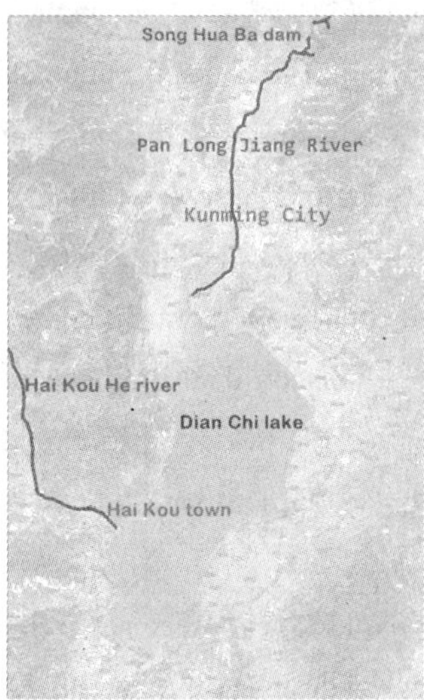

Fig. 3 The water system of Kunming City

drainage of the lake and balancing water in the lake. Implemented hydraulic projects brought the possibility of extending Kunming City's size and agricultural development and, finally, population growth. Simultaneously, as a result of the main hydraulic engineering, water management was implemented by local government on the entire periods of the city's history, just the becks in the residential area were managed by the local resident (Huang 1974), so water governance (governments takes charge) was the main way forward for water management.

WATER MANAGEMENT BEFORE YUAN DYNASTY

Basically, water management recorded in historical documents was very limited before the Yuan Dynasty. The earliest document in the Han Dynasty recorded that some villages with paddy fields around Dian Chi lake existed before the Han Dynasty (BC 200), people governed the Pan Long Jiang river to irrigate paddy fields and grow rice. In the Han Dynasty, the local governor, Mr. Zhang Bo, implemented dredges up the Pan Long Jiang river for extending irrigation and keeping floods away, this shows that agriculture and irrigation in this area has been developed for 2000 years (Ma Yao 2009).

The most important period in early history for governing the Pan Long Jiang river was in the Song Dynasty. In 1040, Kunming City was built to be the east capital of Dali Kingdom, the local Kingdom of Yunnan (Ma Yao 2009). As a result of the establishment of the east capital, many hydraulic engineering were implemented for water management. Firstly, the riverbank of Pan Long Jiang river was dredged to control flood and develop irrigation, and secondly, the most important hydraulic projects were two man-made rivers, Jing Zhi He river and Yin Zhi He river. These were built for irrigation and for leading floods from the Pan Long Jiang river (Fig. 4).

Fig. 4 The sketch map of Pan Long Jiang Basin

Jin Zhi He river, with a length of 35km, starts from the Song Hua Ba dam and is linked to Pan Long Jiang river, flowing down to the lower area of Kunming City before finally flowing into Dian Chi lake. After the Jin Zhi He river was built, the king, Mr. Duan, asked people to plant masses of Yellow Flower (local name at the time) along the riverside. The reflection of the flowers in the water led to the river being called Jin Zhi He, it means the river of golden juice.

Yin Zhi He river, with a length of 17. 6km, originates from the He Long Tian (Black Dragon Spring) and Bai Long Tian (White Dragon Spring) springs in the northern mountains of Kunming City, also receives water from many becks on the way before it flowing into the Pan Long Jiang river. This river irrigates largely paddy fields and especially reinforces much water to the Pan Long Laing river in winter, the dry season of the year, increasing the efficiency of irrigation in the lower basin of Pan Long Laing river. The king also asked people to plant largely Argentine flowers along the river sides, so it was called Yin Zhi He, meaning the river of silver juice (Kunming Water Work Bureau 1996) .

WATER MANAGEMENT IN YUAN DYNASTY (1271—1368 A. D.)

In 1273, Mr. Sai Dian Chi (Mr. Sayyid Ajall 1211—1279) was appointed to be the governor of Yunnan province by the emperor of Yuan Dynasty. He was an achieved governor during his tenure, but his greatest achievement was in successful water management and irrigation development in Kunming area, and after he died a small temple was built by local people to remember his achievement on water management. In 1274, Yunnan province was established and Mr. Sai Dian Chi moved the capital from Dali city to Kunming City (Song L. Early 14 Century) . As a result of this change, water management became important for developing Kunming City, mainly to extend irrigation and control flooding from the mountains of north Kunming City.

In 1275, Mr. Sai Dian Chi implemented a series of hydraulic projects to govern six rivers from the mountains.

Treatment in the upper basin of Pan Long Jiang river

Originally, there were 99 springs in the upper basin of Pan Long Jiang river, these springs were the main water sources of Pan Long Jiang river, but there were many channels from the springs to lead water into the areas nearby. In this situation, water was not always flowed into the main river in winter but it often flooded the local villages in the rainy season in summer. The work involved treating the basin to make more channels to introduce water from the springs into the branch of the Pan Long Jiang river then into the mainstream. After the project was finished, water from the springs was managed to flow into the upper basin of the Pan Long Jiang river, it benefits the river to receiving more water in dry season and reducing flood to the villages nearby in rainy season.

Song Hua Ba dam construction

The construction of Song Hua Ba dam on the Pan Long Jiang river was a most important hydraulic engineering for water management in the history of Yunnan. As mentioned above, the lower basin of Pan Long Jiang river was often flooded in summer, but there was not enough water to irrigate the paddy fields in winter simultaneously. For controlling the water of the river, Mr. Sai Dian Chi, the governor of Yunnan, decided to build a dam on the river. In 1276, he led the project to build the dam with clay and wood in the place of the link where the Pan Long Jiang river from the mountains flows into the lower area. After the dam was constructed, the Pan Long Jiang river was governed effectively, flood was controlled in summer and availably of water supply for irrigation was increased with other projects (Kunming Water Work Bureau 1996). This achievement also brought the possibility of supporting a rapidly growing population and widening of farmland in the early Yuan Dynasty, a rapidly developing period in the history of Yunnan. In later dynasties, the Song Hua Ba dam was repaired or rebuilt continually and it has played an important role in water management of Kunming area from its early age until today (Fig. 5).

Fig. 5 A current photo of Song Hua Ba dam, it was rebuilt in 1959

Jiang Zhi He river' s continue building project

As an integrative project of Song Hua Ba dam, Jiang Zhi He river's continued building project was started at the same time as the dam construction. The purpose of this project was to introduce more water into the Jiang Zhi He river with two functions, draining water from Song Hua Ba dam in the rainy season and an increase in water supply in the dry season for irrigation. The river was extended to 5m in width from the dam, flowing down 20km and the reach near to bank of Dian Chi lake was 3. 6m in width. Along the river, ten floodgates and 360 underground culverts were built to increase the water supply for irrigation, sharing water and drainage in the rainy season. It was an excellent project in its time and many generations have benefited to date.

Irrigation management

After the dam and integrative projects were finished, how to manage the irrigation and facilities become an important work. Therefore, rules of water management were made by the governor for managing irrigation. It was successful in that time and continued into the subsequent hundreds of years.

According to the rules, how to share water for irrigation was to follow the model of shifting drainage. The government department set up some stages of drainage that depended on the floodgates in different part of the river, draining stage by stage. For example, in Pan Long Jiang river, there were five stages (depending on five floodgates) for drainage, the first stage in the Da Zha floodgate opens the gate to draining for 1 day, the second stage in Bo Lo village gate opens the gate for 2 days, the third stage in Xiao Ba opens the gate for 3 days, the fourth stage in Di Zang Si opens the gate for 4 days and the fifth stage in Yan Wei Zha opens the gate for 5 days, so that a draining round for 15 days then water was distributed for irrigation along river in an equal amount. Local government also made rules to maintaining the model working in good situation and punish what was against the rules (Song Hua Ba Dam-Graphy 1996) . The model of drainage in other rivers was the same (Huang 1974). Correspondingly, for water security, 360 sentries with 360 water keepers and horses were set up by the government to inspect the rivers, especially for floods. If there is any accident in the rivers, for example, flooding, debacle of the riverbank, acting against the water rules, they could report to the governmental office immediately, the villagers and soldiers could be gathered in good time to resolve the problem.

Hai Kou He river management

Hai Kou He river is the main draining river from Dain Chi lake to the upper basin of the Yangtze River. In the thirteenth century before it was dredged it was a small river, but even so the local people understood that it was the main drag for drainage of Dian Chi lake (Feng sixteenth century). Therefore, hydraulic engineering for dredging the river was regarded after Kunming City was established as the capital of Yunnan province in Yuan Dynasty.

The earliest event to governing the Hai Kou He river was recorded by the document in 1273, Yuan Dynasty (Yuan History 1956). According to the document, Mr. Zhang Li Dao, the agricultural administrator of Provincial Government of Yunnan, forced 2000 labourers to dredge and extend the Hai Kou He river. The idea of water governing from Da Yu (the first emperor of China in history, he was became to be the emperor due to successful water management) was adopted by Mr. Zhang Li Dao in implementing of engineering, what to do was to leading more water into the river but not follows the convention to making more and more mounds around the living areas to stop flood. Based on this, the river was dredged more deeply and broadly, accumulated soil in the river was moved and a new riverbank was built that enlarged Hai Kou He river to a width of 20m and a length of 10km after three years. After this project, drainage was effectively improved in the river that brought a decline of the water level in the lake from 1890m (a. s. l.) in the twelfth century to 1888. 5m, the size of the lake was also diminished to 410km^2 from 510. 1km^2, thousands of hectares of cultivable land were formed as a result of this change (Dian Chi Hydraulic Engineering-Graphy 1996).

WATER MANAGEMENT IN MING DYNASTY (1368—1644 A. D.)

In the late age of Yuan Dynasty, civil wars were fought continually for many years, water conservancy was also obsolesced. In the early Ming Dynasty, the Ming central government moved a lot of people, including labor forces and farmers, from central areas of China to Yunnan for the purpose of consolidating the frontier. Consequently, the population increased rapidly in this period in

Kunming area. More than 300 villages were formed around Dian Chi lake but most of them were inhabited in the north area of the lake, farmland was heavily developed simultaneously. As a result of this change, Kunming City required a better water supply for agricultural development and population growth.

In 1618, the Pan Long Jiang river and the other river governed projects were implemented by the local governor. The key project was to rebuild the floodgate of Song Hua Ba dam with stone, replacing the structure of clay and wood. In 1618, Mr. Zhu Qing, the water administrator of Yunnan government, led the important project of rebuilding the dam. He suggested rebuilding the dam with a stone structure. His suggestion was accepted by the provincial governor and the rebuilding project was started in 1618 and ended in 1620. After the stone dam was constructed, it was more effective at stopping floods and increased the water supply for irrigation, and it was unnecessary to spend much money and mass labors to repair it frequently. The dam's rebuilding at the time was a very important event in the history of water management of Kunming City. It has undergone many repairs and flooding, but the dam functioned for 300 years until it was dismantled for the building of the Song Hua Ba Reservoir in 1958, today's main water source of Kunming City.

In the Ming dynasty, another important hydraulic engineering was the dredging of Hai Kou He river for drainage of the Dian Chi lake. As mentioned above, the main water resource of Dian Chi lake was from the north mountains via Pan Long Jiang river, along with the successful management of Pan Long Jiang river. The drainage of Pan Long Jiang river effectively flooded into the Dian Chi lake in the rainy season, and reduced the risk of disaster to the living area of Kunming. However, the water level rose in the lake in summer and frequently brought flooding to the waterside areas, especially the north bank closest to the city. Consequently, how to drain water from the lake to reduce the water level in the rainy season has become a new challenge. Basically, Hai Kou He river has been dredged continually since the Yuan Dynasty, but it was still not enough to draining water after Pan Long Jing river basin was effectively managed to leading more water into the mainstream then into the lake and brought rising of water level in the lake in summary, Therefore, continual management of this river is an important work.

In 1382, Mr. Mu Ying, the governor of Yunnan province, mustered more than 10000 laborers to dredge the riverway of Hai Kou He river. In 1501—150260000 soldiers and 20000 farmers from three prefectures and four counties were mustered by the governor to dredge the riverway again, as well as to build some new channels for increased drainage and 15 mounds were built to stop flooding along the riverbank. After this project, the water level of the lake was reduced to 1888m and the size of the lake was diminished to 350km^2. Thousands of hectares of cultivable land were formed by this change. We can see the change from remote ancient times to today in Table 1. It was remarkable that largely farmland was formed due to the diminished size of the lake after hydraulic engineering from the thirteenth to the sixteenth centuries. This situation has been supported by a rapid growth of population, especially in the Ming dynasty. A mass of forces, farmers and business people were moved into Yunnan and many of them settled down near Dian Chi lake. Available farmland was a very important condition for their settlement, therefore it not just brought the possibility of population growth but has also funded the development of Kunming City to the present time (Fig. 6) .

Table 1　　　　　　　Water level and size of Dian Chi lake

Period	Water level (m)	Size (km^2)
Remote antiquity (3 million years ago)	—	1260
Tan Dynasty (618—907A. D) -Song Dynasty (960 1276 A. D)	1890	510. 1
Yuan Dynasty (1271—1368 A. D)	1888. 5	410
Ming Dynasty (1368—1644 A. D)	1888	350
Modern Times	1887. 2	309. 5

Dian Chi Hydraulic Engineering-Graphy (1996) .

1n 1509, 1549, 1573 and 1575, the provincial governors led many projects to dredge the riverway continually, built more mounds, channels for drainage and stopped flooding. The project in 1575 was a remarkable project because former projects were only implemented in the lower reach of the river, and this project was in the upper reach. After a survey to the river, the adminis-

Fig. 6 The landscape of Dian Chi lake in 1940s
The declined water level of the lake from Yuan Dynasty brought more resources of cultivable lands and marsh to the local people

trator decided to develop the upper reach more broadly to effectively lead water into the main riverway. After this project, the capacity of drainage in the main riverway rose by 50% but expense was significantly reduced compared to the previous works (Kunming Xi Shan District-Graphy 2000). Consequently, the most important age of governing Hai Kou river was in the Ming Dynasty due to the structure of the river management being formed in this period.

CONCLUSION

Kunming city has been developed to be the capital city of Yunnan province since the Yuan Dynasty. Originally, the situation of water for settlement, especially for a capital city, was not adequate due to the water supply mainly relying on the Pan Long Jiang river, the only large river in the area. It flooded frequently in the rainy season but water for irrigation was very limited, though the city was located beside Dian Chi lake. In the twelfth century, local rulers and governments started to govern water for extending inhabitation and irrigation. Hydraulic engineering for shaping a water supply system and control flooding and balance the water level of Dian Chi lake was included: 1) two man-made rivers were built (Jin Zhi He river and Yin Zhi He river) to regulate seasonal water from the Pan Long Jiang river; 2) the Song Hua Ba dam in the Pan Long Jiang river was built to control flooding; 3) the management of water from 99 springs in the upper basin of Pan Long Jiang river into its mainstream; 4) the implementation of the Hai Kou He river draining project for drainage of Dian Chi lake. After these achievements, water supply, flood control and irrigation was effectively improved for the city's development. This water supply system was mainly formed before the seventeenth century, mostly achieved in the Ming Dynasty (fifteenth to seventeenth centuries) . In the Ming Dynasty, Song Hua Ba dam was rebuilt of stone and the Hai Kou He river dredging project was continued on a large and frequent scale. History shows that some key hydraulic engineering was focused by the government for water management as mentioned above from the eleventh to the seventeenth century, it not just supported the water management successfully but also reflected the wisdom of water management historically.

The logic of the water management was the led water from Pan Long Jiang river by two man-made rivers (Jin Zhi He river and Yin Zhi He river) to regulate seasonal water and increase irrigation to more areas as well as taking the function of diffluence from Pan Long Jiang to reduce flooding in summer. In 1276, Song

Hua Ba dam was built on Pan long Jiang river to regulate seasonal water in the river. During the flood season, water can be distributed into Jin Zhi He river so that flood controlling was achieved effectively, simultaneously water also can be distributed into Jin Zhi He river and Yin Zhi He river to increase irrigation in larger areas in winter. In the late thirteenth century, the local government started to dredge Hai Kou He river for draining water and balancing the water level in Dian Chi lake which caused a decline of the lake and also controlled flooding simultaneously. It was the logic of water management in the history of Kunming that had been formed before seventeenth century, though many hydraulic engineering were implemented in later hundreds years, but water management was basically based on this logic and the achievements. Consequently, the Ming Dynasty was the most important age for water management on the history of Kunming City as the logic and structure of water management was formed in this age.

It is a fact that successful water governing fundamental in Kunming City's development. From the early age of the city, the local governments always took water as a key factor for the city's development, especially in the twelfth and thirteenth century. Kunming was still a very remote area in China in that time but some greatly water projects have been implemented with mass labors and big budget. After thirteenth century, water governing was always emphasized by the rulers when the society was in a peaceful circumstance without war and natural disaster. It was most important enlightenment from the history to understand the role of water in the history of Kunming City, especially the unbalanced situation of water (shortage and flooding) in Kunming City since in its early age and along with the city's development in the history, therefore, the city's development was relying on continually water governing in periods of dynasties, it is very important for us to understand a real water situation of Kunming City in the history. What lessons we can learn from history is that when we thinking about to quicken the urbanization up, we have to thinking the supplying capacity of water of the city. Urbanization has to be balanced with the water resource situation, simultaneously, improvement of the water situation has to be conducted continually in accordance with urbanization. History also teaches us that systemic water supply structure with key hydraulic engineering is the supporting condition of the city, just like the structure mentioned above. How we balance the historic heritage and current requirement when challenged by the rapidly growing urbanization should be a key factor for the city's sustainability.

REFERENCES

Fang Liang Shu. 1835. *A Record of Redredge up the Kai Ku* (written in Sixteenth century) . *Yunnan Through Records*. Vol. 14. Yunnan Academy of Though Records, Kunming Huang Shi Jie 1974 *Six Rivers explaining in Chart of Yunnan Capital City*. Wu Cheng Press. Taiwan.

Kunming Water Work Bureau. 1996. *Kunming Song Hua Ba Dam-Graphy*. Yunnan Scientific Press, Kunming.

Ma Yao. 2009. *A Brief History of Yunnan*. Yunnan. People's Press, Kunming.

New Yunnan Through History. Printed in 1940s.

Song lian (written in early fourteenth Century) . 1956. *Biography of Sai Dian Chi. Yuan History*. China Book Bureau Press, Beijing.

The Editing Committee. 2000. *Kunming Xi Shan District-Graphy*. China Book Bureau Press, Beijing.

Yunnan Provincial Committee of Local-Graphy 1998 *Water Engineering-Grahpy. Yunnan Province-graphy*, Vol. 37. Yunnan People's Press, Kunming.

Yunnan General-graphy Historical document, Qing Dynasty. Middle nineteenth century. Zheng Xiao. Yun. 2008. Current Problem of Environment and Its Cultural Background: Anthropologic Analysis on Cases of Yunnan. *Social Sci. Yunnan*. 5, 37—42.

[本文发表于国际知名学术期刊《水科学与技术：水供给》(*Water Sciences and Technology*: *Water Supply*) 2013 年第 3 期]

Current Developmental Impacts on the Qanats: Its Challenge and Maintenance in China

1 Introduction

A Qanat is an underground hydraulic structure to convey water from an aquifer or a water resource to the irrigated and residential areas in arid and semiarid regions. Environments in arid semiarid regions of the world, where rainfall shortages do not allow any permanent surface streams, accordingly the surface water conveying facility likes canal is not adopted with the local environment but usually groundwater resources in these areas are rich have good potential to house the system of Qanat. According to current research, the Qanat originated in ancient Persia that dated back to around 2500—2800 years ago then spread across geographic areas in subsequent years to southern coast of the Persian Gulf, Egypt, Spain, Algeria, Mexico& Los Angeles, Chile, Afghanistan, China, etc, distributed in the areas between the latitudes 15° N and 45° N①.

Being located in western China, Xinjiang Uygur Autonomous Region is the only region Qanats have been found in China so far. The origin and history of Qanats were largely debated in China, generally, there are three views in this regard as: it was originated from northwest of China in Han Dynasty (206 BC—220 AD); originated from the old Persia then separated a geographic area to

---

① A. A. S. Yazdi & M. L Khaneiki, Veins of the Deseret: A Review on the Technique of Qanat/Falaj/Karez. IWRMO, Iran, 2010, pp. 56—57.

China, and created by the local people①. Even so, it is unquestionable that this hydraulic system has greatly contributed to the local livelihood, agriculture and environment. Qanats are mainly maintained by the Uygur Nationality, and it has been integrated into their ethnic identity, production and life style. But as a result of the current development impacts, the intensive exploitation of water resource, enlarged scale of agriculture, dam construction, and industrialization, the status of Qanats in China has changed dramatically and is facing more challenges. This paper aims to discuss the current situation of Qanats in Xinjiang in China and its protection and sustainable use through the survey of the change from 1950 to present, its plights, challenges and the protection efforts.

The history and origin of Qanat in China is difficult to define due to unavailable records, but when dating back to 1950s, it had been frequently used by locals for many generations. The Qanats in Xinjaing is mainly distributed in Turpan and Hami basins, and secondarily in other areas, like in Kech prefecture. According to the statistics in early 1950s, there were around 1, 600 Qanat in Xinjaing, an amount of 900 Mm^3 of water available from Qanats that presented 12. 8% of yearly total groundwater use. They were the main water resource for local areas; many places mainly use water from Qanat for agriculture and daily life. For example, the case in Turpan prefecture, the amount of water from Qanats was 367 Mm^3/year, which provided 66. 7% of irrigation water [3]. In late 1950s, the restoration of Qanat increased the amount to 1, 784, the output of discharged water was 682. 6 Mm^3/year and 24, 200 hm^2 farmlands were irrigated. The statistics show that the amount of Qanat in 2003 has decreased to 614 and 1, 170 were dead. Among them, 1237 were dead in Turpan prefecture, and 495 dead in Hami prefecture [3] . In 2009, there are 227 Qanats with water in Turpan prefecture, compared to 2003, 127 were reduced, which is equivalent to 21/year. Today there are around 600 Qanats in Xinjiang. (Fig. 1, 2)

Qanat is a kind of hydraulic structure which is suited with the local environ-

① S. Z. Huang, Further discussion on the origin and spread of qanats in Xinjiang, The Western Studies 1 (1994) 66—84.

Fig. 1 (a) (b) the Qanats in Xinjiang. (Source: (a) WANG Ying Hua 2012; (b) ZHENG Xiao Yun, 2008)

Fig. 2 Aerial view of Qanats way with wells (Source: ZHENG Xiao Yun, 2012)

ment. It conveys water from mountainous areas or aquifers to an oasis by a tunnel. Usually, the conditions for the Qanat construction require water resource from mountain snows in winter to supply water to the Qanat through snow melt directly, or snow melt and infiltrated into aquifer then a Qanat can be built to receive groundwater from the aquifer [3] . In the case of Xinjiang, areas where Qanats are distributed are also in line with these conditions. For example, the basin of Turpan is surrounded by mountains. The altitude of the highest mountain, Bogeda mountain, is 5600m a. s. l, and the lowest point in the center of the basin is the surface of lake Aiding at 154m below sea level, a difference of the sea level of 5754m. The area of the Turpan basin below sea level covers 350. 000 ha. As a result of snow melt and the infiltration process through the highest altitudes, groundwater is very abundant within the aquifer of the hillsides. That provides a good condition to build Qanats that will be used for local development and sustainability. In general, Qanats in Xinjaing can be divided into three types based on the water resources: (1) water supply from the mountains, where the Qanats receive water directly from the mountains. This type of Qanat has an abundant water supply but a long tunnel is needed; (2) Water supply from the hillside that receive water from the natural undercurrent of the mountains; (3) Water supply from the basin, where the Qanat receives water from the aquifer of the basin but at the same time it usually faces unstable water supply due to the changes in groundwater levels.

The Qanats of Xinjiang mainly consist of the gallery (tunnel), yielding well, pool, dam and open ditch (Fig. 3) . The gallery is the main structure for water transport. It is a tunnel built from the aquifer or a water resource to transport water to the oasis. The biggest challenge in building a Qanat galley is to build it almost level from the water resource to the end, meaning that the start of the gallery at the water resource is usually built at a depth of tens meters underground. Therefore, yielding wells (the first well in the water resource is called mother well) are needed for construction of the gallery from the start to the end, conveying the clay from the gallery and later for gallery maintenance. The distance between wells depends on the soil conditions. For example, the solid soil condition requires a short distance between two wells. In some places the distance between two wells is just 10m but usually it is about 30—50

m. Therefore usually over 100 yielding wells are needed for a long distance Qanat (Table 1) . At the end of the gallery, a pool is built to store water and provide water to the irrigation lands and the villages by open ditches. At the same time in order to prevent floods during the season of snowmelt, usually a dam has to be built near the pool. One of the advantages of the Qanat is that water is conveyed naturally, without human and mechanical power, and at the same time water from the gallery is stable and clean, and does not evaporate in the desert.

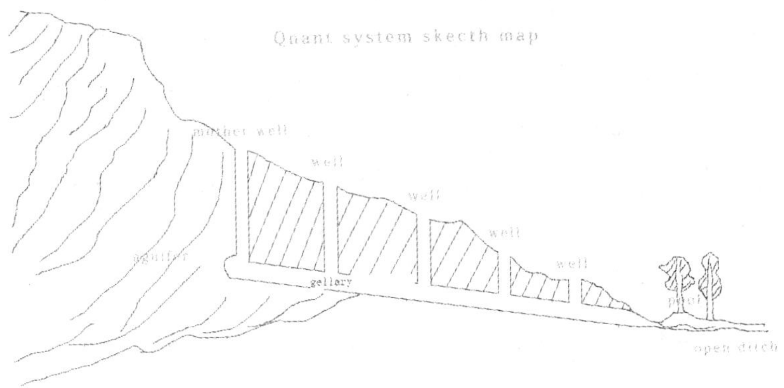

Fig. 3 sketch map of Qanat system in Xinjiang

Table 1 The status of the historic live Qanats in Xinjiang

Name of Qanat	Length (m)	The Year of Construction	With Wells	Depth of mother well (m)
Flaming	4600	1300	150	65
Qong	850	1750	90	10
Tallk	1000	1600	29	90
Dongmen	5200	1800	170	60
Qong Postek	3000	1310	110	70
Yangjr	3500	1300	116	100
Ahun	1200	1810	125	4
Kiqik	6000	1330	300	80

Source: Karez in Xinjiang. The People's Press House. 2005.

Of course, water supply in the local areas depends not only on Qanat, but also on rivers and springs from the mountains. After 1960s, some dams were also built and moto-pump wells were developed to use groundwater. So, today there are four local types of water supply mainly in the countryside: Qanats, rivers, dams, and pumping wells.

2 The Impacts of the Qanats

Qanat was the main approach of water supply locally before 1960s in Xinjiang. Water supply for agriculture, daily use and oasis maintenance mainly depended on Qanats. But after 1960s, obvious impacts have been brought on Qanats by industrialization, urbanization, population growth and enlarged scale of the agriculture, etc. Such changes do not just bring huge increases in demand for water but have also changed the physical environment on which the Qanats depended.

2. 1 The Effect of Economic Development

Traditionally, Xinjiang was an agriculturally based region, but after 1960s its economic condition changed. Especially after 1980s, it has undergone a rapid process of development, including urbanization, industrialization as well as enlarged scale of agriculture to cope with the demand of population growth and economic development. In this paper with the study case of Turpan prefecture, where Qanats are most concentrated.

After 1960s, the local economic conditions have changed in obvious ways. Traditionally, the Turpan prefecture was an agriculturally based area, but after 1960s, industry increased to be a major economic activity. Today the economy mainly includes 6 sections such as coal mining and coal bathe, petroleum and gas mining, metallic mining, smelting, and metalwork. Industry has become the primacy in the local in the early 2000s, for example, the industrial output values of coal mining and coal bathe, petroleum and gas mining, metallic mining, smelting, metalwork were increased respectively to 20. 3%, 22. 1%, 20. 8%, 140%, 10. 2%, 33% of the local economic output 1n

2005 which are based the cardinal number in 2004, shown a rapid increase.

Rapid urbanization is another major change in the local conditions. Firstly, it is reflected by increased population and change of the resident structure. For example, the population in 2005 was 584, 318, of which 27% was urban and 72% agricultural. But the population increased to 625. 500 in 2012, with 38. 1% urban, 38. 7% agricultural, and 23. 2% of only temporary residence. The population growth was also quick, for example, it increased by 72, 172 the decade of 2000—2010. Simultaneously, increased population and changed economic conditions have required a larger scale of the urban areas, for example, the land for urban construction offered yearly by the government was 28. 2 h in 2005 but it was increased to 520. 9 h yearly in 2012.

The changes in economic condition shown by case above did not only affect local development but also the total water demand. For example, in 2005, there was an increase of 20% of industrial water consumption and 4. 3% of daily water consumption compared with 2004. At the same time, the consumption per capita of water resource has declined from 2007 m^3 in 2005 to 1547 m^3 in 2012. ①Another case is the Turpan -Hami Oilfield. It was developed in this area from the early 1990s. It usually requires 5 Mm^3/y of groundwater, and it has brought damages to the local Qanats by infiltration of wastewater②. The Qanats have difficulty coping with such a huge amount of the water demand.

2. 2 The Change of Approach of Water Supply

As stated before, to meet the requirement of water for the rapid development, more and more water has to be supplied. Accordingly, from 1950s, measures have been taken to increase water supply that have brought a major change of approach. Multiple approaches to water supply were in effect since the 1950s, including Qanat. Therefore, more and more aqueducts, and dams were built to increase water supply. In the 1960s, construction of moto-pumping facil-

① The Communique of Statistics of National Development of Economy and Society of Turpan Prefecture 2005, 2013, China. The Turpan Prefecture Government, Xinjaing 2005, 2013.

② Y. P Wang, etc, The current situation and development of qanats in Xinjaing, Groundwater, 30 (6) (2008) 22—25.

ities was started and rapidly increased in Xinjiang. For example, in Turpan prefecture, before 1957, the water supply was mainly from Qanats and springs. Qanats produced 550 Mm^3/y, 66.7% of the total water supply. In 1957, some aqueducts and dams were built in the headstream of the rivers, for example, the Hongshan and Kekeya dams were built in the headstream to collect and supply water to the irrigated areas using aqueducts and thus reduced water supply of above 100 Qanats in the lower basin. Many aqueducts that were built to convey water from the mountains to the lower areas have reduced water supply to the Qanats because they share the same water resource. This situation has not just changed the traditional approach of water supply in the area but also damaged the system life of Qanats. Many Qanats have died by this change directly in past decades.

Since 1965, moto-pump wells were built for more water and developed rapidly in this area, for example, it increased to 2700 in 1978, produced water 259 Mm^3 yearly. In 1990, the amount of groundwater use was increased from 550 Mm^3 in 1957 to 1.117 billion m^3 in 1990, the irrigated farmlands increased from 30000 ha to 50000 ha. But unfortunately, water from Qanats was reduced from 367 Mm^3 in 1957 to 152 Mm^3 in 1990, which equals 41% of total water reduced from the Qanats. Table 2 shows the situation of water supply in 1990①.

Table 2　　The shares of water supply and use in 1990

Water source	Water yield yearly 100 Mm^3	Shares of supply %	Shares of use %
Rivers	4.0609	36.4	24.22
Qanats	2.2092	19.7	24.71
Motor pumped (extraction rate)	2.59	23.2	38.57
Reservoirs	0.45	4.0	2.12
Springs	1.8580	16.7	10.38
Total	11.168		

① W. F. Huang, Y. P. Gan, The history, current Status and future of qanat in Xinjaing, Arid Land Geography 1 (3) (1990) 45—47.

Accordingly, multiplying approaches for water supply has changed the traditional structure of water supply which mainly depended on Qanats in these locations as well as reduced water supply of Qanat. Obviously, this has become the main reason of declining of Qanats in recent decades, especially largely use of motor-pumping facilities. As mentioned above, moto-pumping facilities have been used since the 1960s for increasing water supply especially during droughts in the spring, but it was rapidly increased in subsequent decades until today. Table 3shows the increase of the pumping well in Turpan prefecture.

Table 3 the change of the pumping well in Turpan prefecture

year	1973	1982	1986	1994	2003	2004	2012
pumped wells	767	2208	2437	4328	5254	5664	9000
Flux (m^3/s)	11. 12	33. 72	—	38. 72	43. 62	46. 42	—

Source: Abuduheliman-Halike, etc. 2009. Turpan Government 2012.

The original proposal of moto-pumping facility was for increasing irrigation in the season of spring when frequent drought occur, but later it has became a way to access water for any purpose, for urban supply, industry as well as enlarging cultivation of marketed crops, etc. It is a fact that today water supply in many areas strongly relies on moto-pumping facilities but it is also an obvious factor of damaging the Qanats. The use of pumping wells directly hurt water resources of the Qanats, brought declining of groundwater then dried up the Qanats finally. For example, in the 1990s, The water level in wells was shallow and reached 60 m to 80 m underground but now the depth is 120—170 m. (Fig. 4)

2. 3 The Institutional Environmental Impact

Since early 1980s, the policy of Rural Productive Responsibility System by the central government was implemented in the rural areas of China. The core of the policy is to share farmland and other productive resources to the farmers and set up household as an independent productive unit from the collective mode of production formerly. With this change, the responsibility of Qanats management was changed from the collective unit to farmers. This change has brought un-

Fig. 4 Construction of a pumping well

clearly responsibility of management in some places. For example, formerly the responsibility for management was taken by the collective unit of the villages or the government of the county level, etc. , they pay costs and organize the maintenance yearly to the Qanats, However, after the change of the productive mode, the collective unit usually no longer takes responsibility for this matter. The local government also does not take responsibility to maintain it, although some repairmen are engaged in the maintenance and get payment from farmers. The institutional puzzle is that the Qanat is a water supply facility but not the government's responsibility. It is usually the user who is charge of covering costs, and consequently, the maintenance mainly relies on the situation of the farmers, their activity, economic demands, capacity of payment and demand of water, etc. Unfortunately, costly maintenance has been beyond the capacity of the villagers as it usually costs 10000—20000 Euros to restore a Qanat in the local area today. Also, as a result of unstable water supply and quality of Qanats and the difficulty of sharing the cost among the users, many villagers chose to use motor-pumped wells, increasing the crisis of the Qanats.

3 Current Efforts of Protection

It is a fact that the Qanat is still playing an important role in the local areas, not only for water supply, but also for cultural values. If the Qanats is in well maintained and in good condition, it is a cheap way of water supply compared to pumping wells. For example, according to my study in the villages of Turpan area, a household has to pay 400—500 Euros for electricity charge of the wells yearly, this obviously reduces the villager's yearly income by this payment to the just around 2500 Euros commonly in the local, but if a village has a functioning Qanat, a household pays less than 10 Euros for water per year. Of particular importance is that Qanat is the main water supply in many rural areas especially in remote places that are without tap water. The villagers could lose their foundation of sustenance if Qanats are finished. Indeed, some villages have moved as a result of losing their Qanats in past decades, for example, the Qitebulakexin village of Qiatekele township, was moved due to the destruction of their Qanats.

Qanats are not just important for the daily life of the local people, but also for the local oasis environment. In the case of Turpan, annual precipitation is only 16 mm, but evaporation is over 2539 mm. This influences the efficiency of water supply, obviously, for example, the Table 1 shows that the water supply from rivers provided 36.4% of total but only resulted in the final use of 24.22% of total, water supply from Qanats presented 19.7% but provided the final use of 24.71% of total. Accordingly the efficiency of the water transport and conservation is much higher than rivers because the wastage through rivers is much higher than Qanats. Therefore, Qanat is a highly efficient structure of water transport in the local environmental condition, it is important to convey water for oasis conservation. Traditionally, the maintenance of an oasis in the area was mainly depended on the water supply though Qanats, not just the agriculture of the oasis but also biodiversity and the life of oasis. Once the Qanats are dead, the oasis could be diminished or disappeared. This was validated in recently years by cases of large oases diminishing and many villages moving as a result of Qanats reduction. ①Therefore, Qanats are a key to maintaining the oasis.

By way of maintenance of this important hydraulic structure, effective efforts for the Qanats protection have been taken by the governments in recent years. In 2006, The Qanat of Xinjiang was listed into the list of National Protection Unit of Keystone Historical Relic. Also in 2006, The Xinjiang Uygur Autonomous Region Rule of Protection of Qanat was issued. These mean that the Qanats have became national historical relics and are now under legal and institutional protection. According to the rules, the plan of Qanats restoration has been implementing, scheduled planning included 480 Qanats these will be restored within 9 years with investment around 20 million Euros. Among them, around 100 will be restored to functioning water supply; other will be dredged and repaired. Results have already been achieved, for example, in 2012, 12 Qanats were restored in Hami prefecture with investment of six hundred thousand Euros from the National Foundation of Historical Relic Protection②.

In recent years, the government has also encouraged the villagers to repair their Qanats with partial financial support from the governments and has helped the villages to organize workgroups for the daily maintenance. Now almost all the Qanats irrigated areas have organized workgroups based on the villages for maintenance. This policy is effectively promoting the capacity of the villagers to restore and maintain their Qanats compared previous situation which all the costs from the villagers (Fig. 5) .

Many new materials and techniques are used for the restoration of Qanats in recent years. For example, steel products and concrete are often used for pining up the gallery, the precast parts of concrete is used to replacing the softly clay gallery in some Qanats, etc. (Fig. 6) . In 2012, a underground reservoir was built in WenSu County which based the water supply of Qanats, the capacity of

---

① F. Cui, S. M. Wen, Y. Zhao, The values of agricultural cultural relic of qanat in Xijaing and its conservation, Use, Arid land Resource and Environment 26 (2) (2012) 55—58.

② L. Ji, Water getting increased by relive of the qanats in Hami, Xinjaing Xin Nou Wen [Online], February, 6, 2013, http: //www. xjxnw. gov. cn/zx/snkx/jnkx/02/984498. shtml (accessed December 28, 2013) .

the reservoir is 1 Bm^3 and the output will be above 2. 1 Mm^3/y. This situation will benefit about 700 h farmlands. Simultaneously, what is important is that the underground reservoir is effectively saving 15%—30% more water compared to the surface reservoir due to reduced evaporation. This will be a new beginning for using Qanats①.

Fig. 5 a Qanat in maintaining

Source: XJ Xinhuanet 2012

It is worth noting that the value of cultural heritage is rising in recent years and has that increased the attentions of the governments and social institutions to investing of protection and commercial development, etc. A possibility is to promote the value of Qanats for tourism, for example, a Qanats Park was established in Turpan prefecture in few years ago. This park was built nearby the real Qanats where tourists can visit conveniently. There is also a Qanats museum inside the park, exhibits on the details of the Qanats's history, distribution, construction, functional principles, tools, management, and so on. Hundreds thousands tourists visited it yearly, offering a convenient approach to visitors to

① S. f. Tein, The First Underground reservoir of Xinjaing was built in Wenshui County, Xinjaing Today Wen [Online], October 17, 2011, http://www.jrxjnet.com/base/2011-10/17/content_10925.htm? (accessed January 11, 2014).

Fig. 6 the precast part of concrete is used in the gallery reconstruction

Source: JIANG W. Y. XJ Xinhuanet 2012

understand the Qanats, Consequently it is worthwhile to be encouraged as a way to increase the public understanding of Qanats.

The local governments are also working in the preparation of Qanats for UNESCO List of Cultural Heritage. This work will also benefit the Qanats protection.

4 Conclusion and Discussion

As a hydraulic structure adapted to the local environmental conditions, Qanats have greatly contributed to the local water supply, agriculture, inhabitation and maintenance of the oases in past hundreds years (or perhaps longer) and are still in use today, it has validated the values through the history. But in past decades, the supporting circumstances for Qanats have changed, as is evident by the local developments, especially huge increased water demands to cope with the rapid developments, this situation has brought obvious damage to the Qanats. The amount of Qanats in Xinjiang have been reduced due to the changes of water supply, largely use of moto-pumping facilities, declined groundwater by over-extraction and also due to costly maintenance that has also caused the diminishment of Oasis, enlarging desert, and difficulty of the subsistence of the local people.

Research shows that the Qanats were adapted to the local environmental features; accordingly, supporting conditions are required for its life, especially enough water resources and good maintenance, in order for it to perform its basic function, the transport of water. In recent years, rising understanding of Qanat has promoted the efforts of the governments and other organizations for protection and restoration. But the prospect of Qanats is still being challenged, for example, should the management of all the Qanats be financed by the governments? After the project of Qanats Restoration, which is funded by the governments, is there enough water resources for the Qanats rely on current water supply for its sustainability? Accordingly, the protection and sustainability of the Qanats require systematic management.

Firstly, better institutional circumstances are necessary for the management of water supply. According to currently management system, the Qanat is a village-based water supply system and mainly managed by the farmers, but the aqueducts, dams, rivers are managed by the governmental agencies. This means that the farmers are in charge of the Qanats management but other facilities of water supply are managed by the government, in this case the management of water supply facilities except Qanats will be financed preferentially by the governments. This has brought obvious impact on the management of water supply. Consequently, the solution could be to continue current policy but for the government to invest in the Qanats restoration but in the future also continually fund the maintenance, for example, by contributing a share of the finance which combined with the governments and the farmers for the Qanats maintenance. Anyway, regularly investment from the governments is an important way for Qanats management in current circumstance but the question of how to share the benefits and responsibility still needs to be discussed because the government is not be able to take charge of all. However, unitive benefit and responsibility of both farmer and government will be the foundation of the Qanats management.

Secondly, a Qanat is a structure for transporting water, and it will be finished without water. Consequently, if we wish to maintain the life of Qanats, we have to maintain its foundational function, the function of conveying water. Impacted by the current water situation, the foundational functions of Qanat are decaying due to degradation of the water sources. Therefore a reasonable balance of water supply among different methods is very important for Qanats. Considering Qanats in a macro thinking, for example, its contribution to maintaining oasis, supporting agriculture, saving water as well as subsistence of the local people, it has to be considered that to reduce water supply though aqueducts, dams, and especially restricting the moto-pumping facilities in order to increase the water resources of Qanats. Therefore a better balance of water supply based on a sustainable prospect locally has to consider Qanats preferentially. Simultaneously, the capacity of water supply in the local development of industry and urbanization also needs to be carefully considered so that the demands for water consumption would not be increased in an unlimited scale to cope with the development.

It is also worthwhile to note that Qanat has to be unitized with its foundational function in the local life, which means keeping Qanats as a part of the local environment and subsistence on the basis of its real value, not just as the cultural relic or the resource for tourism. The policy of cultural heritage is important for Qanat protection but it cannot replace its real value. We have to think and utilize it as a fundamental hydraulic structure.

(Published at Earth Science and Engineer. U. S. A. No. 5. 2014, 本文载于美国《地球科学与工程》2014 年第 5 期)

From Water Structure to Water Culture: a Brief History of Well in China

Abstract: According to the archeological discovery, the use of wells in China was dated back to 5000 years ago. In the ancient society, the well mainly played two roles: daily use and irrigation. The wells were initially used to cover the domestic needs and later to meet the irrigation demands. After the establishment and growth of the major cities, wells were used for other purposes such as fireproofing, etc. The well is a very important facility for groundwater supply for rural and urban areas, from its early history until today. The construction and use of the well were diversiform in the broader geographical area of China. People depending on the local geological conditions and according to their culture constructed and managed their wells. The well was not just a water structure but also became a cultural symbol on the history, embedded the water related idea, religion, custom, identity, etc. This paper aims to explore the historical and cultural feature of "well" for the better understanding of history of water supply in the context of present urbanization of China.

Key words: Well History, Cultural feature, Diversity China.

1 Introduction

China has a long history in the construction and use of wells. The distribution of water to the households by the construction of water supply networks generated from late 19 century in some major cities, until this period water was provided from wells and from stream nearby, well was more popular for daily water use from rural areas to urban areas, because it is more convenient since it provides stable water supply and better quality characteristics in comparison to the stream water, usually people believed that some wells produced good taste water, so the stream water was used mainly for washing. Ancient China was an agricultural based country, the well also functioned irrigation in the rural areas. According to the discovery, the well use for irrigation was dated back to 2nd century BC, the Qing Dynasty (The Editing Committee 1979), after that time, use well for irrigation was popularly documented as an important way of irrigation especially in the farmland located far from the river or the semiarid areas. Accordingly, well is the main structure of water use in China that had been played a very important role from its original history until 1970s before the present urbanization in whole of China.

In many places, people also use water from springs, they introduce water from springs by ditch into the residential areas or direct get water from the springs if the springs are located at the residential area. At same time they built well structures above the spring to make the spring to be a well.

The well is an end structure for groundwater use, but according to its important status in the daily and agriculture, in some places, the well was situated at a centre place in the society, it was in connection with their social life broadly, therefore the well had been became culturally in social life, not just as a water structure but has embedded with spiritual, social, artistic elements, consequently a well related culture was formed on the history (Wu Y. C 2002), it is still playing an important role in present age in China.

2 The outline of well history

The history of wells in China was dated back to 6174—5921 years that according to the earliest well ruins which were discovered in He Mu Du of Zhijaing province in 1974. In this ruins, a well of wooden structure was discovered (Zhijaing Provincial Museum 1978) . Later, many sites of wells were discovered that show that the well was popularly use in 3000—1000 BC. In general, the early civilization of China was emerged in the mid basins of Yellow River and Yangtze River. The history of wells, also met this situation, but wells use in Yangtze River basin was earlier than Yellow River basin, around 1000 years, due to the aquifer in Yangtze River basin is higher than Yellow River basin (Hunan Museum 1978) . Accordingly, the well in Yangtze River basin usually had a depth of 2 m. The walls of the well were made of the wood, but the well in Yellow River basin was made more deeply and difficultly due to the lower aquifer and hard soil.

Anyway, after the wells were used, the residing areas were possible to be spread from the riversides. People could be settled anywhere they could construct wells for water supply.

The structural feature of the well was developed in different ages. According to the archaeological discovery, the early well (around 3000 BC) was built with wood, the form was square usually. In the Fighting-States period (475—221 BC), the wells walls were built with earthenware since it was a very popular structural material at that age, . Fig. 1 shows an earthenware well of early Han dynasty, that was discovered in Yeng county, Hebai Province and it is an evidence of earthenware use for building of well in that age. According to the report, about 40 wells were discovered in same ruins. Each well had 5—7 m in depth and 1. 3 m diameter. (Fig. 1) (Yeng Zhao 2010)

In Han Dynasty (202 BC—220 A. D) and subsequent dynasties, the wells were built with brick became more popular. They were more firmly and diversiform (Liu Si Chong 1991) . But it is the fact that in Han Dynasty, the wells were still built with wood, earthenware and brick. Sometimes the wells were a mixed construction built with wood and earthenware. After Han Dynasty, wood and earthenware were getting disappeared especially in major cities. From Tang Dynasty (618—907 A. D), the brick structure of well was getting popular in the residing areas (compares the irrigate well in the farming places), at same time people like to built a stone structure above the well, made it more firmly, beautifully and with complex social even holy meanings.

Figure 2 shows a typical old stone structure (Song Dynasty, 960—1279 A. D) above the well (with permission of Xiao Yun ZHENG) . Fig. 3, 4 show the typical old stone structure above the well (Fig. 3, 4) in Jinshui City, Yunnan province (with permission of Xiao Yun Zheng) .

Fig. 1　The well built with earthenware in early Han Dynasty

In Yuan Dynasty (1271—1368 A. D), wells were more popularly used for irrigation, it was becoming to be an important approach of irrigation normally, especially in the farming areas where river was far away. It means that wells were not just for domestic use but also functioned the irrigation, in the semiarid areas. Well depended irrigation had became the main way especially since it was an effective way against drought in the years. From Yuan Dynasty, well depended irrigation had been a normal way, in some areas, well depended irrigation had been developed in a large scale, in Fujian Province and Shanxi province, almost one piece farmland with a well (Wu Y. C 2002) .

Anyway, after Yuan Dynasty, wells use was popular for irrigation and manufacture as well as for daily water from rural areas to urban areas. In the urban areas, wells were the main water resource for daily life, especially for drinking. Usually a public well for a community but a family with a private well

Fig. 2 The well in Chau Zhou City, built in Song dynasty

Fig. 3 The typical old stone structure above the well in Jinshui City, Yunnan province

inside the house normally. At the same time, wells were also the main water resource of urban manufacture in many cities traditionally. It was popularly that many traditional food was strongly depended on the water supplied by

Fig. 4 The typical old stone structure above the well in Jinshui City, Yunnan province

wells. Even same food just depends on a well to keeping its taste and quality. A paradigm is the bean curd manufacture in Jinshui city of Yunnan province has been depended a special well to keeping the taste and quality for hundreds years until today.

In the rural areas, wells were used for daily life as well as for irrigation, usually every village has one or two wells but at same time a family also has a private well. According to the statistics in 1949, about 1500000 ha farmlands were irrigated by wells and the productivity of a wells for half a ha averagely (China Academy of Agriculture Sciences 1973) .

The wells were getting withered away from 1980s in major cities due to the groundwater control, urbanization and tap water conveniently, today just some small or remote cities still keeping in use. In many rural areas, the well based irrigation have been collapsed due to development of pumping facilities and declined groundwater, but the well for daily water in the village, especially the remote areas are still existing, but it is also challenged by current rapid urbanization and groundwater declination, water pollution, etc.

3 The cultural aspect of the well

Well is the end structure of water use, but considered its importance with the daily life and production, people are not just considering it as a water facility but also a special place where embedded rich meanings, popularly it is the holy place where the dragon, the god of water's place, or the place of the god of the community, village. Accordingly, people usually built it as artistically as possible in different way, includes beautiful above structure and other decorations. Broadly social relationship was structured based on the well, due to the well was the place people have to meeting every day in a residential place, people have to manage and balance the economic benefits of the well water resource in a community, and take festival or worshiping activities what related the well. Anyway, the well usually becomes an important cultural center with religious, social, artistic meaning, the well related culture was also becomes a kind of water culture, simultaneously, it was also validated that the water culture well-related had been functioned the role of well protection popularly.

In Shanxi, Hunan provinces and the northern areas of China, well usually is the centre of the village, the villagers like to meeting together at the well place not just get water but also have rest, discuss business, exchange news, vend something, etc. It is the heart of the village and the place of the god, the dragon, when a baby born, the family has to taking a ritual to register he or she to the god of the well. January 1st and 15th every year, the villagers have to taking the ritual to worshiping the god of well, it is the important activities yearly mixed with the dance, music and other arts. A broadly social relationship also structured based on the well based on the well construction, well and water management, etc (Hu 2006).

Another paradigm is the well in the Dai area of Yunnan province. Dai is a nationality of China mainly settled in Yunnan, they popularly use well in their daily life. Usually, every village has one or two public well for water use, it is one of an important spiritual center of the village because that when a place was considered to building the village, the villager has to find a place to building a well, it means that build a well is the first thing before a village was built. villagers always built special structure above the well, likes Buddhism tower, the temple style house, dragon head, etc, made the well beautifully and became a special place, even with holy meaning, to express their expect to water according to their traditional idea about water. In many villages, villagers will have ceremonious worshipping rituals to the well god (Xiao Yun Zheng 2003). Even today, tap water has popularly use in the areas but more villages still following their tradition to use well water for drinking and cooking (Fig. 5 a. b. c. d, with permission of Xiao Yun Zheng).

Springwater is one of the important water resource in many places in China, accordingly the spring structure had also become a kind of well in China. Chinese put holy and other spiritual meanings into the springs anywhere not just use water, for example, springs popularly called dragon pool, it means that spring is the house of dragon, the god of water of China. In line with such ideas, people also built structures and buildings, temples, gardens around the springs that promoted the spring place to be a special place, for sacrificing to gods and saints, enjoy the fountain or other cultural activities.

Ji Nan City, the provincial capital of Shandong province, is the most famous city with springs in China accordingly was called "Springs city". In this city, there are around 700 springs and 72 of them are famous from the history. The springs not just as the water resource but also special places with complex spiritual meanings, People built pools around the outlets of the fountain and sub-fountains, to watch and enjoy gush of the fountains as well as built buildings and gardens for memory to famous people and to take pleasure in the fountain. In the summer, watch the gush of fountain is very important activity in the urban life. For example, Bao Tu Qian fountain, one of the most famous springs in the city, the historical record of this fountain was dated back to 2700 years (Committee of Ji Nan Historical Documents Editing 1997) (Fig. 6, 7). Springs is also important water resource for daily life and irrigation in the residing areas, accordingly, the residents usually built it as an end structure of water use, local people called it as "spring well", even today there are many spring resource well for daily water use can be found inside the city and the countryside (Fig. 8) .

Fig. 5 (a) The well of Dai village

Fig. 5 (b) The well of Dai village

Fig. 5 (c) The well of Dai village

Fig. 5 (c) The well of Dai village

Fig. 6 The Bao Tu Qian fountain

Fig. 7 The fountain of Jinan City

4 Conclusions

The use of wells in China was dated back to 5000 years ago, and had been developed in subsequent millenniums, the techniques of well construction, form of the well and related customs also developed as well. The early well was dig just a hole to get water, later people use wood to building the walls that

Fig. 8 A well structure for use of spring water

aims to enhance it, and earthenware, brick and stone were used as the material to building the well walls in subsequent periods, and built a stone structure above the well also getting popular after Han dynasty.

After Song Dynasty, a well consisted with brick walls and above stone structure was becoming popular, especially the above structure was strongly considered by the user as a symbol of the community or village and other meanings, it was reflected local people's the idea of water. The early well was for daily water in the residential places but after Han Dynasty it was popularly use for irrigation, in Yuan Dynasty it was developed to be one of a main approach of irrigation. The well in ancient China was not just functioned for daily life and production, but had also been embedded rich cultural meaning, consequently a well usually becoming to be a symbol or the centre of the community, it has been combined with people's idea, religion, social custom, social and economic relationship, lifestyle, becomes an important life centre, the well related culture also useful for protection of the well simultaneously. But unfortunately, large number of the well have been disappeared after 1980s due to the environmental change, the change of water supply and urbanization, etc, the water culture of the well has been withered away as well. Consequently, how to protect the wells and their culture has become a challenge in a current developing process.

5 Reference

China Academy of Agriculture Sciences (1973). Agriculture Press, Beijing. Prevention and Cure of the Well Silt Edited by Committee of Ji Nan Historical Documents Editing (1997). Ji Nan Historical Document. Chinese Press, Beijing.

Editing Committee (1979). Brief History of Hydraulic Engineering of China, 80 2006: pp. 55—68.

The Report of the First Discovery of Humudu Site. The Journal of Archeology, 1: 21—29.

Hu, Y. Z. (2006). Well and the Northern Rural Society, Modern History Studies, Beijing, 58—72.

Liu Si Chong (1991). A Exploring on Form of Chinese Old Well. Agricultural Archaeology, No. 3.

The Old Han Well Found in the Worksite. YengZhao Night Daily. 30 April (2010).

Wu, Y. C. (2002). The Well Culture of China, Tianjin People's Press, p. 18.

Wu, Y. C. (2002). The Well Culture of China, Tianjin People's Press, p. 21.

Xiao Yun Zheng (2003). Water Culture as Ethnic Tradition and Sustainable Development of the Dai Area. The Ideological Front, Vol. 6, 2005.

Zhijaing Provincial Museum (1978). The First Excavation Report of He Mu Du Ruins. Archaeology Journal, No. 1.

Published at The Proceedings of the 10th International Hydrogeological Congress of Greece, 8th— 10th, October 2014, Thessaloniki.

（原载希腊《第十次国际水文地理学大会论文集》，2014 年 10 月）

云南少数民族的水文化与当代水环境保护

一　引言

水资源与水环境问题是21世纪人类可持续发展中面临的最突出的问题之一，受到了全球的广泛关注。今天水环境治理的科学技术已有了长足的进步，人们对于投入其中的大量资金也并不怜惜，但是科技的进步与资金的投入往往不能阻止水环境的恶化并彻底解决水环境问题。我认为，不同国家与地区不同民族的人们在生存实践中所形成的或在当代发展起来的对水的观念、使用与保护水的习俗、制度、规范、宗教等构成的水文化，是当代解决水危机、营造良好的水环境、实现可持续发展的重要基础，是从源头解决水环境问题的有效手段，因为深入人心的水文化能够保护水环境不受到破坏，而技术手段是水环境受到破坏后的措施，是被动的，因此在当代水文化是水环境保护中的重要因素。

水与各民族的文明形成、生计与发展都有直接的关系。各民族都有自己的水文化。为了解决当代面临的水环境问题，我们需要对人类历史上形成的水文化加深认识，尤其是应当加深对不同国家、不同民族间的水文化的互相理解与借鉴，在当代还需要根据不同的发展实际来创建新的水文化。本文以云南少数民族为例来探讨水文化与水环境保护的关系，同时也希望为这一学科的构建开一个头。①

① 本文的资料来自于作者的田野研究。

二 云南少数民族的水文化与水环境保护

云南是一个多民族的省份，少数民族人口占总人口的33%左右，云南各个少数民族居住的自然环境有较大的差异，云南96%的区域是山区，平坝占4%。过去云南山区有良好的森林植被，对涵养水起到了积极的作用，从而形成了云南江河纵横、水资源丰富的格局。因此云南是中国民族文化与生物资源、地理环境最具多样性的省份，复杂多样的地理环境与民族构成，形成了云南不同民族对水的不同观念及利用水、保护水的方法，从而也形成了云南各民族丰富多彩的水文化。

各个民族在生存发展中形成了自己的水文化。但是由于不同民族所处的地理环境的差异，不同民族水文化的内涵也是不同而丰富多彩的，如有的民族人们生活在江河流域、有的生活在平坝、有的生活在山区、有的生活在湖泊畔，这一切都决定了各民族的水文化有不同的内涵，但是不论如何各个民族与水相关的观念、习俗所构成的文化都是存在的，大致可以归纳为以下一些方面：

1. 水的观念

各民族的水观念与其历史记忆有关。在各个民族中都有关于水的传说，在云南很多民族都将人类的起源与水联系在一起，如傣族传说宇宙及人间万物都由于水而形成的，是天神用水和其他的物质混合造就了大地与万物，也造就了人类。在藏族、哈尼族、傣族等民族中有世界源于水的传说。在云南很多民族中都有关于洪水与人类起源的传说，传说在一场大洪水之后，人类一部分人或者说一对兄妹在洪水中躲藏在葫芦、大鼓中等从而侥幸逃生，在洪水退后，他们在大地上繁衍生息，人口渐渐增多，发展至今。在大多数的民族传说中都是由于洪水后一对兄妹侥幸逃生，兄妹通婚繁衍到今天。在有的民族中，如纳西族神话中则是由于兄妹通婚而引怒天神，导致洪水的发作。在基诺族的洪水传说中，洪水过后五个民族的先民即基诺族、哈尼族、傣族、彝族、汉族从葫芦中逃生，重新迁徙到不同的生活环境中繁衍至今。不论怎么说，各民族的洪水传说都反映了人类的起源和水有关系，而水不仅仅可能造就了天地万物，即善的一面，同时水也有发怒的时候，毁害人类的生活，即恶的一面，因此造成了各个民族在水的观念上一方面是敬，而另一方面是畏。敬是由于水是人类的生存基础，天地万物可能由水而生；畏则是因为水有恶的一面，它可能危害人类。因此人们敬水就要保护水环境，而畏水则是要通过宗教祭祀等途径来达到与自然的沟通，乞求水不再危害人类的生存。这些古老的观念演化成了当代各个民族记忆中对水抹不去的基本观念，即对水的亲与对水的畏惧并存的观念。

2. 水与各民族的定居

很多民族在历史上都经历了频繁的迁徙，而迁徙及寻找新的定居点与水有直接的关系，这是很多民族的历史都证明了的。在云南各民族中人们的迁徙定居往往与水源有直接的关系，人们总是寻找有水的地区作为理想的定居点。傣族、壮族在历史上曾经有过频繁的迁徙，他们迁徙的特征总是逐水而迁，寻找有水的地方定居，因为这两个民族都是种植水稻的民族，水稻是其生存的基础，尤其是傣族在历史上频繁的迁徙总是与江河分不开的，总是逐江河而迁徙，分布于江河流域，如澜沧江、金沙江、怒江流域等，并逐江河而迁徙从云南进入了东南亚的老挝、泰国、缅甸等大江流域生存繁衍至今①。在选择建设村寨的地点时傣族与壮族都是选择河流岸边作为建设村寨的最佳场所，便于进行稻田的灌溉。事实上各个民族的定居都考虑了水的因素，文山州的瑶族选择村寨首先要考虑的就是村寨周围有没有充足的水源可以供给生产和生活使用，如果村寨周围没有充足的水源，人们就可能迁徙到其他有水源的地方生存。云南弥勒县西山乡可矣村中传说当时这个村子的先民经过了长途跋涉终于在现居村子附近的密林中发现了两眼水泉，从而定居在这里，至今仍然有清澈的水从泉中冒出，为了保护这两眼泉水，村民将泉水周边的森林划为神林“密支林”，世代保护不得砍伐。由这些例子可见水与人们的定居有着直接的关系，因水而迁徙、因水而定居。

3. 水与生计

各个民族的生计都与水有直接的关系，在一些民族中，其生计方式与

---

① 参阅郑晓《傣泰民族先民从云南向东南亚的迁徙与傣泰文化圈的形成》，载《泰族起源与南诏国研究文集》，中国书籍出版社 2005 年版。

水尤为密切。在壮族、布依族、傣族等种植水稻的民族中，其生计必须依赖丰富的水资源进行农作物的灌溉，而生活在山区的一些民族，如瑶族、彝族、哈尼族、基诺族等在历史上其农业模式是山地农业，虽然不依靠灌溉来解决种植的问题，但是他们选择建立村寨的时候一定要考虑到有水源可供人们的日常生活。无论何地的人们都能够充分地利用水环境而获得生存资料，山区的很多民族也同样会在河沟里捕鱼、虾、螃蟹等，如基诺族尽管生存在山区，但是山区的河流也成为基诺族食物之源，人们从河流中可以捕获很多水生动物如鱼、虾、螃蟹、蜗牛，也可采集到十余种可食用的水生植物如青苔、蕨类植物等，成为食物的重要补允。在昆明地区滇池畔的居民过去不仅仅种植水稻，也同时把渔业作为重要的生计方式，捕鱼是与水稻种植同等重要的生计部门。在丽江县拉什海湖周围的纳西族居民利用了拉什海湖这一高原湖给人们提供的水便利，从中捕鱼、捞虾，采集可食用的水生植物、进行种植水稻的灌溉等。可见靠近水的人们都充分地利用水资源进行农业生产并从水中获得生活资料，这一切都是人们基于水环境而培养起来的对水的利用知识，水环境造就了人们的生存知识与生活技能，这些知识与技能成为各少数民族水文化的重要组成部分。

4. 水与宗教

水与各民族的宗教信仰有密切的关系，这主要表现在以下几个方面：

第一，对水的敬畏与祭祀。在各个民族的文化观念中，水有善和恶两个方面：人们普遍相信水是由神灵控制的，水的神灵既能够带给人们充足的水，同时也可能危害人，给人带来灾难。因此人类对于水的态度也影响到了对水神灵的好恶，由此而产生的对水的祭祀成为存在于各民族中非常普遍的现象。对水的祭祀一方面表达了人们对于水神灵的敬畏，而另一方面则是乞求水神灵能够带给人们充足的水，不危害人的生活与生存。人们认为河流、湖泊、水源、池潭，甚至人工修造的水井、沟渠等都有神灵居住，都要进行定期或不定期的祭祀才能获得神灵的保佑。

在哈尼族中普遍存在着对水的祭祀，如对水源头、河流、河沟、水井、泉、出水口等都要进行祭祀，对于各个村寨的水源头、水井、河流、河沟等，各个村寨都要在一定的时间统一举行全村性的祭祀活动，在祭祀的时候要供奉鸡、猪等肉及糖果糕点等，由巫师主持进行祭祀，念有关敬畏水神、乞求水神保佑水源充足、五谷丰登等祭词。各地的哈尼族普通使用水井蓄水，因此对水井的祭祀是水神祭祀中较为典型的，各个地区祭祀的时间、次数等都不一样，有的地方一年一祭，有的一年二祭，但是每年各个有水井的村寨都要举行祭祀水井的活动。在祭祀之日各家都要派出代表到水井边将水井周围打扫干净，供上各种肉食及糕点等供品，插上香，用松树枝或竹叶扫水井周围，然后由村中的长老或巫师带领全村进行祭祀，念祷告水神的词，求水神保佑水源充足，水中不生长小动物，人们饮水之后能够健康等。除了全寨性的对水神的祭祀活动之外，各个家庭也要对自己家稻田中的水沟神或稻田中有水泉涌出的水泉神进行不定期的祭祀，有的家庭在每年播种前及收获后都要进行祭祀。西盟县的佤族每年重要的宗教活动开始于祭祀水神，佤族居住在半山坡上，村寨中一般没有水井和河流，生活用水使用竹子搭成水槽从山上的泉水出口处将泉水引入村寨，因此对于各个村寨来说，每年修补水槽、祭祀水神是一项重要的活动。在每年的年底全寨人都要出工修补水槽，同时对水神进行祭祀，人们认为水槽里也居住有水神，祭祀水神能够保佑水流畅通，一年四季清水不断。修补水槽和祭祀水神的过程在每个村寨都要历经多日：第一天每家出人到村寨外去修补水沟，有的水沟长达七八公里；第二天砍伐竹子对村寨内的水沟进行修补；第三天是请巫师祭祀水神，看鸡卦。通过鸡卦来预测这一年水畅不畅通，水是不是充足，随后举行隆重的仪式，乞求水神保佑当年水源畅通、充足。在祭祀活动结束的时候，全村还要举行传统的重大节庆活动——拉木鼓。人们将祭祀水神和修复水槽作为一个重要的节日，在修复结束后全村人要欢庆，通宵达旦地吃喝、跳舞、唱歌。在过去傣族每年都要组织各个村寨修复灌溉的水渠，每当修复水渠的工作结束以后，村寨的头人要带领全村人对于水沟神进行祭祀，杀鸡甚至杀猪祭祀，乞求水沟神保佑水沟畅通，水源丰富，保障人们的生产灌溉及稻谷丰产。

各个民族对于水神的祭祀与敬畏中最典型的就是水源，人们对出水处都有特殊的敬畏，各民族对森林中的水源林都特别加以祭祀，如基诺族每年都要对各村寨的水源林进行祭祀，祭祀的时候要杀鸡，供奉各种果品、食品，然后人们跪拜敬香进行祭祀。在纳西族中对于水源的出水口都要在每年举行不同形式的祭祀活动，由巫师东巴主持。各个民族往往将水潭称为龙潭，不仅要每年祭祀，在水潭边还要建盖庙宇供奉龙王。对水神的祭祀透射出了各个民族文化中丰富的水文化内涵。

第二，宗教对水源的保护。在各个民族中由于很多出水地，尤其是水源，都会被认为是神灵居住的地方而受到人们特别的保护、崇敬。例如各个民族对水源林都有保护的措施，基诺族、佤族、哈尼族、彝族等主要居住在山区的民族对于水源林都加以特殊的保护，在水源林内不许砍伐树木，甚至也不能采摘野果，不能让牛、马等进入。一些民族对于水潭有特殊的保护，不能在水潭中洗澡、洗菜。西双版纳的傣族在过去的千百年中更是将大片的森林划为有神居住的龙林加以保护，龙林之内不能让牛马进入，也不能进龙林砍树木、砍柴甚至不能采摘野果，由于大片龙林的存在与保护完好，西双版纳地区的河流沟渠有充足的水保障农田灌溉。

第三，水作为一种重要的宗教媒介，在宗教活动中扮演着特殊的角色，人们通过水来表达愿望。傣族、布朗族、哈尼族等民族都把水作为一种神圣的物质，人们认为通过水可以消灾免难，例如临沧、西双版纳地区的傣族人信仰佛教，在佛教活动中水就是一种神圣的物质，人们在念经的过程中要通过滴水来表达好的愿望，每年新年中第一个重要的活动就是用清水为佛像沐浴净身。在很多民族中，水和水神还被人们作为表达到自己愿望的媒介，例如丽江县石鼓乡的普米族人认为通过对水神的乞求可能获得财富、人口等，可以达到自己好的愿望，因此人们每年在春节的大年初一要到村子的龙潭边去祭祀龙神，向龙神要人、要牲畜、要庄稼，乞求人气兴旺、粮食丰收。

第四，对水神灵的敬畏还衍生出了对水的禁忌。在墨江县的哈尼族中，人们不能在村寨饮用水的水井边打水洗脚，更不能在水井周围大小便，狗不能在水井边洗澡，据说狗在水井边洗澡后水潭、水井会干枯，从此不会出水。在傣族中妇女不能在水井边洗澡。在这些观念中一方面表示了对水的敬畏，另一方面也折射出了不同社会中的文化观念。

对水的敬畏也延伸出了一些特殊的文化，例如很多民族都会将水井装饰得很漂亮，在傣族中人们在水井上面要建盖漂亮的房子，有的是建盖成佛塔的形状，有的建盖成住房的形状，而有的则建盖成龙头的形状，不能让水井裸露在自然的环境中。在很多地方凡是有水源和水潭处人们会建盖寺庙，祭祀龙神，例如丽江纳西族在黑龙潭周围建盖了很多壮观的建筑，这些建筑虽然不完全与水神有关系，但是选址在龙潭周围也同样折射出了水文化的含义。

5. 水与社会生活

水是人类不能缺少的生存物质，因此水与各个民族的社会生活密切相关。在日常生活中水的使用是普遍的，但是由于不同的民族文化差异，水在社会生活中所扮演的角色是有差异的。在人生礼仪方面，很多民族中人出生的时候要用清水沐浴，以表示吉祥。如基诺族在孩子出生后要马上用冷水沐浴，其含意还不仅仅是洗去污秽，水是人们用于表示迎接孩子来到世间的媒介，沐浴后就表示一个新生命来到了世间，在未来的生长中会强强壮壮。各民族的人们在结婚的时候要沐浴，但文化内涵也有不同，如藏族、普米族等结婚前的沐浴被看作是人生的一件大事，要选择清澈的河流、湖泊来进行庄重的沐浴。在很多民族中在人死的时候也要用清水洗涤遗体然后才进行埋葬或火化，这一切都反映了水和人生礼仪的特殊关系，水在这其中扮演着吉祥、除秽的特殊角色。

在很多民族中有在新年的第一天到来时到水井或河流中取水的习俗，如哈尼族、德昂族、纳西族及滇中的汉族、藏族，在每年新年的第一天凌晨就要早早到河边或井边去取水，往往以谁家能够取到第一桶水为自豪。新年取水的习俗最能够反映水在人们生活中对于富足、吉祥、平安的象征意义，因此它是新年开始的第一件大事。文山的壮族人中每年初一破晓时人们就要来到河边抢挑第一桶水，谁能够抢到新水谁就吉利，人们认为喝了新水以后一年中能避邪、强壮，当新水被取回家中后人们要在门前燃放十二个特制的大鞭炮，以示新春入门、吉祥如意。

在基诺族、佤族中，婚后的新娘在第二天一早就要用竹桶到水井边去背一转水，这样就说明她已经开始了在这个家庭新的生活，背水是新娘在一个新的家庭中生活开始的象征。水的特殊功能与角色在一些特殊的场合能够得到充分的表达。傣族是一个热爱水的民族，水的角色在傣族中也表现得十分充分，集体沐浴是傣族传统社会中一项重要活动，每天劳作之余人们都会在傍晚到村子边的河流中沐浴，在这个过程中人们可以交流信息、洗去尘埃、嬉戏，而每年的新年则是一个水的节日，人们通过互相泼水来表达祝福，随心所欲地泼水狂欢，用水来表达生的快乐，因此傣族的新年又被形象地称为“泼水节”。

6. 利用水及管理水的规范

在云南的各个少数民族中，自古以来就形成了大量的有关水的利用、水源保护及管理的规范。这些规范对于各民族的水环境起到了非常重要的作用。

第一，在水源保护方面各个民族都有有关的规范及传统习俗。居住在山区或山坝结合地区的人们，水主要是来源于森林中，因此水源林是人们重点保护的对象，在各民族中都有很多传统的习惯法或是明文规定，不许砍伐水源林、不许在水源林中放牛、放马等。在西双版纳的很多封建法规中，都有关于水渠、水设施等的管理及水分配的规定，详细规定了水渠等设施保护、水量分配的责任人及水设施管理修复要分担的负担、对破坏水设施的处罚等，这些规范对于有序使用水资源、保护水设施起到了积极的作用。在绿春县骑马坝的傣族中，20 世纪 50 年代以前的封建法规规定了对于破坏水源林的人要进行不同的处罚，如毁坏水源林及沟渠要按照情节轻重按三十三、六十六的数额进行罚款，三十三即罚三十三斤肉，三十三斤米，三十三斤酒，六十六罚款即罚六十六斤肉，六十六斤米，六十六斤酒，以上这些罚款对于破坏水源的人来说是一个极大的负担，因此也约束了人们的行为。

第二，水设施管理的规范。20 世纪 50 年代以前在西双版纳、德宏等傣族地区水的灌溉设施每年都要进行修复，修复的时候都要由头人组织全村的劳力集体进行，修复以后还要由上级的水官监督进行检查，在水渠里放置一个竹筏，当竹筏顺利漂到下游时就表明水渠修复成功，如果竹筏在中途被卡住，那就说明水渠没有修好，要受到处罚。修复水渠以后还要祭祀水神。在西盟的佤族、文山的壮族、瑶族等民族中，每年修复用于引水的竹水槽也是一项重要的工作，一般都是全村集体进行，历时多日，在修复水槽以后要进行对水神的祭祀，而修复的过程中每家都必须要出劳力，对于破坏水槽要进行不同的处罚，这一切都成了一种村寨重要的传统规范。

第三，在各个民族中还存在很多传统习俗对水进行保护，这些习俗实际上也已经成了一种固定的社会规范。如在水井、水源头不许大小便、不许洗澡、洗衣，不能上牲畜在其中直接饮水等，每年对于水源及水井、水塘等还要进行清理、打扫。

三 少数民族水文化的变迁对水环境的影响

在20世纪50年代以来，各个少数民族地区经历了从政治到经济体制的巨大变化，加之在这个过程中国家的开发建设等，对于当地的环境也产生了巨大的影响。在政治上经历了“大跃进”、“文化大革命”等运动的影响，各个民族的传统习俗、社会规范、宗教等在这个过程中遭受到了极大的破坏，有的甚至丧失了；在经济上重新调整了经济关系及土地、森林、水等资源的权属关系，由过去的传统状态调整为人民公社时期的集体所有，一直到80年代以后再次包产到户，在这些过程中各种传统的有关使用自然资源的社会规范都受到了极大的影响和改变。在当代随着经济建设的发展，云南各少数民族地区的自然环境发生了巨大的变化，在当代尤其是不同地区过快的开发建设也造成了水环境的相应变化，给各少数民族地区带来了不同程度的水环境问题。

水文化在这个过程中也不例外受到影响，这首先反映在人们对水的敬畏观念上。如上所述，各个民族在历史上对于水都怀有敬畏，对于水与人类的生存关系有深刻的理解，正是在这种观念下人们对水既怀有崇敬也怀有畏惧，因此通过宗教等方式来加以表达，也通过宗教的方式对于水源和水环境进行保护。人们持有不同的对水的观念，这些观念表现在人们在过年过节要洗清水设施或通过水来表达对水的愿望，同时也祭祀水神，祈求水神保佑水畅通、丰盈。这些观念在近几十年来渐渐都淡泊了，尤其是青年一代现在对水与民族的起源传说没有了更多了解，对水的敬畏、崇敬等都已经较祖辈淡漠。在我们的田野研究中发现，在一些民族中青年人仅有一个水充足或者短缺的概念，并不像上一辈人那样认真地思考水环境对于自己和下一代人的生存之间的关系及应该如何保护水环境。

其次，有关水的宗教习俗在近几年来大大改变了。很多民族都已经丧失了对水的宗教敬畏意识以及对于水神灵的祭祀，对水神灵的祭祀都已经成为历史，尤其是青年一代不再相信水中有神灵，也不再对水神进行祭祀，因此关于水的宗教文化习俗在很多民族中经过几十年的社会变革都已经改变甚至已经丧失了。

再次，随着经济关系的变化，森林、土地、水等资源的权属关系在过去几十年来经历了多次的调整，在这些调整中也使人们传统的用水、管水的观念、习俗、规范等发生了变化。例如现在很多地区水资源的管理已经从20世纪50年代以前的地方封建政权、村社管理使用转变到了政府集体管理的模式下，村民们对于灌溉设施、水资源的管理的参与度已经大大减弱，甚至丧失了参与管理的权力，仅在村寨中设有管水员对村寨的水灌溉进行基层的管理。由于权属关系的调整，在历史上属于村社管理的水源林、水潭、泉水等的权属关系有的与村民的直接利益已经脱节，因此很多水源林在过去几十年中也遭到了砍伐、破坏。水源林、泉水、水潭等过去往往被视为神地的场所，在过去的几十年来都已经失去了明确的管理主体，丧失了明确管理规则、制度以及责任，同样造成了对水源管理的危害，使水源在各地都受到了不同程度的破坏。

最后，由于传统的水文化中亲水、敬水、管理水的社会规范的丧失，人们在使用水资源、对待水环境上往往已经没有了传统规范的约束，尤其是那些对于保护水源的约束，如对水井的爱护、对于水潭的种种敬祭的规则、对于水源林的保护规则等的丧失，使得人们在对待水环境上缺乏积极的行为习惯。在很多农村社区中，人们随意排放污水、在过去人们限制洗澡、洗衣物的水沟、水潭、水池、水井等地点，现在人们为所欲为，导致水环境的污染。一个十分明显的例子是在勐连县的上允角村，这个村子过去有一个祖祖辈辈被人们视为神湖的“龙潭”，在过去这个龙潭受到种种传统的宗教以及社会规范的保护，龙潭的水灌溉着稻田，供应着人们的日常用水，但是现在由于管理产权的迷失，没有明确的管理责任者，同时过去保护龙潭的有关宗教规则和社会规则都已经丧失，因此弱化了对龙潭的保护，加之近几年一些小工厂的建设直接大量地把污水排入其中，使龙潭受到了严重的污染，甚至已经难以用于灌溉与生活。面对这种事实，农民们认为最缺少的就是管理的规范。在腾冲县荷花乡的一个佤族村寨，村寨中的主要水源也是一个“龙潭”，过去人们认为龙潭里住有神灵，人们每年都要进行祭祀，同时传统的社会规范也规定人们不能在龙潭中洗衣物、洗菜、洗澡，不能将脏东西扔进其中，不许随便开挖龙潭周边，有违反传统保护规则的情况都会受到村寨的处罚。而在当代经过几十年的社会变革及权属关系的调整，人们这些方面的传统观念与规则基本上都已经丧失，对于龙潭没有足够的管理和保护措施，龙潭的水环境状况和历史上已经大不一致，人们在使用水的时候也显得比较随意，甚至一些化肥袋子也在龙潭边洗涤。过去人们不能将污水、动物的粪便等排入村子周围的小河沟中，但是现在这些传统的规范都已经丧失，整个村寨的水环境显得比较差，污水便地，沟河中的水受到污染，垃圾等散布在沟池边。据当地的老人回忆，在过去并不是这样，村子周围绿树成荫，沟中的水清澈，塘中的水同样清澈见底，人们过去曾经拥有一个良好的水环境。因此村民们认为这一切既是经济发展带来的不良影响，更是社会习俗丧失的结果。

总之，在当代的水环境变迁中一个最大的负面结果就是有关水意识的弱化及水的使用、管理及水环境保护的社会规范的丧失，从而使水环境保护丧失了重要的文化基础，从而导致了很多地区水环境的恶化，出现了不同程度的水环境问题，这主要表现在以下几个方面：

问题之一是大环境的变化所带来的水短缺。尽管在历史上一些地区就存在环境恶劣所带来的水短缺问题，但是在近几十年来大环境的变化加重了这种现实，在一些过去水资源十分丰富的地区，大环境所带来的水问题显得十分明显，例如在西双版纳等森林资源富集的地区，在 20 世纪六七十年代由于过度地砍伐森林用于种植粮食，从而导致了山区对坝区的供水量的减少，使得坝区的很多粮田都变成干旱的农田而不能耕种，仅在西双版纳 80 年代初期被称为“雷响田”的干旱农田就以千亩计。同时由于西双版纳等地区大量种植橡胶，橡胶树林缺乏与天然林相同的涵养水分的功能，相反需要大量消耗水分，从而也加剧了水资源的短缺。由于森林植被的破坏所造成的水短缺在云南是一个普遍现象，森林植被的破坏不仅造成了水的短缺，也造成了频繁的自然灾害，如在新平彝族傣族自治县近年来就发生了多次较为严重的洪灾，而这些洪灾与近几十年森林的毁坏有直接关系。

问题之二是水污染。近几十年来各地发展不同的种植业并建设了很多加工型小工厂，产业的发展直接造成了很多民族地区水环境的恶化，如在云南南部农村中大面积种植橡胶、甘蔗等经济作物的过程中，大量使用化肥、农药等导致化学品的残留物随着雨水的冲刷渗透到地下，污染河流及地下水源，造成水井及生活用水的污染，同时为加工产品而建的很多小橡胶厂、制糖厂、造纸厂等小工厂排放的污水没有经过处理就直接排入河流，造成水环境的污染。随着人口的增多，各地城乡居住区域在不断扩大，水的使用量也在增加，生活污水的排放在云南农村缺乏完善的设施，大多数的生活污水直接排入生活区域内的河沟、池塘，同样也不同程度地污染了环境。水污染也是造成农村生活用水短缺的又一重要原因。农村水污染带来了严重的问题，由于水环境的污染，人们缺少清洁安全的生活用水，例如在西双版纳等地区很多水井就由于地下水的污染而不能再食用，水管等饮水设施引进村寨的水很多都不能用于饮用。由于水污染，很多传统都因此而改变。傣族是一个爱好沐浴的民族，集体性沐浴是传统社会生活中不可缺少的一个主要内容，每天在劳作之余人们都要到河沟边沐浴，但是近年来由于水环境的污染，很多地区村边的河沟已经不能再用于沐浴，人们的这一传统也逐渐丧失。

问题之三是影响到了人们的食物安全与身体健康。污染的水环境中所生长的可食用动物及植物都潜在着对人健康的威胁。在农村生活中，采集可食用的野生植物作为主食的补充是十分重要的。可食用的野生动植物很多都生长在浅水环境中，如在西双版纳、德宏、思茅等亚热带地区，人们就大量食用生长在浅水中的野生植物，在食用方式上往往都是生食，今天在很多地方野生植物由于水环境的污染同样也受到了污染。很多过去生长在浅水表面中的鱼、虾、螃蟹等水生动物也是人们所经常捕食的，近年来这些水生动物一方面随着污染而大量减少，另一方面也受到了污染。

四 水文化在当代的价值与创新

从上面的论述中我们可以看出，在各民族的历史发展中，水文化作为一种社会意识与社会规范支撑着不同的民族的生存与持续发展，对各民族的生态平衡起到积极的作用，而相反当社会变迁导致水文化的丧失则带来了人与自然之间平衡关系的改变，使人们缺少对于自然的敬畏及对水与人类生存关系的理解，从而最终也改变了人类的生活，对人类的可持续发展造成了危害。水文化作为一种社会意识、社会习俗与社会规范，对于平衡人与环境之间的关系、保护环境发挥着重要的功能，这是我们在前面的研究中已经看到了的。水文化在当代的价值可以从下面两个方面来理解：

第一，水文化意识有助于人类平衡人与自然之间的关系。这种意识是基于人类长期以来和自然共存的过程中所积累起来的对于水与人类生存之间的关系的深刻理解以及水与人类社会文明进程的理解的认识之上的，有了对水的深刻理解，人们才能亲水、保护水、爱惜水，注重平衡水与可持续发展之间的关系。在当代的水环境保护中，需要强化人类的水意识，这种意识是每一个民族保护水环境、获得可持续发展的文化基础。

第二，水文化是一种保护水环境的社会规范，这些规范包括了人们对于水源、水设施的禁忌、管理措施、利用以及保护水资源传统意识与传统制度，这些制度规范着人们的行为，要求人们去保护水环境，限制自己对于水环境的不良影响，这些社会规范是通过人们不同的观念、宗教禁忌、传统习俗以及传统的成文或不成文的规则体现出来的。这些传统的规范规定了人与水环境之间的种种关系，在历史上人们遵守这些规范，从而使水环境得到了保护，在当代的水环境保护与可持续发展中人们同样需要这些规范来规定人与自然之间的关系，使各民族自觉、主动地保护水环境，求得人与自然之间的平衡。

第三，传统的水文化与当代的创新。各民族的水文化是在过去千百年的生存过程中总结形成的，因此它与当时的社会文化基础有直接的关系。在当代各民族生存的社会与自然环境都已经发生了巨大的变化，传统的水文化虽然在当代的水环境保护中仍然有重要的价值，但是它毕竟已不能完全适应当代的发展，各民族传统的水文化仍然需要在当代随着时代的发展与社会、自然环境的变化相适应进行新的文化创造，造就一种与可持续发展相适应的新的文化体系。例如在当代各民族资源的产权关系与传统相比较已发生了巨大的变化，水源、水设施等都已经从传统的村社拥有、管理转化到了国家拥有和管理，在过去地方传统的规范，包括一些土司的封建法规虽对于水资源的管理产生了积极的影响，而在当代这一切已发生了变化，因此水文化的创新必须在传统之上与当代的法律、法规相适应，创造出新的规范。

当代的水文化建设还应与科学技术相结合，人们除了需要有强烈的保护水环境的意识以外，在当代已经恶化的水环境进行治理是当务之急，各民族在治理水环境的过程中不仅需要传统的知识，也必须要结合应用科学技术，通过科学的方法与手段来治理、保护水环境，使科学技术与传统的水文化相结合，创造出一种科学的水文化。

灌溉发展对地方文明进程的影响

——中国红河流域与日本大分地区的实例

在人类历史上，灌溉的发展推动了人类生产力的进步，支撑着人口繁衍，并且成为人类文明的基础。人类的很多文明都是建立在灌溉发展的基础上的，在需要灌溉设施作为生计基础的地区，灌溉就是生存发展的基本条件，这在世界各地都有大量的例子可以证明。灌溉的发展直接促进了当地生产力的发展，改善了当地人的生计条件，同时也促进了当地文明的发展。由于灌溉设施的修建，不仅形成了新的农业模式与生产格局，同时也形成了新的社会组织制度、社会规范、经济关系、宗教、节日等与灌溉直接相关的文化，在当代很多灌溉设施成为一种固化了的文化遗产，其意义与价值已超过了作为一种水利设施而存在，这一点对于我们在当代理解灌溉与人类发展的关系，尤其是与人类文明发展的关系尤为重要。本文旨在通过云南省红河流域以及日本大分县灌溉设施发展的考察来探讨区域性灌溉设施的修建与改良对于地方文明进程的影响，认识灌溉作为一种文明的促进要素与一种文化现象的价值。①

一　灌溉与地方文明的进程

为了理解灌溉的发展与地方文明的进程的关系，我们设立以下理论框架：

1. 灌溉的发展促进了当地农业的发展，使当地农业生产条件得到改

---

① 云南省的田野研究：1997—2004 年。日本大分县田野研究：2005 年 1 月。特别感谢生源寺真一教授、中岛康博教授、高桥太郎研究员对笔者田野研究的协助。

善，甚至在很多地区促进了当地农业模式的转型。例如因为充分的水资源，使当地的农业粗放的生产形态向精细的形态转变。在亚洲的很多地区都曾经因为灌溉设施的进步、水利条件的改善，使粗放的山地农业发展为精耕细作的台地、水田农业，使人们有条件种植水稻，促使了农业的转型，从而形成了新的农业生产格局，重新组合了人们传统的生态互动模式，提高了当地的农业文明程度。

2. 由于灌溉的进步促进了农业的发展，从而提高了生产效益，最终提高了农业的产量。大量的实例证明，通过灌溉的发展，改善了灌溉条件，使得农业的规模有较大的扩大，从而使农业的产量较自然灌溉条件下的农业产量有大幅度的提高，而农业产量的提高最终支撑着人类的生存与人口的增长，对于人类社会发展具有重大的意义。

3. 由于灌溉的发展改变了人们原有的社会关系与经济关系，使人们形成了大量与灌溉相关的社会的、经济关系。例如在灌溉设施的修筑与管理的过程中所形成的合作的规范，灌溉过程中所形成的新的经济关系，例如水的分配、水权、相关的法律制度、管理制度，甚至灌溉的水源地区以及中游、下游之间的社会网络关系，使对水的控制成为社会控制新的力量，这一点在人类历史上有大量实例。因此在很多地方由于灌溉的发展而形成了新的社会经济与关系，在当代仍然有着重要的影响。

4. 由于灌溉的发展形成了地方相关的文化。灌溉是一种集体行为，因此很多地区由于灌溉的发展形成了人们常规性的修理灌溉设施，从而形成人们新的社会关系与社会合作机制，这些集体活动往往演变成一些与灌溉相关的节日。很多地区和民族的人们将传统的宗教观念引入灌溉，例如对水神的祭祀延伸到了灌溉设施中，将对灌溉设施中的神的祭祀作为传统宗教的一种延伸，形成了与灌溉相关的祭祀活动。

在灌溉发展的过程中，人们需要相关的技术支持，也在不断地改进和提高着灌溉的技术，促进了灌溉技术的进步。灌溉设施的修筑是一种集体行为，很难由个人或者少数人来完成，而且在很多地方灌溉设施的修筑往往是艰难而巨大的工程。很多灌溉工程设集宏伟的设计与造型艺术、技术含量、功能等要素为一体，成为当代一笔重要的文化遗产。

在当代传统的灌溉设施经过改良的延伸发挥了更多的功能，例如在很多地区传统的灌溉渠道上修建的发电厂等等，产生了新的财富增长点。因此在很多地区随着今天灌溉的改良，新的技术、新的材料的应用已经使传统的灌溉设施失去了它过去的辉煌与功能，但是大量的设施标志着人类文明在历史上的进步，今天作为一笔重要的文化遗产来看待它，有利于人们理解灌溉设施对于地方文明进程中曾经产生过的巨大的影响。

以上是一个灌溉与地方文明发展的基本框架。基于这个基本框架我们可以看出灌溉的发展对于人类的进步和发展，对于人类文明的进程有直接的关系。当然灌溉的发展在不同的地区是有较大的差异的，并不是每一个地区灌溉设施都得到了改良与发展，而在很多地区仍然是采用了自然的灌溉方法，而没有通过灌溉设施的修建与灌溉条件的改良来促进农业的发展，从而造成了历史上农业发展，乃至于文明程度的不平衡，在这个意义上我们可以讲，灌溉是形成地方文明差异性的一个重要的因素。我们不能说灌溉是人类文明进程中一个决定性的因素，但是却是人类文明进程中一个重要的促进因素。从这一点我们可以加深对于地方文明发展的内在机制的理解，这也是本文要回答的问题：是什么因素在人类的历史上推动了地方文明的发展，甚至造成了不同地区人类文明的差异性。

二　云南红河流域与日本大分县灌溉发展的历史

1. 中国红河流域灌溉的历史

红河是发源于云南省大理白族自治州的一条长河，在中国境内全长692公里，称为元江，进入越南以后称为红河。红河流域的居民大多居住在海拔400—1500米之间的河谷山地上。

红河流域的农业发展经历了3个阶段：第一个阶段是任意砍伐树木进行粗放耕作的阶段。人们砍伐树木并焚烧后作为肥料，一块地种植两三年后就抛弃不用，迁到其他地方开垦种植。在20世纪初红河流域一些苗族、彝族等仍然保持着这种耕作方式。

第二个阶段是相对固定的山地农业阶段。人们在山坡上开垦耕地，但已固定在一定的范围内。在一定的范围内人们将耕地划分为几块进行轮作，同一块耕地耕作一两年后休耕几年后再耕作，让耕地生长植被、恢复肥力。这一阶段是今天已经进入了梯田农业阶段的各民族都经历过的。

第三个阶段是梯田农业阶段。自明以来，红河流域开始修建梯田。从红河中段开始，明清以后上流的元江、新平等县也开始开挖梯田，并将大量的山地改造成为梯田，进入了梯田农业阶段。梯田农业是当地农业发展的高级阶段，红河流域的梯田不仅规模巨大，绵延千万亩，而且修建难度大，不少地区将整个山脉都建成相连的梯田，海拔跨度从 500 米左右到 1800 米，有的坡度达 40 度。所修的梯田层层叠叠，从山脚到山顶数以千层计。梯田的经营有着较山地更高的农业技术内涵，能获得更高的产量。

梯田文明的基础就是水利灌溉，仅仅依靠自然降水无法支撑数以万亩计的梯田对水的需求，因此根据自然的地理特点修建的灌溉沟渠是支撑梯田农业文明最重要的方式。灌溉系统是随着梯田的修建而开挖的，甚至有多大的梯田面积，人们就必须要修筑与之相适应的灌溉沟，因此红河流域灌溉系统的庞大与复杂也是十分惊人的。以红河中游的红河县、元阳县、绿春县、金平县 4 县为例，至 1949 年这 4 个县已经修建引水沟 12350 条，到 1985 年增加到 24745 条，灌溉面积近 60 万亩。作为灌溉系统网络的水沟，不仅仅在数量上是惊人的，同时工程也是巨大的，有的水沟长达二三十公里，也有小的水沟则用竹子相接成为引水管道，长达二三公里。从几百米的小水沟到几十公里的大水沟，经过红河流域各民族人民数百年不断艰苦劳动，筑成了一个庞大的支撑当地农业文明纵横交错的灌溉系统，如人体上的血脉源源不断地将水供给到数以百万亩计的农田中，哺育了红河沿岸上百万的民众。

据现存的文献记载，红河流域梯田农业的文明不长于 1000 年的历史。梯田和水沟灌溉系统的修建，较早的是红河流域中游地区的红河等县，在这些地区自明代就开始修筑水利灌溉系统，造梯田种植水稻，而在红河上游的新平、元江等县，灌溉系统的修建以及大规模的梯田建造，是自清代以来才出现的。对水的利用使人们建立起一个新的农业生态系统，因此在红河沿岸，近百年来是梯田农业发展最快的时期，也是将河两岸的山坡地带大规模改造成梯田的时期。当地人民将自己居住的河谷地带改造成了梯田层叠的人造景观，并且由于有哀牢山丰富的水资源的供给，今天仍然保持着良好的生态系统，令人叹为观止。

由于水沟的开挖工程量较大，因此很难由一个家庭甚至是一个村寨完成，尤其是一些距离较长、引水量大的骨干性水沟的修建，必须是有大量的人力、物力的投入以及有强有力的社会组织才能完成，因此在历史上较大的水沟都是当时统治当地的封建土司组织民众修建的，有的水沟由几个村寨联合修建，由每个村寨根据将来可能出现的用水量出钱、出劳动力修建的。相对小的水沟是由村寨集体出资兴建，也有的水沟由一些个人出钱修建，较小的支流水沟，也可能由农民自己修建。新中国成立后，水沟的修筑基本上由政府统一负责，由政府出资，组织当地的农民修建，因此近50年来，红河流域尤其是上游地区的梯田发展也十分迅速。与此同时在政府的组织下修建了水库，有效地提高了灌溉的效率，扩大了灌溉面积，补充了过去水沟灌溉系统的不足。

在20世纪50年代以后，在政府的组织下，在红河流域修筑了大量的水库、水坝，利用水能建成了大量的发电设施，使大量的少数民族村寨用上了电，改善了当地居民的生活，电的使用还提高了灌溉效率。①

2. 日本大分县灌溉发展的历史

在日本大分县的研究中，我们选择了竹田直入地区作为研究的考察点。竹田直入地区位于大分县的西南端，与熊本县接壤，这里是阿苏火山熔岩地区，因此自然条件较为恶劣，在历史上土地没有河流可以灌溉。此地年平均降雨量约1800mm，气温相对较低，平均气温14℃，同时这一地区经常受到梅雨和台风的侵扰，自然灾害也较为频繁，更为严重的是由于在溶岩地区很难对水进行自然的保存，因此在过去干旱是这一地区最大的问题。在过去由于缺水，土地条件非常恶劣，土地干旱贫脊，不能进行大规模的农田改造。由于灌溉的发展与农业的改良，今天的竹田直入地区忆成为当地一个生态环境良好，农业发达的地区，成为附近城市重要的生鲜食物生产供应基地。当地丰富的草地资源为畜牧业的发展奠定了基础，当地的牛肉生产远近闻名，在农业种植方面除了种植传统的水稻以外，还种植高品质的蔬菜、水果，花卉生产也有较大的规模。由于当地是火山熔岩地区，有丰富的温泉资源，这里也是远近闻名的旅游地区，人们到这里来观光风景、洗温泉、购买食用当地高品质的蔬菜、水果，品尝牛肉等，这一切和过去几百年前一个贫瘠缺水的地区相比，发生了根本的变化，这一切最根本的就得益于灌溉的发展。

在一百多年以前当地是一个缺水干旱的地区，只有20%的农业用地

---

① 参阅郑晓云《红河流域少数民族的水文化与农业文明》，载《云南社会科学》2004年第6期。英文载《日本国际农林水产》2005年10月号（FORMING JAPAN，October，2005 Japan）。

是水田，能够从村寨附近的山泉中获得灌溉用水，而大部分的土地都是干旱贫瘠的。人们不仅要忍受干旱的困扰，同时还要负担沉重的农业税，在明治时期，农民负担的农业税必须要用谷物上缴，由于缺水影响到产量，农民没有足够的谷物，更没有足够的现金来支付高昂的土地税，自然条件的恶劣，使农民承受着天灾人祸，苦不堪言，很多农民不得不出售他们的土地以换取钱，再购买谷物上缴农业税，甚至为此而发生了3年的农民动乱事件。

事实上在这一地区修筑水利设施的计划自公元1151年，当时竹田市的成原井路水渠已经开始进行计划，但是并没有完工，一直到1661年，这一计划才完工。随后灌溉工程在当地不断展开，到19世纪末期在这一地区已经有一系列的灌溉渠道修建完工，改善了当地的灌溉条件。在1899年明治时期，日本的《耕地整理法》制定颁布，当地开田的热情也大大的高涨，大分县的土地资源获得了有效的利用，一系列的水利灌溉工程也随之而展开并且逐渐完工，在这些过程中克服了种种由于熔岩地区恶劣的自然条件所带来的困难，修筑了一批著名的灌溉水渠，形成了今天遍布整个地区的水渠基础网络。在诸多灌溉工程中修筑了大量的地下水道，也架设了很多宏大的引水桥梁，有的水渠长达10余公里。下面我们以富士井路水渠为例来考察当地灌溉设施的历史。

在明治时期，当地由于干旱缺水，土地十分贫瘠，农民承受着干旱的痛苦，同时也承受着高额的土地税。为了改善当地的灌溉条件与种植条件，一位名叫后藤鹿太郎青年人开始了对于修筑水渠、改善灌溉的设想，这在当时仅仅是他个人的一个梦想，但是在他的协调下得到了当地农民的响应，他自己通过很多年的考察，最终认定可以从15公里以外的大谷川河流中修建水渠，引水进富士地区，随后他和其他的村民合作开始了修建新的灌溉水渠的计划，在1906年后藤鹿太郎和其他的农民一道向政府提出了修筑水渠的计划，并且请专家进行考察设计，1907年向当地政府申请设立了富士绪井路水渠使用协会。1909年项目开始获得了批准并动工修筑，1914年他们的梦想终于变成了现实，经过近20年的艰苦努力，他们修通了从大谷川引水的水渠，人们含着眼泪看到了河水从大谷川经过15公里长的富士井水渠道流入了当地的农田中，当地农田受益的灌溉面积达到706公顷。随着灌溉渠的修筑，当地的水利灌溉条件有了较大的改善，当地的农民开垦农田的积极性也普遍高涨，开垦了更多的农田及山地以种植水稻，在山坡地上修建了大量的台地、梯田，扩大了农业的种植面积。目前由于水道的改良，整个阿苏熔岩地区农业灌溉条件有了较大的改善，在竹田直入地区，人们穿山架桥从河流中引水建成的引水渠及隧道长达236公里，其中干线128公里，支线108公里，形成蔚为壮观的灌溉网络，使农田的灌溉条件得到了极大的改善，在整个地区土地灌溉受益面积达2550公顷，其中水田2010公顷，山地540公顷。①

三　灌溉发展与文明的进步

灌溉设施的修建不仅仅改善了当地的水土条件、促进了农业的发展，也成为促进当地文明发展的一个重要的因素。灌溉设施的修建促成了诸多相关文化的形成：

第一，随着灌溉设施的修筑，人们改良建造了大量的农田设施，成为一种重要的物质文化。在云南省的红河地区连绵数百公里、数以百万亩计的梯田成为亚洲农业发展史上的一个奇迹。由于灌溉的发展，人们改变了原始的山地农业模式，开始大规模开垦水田，种植水稻，使当地的农业模式从粗放的山地轮歇种植转变为精耕细作的水田种植，粮食产量得以大大提高。与此同时，由于水田的大规模修建，还形成了以灌溉设施为支撑的森林、居住村寨、梯田等自然要素有机组合的新的生态系统，在这一生态系统中的各个部分都发挥着不可缺少的功能：海拔1600公尺以上的森林作为水源，源自于森林中的水经过水渠引入村寨、水田，而人们居住的村寨建于海拔800公尺左右的山腰，村寨下面到河谷底则是梯田。由于梯田四季保有水，不仅有利于农作物种植，也形成一个人工湿地，有利于保持水土。为了保持水，人们必须保护森林，因此当地有种种保护森林措施与规范。这一新的生态系统在大规模的灌溉系统的修建与支撑下，不仅改变了当地的农业生产模式，给当地人带来了更丰富的农产品，同时也有利于森林、水、土等自然资源的保护，显现了人们利用自然、改造自然的智慧。

① 参阅《大分县土地改良史》"THE HISTORY OF LAND IMPROVEMENT IN OITA PREFECTURE", Oita Prefecture Department of Agricultural Affairs, 1979。

在日本大分县，由于水利灌溉条件的改善，人们扩大了平坝原有的水田面积，还修筑了一系列的山坡台地与梯田，在日本所选定的全国著名的100个台地梯田景观区，大分县就有6处入选：内成梯田区占地42公顷，有田1000块；轴丸北梯田地区占地52公顷，有田1100块；山浦早水梯田地占地6亩，有田120块；两合梯田地占地7亩，有田150块；羽高梯田占地5亩，有田70块；由布川瀑吉梯田占地5亩，有田87块。这些梯田台地已经成为日本农业改良地区著名的范例与景观。与此同时，人们还修筑了大量的用于引水的石拱桥、分水的分水设施、水坝等相关设施，将在下文论及。

第二，由于灌溉水渠的修建形成了大量相见证了人们智慧与艰辛劳动的工程与设施。如上所述，日本大分县山区是火山熔岩地区，因此水渠的修建需要打通大量的穿山隧道并架设引水桥梁，桥梁大多数用当地的岩石料造成，一些引水桥梁工程十分浩大，大量的穿山隧道、石桥跨越山间、河流，成为诸多水渠道上蔚为壮观的人工建筑。引水的石桥是水渠建设中重要而宏大的工程，在竹田直入地方管辖内有长116米长的八孔耶马溪桥，长78米六孔相连的明正进路第一石拱桥等34座较大规模的石拱桥，而大小桥合计500余座，在数量上堪称日本全国第一。这些石桥完全用于引水，不少大桥造型十分观。堤高14.1米，长87米的白水溜池大坝，是日本公认为最壮观、最具有造型美感、最具有设计想象力的一座大坝，之所以用美感来形容这一座大坝，是因为这座大坝的高度低于水面，使水能够慢慢溢出坝顶，顺着坝的缓坡圆形坝身向下形成一个巨大而壮观的白色水瀑，站在坝底观看整个水坝形成的水瀑，确实令人赞叹。这一大坝的修建形成了白水水库，储水量达60万立方米，有效地改善了当地的水供给条件，而这座大坝本身也成为人们智慧的与辛劳的象征，在1990年5月13日被国家指定为国家级重要文化遗产。

除了诸多雄伟的引水石桥及大坝以外，在大分县值得人们骄傲的还有分水的设施。在过去水渠修通后由于难以协调水的公平分配，因此不断引起由于分水带来的纷争，为了解决这一个问题，人们发明了门形分水池，将水引入地下，再在地面修筑一个圆形的石围墙，在围墙上开凿不同的门孔，著名的音无井路水渠门形分水池建于1934年。在水通过地下渠从地下涌出后就会从圆形井墙上的门孔中流出，这样水就可以按人们的要求的分到不同的水道中，从而解决了水分配中的纷争。音无井路水渠门形分水池四周有 20 个出水门孔，其中有 5 个门孔的水注入 1 号水道，8 个注入 2 号水道，7 个注入 3 号水道，这样水就被根据用水量的多少以及负担的多少被公平的地分成了不同的份数。门形分水池被认作是当地人们智慧的象征，在大分县有数十个之多。

随着引水渠的修建，一些地区还根据地势的高低，巧妙地利用的水渠的落差修建发电厂。1915 年在富士绪井水路上建成了发电厂，不仅使当地人用上了电灯，同时人们也可以通过机器将水从较低的地区提升到较高的一些农田，人们一共修建了两座水泵灌溉站。到 1976 年由于水电站已经较为老化，因此人们重新对水电站进行了修建，目前水电站所发的电不仅仅用于人们的日常生活、水泵提升水灌溉农田，也将多余的电卖给当地的电力公司，收入除了平分给一些当地的出资人，也用于当地的公益事业，如支持一些学生上学等。

在云南红河流域，当地人修筑的水渠不仅数量庞大，达数万条之多，而且工程巨大，有的渠长达数十公里，如元阳县攀枝花乡被当地人称为“土司沟”的路那沟是在清代由当地土司出资并向当地民众派工修成的一条长 23 公里的水渠。这些巨大的灌溉网络的形成，见证了当地灌溉的发展与人们改造自然的智慧及艰辛。

红河流域灌溉系统的修建，不仅灌溉了数以百万亩计的农田，同时水资源也得到了更广泛的利用，用于粮食加工的水磨等设施在红河流域使用十分普遍，每个村子都建有碾制稻米的水磨、水碾等，这些已经使用了数百年的水能设施到今天仍然被当地的民众广泛使用。在新平县的傣族槟榔寨中，今天仍然可以看到一套完整的水能设施，从用于去谷壳的水磨、水碾到初制食物的水碓设施有 10 余套之多，并且设计精巧。水能设施的使用人人提高了劳动效益，降低了劳动强度，成为红河流域人民巧妙利用水资源的一个典型例子。

第三，水利灌溉设施的修建形成了相关文化。一方面，由于水利设施的修建凝聚人们艰辛的劳动与智慧、创造，因此人们将精神世界的很多因素也很融入了水利设施，对水设施的崇拜就是其中最典型的文化现象。人们认为水中有水神，而新修建的水设施中也有神，因此在各地的水设施中人们每年都要进行水神的祭祀。在红河流域，当地很多民族每年都要进行灌溉水渠神灵的祭祀，不论傣族、彝族、哈尼族、拉祜族等民族都崇尚自然神灵，他们都有与水有关的宗教崇拜，认为水和水沟都有神，因此人们每年祭祀水神。哈尼族负责水沟管理的沟长每年都要召开一次群众聚会，全村村民一起聚餐，一起祭祀水沟神，商讨对水沟的管理，同时教育大家爱护水沟、保护水沟。

由于森林是当地水之源，也是水渠存在的基础，因而当地人十分重视保护水源林及水源。人们在保护森林的时候也将神灵的观念引入其中。当地哈尼族每一个新寨子的建立地点都要选择在可以背靠森林的地方，今天在红河中流地区，可以直观地看到每一个哈尼族村子都为树林所包围，尽管不少寨子后面也开垦了梯田，但距离森林都不会远。在建寨时选定或栽种一棵树为神树，并将周围的山划定为神山，不准进行任何砍伐活动。哈尼族认为森林中有各种神灵，这些神灵为人们提供了水，使人们得以生存，因而对森林十分敬畏。大量森林往往被当地老百姓划为有神居住的神林而加以保护，人们不能随意进入原始森林，禁止在森林中打猎，更不能在森林里砍柴、伐木。对相关的水设施人们也要进行祭祀，哈尼人的井水一般用于饮用及清洗蔬菜、衣物等。人们对于水井是十分看重的，不仅要保持水井的干净，还要年年祭祀。在元阳县的普高老寨共有4口水井，每年2月祭寨神之前，就要先用1头小猪、1只公鸡、1只母鸡水祭井神，只有祭完水井神后才能祭家神及寨神，可见水井在人们生活中的地位之重要。

此外，形成了相关的社会规范。各地水沟的管理都有一套严格的制度。过去水沟的管理主要由一个村寨或者几个村寨选出水沟的沟长，由沟长来负责对自己管辖范围内的水沟进行管理，平时注意疏导水渠，每年组织民众修缮水沟，同时也对水资源的分配与灌溉进行管理。各地都制定了村规民约来约束村民的行为，使人们能够按制度来管理、保护水沟。在水渠的管理中，形成了人们新的社会协作机制与社会、经济关系。以元阳县的硐浦沟为例：硐浦沟流经硐浦大寨（哈尼族）、五里寨（哈尼族）、山五寨（彝族）、马老贺村（哈尼族）、解放村（哈尼族）、宝山寨（彝族）。硐浦沟由一名选自硐浦村的人任沟长进行水沟的管理，他负责整条水渠的通水、维修及各村有关水沟事务的协调。每年水沟流域的各村都要派出代表去共同商议有关水沟的事务，商定当年水沟的水分配、水沟维修的范围及各村要出的义务工、水沟粮征收等问题。同时这次会议最重要的议题是考评水沟管理员一年来的工作是否尽到了责任，如果大家认为他不合格则可以重新选人，基本满意时也可以提出改进意见。根据水沟管理会议的决定，每年每个村子都要出工并负责对水沟进行修缮。

与此同时，随着灌溉设施的修建而促进的梯田农业的发展还促使了近代红河地区哈尼族社会结构的形成①，数百年来人们与梯田依存关系使梯田成为哈尼族民族精神的象征②。

在日本大分县音无井路水渠门形分水池的旁边竖有水神碑，人们经常对水神碑进行祭祀，每年的4月10日还要举行祭祀水神的仪式，称为水神祭，这已成为一个当地的公众节日，届时周围受水恩惠的居民都会集在此地，穿着传统的民族盛装，祭祀时先读祭文进行拜祭，随后歌舞、吃喝、娱乐。每年的4月还要对水渠经过地方及水池进行清理、整修。当地人们有一句重要的口号，即“水是农家的灵魂所依”。

第四，作为当代文化遗产的灌溉设施。通过中国红河流域以及日本大分县的灌溉发展史可以看出，经过几百年数十代人的艰辛努力，灌溉设施在历史上起到了促进当地农业发展、支撑着人们的生存，促进了文化的进步，同时这些水利设施不仅仅凝聚着人们艰辛的劳动，也凝聚着人们的智慧与创造。在当代这些设施由于凝聚着人们改造自然的艰辛历史、记录着当时的文明、包容着深刻的文化与智慧而成为一笔不可多得的文化遗产，这是在当代显现出的新的价值，这一点也许是当时修筑这些水利设施的人们并没有想到的。很多灌溉设施不仅仅有引水灌溉的功能，同时也有科技、艺术、文化、历史内涵，作为重要的文化遗产在当代产生着新的价值，同样构成了地方文明重要的组成部分，是当代显示地方文明不可缺少的重要因素。很多设施都已经受到了外界的承认，在日本大分，白水溜池在1999年成为国家指定的重要文化遗产，明正井水路的水路桥即第一石拱桥在2003年度当选土木遗产最高奖，世无田石拱桥建造于1901年，由于桥的周围很有多座与此桥相同的引水桥组成桥群，因而被誉为“石桥博物馆”。石岩井路水道渠在1996年被国家列为有形文化遗产，建于1934年的音无井路水渠门形分水池施成为当地水设施的典型代表而受到广泛的称道。上面提到的日本获选的100个梯田台地景观中，大分县就有6处入选，此外还有很多灌溉设施如水渠、大小石桥、纪念碑、水坝、寺

① 李学良、卢保和：《梯田开拓地近代哈尼族地区社会构架的形成》，载李期博主编《哈尼族梯田文化论集》，云南民族出版社2000年版。

② 普钰禾：《哈尼梯田与民族精神》，载李期博主编《哈尼族梯田文化论集》，云南民族出版社2000年版。

庙等被不同的县、市、地区等指定为当地保护的重要文化遗产，这些与灌溉设施的发展相关的丰富的文化遗产，共同构成了大分县地方文明中一个亮点，使大分县成为日本改造贫瘠地区，发展农业的典范。这一发达的灌溉文化也为当地带来巨大的收益，促进了当地的经济发展，加之当地有丰富的温泉资源，这一地区成为远近闻名的旅游地区。

在云南红河流域，由于灌溉设施的修建，使得大面积改造坡地为梯田种植水稻成为可能，数百年来支撑着当地人们的生计，推动了当地文明的发展。今天连绵数百里、从江底到山背数以千百层计的梯田构成了壮丽的农业人工景观，早已经蜚声海内外，每年吸引着海内外大量的游客前来观赏，同时这种梯田还具有保持水土、防止水土流失的功能，也被当代一些学者认为是一种人工的大型湿地①。红河流域的梯田及相关文化已成为当地文明的象征，是过去的人们通过智慧与劳动给当代人留下了一笔宝贵的文化遗产，给当地创造了巨大的无形资产以及未来潜在的经济效益。目前当地政府已经将这一景观作为一个项目申报世界文化遗产。

四　结论

通过上面对云南红河流域及日本大分县灌溉发展与地方文明的关系的考察，我们可以看到灌溉在历史上不仅仅改变了当地的物质环境，改善了人们的生产条件，从而促进了农业生产力的发展，为当地人的生存发展提供了更丰厚的物质资料，同时也对地方的文明进步产生了积极的推动作用，由于灌溉的发展形成了相关的文化，从而提高了当地的文明，因此灌溉设施也是地方文明构成与发展的重要因素，灌溉得到发展的地方，必然促进当地的文明发展。因此笔者的主要结论是灌溉发展是历史上推动当地文明进步的一种重要因素。在当代除了保护好灌溉设施作为一种生计、生产需要的基础设施的同时，还应当看到其作为一种文化遗产的价值，即文化价值，应发挥这种价值以推动地方文明的进一步提升。总之，从文明进程与文化遗产的角度来理解灌溉是对历史上灌溉发展的一种全新的认识。

---

① 史军超：《中国经典湿地——红河哈尼梯田》，《云南民族大学学报》2004 年第 5 期。

参考文献

《竹田直入地区土地改良区概要》，日本大分县竹田直入地方振兴局编，2004 年。

《大分县的农业水利设施 - 1》，日本大分县农林水产部农村计划课编。

《竹田直入农业农村治理事业概要》，日本大分县竹田直入地方振兴局耕地课编。

《富士绪地区事业概要》，日本大分县竹田直入地方振兴局耕地课编。

（本文入选联合国教科文组织与国际水历史学会于 2005 年 12 月在巴黎召开的“水与文明”国际会议，是本次会议中国学者唯一入选的论文）

红河流域的民族文化与生态文明

红河是一条发源于中国云南省的国际大河①。红河从一条条涓涓细流汇成河流，穿越崇山峻岭、坝子平川汇入大海，不仅显示着它亿万年生命生生不息的辉煌，同时也哺育了它流经区域的无数生灵，孕育了伟大的红河文明。

今天我们对于红河文明的认识仍然是有限的，尤其是对红河全流域内生态文明研究才刚刚起步。红河流域是亚洲民族文化多样性、地理环境多样性、生态文化多样性都较为典型的一条国际大河。这条河流亿万年来奔腾不息，它的生命和流域各民族人民的生态文明有着密切的关系。在红河的文明中，流域各民族人民所创造并维持着的生态文明是其重要的基石。构成生态文明的各种要素不仅是各民族人民生息的需要、文明的基础，同时也对红河环境保护起到了积极的作用。今天认识红河与红河流域各民族人民文明形成的关系，红河流域各民族人民生态文化的内涵与系统性作用，对于构建红河流域的当代生态文明，保护红河流域的生态环境有非常重要的价值，同时生态文明的研究对于认识红河文明具有重要的意义。

本文基于笔者长期以来对红河全流域的实地考察及文献研究，旨在探讨红河流域各民族人民是怎样和红河息息相伴，利用红河流域的自然环境作为生计的基础，并且发展起和红河的自然环境相适应的生态文明，以及

---

① 红河发源于云南省巍山县，红河流域分布于云南省大理白族自治州、楚雄彝族自治州、思茅市、玉溪市、昆明市、红河哈尼族彝族自治州、文山壮族自治州七个州市，以及广西壮族自治州百色地区玉林县，进入越南以后和流经越南的老街、安沛、越池、河内、兴安、太平等省，经红河三角洲注入印度洋北部湾。在中国红河称为元江，进入越南后称为红河，全长962公里，其中中国段长692公里，在越南境内长270公里。本项研究所涉及的并不是红河流域整个地区，而是红河的主干流流域（据《云南省志·水利志》，云南人民出版社1998年版）。

这一生态文明体系的当代价值。①

一 红河流域的民族文化与生态文明

“红河流域”的概念运用目前并不广泛，因为至今将红河全流域作为一个整体来加以研究或作为一个区域（人文、经济等意义上的）仍然很少。在一般意义上，“红河流域”指的是红河的水源与流经区域，是一个地理概念。但是今天，我们有必要重新认识红河流域的内涵，从而对“红河流域”加以新理解。

红河是一条跨越中越两国的大河，但是它的生命和价值并不仅仅在于它奔腾不息的河水，更在于其地理环境特征和各民族文化相交融的人文内涵。红河流域是一个自然的河流的概念，它包括了红河水系不同河流的流经区域，这应该是它的传统概念。但是在过去我们很少去理解红河流域的各民族的文化状态，以及各民族和红河休戚相关的生计关系、红河对于流域各民族文明的哺育。

今天我们有必要重新理解红河流域这个概念。如果我们从红河和它所赋予的文明及红河流域各民族人民和红河息息相关的生计关系来理解红河，那么“红河流域”的概念就应当宽广得多，它不再是一个地理概念，而是一个地理和人文相交融的概念。红河流域的地理内涵包括了流经地区的不同的地理类型和特征，而它的人文内涵包括了流域区内的各民族人民的历史、民族分布、文化特征、文明现象等。因此今天不应该再从一个地理概念去理解红河流域，应该赋予红河流域新的内涵，那就是一个集地理多样性和人文多样性为一体的概念。当我们在谈及红河流域的时候，既不可缺少其地理环境多样性特征，也不可缺少人文多样性特征，这两者在这个概念中又不是独立存在的，而是相互交织、密不可分的关系。没有了红河流域的地理环境多元性，也就不可能有红河流域的人文多样性。而同样如果没有红河流域的人文多样性，没有红河流域各民族人民的生态文化对

① 本文的资料未注明引用的来自作者的田野研究所获。对中国段的田野研究，1987、1999、2003、2005、2006、2007 年。对越南段的研究，基于作者负责的云南省社会科学院与越南国家文化通讯研究院课题“红河流域的民族文化与生态文明”，2006、2007 年及此前多次在越南的实地研究。

红河流域生态环境的保护，红河流域的生态环境将受到破坏，红河的生命将不再因为流域内良好的环境和丰富多彩的各民族人民的生活状态而精彩、充满活力。因此，红河流域的地理环境多样性、生物多样性、民族文化多样性、生态文化多样性是一个相互关联的环链。

1. 红河流域是一个富有民族多样性的区域

红河从发源区到入海口，千万年来抚育了流域众多不同民族人民。在中国段居住着汉族、白族、彝族、傈僳族、傣族、哈尼族、回族、苗族、瑶族、壮族人民，在越南段居住着苗族、瑶族、泰族、岱族、京族等数十种民族①，还有一些没有被识别为民族的人类群体，例如中国境内的芒人②。众多民族的人民居住在红河流域内，呈现出了丰富的民族文化多样性。

红河也是一条众多民族迁徙的走廊，在历史上很多民族沿着红河迁徙，寻找新的居住地。在历史上，很多民族都是顺着红河向红河中下游广大地区迁徙。例如傣族在历史上就曾因大规模地顺着红河从云南省中部地区迁徙到越南，再从越南迁徙到今天老挝、泰国等国家③。今天居住在越南北部的苗族、瑶族人民也是在历史上从中国境内迁徙到越南的。红河流域作为一条民族迁徙的大走廊，曾经有诸多的民族在一条大走廊中繁衍生息。同时各民族人民也在这条大走廊中产生文化融合，今天居住在红河流域的很多民族都互相借鉴了文化，产生了很多红河流域民族文化的共同特征。例如今天居住在红河流域的傣族人民的住房模式就是受到了当地彝族人民的影响和形成的。红河也是一些民族的文明发源地，根据越南的历史记载，越南的主体民族京族的祖先洪王就发源于红河岸边。今天的红王庙仍然坐落在福寿省的红河周边。

2. 红河是流域文明的大动脉

在与红河的长期依存过程中，红河流域发展起来了不同形态的农业、

---

① 越南的民族分布，参阅 NGUYEN VAN HUY，THE CULTURAL MOSAIC OF ETHNIC GROUPS IN VIETNAM，EDUCATION PUBLIC HOUSE，VIETNAM，2001。

② 参阅杨六金《茫人的历史与文化》，云南教育出版社 2005 年版。

③ 参阅郑晓云《傣泰民族先民从云南向东南亚的迁徙与傣泰文化圈的形成》，载《泰族起源与南诏国研究论文集》，中国书籍出版社 2005 年版。

工业、渔业、城市、乡村等文明。红河不仅是众多民族人民生存的区域，同时也是流域文明的大动脉，它哺育了红河流域诸多不同民族和不同的文明，流域内的诸多农业、工业、城市、乡村以及历史上政权的兴起和发展都和红河有关。河流域内不同的民族人民利用红河的自然环境创造了不同的农业生产模式，利用河流发展水道运输，利用红河的地理连接关系，发展起了一系列的城市和相关产业。在红河发源地巍山县，曾经是历史上强大的南诏王国的发源地，演绎了数百年的辉煌。滇中地区彝族人民以太阳历为代表的文化被学术界称为诸多文明的古老发源地。云南省红河州境内的哈尼族人民创造的梯田文化被称为世界农业文明的一朵奇葩。红河州境内的一系列城市及其工业产业的形成和发展，例如建水、个旧、蒙自的形成，这一地区采矿业和冶金产业的发展都和红河有直接的关系。在越南境内，越南的河内等大城市都是因为红河而形成的。红河是越南人民的母亲河，越南的主体民族京族就发源于红河岸边。

3. 红河流域各民族的文化是生态文明的载体

如上所述，与很多大的江河不同的是，居住在红河流域的人民是由很多民族构成的。在红河流域，各民族都有自己鲜明的民族文化，尽管红河流域的很多民族之间由于长期的共同生存而发生了一些文化融合现象，但是不同民族之间的文化差异性仍然很大，红河流域呈现出了典型的民族文化多样性。

在各民族的文化中都有关于生态的文化。不同民族的生态文化是各民族在长期的历史发展过程中和当地的自然环境相适应的结果，是人们在认识自然、利用自然、改造自然的过程中形成的。生态文化既是一个民族在长期和自然环境的互动过程中形成的文化形态，同时也是各民族人民在当地生存的需要。因为没有生态文化，人们就将缺乏对于自然的认识和了解，缺乏对自然的利用和改造的技能，同时也不能建立起一个和自然相和谐的生计系统，使人们的生存环境能够保持在一个不被开发利用所破坏的状态中，从而获得对自然资源和生态环境的可持续利用，能够在生存的环境中获得长期的生存资源，能够长期生存下去。红河流域各民族人民的文化也是如此，不同民族文化中都有相应的生态文化，包括各民族人民的生态环境的理解和认识、宗教、保护环境的相关制度、人们对待环境的相关社会规范和行为、利用自然和保护自然的技能与结果等。红河流域生态文化的一个重要特征是建立在红河流域区民族文化多样性上的生态文化多样性。因此红河流域的生态文明是由不同民族的生态文化所构成的，不同民族的生态文化成为红河流域生态文明的基础。从这个意义上讲，红河流域的生态文明是一种生态文化多样性基础上的文明。红河流域的生态文明和各民族的生态文化多元性密不可分，因此在理解红河流域的生态文明时必须要了解红河流域的民族文化多样性。

二　红河流域的民族生态类型

红河从它的发源地到入海口穿越了不同地貌的地区，既流经平坝地区，也穿越崇山峻岭，在中下游地区形成了广阔的冲积平原最后进入大海。从地理概念来说，红河流经不同的地理环境只是一种自然现象，从人文生态的角度来看，红河流域不同的民族利用了不同的地理特征，发展起来了不同的由人类活动和自然地理环境相适应的结果构成的不同生态类型。这些生态类型是不同的民族文化和自然地理环境相结合而产生的。在此我们所指的民族生态类型就是不同的民族文化和自然地理环境相结合而产生的生态类型。

从发源地到入海口，笔者根据它的地理环境和不同民族适应当地地理环境的结果而形成的生态系统，将民族生态分为 5 个主要类型，但是由于地带环境往往交错相间，因而也很难以将流域内的地貌断然分开。

1. 山地平坝相间的生态类型（巍山县至元江县段）

红河发源于云南省巍山县境内，穿过楚雄彝族自治州形成的大的红河源区。在这一地区是一个山区和坝区交错的地区，尽管山区面积远远大于平坝地区，但是红河主要起源的河流穿越了一系列的平坝地区，形成了这一地带山区和坝区交错相间的地理环境特征。在红河流域的主干流区内，较大的河谷平坝有 4 处，分别是巍山、元江、戛洒、漠沙。其中最大的是巍山坝，面积 167.6 平方公里。可耕地面积 18 万亩，平均气温 15℃，适合种植水稻、玉米、小麦等粮食作物和油菜等经济作物。元江、戛洒、漠沙属于干热河谷盆地，适合种植甘蔗、水稻等作物，尤其是甘蔗等经济作物是元江等河谷坝子的主要作物。红河在巍山县境内形成河流以后主要的流经地区是平坝，河流在平坝中蜿蜒穿过。在这一地区居住着汉族、白族、回族、彝族、傣族等民族人民，在楚雄州等流经区域，居住在山区的广大彝族人民利用山地的环境发展起了山地的农业，至今仍然保存山地农业的生计方式。居住在平坝的汉族、傣族、彝族、白族、回族的人民发展起了以水稻种植为主的农业。在红河的起源地区，由于红河河道并不宽阔，主干道流行的地区主要是平坝，因此山地和平坝地区农业为中心的生态类型是这一流域段的主要生态特点。在这一流域中生态文化的展开都是以此山坝相间的环境与农业为基础的。

2. 山地河谷生态类型（玉溪、红河段）

在红河进入玉溪市的新平县境及红河州以后，就进入了哀牢山、无量山山脉地区。哀牢山海拔最高达2000多米，红河穿越哀牢山区，主干道流经地区长达400余公里，形成了深长的河谷地区。河谷底部海拔只有500米左右，顶部高达到2000多米。在红河主干道穿越哀牢山的河谷地区，自古以来居住着傣族、彝族、哈尼族、汉族等民族人民，在这个区域内的各民族人民根据当地的地理环境特征，发展起来了山地农业和梯田农业相交错的农业生产模式，尤其是在近代以来，红河流域大规模地进行了梯田农业的改造，将大量的山地改造为梯田，形成了红河这一流域阶段内连绵数百公里长、数以百万亩计的梯田景观。这一地区各民族的生态文化主要是与河谷的生态环境适应而展开的，人们利用河谷的生态环境特点，发展起了自己的生计方式，这其中以梯田农业为最高级的生产方式和生态类型的典型代表。

在红河进入云南省哈尼族彝族自治州以后，已经进入了哀牢山末端，地形渐渐平缓，因此在主干道两侧已形成了一些平坝，根据红河的地域条件，一些中小城市在历史上形成并且发展起来了，在今天形成了建水、开远、个旧、蒙自等城市。

3. 山区生态类型（越南老街省至福寿省段）

红河从中国的河口县出境进入越南境内，从越南老街省至福寿省的主干道流经地区基本都是山区，这一流域段占了红河流域在越南境内的三分之二左右。这一流域地区主要是山区，在主干道两侧有一些河谷地带。流域地区居住的民族（按照越南的国家民族划分）主要有孟族、苗族、瑶族、彝族、泰族、岱族、京族等，是越南北部少数民族分布较为集中的地区。这一地区山区的少数民族主要种植玉米、旱稻、水稻等。山区的少数民族大多数开垦种植山地，河谷地带有的少数民族修建了梯田种植水稻。在河流两岸的一些平缓地带一般都被开垦为水田，种植水稻。这一地区是越南北方森林覆盖率较高的地区，生态环境较好，当地民众也种植水果、药材及速生树木等。

4. 平原生态类型（越南福寿省至太平省）

从福寿省至太平省是越南的平原地区，红河流经的这一地区时河面变得渐渐宽阔。这一平原地区传统的生计主要是水稻种植为中心的坝区农业。整个平原地区除了有少量的丘陵地带以外，分布着河内等大城市及诸多其他城市。因此除农业以外，还有传统制陶、造纸等工业和现代工业、航运业等。这一地区的主要居民是越南的主体民族京族。

5. 三角洲生态类型（越南太平省境内）

红河的入海口地区是红河三角洲，地面平坦开阔。这一地带由于近入海口，是典型的海岸地貌地形。一部分土地用于水稻的种植，三角洲近海岸红树林生长的海滩地带不能进行水稻种植。当地的居民主要以捕鱼、养虾生计，在海岸地区传统的主要生计之一是制盐业。这一地区的居民是京族。

三　红河流域的生态文明

生态文明是指人类在认识自然与自身生存关系的基础上形成，是人类活动与自然和谐运行，集利用自然、改造自然、享受自然的过程中的精神、社会行为、制度、物质等要素为一体的文明形态。生态文明根本上是一种人与自然的良性关系，是人类对待自然的价值与行为形态。生态文明包括不同层面上的要素，包括精神层面的要素如生态理念、价值观、宗教、生态感受、文学艺术等；社会行为层面如人类对待自然、利用自然资源的社会行为等；制度层面如对待生态环境的社会规范、制度、机制等的；物质层面即人与自然互动的结果，所形成的各种物质性生态，如农

田、人工景观、人工湖泊、运河、大坝等人工生态环境。（郑晓云，2007）

红河流域各民族人民在长期和当地环境的互动过程中都形成了对的自然环境的观念、有关自然崇拜的宗教、利用和保护自然资源的制度和社会规范，人们都具有对待自然的社会行为、开发利用自然资源的技能以及利用自然资源所形成的物质性成果，包括各个民族的农业模式、环境开发的结果、生态空间的建设等。生态文化是由精神的、制度的、社会行为的、物质的等方面构成，各民族的生态文化中都具有这些要素。

总之，由各民族传统及当代发展起来的生态文化构成了红河流域的生态文明。在此我们分段选择一些民族的生态文化现象来加以考察。

1. 红河上游流域

在红河发源区的大理与楚雄地区。在这一地区内主要居住白族、彝族、回族、汉族、苗族等民族。当地的白族人民自古就非常重视生态环境的保护，尤其是重视对树木森林的保护，人们认为有了树木和森林土地才有灵气，万物才能生产。因此在大理的白族中对树木和森林爱护已深入到人精神世界中。在人们的生活中，家家户户种植养花，住宅建设都有种植花草的院子，种植上一些树木和兰花、玉兰花、梅花等名贵花草，这是反映白族生态观念的一个侧面。每一个村子在建设的时候都要种植一棵大青树，作为村子的象征。因此在今天的白族地区很多村子和寺庙中都可以看到古老的大青树，人会把大青树作为神树加以崇拜。自古以来白族人民具有集体种植树木、封山育林的习俗。传统的植树日子是民间称的“小龙日”，在立春前的蛇日。因为龙日有雨，种植树木容易成活。在蛇日的这一天，当地人会全村出动，住在坝区的人们会到河边去种植柳树，居住在山区的人则在头一天就准备好树苗，当日在本村子的寺庙中进行祭祀活动以后就到山上进行植树。每年进入农历的七月，各地便开始封山育林，举行过隆重的山神祭祀仪式以后，便开始封山育林。在这个过程中人们不能进山去放牧、砍柴、砍树的等，要等到第二年正月初二集体祭祀山神以后，人们才可以进到山上去砍柴和放牧。同时白族中也有很多社会规范限制人们砍伐森林、多种树木。今天在白族地区仍然可以看到很多刻在石碑上的乡规民约中涉及对森林树木的保护。由于这些传统习俗的存在，对当地的森林保护和水资源保护起到了积极的作用。在当地的彝族人民中，有在一些特殊的意义日子中种树的习俗。如一地方的彝族人在结婚时要种 1 升松子的松树。在一些村子中如果有小孩子出生，父母要为每一个孩子种 2 亩松树。这些种下的松树都要被认真地养护着，不能随意砍伐，如果砍伐了树要被惩罚。

在楚雄的彝族人民中，人们信仰以自然崇拜为中心的传统宗教。在宗教观念中认为自然万物都有神灵，森林、树木、土地、水等都有神灵。由于这些宗教观念的存在，人们自古以来就十分重视对于森林、水源等的保护。每个村子都有受到特别保护的森林，如神林、水源林、护寨林等。这些森林都不能被砍伐。每一个村子都有一棵大龙树，作为一个村子自然环境中森林、土地、水资源等各种动植物和人类的保护神的化身，每年人们都要举行隆重的祭祀活动。隆重的祭龙活动一方面是对森林神灵的祭祀，一方面也是对于自然的精神寄托。通过对自然神灵的信仰和崇拜，来表达人们对自然资源与人类关系的认识，同时也以此来规范人们在社会生活中与自然的关系。

在红河中游的弥勒县的彝族人民中，由于人们居住的地区是喀斯特地貌地区，地表保水能力较差，历史上生态环境较差。一个村子或者一个地区森林最好的地方一般都是人们加以特殊保护的神林，当地人称为“密枝林”。密枝林是当地人的保护神居住的地方，因此人们不可在生林里砍伐任何树木，也不可以在里面放牧。每年人们都要在密枝林中举行隆重的祭祀活动，祈求神灵保佑人们身体健康、平安，更重要的是要祈求风调雨顺，水资源充足、保证农作物丰收。人们将精神信仰的场所安排在一片特定的森林之中，也将一些特定的大树作为宗教崇拜的对象，都反映了人们对于森林和水的看重，因为在当地人的宗教祭祀中，对森林神的祭祀活动最根本的目的是为了水。由于有了对密枝林的信仰和祭祀，在满足了当地人的宗教信仰愿望的同时，对于当地的森林保护起到了非常重要的作用。今天很多茂密的森林仍然由于宗教观念和宗教崇拜原因而受到保护。除了对密枝林祭祀和保护以外，人们在社会生活中有很多保护森林和水资源的社会规范，在很多村子自古以来就有成文的乡规民约，规定了对森林和水资源的保护。森林在一年中大多数时间都被封闭，人们不能进山去砍柴。在每年冬季砍柴或者砍伐树木建房的季节只有两个月，在这两个月内人们可以进山砍柴或者砍伐一定的木材，但是砍伐树木也有数量的规定。这些乡规民约和做法在今天的彝族人民中仍然可以普遍看到。

2. 红河中游流域

在红河中流居住着傣族、哈尼族、彝族、苗族、拉祜族等民族。这一流域段内的梯田农业，是这一地区生态文明的典型代表。

红河流域的农业是一个自然条件与人类智慧相结合的生态格局。这一地区的生态文明首先表现在人们对于自然的认识及人们对于人类生存的生态空间的设计上。在红河这一流域段沿岸，都是高山峡谷地区，海拔从河底的数百米一直到峡谷顶端的2000余米。气候也呈现出立体的状态，在河谷的底端一般是热带气候，河谷的中端是亚热带气候，而到了河谷的顶端，已经是寒带。红河流域的自然与人文生态系统由森林、村寨、梯田3个有机的部分组成：在海拔1600米以上的山区属于森林地带，而在海拔1000—1600米则是各民族人民的村寨（部分后来建立的村子也有建在低海拔地区的），在村落下方就是大片的梯田了。在历史上，人们在当地选择一个地点建村的时候都必须要考虑到有森林、有水源，同时在村寨的下方有平缓的坡地可以修建梯田，这样就形成了森林、村寨、梯田的自然和人文融为一体的生态景观。这一人类文明与自然共生的格局中，不同组成部分有着不同的功能：村子背后的大片森林以及哀牢山区的高寒山地就是一座天然的水库，长年不断有水源源不断地流出，当地流传着“山有多高，水就有多高”的说法。元阳县境内年雾日多达180天，山岭终年云雾缭绕，带来了丰沛的降水，一年四季水从高山区流出，山中的水经人工修建的河沟流进村寨、梯田，人们就是巧妙地利用这一自然的功能，修筑了大量的水沟来满足梯田农业的灌溉。由于利用了红河河谷的这一地理环境环境特征，红河这一流域段近400公里的流域内各民族人民自近千年来修建了绵延数以百万亩计的梯田，实现了农业从粗放的刀耕火种向精耕细作的梯田农业的转变，不仅养育了红河流域沿岸的各民族人民，同时也创造了亚洲农业的一个奇迹。

梯田文明的基础就是水利灌溉，这也是梯田农业中的一个奇迹。在这一流域内，仅仅依靠自然降水无法支撑数以万亩计的梯田对水的需求，因此根据自然的地理特点修建的灌溉沟渠是支撑梯田农业文明最重要的方式。灌溉系统是随着梯田的修建而开挖的，甚至有多大的梯田面积，人们就必须要修筑与之相适应的灌溉沟，因此红河流域灌溉系统的庞大与复杂也是十分惊人的，整个区域内的引水渠以万条计。以红河中游的红河县、元阳县、绿春县、金平县4县为例，在1949年这4个县已经修建引水沟12350条，到1985年增加到24745条，灌溉面积近60万亩。

森林是红河流域最重要的水源地，因此对森林的保护也就是对水源的保护，这一点当地民众早就有深刻的认识。各个民族都有严格的制度保护村寨森林不被破坏。哈尼族每一个新寨子的建立地点都要选择在可以背靠森林的地方，今天在红河中流地区，可以直观地看到每一个哈尼族村子都为树林所包围，尽管不少寨子后面也开垦了梯田，但距离森林都不会太远。在建寨时选定或栽种一棵树为神树，并将周围的山定为神山，不准进行任何砍伐活动。哈尼族认为森林中有各种神灵，这些神灵为人们提供了水，使人们得以生存，因而对森林十分敬畏。大量森林往往被当地老百姓划为有神居住的神林而加以保护，人们不能随意进入原始森林，禁止在森林中打猎，更不能在森林里砍柴、伐木。

对森林的保护除了人们的传统观念与习俗在发挥作用外，这一地区各民族还有制度化管理。在20世纪50年代以前，红河流域的森林大多为当地土司所拥有，但森林的保护却是由当地村寨来完成的。在元阳县，各村的会长、箐长等具体负责本村范围内森林的保护，同时当地的政府及村寨也制定了保护森林的法律法规及乡规民约，对森林进行严格保护。如在20世纪50年代以前，新平县各民族中就已普遍将村寨的森林均分为水源林、风景林、神山、护寨林等功能林，对这些森林进行严格保护，各村都有专人进行森林看护，当地政府已设置了林警。在民间，对于违禁砍伐者要罚款，在祭龙之日要罚杀一头肥猪用于祭龙。

新中国成立以后，虽然森林权属经过了多次变化，但对森林的保护也是很严格的。目前各乡镇都有林业站，各村也有护林员负责对森林进行管理，对于包括薪柴在内的砍伐都有严格的规定，各村也有相应的乡规民约。森林的完好保证了数百万亩农田的水源。①

3. 红河下游流域

红河下游流域主要在越南境内。这一流域内也有很多民族居住，我们选择越南的主体民族京族来考察。

---

① 参阅郑晓云《红河流域少数民族的水文化与农业文明》，载《云南社会科学》2004年第6期，英文《日本农林水产》（FORMING JAPAN）2005年10月号。

在越南的京族中，生态文化也是十分鲜明的。越南京族的生态文化包括了从精神到物质的不同层面。在精神层面上京族传统的宗教信仰中包含了十分鲜明的生态观。在传统的宗教祭祀中，京族同时崇拜三个神：一个是母神，这是京族的最高神灵之一。在母神的两边的神分别是森林神和水神。这三尊神像在越南各地的传统寺庙中都可以看到，并且三个神的神像是同时被供奉在一起的。母神作为最高神灵是人类始祖的化身，也是人类的保护神。森林神是大地生态环境的保护者，是大自然的生态系统的化身。而水神则是水环境的保护者，是水生态系统的化身。这三尊神同时保佑着人类和人类生存的自然环境，它显示了人的精神世界中人和自然密不可分的关系。人们崇拜这些神灵，同时在崇拜天地万物和大自然，把自然和神灵结合在一起。这种精神观念也同时传达到了人们的现实生活中，影响到社会生活和人们对待自然的行为方式。

在现实生活中，京族人认为森林都有灵魂，因此不能砍伐森林树木，如果砍了树人就会生病，所以自古以来京族人都不砍伐树木作为烧柴，生活中的燃料主要是来源于种植水稻留下的稻草及杂草、树叶等。建房用的树木的砍伐有很多规定加以约束，并且在砍伐之前要进行对树木神灵祭祀活动。人们不能随意砍伐一棵树，有的地方在建房的时候开门的方向如果对着一棵树，人们不会去砍树开门，而是重新改动开门的方向让大树继续生长。因此在今天的越南不论从城市到乡村都可以看到茂密的树木，很多大小城市，包括河内在内的城市都仿佛掩映在生林之中，成为众人称道的生态城市。

京族人崇敬水神和水环境。在河内郊区的渚童子庙，是一个建在红河岸边的当地神庙。在这一个寺庙中，每年都要隆重举行在红河中取水的活动。在隆重的典礼中，人们用船从红河中央取来水，并且用一个大瓷缸保存在神像台前一直到下一年换水，人们认为这样就可以得到红河神的保护，人可以得到平安，而红河也不会泛滥。在现实生活中，人们都对水环境的崇敬有诸多的表现。在京族人传统的居住环境空间设计中，水都是一个不可缺少的元素。一个村子的建设必定有相应的水池作为村子环境的一个组成部分。在一个家庭的住房建设中，一般都要在房子前挖一个水塘作住房环境的一个组成部分，这一方面作为一种景观，一方面在水塘中也可以养殖一些水草作为牲畜的饮料饲料，并方便取水及生活中的一般洗涤。但后者并不是主要的，前者才是源自于人们精神世界中的根本结果，将水这一元素组合进人们的居住环境中，反映了人们对水的崇敬，这也与人们的传统宗教信仰是一致的。这种居住空间的设计在今天的越南京族传统居住区仍然可以普遍看到，如太平省及河内郊区的一些典型的传统京族村子中。在河内一些郊区的农村于今天仍然可以看到大规模的与村子相组合的水池。

在红河沿岸，也同样可以看到人们生态文明建设的物质性成果。红河在古代经常河水泛滥。为了制止红河河水的泛滥，人们近百年来在河内以下的红河岸边修筑了长达上千公里的红河大堤，这一项巨大的工程成为治理红河的一个典型范例。通过红河大堤的修建，不仅制止了红河泛滥，保障了人们的生存安全，同时在大堤内外都有机会发展农牧业生产，使人们获得了更多的生存资源。红河入海口地区，今天人们也正在进行着修建大堤等工程的建设，以改造海滩地区，使人们在这一地区获得更多的农田等生产资源。这些都是人们改造自然、建设生态文明建设的物质性成果。

总之，红河流域各民族人民都有与当地的自然环境相适应的生态文化，对于生态环境有益的文化构成了各民族的生态文明体系。仅从上面一些有限的例子的分析中我们就可以看出，当地人的生态文明都包括了人们对自然的认识、宗教信仰，人们的社会习俗和社会行为、制度化了的社会规范、一切生态文明的物质化内容。各民族的生态文化都反映了这些要素。

四　红河流域生态文明的特征与当代价值

1. 红河流域生态文明的体系性特征

红河流域各民族人民尽管都有自己的生态文化，但是红河流域作为一个整体的河流流域，它的文明形态也具有体系性特征，是这一条河区别于其他河流的特征。概括而言，红河流域的生态文明具有以下整体性特征：

第一，红河流域的生态文明是基于不同的地理环境之上的生态文明。由于红河流域具有不同的地貌特征，又形成了地理环境多样性之上的生物多样性，生物多样性决定了红河流域的生态环境多样性特征。在红河流经的平坝地区、山区地区、河谷地区，平原地区、海岸地区，地貌的不同形成了生态类型的差异，从而形成了生物多样性的特征。红河流域的生态文明就是建立在这种生态环境多样性之上的，人们对不同的生态环境的适应而形成了基于地理环境与生物多样性之上的生态文明。

第二，红河流域的生态文明是建立在民族文化多样性之上的。红河流域居住着数十个不同的民族，决定了红河流域是一个民族文化多样性十分突出的流域。从人文的角度来说，这是红河流域的一个重要特征。各民族人民都既有对当地环境的适应，在适应当地环境的基础上发展起来了自己的从精神到制度、社会行为、物质创造等不同要素构成的生态文化。但是由于民族文化的不同，即使居住在同一个地区，他们的生态文化也会因为民族文化的不同而产生差异。例如人们都具有崇拜自然的精神信仰，但是祭祀的方式在各个民族中是不同的。因此红河流域的生态文明是基于民族生态文化的多样性之上的。

第三，红河流域的生态文明是基于流域内各民族人民不同的生计形态的文明。流域各民族人民在适应当地的地理环境的基础上发展起了自己的生计系统，包括不同形态的农业、传统手工业、现代工业、渔业等生计形态以及城市和乡村居住形态等。各民族的生态文明都和自己的生计系统有直接关系。从事农业的民族，农业是他们的生计基础，它们的生态文化与此相关，而对居住在海岸地区从事渔业的居民来说，渔业是他们的生计基础。此外，城市、乡村等形态是人们生态文化的集中反映和表现。各民族都会因为自己的居住形态而显示出不同的生态文化，居住形态是生态文化中物质层面和要素，不同的城市和乡村建设都能显示中出来人们的生态文化。

第四，在今天红河流域的生态文明还显现出了传统和现代相结合的明显特征。在不同的生计方式之上以及不同的居住形态之中，都包含了人们的传统生态文化和现代生态文化建设的内涵。例如在越南的首都河内，既有现代建设的结果，但是城市生态环境的设计和保持中显现了越南人民传统的生态文化观念。在云南省的个旧、弥勒等城市，近年来都进行了现代生态建设，并且取得了明显的成效，成为山水相间、环境优美的城市。

2. 传统生态文化对红河流域生态保护的价值

研究和认识红河流域各民族的生态文化，目的在于提升流域生态文明的建设，保护红河流域的生态环境。在当代的生态文明建设中，各民族的传统生态文化仍然具有非常重要的价值。事实上在当代各民族的生态文化仍然在环境保护和生态环境建设中发挥着积极的作用。通过长期大量的研究表明，今天流域内的各民族人民仍保持着从精神层面到制度等层面上的生态文化，大多数民族仍保持着对自然的崇拜，维持着对自然环境的爱护和对自然资源可持续利用的制度和方法。相反的例子说明，如果传统的生态文化受到破坏，那么自然环境也将受到破坏。在中国，20 世纪六七十年代曾经历了放弃传统生态文化，破坏了人与自然之间传统的和谐关系，从而导致了生态环境被破坏的过程。因此历史教训告诉我们，一个民族如果没有生态文化，就不可能建设起与自然相和谐的生态文明，那么它所依存的生态环境就难以被保持在一种良好、平衡的状态之中。在今天，建设生态文化、保护生态环境是可持续发展的根本所在，红河流域作为一条国际河流，保护生态环境的责任和利益是流域各民族人民共同的，由于各民族人民仍保持着自己的生态文化，生态环境的保护的基础仍然是个民族传统的生态文化，因此今天的生态文化建设不可能脱离各民族的传统生态文化。只有在各民族传统生态文化的基础上加上现代的精神、制度、物质等方面的建设，才能建设一种与红河流域的自然生态环境相适应的生态文化，从而建立起红河新的生态文明。从这个意义上讲，流域各民族人民的传统生态文化是当代红河生态文明建设的基础。

（本文为2008 年召开的首次“红河流域的民族文化与生态文明国际会议”主题发言论文，载《红河流域的民族文化与生态文明》，中国书籍出版社 2011 年版）

红河流域少数民族的水文化与农业文明

红河是发源于云南省大理白族自治州的一条长河，沿东南方向经巍山、南华、楚雄、新平、元江、红河、元阳、个旧、蒙自、金平到河口出境，流经云南省12个县，在中国境内全长692公里，称为元江，进入越南以后称为红河。

红河在中国境内的流域地区，山脉与河流的支系纵横，尤其是在红河沿岸，都是高山峡谷地区，海拔从河底的数百米一直到峡谷顶端的2000余米，直至进入越南，才慢慢平缓开阔。气候也呈现出立体的状态，在河谷的底端一般是热带气候，河谷的中端是亚热带气候，而到了河谷的顶端，已经是寒带。在中国境内，红河数百公里的河谷地带，居住着上百万不同民族的人民，有汉族、哈尼族、彝族、傣族、拉祜族等，他们在河谷两岸繁衍生息，在漫长的岁月里创造发展了红河流域较高的农业文明，而水是流域各民族文明的基础。

一　水与红河流域的农业文明

农业的形态主要有两类：第一类是原生的形态，在一些民族如彝族、拉祜族的部分当地居民中，在过去采取刀耕火种的生产方式，砍伐森林焚烧以后种植大豆、玉米等作物，今天这部分耕地大多已固定下来成为种植玉米等作物的山地；第二类是梯田农业形态，红河流域的各族当地居民在红河两岸的山坡上修建了大量的梯田，种植水稻。

红河流域的居民大多居住在海拔400—1500米之间的河谷山地上。红河流域的农业发展经历了三个阶段：第一个阶段是任意砍伐树木进行粗放耕作的阶段。人们砍伐树木并焚烧后作为肥料，一块地种植两三年后就抛弃不用，迁到其他地方开垦种植。在20世纪初红河流域一些苗族、彝族等仍然保持着这种耕作方式。

第二个阶段是相对固定的山地农业阶段。人们在山坡上开垦耕地，但已固定在一定的范围内。在一定的范围内人们将耕地划分为几块进行轮作，同一块耕地耕作一两年后休耕几年后再耕作，让耕地生长植被、恢复肥力。这一阶段是今天已经进入了梯田农业阶段的各民族都经历过的。

第三个阶段是梯田农业阶段。自明以来，红河流域开始修建梯田。从红河中段开始，明清以后上流的元江、新平等县也开始开挖梯田，并将大量的山地改造成为梯田，进入了梯田农业阶段。梯田农业是当地农业发展的高级阶段，红河流域的梯田不仅规模巨大，绵延千万亩，而且修建难度大，不少地区将整个山脉都建成相连的梯田，海拔跨度从500米左右到1800米，有的坡度达40度。所修的梯田层层叠叠，从山脚到山顶数以千层计。梯田的经营有着较山地更高的农业技术内涵，能获得更高的产量。

梯田养育了红河沿岸人民。红河流域的农业是一个自然条件与人类智慧相结合的生态格局。红河流域的自然与人文生态系统由森林、村寨、梯田三个有机的部分组成：在海拔1600米以上的山区属于森林地带，而在海拔1000—1600米则是各民族人民的村寨（部分后来建立的村子也有建在低海拔地区的），在村落下方就是大片的梯田了。

在元阳县的多依树村，我们可以看到森林、村寨及梯田相结合的人文生态系统的完整图景：东观音山主峰高2930米左右，主峰面积200平方公里，海拔1800米以上基本都是森林覆盖区，这里是元阳县东部河流的主要发源地。在海拔1600—1800米之间的观音山东面山腰，当地居民的村寨基本分布在一条线上，从西到东分别有大瓦遮倮卜寨、联办茶场、爱春哈单卜、爱春、爱春大鱼塘、爱春阿者科、爱春牛倮卜、多依树、猴子寨、普高新寨、普高老寨和黄草岭等村寨。在村寨下面就是层层叠叠的梯田，一直延伸到海拔600米的山脚。

在历史上，人们在当地选择一个地点建村的时候都必须要考虑到有森林、有水源，同时在村寨的下方有平缓的坡地可以修建梯田，这样就形成了森林、村寨、梯田的自然和人文融为一体的生态景观。这一人类文明与自然共生的格局中，不同组成部分有着不同的功能：村子背后的大片森林以及哀牢山区的高寒山地就是一座天然的水库，长年不断有水源源不断地流出，当地流传着“山有多高，水就有多高”的说法。元阳县境内年雾日多达180天，山岭终年云雾缭绕，带来了丰沛的降水，一年四季水从高山区流出，山中的水经人工修建的河沟流进村寨、梯田，人们就是巧妙地利用这一自然的功能，修筑了大量的水沟来满足梯田农业的灌溉。

梯田文明的基础就是水利灌溉，仅仅依靠自然降水无法支撑数以万亩计的梯田对水的需求，因此根据自然的地理特点修建的灌溉沟渠是支撑梯田农业文明最重要的方式。灌溉系统是随着梯田的修建而开挖的，甚至有多大的梯田面积，人们就必须要修筑与之相适应的灌溉沟，因此红河流域灌溉系统的庞大与复杂也是十分惊人的。以红河中游的红河县、元阳县、绿春县、金平县4县为例，在1949年这4个县已经修建引水沟12350条，到1985年增加到24745条，灌溉面积近60万亩，其中流量在每秒0.3立方米以上的骨干沟渠就达125条。在红河流域的上游元江县，至20世纪初全县修筑了大小水沟79条，灌溉面积4268亩，其他的小水沟达2000多条，而到80年代初，全县已经修建水沟2300多条，灌溉农田58800多亩。元阳县到20世纪50年代有引水沟2600条，到80年代末有6246条。作为灌溉系统网络的水沟，不仅仅在数量上是惊人的，同时工程也是巨大的，有的水沟长达二三十公里，也有小的水沟则用竹子相接成为引水管道，长达二三公里。从几百米的小水沟到几十公里的大水沟，经过红河流域各民族人民数百年不断艰苦劳动，筑成了一个庞大的支撑当地农业文明的灌溉系统，如人体上的血脉一样源源不断地将水供给到数以百万亩计的农田中，哺育了红河沿岸上百万的民众。

二　红河流域利用水的历史

据现存的文献记载，红河流域梯田农业的文明不长于1000年的历史。梯田和水沟灌溉系统的修建，较早的是红河流域中游地区的红河等县，在这些地区自明代就开始修筑水利灌溉系统，造梯田种植水稻，而在红河上游的新平、元江等县，灌溉系统的修建以及大规模的梯田建造，是自清代以来才大量出现的，对水的利用使人们能够建立起一个新的农业生态系统，因此在红河沿岸，近百年来是梯田农业发展最快的时期，也是将河两岸的山坡地带大规模改造成梯田的时期。以红河上段的新平、元江为例：在明清时代，随着汉族人口的不断迁入，这些地区的傣族开始了梯地的建设与改造。在1932年后，新平、元江等县傣族地区再次进行了相对较大的梯田建设热潮。[①] 1951—1970年间，花腰傣地区经历了50年代初及60年代“农业学大寨”两个改造建设梯田的高潮，元江、新平等县花腰傣地区的河谷、坡地、丘陵地带基本都被改造成了能种植水稻的梯田。同时还修建了相关的灌溉系统，将哀牢山上的河流水引到了梯田中。今天当人们来到花腰傣居住区时，无不为村子四周层层叠叠从山顶到江边大片的梯田所折服，花腰傣人民将自己居住的河谷地带改造成了梯田层叠的人造景观，并且由于有哀牢山丰富的水资源的供给，今天仍然保持着良好的生态系统，令人叹为观止。

由于水沟的开挖工程量较大，因此很难由一个家庭甚至是一个村寨完成，尤其是一些距离较长、引水量大的骨干性水沟的修建，必须有大量的人力、物力的投入以及有强有力的社会组织才能完成，因此在历史上较大的水沟都是当时统治当地的封建土司组织民众修建的，有的水沟由几个村寨联合修建，由每个村寨根据将来可能出现的用水量出钱、出劳动力修建的。相对小的水沟是由村寨集体出资兴建，一些支流水沟由一些个人出钱修建。据《元阳县志》载，清乾隆五十二年（1787年），龙克、糯咱、绞缅三寨合议在壁甫河源头开挖一条水沟用以灌溉，并出银160两、米48石、盐60斤，投工100个用于工程，但没有挖成。1806年3个村寨再次合力共同出钱、出米，经过两年的劳动，修筑成了长15公里、每秒流量为0.3立方米的糯咱沟。清道光九年（1829年），3个寨子再次出银子52两重新修沟，并立碑定约，凡是不按规定参与维护沟渠、违约放水的一律处以重罚。这一条沟成为当地群众集资修的第一条水沟。清光绪二十四年（1898年），元阳芦子山村的方公明在猛弄土司的支持下，耗资半开银元3000个、大米200石，历时1年开挖成1条4公里长的水沟，从而为这一地区开挖梯田奠定了基础，随后这一地方的农民开始了修筑梯田、种植水稻的历史。元阳县攀枝花乡被当地人称为“土司沟”的路那沟是由当地土司出资并向当地民众派工修成的一条长23公里的沟，在水沟修好后，又发动当地民众开挖了大量梯田，然后承包给当地农民，收获后农民与土司对半分成。

---

① 新平彝族傣族自治县民族事务委员会编：《新平彝族傣族自治县民族志》，云南民族出版社1991年版。

新中国成立后，水沟的修筑基本上由政府统一负责，由政府出资，组织当地的农民修建，因此近 50 年来，红河流域尤其是上游地区的梯田发展也十分迅速。与此同时在政府的组织下修建了水库，有效地提高了灌溉效率，扩大了灌溉面积，补充了过去水沟灌溉系统的不足。在 1950 年以前，元阳县还没有水库，但是在 1957—1980 年间，由于多座水库的修建，水库的灌溉面积达到了 37000 多亩，占全县有效灌溉面积的 34. 7% 。

红河流域灌溉系统的修建，不仅灌溉了数以百万亩计的农田，同时水资源也得到了更广泛的利用，水沟不仅改造了红河两岸人民的生活用水条件，解决或改善了居民饮水、生活用水以及牲畜用水的问题，水能也得到了更广泛的利用。用于粮食加工的水磨等设施在红河流域使用十分普遍，每个村子都建有碾制稻米的水磨、水碾等，这些已经使用了数百年的水能设施到今天仍然被当地的民众广泛使用。在新平县的傣族槟榔寨中，今天仍然可以看到一套完整的水能设施，从用于去谷壳的水磨、水碾到初制食物的水碓设施有 10 余套之多，并且设计精巧。水能设施的使用大大提高了劳动效益，降低了劳动强度，成为红河流域人民巧妙利用水资源的一个典型例子。

在 20 世纪 50 年代以后，在政府的组织下，在红河流域修筑了大量的水库、水坝，利用水能建成了大量的发电设施，使大量的少数民族村寨用上了电，改善了当地居民的生活，电的使用还提高了灌溉效率。

三　水资源的管理

由于水是红河流域整个农业生态文明的根基，因此对水的管理以及由于水的使用中所形成的制度在整个红河流域各民族社会中都占有非常重要的地位。对于水资源的开发与利用，在红河流域已形成了一套完整的机制。

1. 保护水源

森林是红河流域最重要的水源地，因此对森林的保护也就是对水源的保护，这一点当地民众早就有深刻的认识。各个民族都有严格的制度保护村寨森林不被破坏。哈尼族每一个新寨子的建立地点都要选择在可以背靠森林的地方，今天在红河中流地区，可以直观地看到每一个哈尼族村子都为树林所包围，尽管不少寨子后面也开垦了梯田，但距离森林都不会太远。在建寨时选定或栽种一棵树为神树，并将周围的山定为神山，不准进行任何砍伐活动。哈尼族认为森林中有各种神灵，这些神灵为人们提供了水，使人们得以生存，因而对森林十分敬畏。大量森林往往被当地老百姓划为有神居住的神林而加以保护，人们不能随意进入原始森林，禁止在森林中打猎，更不能在森林里砍柴、伐木。

对森林的保护除了人们的传统观念与习俗在发挥作用外，各地区各民族还有制度化管理。在20世纪50年代以前，红河流域的森林大多为当地土司所拥有，但森林的保护却是由当地村寨来完成的。在元阳县，各村的会长、箐长等具体负责本村范围内森林的保护，同时当地的政府及村寨也制定了保护森林的法律法规及乡规民约，对森林进行严格保护。如在20世纪50年代以前，新平县各民族中就已普遍将村寨的森林均分为水源林、风景林、神山、护寨林等功能林，对这些森林进行严格保护，各村都有专人进行森林看护，当地政府已设置了林警。在民间，对于违禁砍伐者要罚款，在祭龙之日要罚杀一头肥猪用于祭龙。

新中国成立以后，虽然森林权属经过了多次变化，但对森林的保护也是很严格的。目前各乡镇都有林业站，各村也有护林员负责对森林进行管理，对于包括薪柴在内的砍伐都有严格的规定，各村也有相应的乡规民约。森林的完好保证了数百万亩农田的水源。

2. 水资源分配

人们修筑了大量的沟渠引水灌溉，而灌溉的面积是不均等的，这样也就形成了人们从修筑灌溉系统到分配使用水资源的一整套社会规范。在20世纪50年代以前，修筑水渠等灌溉系统往往是当地土司出钱或是集体出资、合资，甚至是个人出钱进行，而修建好之后在使用水资源时，也要进行合理的分配，并且要支付水的使用费。红河中游的哈尼族就独创了分量灌溉的水资源分配方式。人们在木槽上面刻上刻度，每个刻度约4指宽，称为一“口”，这样将木槽开不同大小的口子，放置在分水处，让水从木槽中流过，也就将水分成了大小不等的流量，流进不同的农田。这样不仅有效地分配了水的流量，同时也为水资源的管理提供了便捷的方式。由于1条沟的水可能有数十成百个使用的村子或单位，因而1条沟往往会有数十个分水口。在元阳县的胜利村、宝山寨的本子入口处至今仍然可以看到复杂的分水系统，在一个分水口，最多的一处水被分成了 7 个道，再由水沟引到不同的田中，分水口处甚至在水沟上架起过水石桥，上下几层，将水引向不同的地方。在分水开口处就可以看到人们安置了木刻的度量装置。在一些水源丰富的地方，也有不需要人工沟渠就可以引水进行灌溉的，如在元阳县的多依寨一带由于从观音山上就有自然形成的河沟，人们可以方便地从中引水浇灌。当水被引入梯田后，梯田中又有放水口，一块梯田灌满水后又流到下一块田里，最终再进入山脚的河沟流入红河，这样常年都有水流过梯田，保证梯田一年四季都有水涵养，而且梯田中的水也都是流动的活水，人们还在梯田中养鱼、鸭等。在今天，虽然水沟的所有权已由过去的土司所有或私有转变为公有，但仍然要按照各流经地的用水量进行分配，不能私自开沟放水，否则属于偷水，要受到处罚。

3. 引水设施保护与管理

从过去到现在，水沟的管理都有一套严格的制度。过去水沟的管理主要由一个村寨或者几个村寨选出水沟的沟长，由沟长来负责对自己管辖范围内的水沟进行管理，平时注意疏导水渠，每年组织民众修缮水沟，同时也对水资源的分配与灌溉进行管理。20 世纪 50 年代以后，各个地区都建成了由国家管理的水利管理机构，而水沟的管理也纳入了统一的管理，由农民自己选举沟长或者是水沟的管理人，而较大的水沟则由乡政府水利管理部门派出专人进行管理。

各地都制定了村规民约来约束村民的行为，使人们能够按制度来管理、保护水沟。水与村民的精神世界也有密切的关系，红河沿岸不论傣族、彝族、哈尼族、拉祜族等民族，都崇尚自然神灵，他们都有与水有关的宗教崇拜，认为水和水沟都有神，因此人们每年祭祀水神。哈尼族的沟长每年都要召开一次群众聚会，全村村民一起聚餐，一起祭祀水沟神，商讨对水沟的管理，同时教育大家爱护水沟、保护水沟。

由于水沟是由不同的人出资开挖而成的，因此对水的使用也是有偿的。人们根据分水槽上的刻度与开口所决定的水流量的大小，来收取相应的水资源使用费。这些费用一般是用农民收获的稻谷来交纳的，在过去，由于水沟是由一些私人或者村寨集资修建，因此收取的费用主要归投资者所有，而其中有一部分也分配给水沟的管理者。

在此我们以元阳县的硐浦沟为例来考察水沟的管理。硐浦沟发源于硐浦大寨后海拔2000余米的原始森林中，流止于攀枝花乡的梯田，全长10公里，可灌溉面积约为1000亩。硐浦沟原为硐浦大寨（哈尼族）于清中期所修建，其灌溉流域的水田也大多为硐浦人所有，后不断有人迁来并通过购买、租用等方式获得了流域内的大量水田。今天硐浦沟流经硐浦大寨（哈尼族）、五里寨（哈尼族）、山五寨（彝族）、马老贺村（哈尼族）、解放村（哈尼族）、宝山寨（彝族）。硐浦沟由一名选自硐浦村的人任沟长进行水沟的管理，他负责整条水渠的通水、维修及各村有关水沟事务的协调。每年水沟流域的各村都要派出代表去共同商议有关水沟的事务，商定当年水沟的水分配、水沟维修的范围及各村要出的义务工、水沟粮征收等问题。同时这次会议最重要的议题是考评水沟管理员一年来的工作是否尽到了责任，如果大家认为他不合格则可以重新选人，基本满意时也可以提出改进意见。根据水沟管理会议的决定，每年每个村子都要出工并负责对水沟进行修缮。水沟使用费的标准是每“口”水每年可以收粮15公斤。硐浦沟每年共可从流域各村中收入900公斤粮食。

4. 饮用水

过去，当地人在选地建寨时都要考虑到是否有水源可供人畜饮用及灌溉农田，并且要养育水源林，因此在很多村寨中都有水井可供使用。在元阳县的攀枝花乡，每个村子一般都有二三口水井可供人们使用。由于水井在人们心目中的重要性，人们现已普遍在水井上建起了房舍，只留下几个出水口，这样就能保证不污染水源。一些水井还装饰得很美观，如元阳县的宝山寨水井舍的石柱子上雕有精美的人物及动物图纹。红河流域大多数村寨有水源可以饮用，但是由于一些村寨的定居时间较晚，居住条件相对较差，饮水比较困难，仅靠一二口水井维持生活，有的甚至要到几里以外的地方去挑水或用马驮。新中国成立以后，政府修建了大量的人畜饮水工程，初步解决了这部分村寨的日常用水问题，近年来一些村寨还用上了自来水。

井水一般用于饮用及清洗蔬菜、衣物等。人们对于水井是十分看重的，不仅要保持水井的干净，还要年年祭祀。在普高老寨共有4口水井，每年2月祭寨神之前，就要先祭水井神，只有祭完水井神后才能祭家神及寨神，可见水井在人们生活中的重要地位。祭祀时用1头小猪、1只公鸡、1 只母鸡，打扫干净水井后，将牺牲杀死并祭水井神。祭祀完后，还要再次清理水井边，修缮水井破损的地方。祭祀水井神的目的是祈求井中水不干枯和干净，饮用水的人能健康长寿。

四 红河流域水资源的可持续利用

水是整个红河流域人类文明的基础，因此对水资源的保护显得十分重要，水资源的可持续利用直接关系到红河流域数以百万计的民众的生存。保护水源最重要的是保护绿色的水库——森林。自 20 世纪 50 年代以来，由于公路的开通、水库的修建、农田面积的不断扩大以及政府某些政策的误导，整个红河流域的森林覆盖率由过去的 70% 以上下降到了 80 年代初期的 20% 左右。这使整个红河流域的水资源受到了严重的影响，水的供给量大大减少，很多数百年前所修筑的梯田也由于水资源的枯竭而得不到灌溉，直接影响到了当地的生计，因此水资源的可持续利用问题是当代红河流域最重要的问题，而其中最重要的是以保护森林资源为中心的自然环境保护问题。自 20 世纪 80 年代以后，政府已经采取了大量有效的措施，如封山育林、明确森林的产权、扩大森林种植面积、退耕还林以及把一部分居住在贫困山区又是重要林区的民众搬迁到河谷低平地区居住等办法，使森林得以渐渐复生，改善了梯田的供水环境，也使该区域的生态系统的状态得到改善。

在未来的发展中，应注重水资源的可持续利用与水环境的保护，重点在以下几个方面：

第一，注重弘扬红河流域各民族的水文化传统。红河流域千百年来各民族人民在生产实践中形成的水的文化、水的观念、传统的水管理制度与管理方式，尤其是人们对于水与人类生存的自然平衡的传统观念对于水的可持续利用有十分重要的价值。对于一些对水资源持续利用有利的传统文化应注重传承，如各民族祭祀水神的传统，这些传统应当得到恢复，甚至组织一些较大规模的祭祀活动。

第二，注重保护好红河流域传统的生态系统。在红河流域，森林、居住、梯田三位一体的生态系统是当地各民族人民在千百年的生存实践中所形成的一种人和自然和谐相处的生存格局，这种格局是一个有着相互联系的系统，不论哪一个部分的改变，都会对整个系统的运作产生影响。在这个系统中，最重要的是森林的保护，尽管近年来在当地政府的有力措施以及当地民众的参与下，红河流域的生态环境有了较大的改观，但是由于人口的增长以及产业结构的调整、产业的开发等对于森林的威胁仍然存在。我们必须要将森林的保护作为重中之重，遵循国家、集体和个人共同保护的原则，积极扩大森林的面积，使绿色的水库能够为红河流域的梯田农业以及人们的生存提供源源不断的水资源。

系统的第二个方面是人的居住，在红河流域现在由于人口不断增加，居住压力较大，因此首先要保护传统的水利用模式，对于传统模式不能轻易改变。其次，传统已形成的居住格局等也应尽量保持现状，不应扩大与迁移。其三要保持水的清洁，防止水环境污染。

梯田的存在不仅仅是农业文明的标志以及当地人们生计的需要，同时梯田也和森林一样是这个生态系统中不可分割的一部分，梯田的完整以及梯田水环境的良好程度，直接关系到森林能不能有充足的水，也关系到红河流域水土流失等灾害的防范。红河流域大面积的梯田由于长年被水浸泡，因此已经形成了是一种山地湿地生态系统，具有湿地功能。① 这个理论的提出对于理解这一生态系统中梯田对于生态保护的意义有非常重要的价值，因此红河流域大面积四季不干的梯田的存在，也是红河流域生态系统保护的一个重要环节，有了梯田的存在，不仅给当地人的生计提供了基础资源，同时也有效地保持了红河流域的湿度并有利于对水土流失等自然灾害的防范。

第三，需要避免发展与开发中可能对水环境产生的不利后果。目前流域各地经济发展速度很快，开发的形式也多种多样，对于梯田文明将会产生重要的影响。如在目前的退耕还林中，很多退耕的森林在进行茶叶、果树等经济作物的种植，但应该看到茶叶、果树等林木的生态功能和天然林的生态功能是不能同日而语的，甚至有的经济林木还需要消耗大量水分，不能像天然林一样有效地涵养水分，因此在退耕还林以及扩大森林面积的过程中，仍然需要以发展树木种植为主，适度控制经济林木的种植面积。再如目前红河流域的旅游业发展较快，旅游业的开发以及相关项目的建设，将会直接危害到水资源的可持续利用以及水环境。未来的开发应注重

---

① 史军超：《中国湿地经典——红河哈尼梯田》，《云南民族大学学报》2004 年第 5 期。

开发项目和水环境保护以及水资源可持续利用的关系，同时我们可以把红河流域以水文明为核心的生态文明作为认识人类发展和水环境之间相互关系的一座天然的博物馆，使人们在了解了红河流域水文明的同时，增加对水与人类生存之间关系的认识。

第四，增强当地人民的自我发展能力，创造良好的水环境。在红河流域水资源的可持续利用过程中，当地人民的自我发展和保护能力是十分重要的，水环境直接关系到当地的小康社会建设，也关系到子孙万代的生计问题。要使当地老百姓更多地增强发展意识与发展能力，积极参与到水资源和水环境的保护与整治中来。如居住与生产社区的水环境整治，防止对水环境的破坏。

参考文献

1. 元江哈尼族彝族傣族自治县志编辑委员会编《元江哈尼族彝族傣族自治县志》，中华书局 1993 年版。

2. 《元阳县志》，贵州人民出版社 1980 年版。

3. 新平彝族傣族自治县志编纂委员会编《新平县志》，生活·读书·新知三联书店 1993 年版。

（原载《云南社会科学》2004 年第 6 期，英文版入选国际水历史学会第三次大会（埃及，2003），发表于《日本农林水产》（FORMING JAPAN）2005 年 10 月号）

Water Culture and its Role in Water Management: With Case Study on Mid Reach of Red River

Abstract: Water culture is an emerging scientific field in water study, this paper discussed the meanings and structure of water culture. The author believes that the theoretical structure of water culture can be observed through the analysis of conception, institutions, behavior and material culture in the case study of the terrace paddy fields water management in the mid-reach of the Red River The case study shows that water culture has played an important role in water management from the past to today. Local water culture still has high value in today's water sustainable use and water resource protection. Simultaneously, as interdisciplinary field, water culture studies has broad prospects in water management and water environmental protection.

Keywords: Water Culture, Role, Red River, Water Management

Water culture is a transdisciplinary scientific field recently developed that engages in water related culture studies of different nationalities, areas, cultures and religions, with a growing emphasis on water management and treatment. But as an emerging scientific field, its' scientific meanings, structure and means of utilization are still being constructed. For a better understanding of its role in water management and promoting utilization in the future, this paper aims to discuss the means and the structure of water culture, and its role in water management from a historic survey to present age with the case study of water management of terrace paddy fields in the mid-reach of the Red River. Taking the case, this paper also discusses what role water culture has played in the long history of local peoples' use of environment resources; how people use the water culture in local water resource and water use management; with a focus on how water culture is an important factor in terrace paddy fields' protection in order to further understand the role and value of water culture in sustainable water management.

What is water culture?

Today, it is a fact that people are placing a greater emphasis on the cultural factors for water management, water environment treatments and the responses to the challenges of global water environment changes. Consequently, I believe that water culture will become to be recognized as a global scientific field that could engage scientists from different disciplines in dialogue, and be applied in water environmental protection and construction.

What is Water Culture? On this topic, I use this conception to defining water related culture of human beings, the culture of water understanding, use and management, water environmental treatment, etc. Actually, there are mass cultural elements related to water that have emerged and existed in human societies from the past to the present. Water related ideas, myths, religions, and social norms, customs, rules, laws knowledge, technic and so on in water use, management and treatment, and the arts of people expressing their understanding and impression of water are some examples. Simultaneously, many scientists have been involved in related research from different approaches and disciplines. Is it possible that a scientific field of water related culture which involves scientists could engage in dialogue and develop and apply their research together. I think this is water culture. Water culture is the requirement of building a scientific field or a discipline and defining water related culture. Water culture as an independent scientific conception to generalizing the cultural diversity of water of mankind is necessary, it benefits understanding, studies and applied water related culture, building it to be a scientific discipline.

I understand that basically Water Culture has to be defined in the meanings of hydroponics in agriculture, but we still can use it in water studies if it encompasses specific meanings and scientific structure. So how can water culture be defined?

I believe water culture to be the water-related culture of understanding, use, control and treatment of water that exists in different societies in different regions or in different background of religion and culture. In short, water culture includes mankind's concepts, knowledge and experiences about water, social norms, regulation, law-related water management, social behavior towards water, the cultural results of water environment treatment and construction. Water culture can be expressed through religion, literature and art, institutions, social behavior, physical constructions, and so on. Water culture is not just focused on given people or a historic period, it covers all people, from rural to urban areas, and water related culture from past to present. How people use and manage water depends on the situation of water in different regions, and water related culture has emerged from people starting to understand and manage water in different ideas and ways throughout history.

A scientific discipline requires theoretical structure, for water culture as a discipline, the theoretical structure should include the 4 following elements:

· Element of conception: people's awareness, understanding, and worship about water and the sentiments about water which are expressed through religion, literature, art and so on.

· The elements of institution: social norms, customs, laws and regulations for use, management, and control of water.

· The element of human behavior: people's patterns of behavior with regards to treatment and use of water.

· The elements of material culture: includes the tangible heritages of the physical construction, which includes cultural meanings and symbols in the process of use, water treatment and beautification of the environment of water on the history but today becoming to be cultural heritage sites, such as canals, channels, wells, bridges, dams, and waterscape facilities that have cultural symbolic meanings and cultural contexts.

The 4 elements above comprise the structure of water culture. But water culture with the theoretical framework contains universal sense as well as with the characters of national, ethnic, local, and in different time scales. As a result, water culture has formed as a result of the long-term interaction between humans and nature, has existed in different nations, countries, regions and different cultural, religious backgrounds, and has therefore resulted in different human societies. So we cannot say water culture is a formed culture, its detail content and character still depends on water culture in different ethnic or national social or other situations. But following characters of water culture could be in general, it is useful for us to understand the character of water culture in different situations.

For national identity: people's concepts, perception, and behavior of water are often different in different nations, so water culture was expressed out its character of national identity. For cases of ethnic minorities in Yunnan of China, many peoples, for example, Dai, and Zhuang ethnic nationalities, have special worshipping practices towards water which they depend on, and these practices have rich meanings in their society. Dai, Hani and other ethnic nationalities believe that the universe originated in water. However, not all the minority groups worship water, for example, Yi ethnic nationality revere fire.

On the character of local and cultural background: Water culture with the local characteristics in different places or different cultural backgrounds, particularly in different religious backgrounds. For example, with regards to water awareness, under the cultural context of China, and Japan, Thailand, India there are many differences. Concerning cases of religious background; including the cultures of Buddhism, Islam, Christianity, Hinduism; people's understanding and awareness about water is also varied. Even inside one country, water culture in different regions may differ through the influence of local culture. Therefore, water cultures experience as much diversity as human society itself.

On the characters of period, as a result of the differences between the interaction of human beings and water in different periods, the approach and ways of understanding, utilization, control and treatment, the water environment also experience large differences, meaning that water may have different meanings in different periods. During the dynasties of Chinese history, water culture has different characteristics, for example, even before or after the establishment of People's Republic of China in the 1950s there was a great gap between water cultures. Before the 1950's the Chinese maintained a traditional water culture for thousands of years but afterwards, especially during the 1960's and 1970's, the traditional water culture was largely destroyed under the influence of politics, particularly in the level of conception and custom. People could not worship the god of water during those times, so today, Chinese lack the deiform idea to water.

The meanings and characteristics of water culture discussed above all involve levels in the concept of water, social behavior to water, the ways and means of management, as well as the tangible heritage of water treatment, utilization and construction of water environment. These, therefore, constitute one aspect of an important culture in human society, it is water culture.

But objectively speaking, water culture as a discipline or a specific area of research is still very young. In China, water culture as a specialized field of research and application has only just begun in recent years, especially in the area of social science and scientists involved in water culture studies - maintaining its theoretical construction for only approximately 15 years. However, with the worsening situation of the water environment and challenges of water-crisis, an increasing number of scientists in the field of water culture have promoted it to become a hot area for scientific studies. Water culture studies provides a broad space of study and possibility for joint research from scientists of different persuasions, including anthropology, history, literature, law, economics, sociology, ethnology, etc.

The outline of the case area in Red River basin

As discussed above, water culture is a scientific filed with its theoretical structure, but can it be validated in practice? How has water culture played a role in water management? Let's take the case from Red River basin to survey its situation in real-life.

The Red River originates in Weishan County, Yunnan Province of China. The Red River Basin is distributed from Dali Bai Nationality Autonomous Prefecture, Chuxiong Yi Nationality Autonomous Prefecture, Simao City, Yuxi City, Kunming City, Honghe Hani and Yi Nationality Autonomous Prefecture, Wenshan Zhuang Nationality Autonomous Prefecture, 7 prefectures and cities in Yunnan, and the area of Yulin County of Guangxi Zhuang Autonomous Region, and flows into Vietnam across Lào Cai, Yên Bái, Viêt Tri, Hà Nôi, Hung Yên and Thái Bình, and flows into Beibu Gulf (Gulf of Tongking) via Red River Delta. It is referred to as Yuanjiang River in the Chinese territory and as the Red River after flowing into Vietnam. In total it reaches 962km in length, in which the Chinese section is 692km in length, and the Vietnamese section is 270km①. The basin was formed in different geographic types as the river flows through different areas, and it is home to many ethnic groups. The ecological diversity between people and local environment has been developed, and many types of ecological culture were formed in the process of the people fitting in the local environment. In short, culture was an important foundation for people maintaining a friendly relationship with environment, and supporting local resource use among all kinds of ethnic people along the basin②.

The reach of the Red River basin in China, Asia's largest terraced rice paddy fields was distributed from Xinping county to the Red River county. The valley is nearly 400 kilometers in length. There are millions of hectares of terraced fields along the valley; especially in Yuanyang county and Red River county. In Honghe prefecture, terraced paddy fields are the most concentrated. The feature of the terrace paddy field in this area is that of the wet field, whereby people keep the water level in the paddy full all year. When visiting the

① According to *Annals of Yunnan Province-Annals of Water Resources*, Yunnan People's Publishing House, 1998.

② Zheng Xiaoyun. *National Culture and Ecological Civilization of Red River Basin*. National Culture and Ecological Civilization of Red River Basin, China Book Press, 2010, Beijng.

area we can see a water world in the mountains that covers largely terraced paddy fields with water. In fact, millions of hectares of terrace fields are based upon water resources and vast irrigation systems, natural rivers alone could not support the water demand of the millions of terrace fields. So, the construction of irrigation canals that follow the natural geographic characteristics was the most important method of supporting the terrace agriculture civilization. The construction of irrigation system goes with the formation of terrace fields, the size of the terrace field determines that of the irrigation canals to be able to match with, therefore, the huge scale and complexity of the irrigation system in Red River water basin area is impressive. Taking the examples of Red River County, Miangyan County, Liyang County and Jingping County in the middle of Red River as an example, in 1994, these four counties had already constructed water 12350 canals, and this number went up to 24745 in 1995. The irrigation area is as large as 50000 Ha, among which main channels had a flowof more than 0. 3 cm^2 per second. In the Yuanjiang County of the upper reaches of the river, 79 canals have been in place by the early last century, with irrigated areas of 350Ha. Smaller canals number more than 2000. By the early 1980s, 2300 water canals had been constructed in the whole county, irrigating farming land for 5000 Ha①. As canals of an irrigation system, this is not only amazing in terms of number, but also in scale. Some water canals were as long as 10—20 kilometers, while other small water canals were linked by bamboo and functioned as a water pipeline, as long as 2—3 kilometers. From small water channels of hundreds of meters to dozens of kilometers of large water canals, through the continuous work for hundreds of years of different ethnic minorities residing along the Red River. This enormous irrigation system supports the local agricultural civilization, just like the arteries of the human body, continuously providing water to the millions of paddy fields and enabling the agriculture of rice paddies along the valley, that have nurtured millions of people along the Red River.

---

① The Editing Committee *The County-graphy of Yuanjiang Hani Yi People's Autonomous County.* Zhonhua Books Bureau, 1993, Beijing.

Water culture and its role in water management

In the process of water resources management and utilization of Red River basin from the past to today, water culture of all the local peoples has played an important role, and has effectively achieved water use and management. Simultaneously, water culture was also the important foundation of livelihood for all peoples and in maintaining friendly relationships with the natural environment along the basin. In order to better understand water culture that existed in social realities and its role, I have selected the middle reach of the Red River basin in Yuanyang County, Yunnan Province of China as a case study①. This case helps to prove the theoretical structure of water culture and discuss the role and value of it in water management. The case uses general related data from the ethnic minority peoples in the research region.

According to the research in Yuanyang County, the structure and role of water culture in local water use and management for lives and agriculture may be reflected in following aspects.

The conceptions of environmental planning and resource utilization

The agricultural development in the terrace filed region has experienced three stages: shifting cultivation, fixed cultivation, and terrace paddy agriculture. Terrace paddy agriculture is the most advanced form in the reach②. When planning local agriculture and the living environment, the local knowledge of water culture was used. Based on the natural and geographical conditions in the local area, Hani people planned the local natural environment into three functional zones, the forest zone for water resources, residential zone and terrace

① The basic data in this paper was from the fieldwork from 1996—2008 by the author mainly in Yuanyang County. Times fieldwork were by the cooperated projects with scholars from The University of Tokyo and Vietnam Institute of Arts and Culture.

② Zheng Xiao Yun. *Ethnic Water Civilization and Irrigation in China Reaches of Red River*. FORMING JAPAN, No. 10, 2005, Tokyo.

cultivation zone. In the Duo Yi Shu village of Yuanyang County, we can see a complete picture of human ecology combining forests, villages and terraces. The Eastern Guanyinshan mountain, 2930 meters high above sea level at the main peak, and with the area of main peak in 200 square kilometers. The area of 1800 meters above sea level was basically forest area. This area was also the main source area of the river in the east of Yuanyang County. The sea level 1600—1800 meters of Eastern Guanyin Shan mountain, the mid area of the mountain, where the villages were distributed on a line, from west to east respectively, located the villages as Da WaZhe Village, Luo Bu Zhai Village, Lian Ban Cha Chang Village, Ai Chun Ha Dan Bu Village, Ai Chun Village Ai Chun Da Yu Tang Village, Ai Chun A Zhe Ke Village Ai Chun Niu Luo Bu Village, Duo Yi Shu, Village Hou Zi Zhai Village, Pu Gao Xin Zhai Village, Pu Gao Lao Zhai Village, Huang Cao Ling Village, Deng Cun Zhai Village. Under the village the following layers of terraced fields that have been extended to the foot of the valley, 600 meters above sea level. This landscape was the typical landscape in the mid reach of the Red River, which at an altitude of 1700 meters above was the forest with water resources, around 1500—1600 meters of sea level for people's living area, below 1500 meters was the terrace paddy fields. The local living environment has been planned to perform different functions, for example, at 1800 meters above sea level areas, the forest protection zone, the main function was to conserve water, as the natural reservoir, to take water from the forest into the villages by artificial drainage, and then flow into the farmland, to meet people's living and irrigation needs. At 1600—1800 meters above sea level, the zone functioned as the people's living areas and was conducive to management of the forest resources and water facilities and agricultural activities. At 1600 meters above sea level below, the area was primarily agricultural facilities. The core of this sapiential planning of environment was the local people's conception and knowledge of water. People's clever use of local natural features, saw the construction of a triune system consisting of forest, village, and terrace paddy field. This living system was based on the understanding and use of water, but also because of the existence of such a living system, people's understanding of water use and management was more profound.

The conception of water conservation

The local people of different ethnic groups have different conceptions of water which are directly related to the water use, management and conservation of water. An important element was that people undertood water conservation through religion. People think that water is a place where God lived, so the water has to be protected. In the local villagers that were surrounded by woods, people also thought that there were spirits in this place, so they cannot be destroyed. Usually, every village has a mountain to be identified as the spiritual mountain to be protected, and every year when people take the worshiping to the God of village, the God of forest and water have to be given sacrifices and offerings, to pray to God that the people and the village will be safe in the coming year. Therefore, when the annual New Year Day arrives, people have to sacrifice to the forest to pray to God to bless the people to have enough water. Simultaneously, people also cannot enter the forest to hunt, log, get firewood, graze-even in some of the core areas of forest, people must not enter. People believe God has provided a steady stream of water, so if you destroy the forest, then this would offend God, leading to disaster. A typical example is the local Hani people greatly respecting a kind of tree which local people call the Chinese Water Melon tree, due to the mystic story. This story said that there are three Chinese Water Melon trees behind the mystic master's house, the trees are water springs, so the springs are always rich with water all year long. As a result of the story, a Hani adage said that the Chinese Water Melon tree is a water spring. This kind of tree was popularly planted in the mystic forest or around the villages and paddy fields. The trees are carefully protected by the villagers, people cannot cut any tree or its branches. When people have rest after work they always like to sit near the tree, but just near, because they cannot lean against the tree. Simultaneously, Hani people like to name the village the Chinese Water Melon tree. There were more than ten villages named after the tree in Nichu county, for example, Ni long, Niu bo, Niu wei, etc. The meanings of the name of these villages are the villages which are surrounded by Chinese Water

Melon trees or located near rich Chinese Water Melon forest.

Due to the power of God, people cannot cut trees. Locations above more than 1800 meters above sea level are the most important ecosystems for water conservation, where religion was most important way for forest protection, at the same time, the protection of forest for water sources also ensured adequate water supply for the millions of hectares of terraced fields.

In addition to irrigation water supply system, local villages have water supply facilities for daily use, including wells and springs, raceways, etc. Such water facilities are to be protected in addition to the daily habits of the people, the religious practices also play an important role. For example, people not only maintain wells and clean springs frequently in daily life, each year villagers have to take religious rituals and make offerings with the meanings of protection to them. Hani villagers in Yuanyang County, each February take the worshiping rituals to the God of the village and should take ritual to the God of well before it. During the ritual, the leading member of every household of the village has to attend, people have to kill a pig, and a hen to worship the gods of the wells. After the ritual, people will repair and clean up the wells, pray that the God constantly takes care of the water wells so that they have enough water and take care of people's health.

All in all, the terrace area in the Red River basin, regardless of which ethnic group is in the process of water management, religion is a very important factor, and water and people's spiritual world are closely related. Religious ideas are a very important way to strengthen people's understanding of the value of water, to protect the water environment and water facilities, and to inform social behavior of water-friendly and institutions.

The social norms in Water management

In addition to religious factors, there are the social norms and social practices to manage water in the local society. In each village there are many canals, each canal has a dedicated person responsible for the daily management and drainage repair. In each village, there is an elders meeting held to discuss issues such as the management of drainage, water distribution, worship of the

God of water, and so on. There are social norms and regulations to treat the destruction of drainage ditch, and people not in accordance with management requires to use of water, theft water and other acts. In fact, the local canal irrigation system is linked with a complex social network. Some of the canals which transport water from the forest of tops to mountains to the terrace have to cross through many villages, many are 20—30 kilometers in length and even through villages with different ethnic groups. So it was a complex task, how to coordinate the benefits, how to achieve co-operation of different nationalities and different villages for water management. But in fact, there were good local social norms to coordinate the villages or even different nationalities for water management, promoted of the cooperation between local peoples. The cooperation in the drainage systems has brought out various management functions, and coordinated different interest relations. For the village in the water source area, a top of the mountain, the main responsibility was for the management of forests, to keep the forest with abundant water supply. The villages where drainage flows passed through, the responsibility was for managing the canal, and for coordinating distribution of water, economic interests, and even compensation to the villages of water source areas. In this system, the canals flowing through the villages, close cooperation must be achieved on the drainage basin for effective management and coordination of interests. The case in Yuanyang County, Dong Pu canal is suitable for us in understanding how different villages and ethnic peoples cooperate in the management of the canal. Dong Pu cannel was originated in the virgin forest where more than 2000 meters above sea level behind Dong Pu Da Zhai village, the stream beyond the village and ended in terraces in Panzhihua township, 10 kms in length, and irrigated an area of about 70 Ha. Dongpu cannel was built by Dong Pu Da Zhai village (Hani nationality) in the middle Qing dynasty, its irrigation basin are mostly belonged to the villagers of Dong Pu Da Zhai village. Later, many people from other places moved to rented mass rice fields along the basin over different periods. Today, the cannel flows through Dong Pu Da Zhai village (Hani nationality), Wu li Zhai village (Hani nationality), Shan Wu Zhai village (YI nationality), Ma Lao He Cun village (Hani nationality), Gie Fang Cun village (Hani nationality), Bao Shan Zhai (YI nationality) . In this case, the canal flowed through many villages and also many different ethnic groups. So the task of coordinating the management and sharing the benefits of the canal was complex. But people along the basin have developed the institutions by which to achieve cooperation for the effective management of water during the past and until today. Firstly, a person who is dignified in the community was chosen by yearly leaders meeting as the leader of the canal from the villages of the basin, he was in charge of management of the whole drainage, and coordination of village affairs related to the canal, including maintaining the canal, coordinating the responsibility and water use, and sharing the benefits along the villages of basin. At same time, people have social norms for maintaining the safety of the canal and public benefits, for example, there was a customary law among the villages to restrict people's behaviors on water use in non-regularly or purloin water and actions which could possibly harm the canal. The customary law includes rules that include that people cannot get water without uniform management or use water over the fixed amount, stealing water and destroying irrigation facilities are also prohibited. It further mentioned what punishments should be setout for the cases mentioned above for example, in case of stealing water, the party will be amerced to pay 5 or more times the usual payment.

Secondly, there was a council in charge of coordinating the canal affairs. Every year, the villages along the canal annually sent representatives to discuss matters relating to the cannel, including water distribution agreements, cannel repairs, volunteer workers from the villages, collect rice for the canal management, and so on. At the same time, the most important topic of the meeting was an evaluation of the cannel manager's achievements of his responsibilities over the past year. If people think the manager failed in his responsibilities a new one could be re-elected, but if he was in basic satisfaction, improvements could be suggested.

According to the decision of the canal management meeting, annual labors from the villages along the channel must be responsible for the repair of the canal and ditch. The villagers who use water from the canal have to pay in rice. Water from the canal is shared into units, a unit consists of about 15Cm of the channel, and villagers consider the size of their paddy fields to decide how many units they need. The standard royalty for each unit of water was 15 kg rice per year. The revenue from the villages along Dong Pu cannel each year was around 900 kg, it was used for the payment to the water manager and compensation to the village of water source.

The heritage of water environment and water facilities construction

Terrace paddy fields represent the grand tangible heritage in the mid reaches of Red River, as the terrace landscape do not just consist of agriculture, but are also rich in human meanings such as people's spiritual elements, social institution and social behavior elements. So the terrace landscape, with its physical element, the paddy filed, irrigation system, the facilities of water sharing, the water-source woods and techniques, are a result of people' s need for livelihood but becoming a kind of culture and the cultural symbol of the nationalities. Inside the structure of the terrace system, water facilities play an important foundation, so we can say that the terrace system was a big water project. The project was based on physical constructions but also formed as water culture due to rich cultural meanings. In recent years, these terrace landscapes have become hot spots for tourism and research, and represent an important resource for local development. Every year, there are hundreds of thousands of tourists who visit the terrace area, bringing income to local people and cultural influence at the same time. Local governments have made more rules for its protection and have also attempted to apply for the titles of national or UNESCO cultural/agricultural heritages In any case, any effort and approach for the protection of the terraces will also be effective for environmental protection Taking the case above, we can see that the role of water culture is exhibited in the following aspects: Firstly, based on the understanding and awareness of water, people planned and reconstructed their living environment, people created irrigation systems, constructed a grand terrace landscape, developed the agricultural civilization depending on the terrace field. Secondly, the religious factor was an important factor for water conservation. Local people take their religious worship to the water source and the god of canals to express respect to the God of water, and limit people's behavior toward water. Third, the water culture promotes cooperation among people in villages to form social norms for water management. In the drainage basin, people in each village have to cooperate for drainage management and distribution of benefits, and have therefore formed a management group for water affairs in the basin. People also have annual consultation meetings on water management, ritual, distribution of benefits and the obligations which people must bear. Good collaboration of the drainage basin is animportant foundation by which to achieve effective management.

Value and role: water culture in an applied prospective

Today, I believe the most important element for water culture is that water culture is not just a kind of important culture of human beings, rather we also have to understanding its role in water management and utilize it for water sustainable use and better water situation. We need to gain a better understanding of water culture, to understand its role in water management, sustainable use, environmental protection from the past to the present, from an ethnic group to a nation, from rural to city, and especially its value in present day society. All of this requires much more research and education.

Based on the above analysis, the values and role of water culture in general could be reflected as the following aspects:

Water culture is auspicious to people in maintaining the concept of water. The concept includes people's understanding of the relationship between water and the origin of the world, the understanding of the importance of water for human livelihoods, and traditional knowledge and religious beliefs about water. Since the existence of the concept of water, people have cherished and protected water. The maintenance of traditional concepts of water, and traditional knowledge of water uses, are beneficial for the sustainable use of water, because the traditional knowledge of water protection, and reasonable use, distribution and coordination of water management are very important elements for sustainable use of water in the contemporary age. For example, we can see the factors of religion play a positive role in water management in the Red River basin. This importance is the spiritual level of the water culture.

Water culture can effectively regulate people's behavior to water so as to establish a form of friendly behavior towards water. The case of many nationalities in the Red River basin and other examples in Yunnan shows that there are existing patterns of social behavior to protect water and water facilities. Local social norms require that people cannot destroy water sources and forests in the water source area. This means no forest logging, no grazing, ensuring drainage and water facilities are not damaged, not washing dirty matters near the water facilities, and not stealing water without permission①. This also shows that to establish a kind of social behavior which is conducive to the protection of water is very important in the sustainable use of water. The social norms and social regulations of water management and use have been developed in the long historic process of water management. These social regulations and social norms have mainly consisted of two aspects. One of the aspects was the relevant customs, the regulations and social norms concerned with water management and protection. In local places, there are written and unwritten regulations, and social rules regarding water use and water protection in each village. Acts harmful to water or behavior that does not meet generally accepted rules on the management of water and use, can be restricted by these rules and regulations. Another one of the aspects is that the social norms and regulations have promoted people's cooperation in water management, including the repair of collective channels and worshiping activities of the water gods and the implementation of obligations to collective water management. These social norms and social regulations are not only a positive effect in the protection and use of water, they have has also promoted the cooperation of people in water use and conservation.

---

① Zheng Xiao yun. *Water Culture: A New Way to Understand the ECO-Civilization of the Ethnic People In Yunnan.* Yunnan Educational Press House. 2008. Kuming.

Conclusion

This paper tries to define the conception of water culture and builds it's theoretical structure for better understanding of it as a scientific discipline, and validates it by the case of terrace paddy agriculture in a county in middle reach of Red River. The case study shows that the theoretical structure of water culture can be observed in real society, water culture has existed in the real society and has played an important role in water management. Water culture is beneficial for people to keep water values and conception for its sustainable use, promoting cooperation for water management, and protecting water environment, as a result, water culture still has broad prospects. Of course, water culture does not just exist in the rural areas or in region, It also exists in cites. Today, we can enconunter water culture in two situations: in one situation, existing water culture that has developed in different regions and among peoples around the world in other situations, building up requested water culture where a lack of water culture, especially in regions of rapid urbanization.

Water culture studies also brings us a new approach to thinking about the role of culture in water management and promoting its utilization, so it brings the possibility for scientist to research and apply it for better water management and other purposes, for example, for water protection and education as well as promoting water culture and becoming a transdisciplinary scientific discipline.

傣族的水文化与可持续发展

水危机是在当代人类面面临的最大危机之一。人类不仅面临着干旱缺水问题，也面临着污染等造成的水环境恶化的恶果，因此治理与保护水环境是实现可持续发展的重要环节。环境问题不仅仅是一个自然的问题，与人类的行为也有直接关系，因此有必要重新审视人类自身的行为与自然之间的关系，重新认识社会中有利于环境保护的传统价值，这些传统事实上在不同的社会中都存在着，作为一种有利于保持人与自然和谐的社会资本，应当在当代发展中得到升值，而不是丧失。今天越来越多的人认识到有必要加深对水与人类生存与文明的理解，才能有效地保护水，因此近年来“水的历史”作为一门新兴的交叉学科在联合国教科文组织的积极倡导下在国际上较快发展，其主旨就在于从水与人类文明的历史认识中来激发人们对水环境保护的意识。[①] 在中国各民族中都有用水、爱水、亲水、甚至崇敬水的文化传统，这些传统在今天的水环境保护中仍然具有重要的价值，值得认真加以发掘，使其显现出新价值。

傣族是一个热爱水的民族。在傣族社会中水不仅仅是一种自然的物质，同时也被赋予了丰富的文化内涵，从而形成了自身的水文化。水文化作为一种重要的社会传统在保持傣族居住区的人与自然环境的和谐方面起到了积极的作用。本文将探讨水与傣族的历史、文化、社会生活及发展的关系，以期加深对现代社会发展中水文化价值的认识。

---

① 详细文献可登录国际水历史学会网站查阅：www. iwha. net。

一 傣族的水文化

1. 傣族的水观念

水是维系生命的基本物质，离开了水，任何生命都不能存在，可以说水是生命之本。作为一个崇尚水的民族，傣族“爱水”、“敬水”，他们对水始终都怀有一份极为真挚、深刻及特殊的感情。在中国，由于傣族和水有一种特殊的关系，并且傣族拥有一种生动的水文化，因此，绝大多数傣族通常都被其他民族生动地称为“水傣”。

根据傣族人类起源的传说，他们认为天空和大地都起源于水。据说在几亿年以前，在整个宇宙间没有天空和大地之分，没有生命的存在，除了处于一种混沌的状态外，有的仅仅只是空气、水和雾的存在。在一亿年前后，水、空气和雾相混合造就了人类最早的祖先——帕亚英。当帕亚英正在宇宙中翱翔的时候，刚好发现水和空气的存在，因此他就用水、空气和自身的排泄物做了一个大球，这样地球就被创造出来了。在他完成了创造地球的这项伟大事业之后，他又用水和空气创造了地球的天空和大地。在这一切都完成以后，他决定创造生命，于是便用水和泥土创造了两尊神，一尊是男性，而另一尊则是女性。此后，这两尊神便用水和泥土创造了三千个人，以及动物和植物等等。从此以后，这三千个由水和泥土构成的人类祖先不断地繁衍开来。从这个传说中我们可以看到，傣族不仅相信天空和大地来源于水，而且认为人类生命的一半也是由水创造的。因此，他们认为水是无比伟大和圣洁的。傣族把土地叫做“喃岭”（Namling），在傣语里“喃”（Nam）的意思就是水，“岭”（ling）的意思即土地。表明傣族把水和土地联系在了一起，把水看作是土地的一部分，理解了这一点对于了解傣族精神世界中关于水与地球起源的关系是非常重要的。

傣族原始宗教信仰的是万物有灵论，他们认为宇宙里的每种事物都有灵魂。太阳、月亮、星星、土地、动物、植物、石头以及其他物体都拥有不同的灵魂，因此，奔流不息的水也拥有自己的生命和灵魂。水是一种具有生命的圣洁物质。人们热爱水、崇拜水，主要是为了让水给他们带来好运，同时也是为了在遇到伤害的时候获得保护。今天我们仍能在傣族社会里看到许多关于崇拜水的活动以及与水有关的祭祀。当一个新生命诞生的时候，人们会用洁净的清水给这个婴儿行洗礼。而当某个人死了，人们也会用洁净的清水去擦洗他的遗体。这包含傣族信仰人是来源于水，并且最后也将回归到水的哲理。传统意义上，傣族在挖井饮水的时候，作为对水的崇拜，他们经常建盖一座漂亮的房子去覆盖水井。这些房子有的像佛塔，有的则像民居一样，表明了出于对水的崇拜，在傣族村寨中的水井所在地方是一个非常重要的地方。有一次，笔者在一个傣族村寨进行考察时，一位老人曾对笔者说，因为水井里有神，所以我们必须为他盖一座好房子，只有这样（在他的保佑下）井里的水才会又满又甜。基于这样的理念，傣族社会里关于水井与井神的习俗也就形成了，例如妇女是不能在水井边进行洗浴的；而且每年人们都必须对井神进行祭祀。

傣族认为水神带给人们的不仅仅是好运，有时也会给人们带来灾难。傣族主要聚居在平坝地区，周围常常伴有许多的河流及支流。河水引发的灾难给当地居民和稻田带来了极大的损害。因此，傣族相信有神明居住在河里；并且如果神不高兴的时候，他就会发怒，对人类做出惩罚，对环境造成毁坏。由此，傣族每年都要河神进行祭祀。在每年二月，每个村寨都会在附近的河边举行祭祀河神的典礼。在这一天，所有的村民将聚集在河堤上，由村里的长者把金、银饰物以及食物、衣服等祭品放到河里，希望以此来取悦河神，得到神的恩惠，赐予人们充裕的水源以进行稻作生产；避免灾难的降临。

在公元 13 世纪后，傣族信仰了佛教，因此在其水文化中也逐渐融入了佛教文化的因子。在佛教活动中，傣族把水当作圣物。在佛寺里，我们能看到傣族每天都把洁净的水当作祭品来供奉，人们在念经时也要一边念一边用一个小壶滴水，重大的佛教祭祀活动中，最后的仪式是滴水仪式。在过新年期间（4 月 13—15 日），最重要的庆祝活动被称为“浴佛”，人们用清水给佛像沐浴。在此期间，人们用清水彼此泼洒，以表达相互间的祝福。因此，傣历的新年也被其他民族形象地称为“泼水节”。

2. 水与傣族的居住

在傣族的历史上，由于战乱频繁、自然灾害以及为找寻更富饶、更肥沃的土地而引发过频繁的迁徙。为了找寻具有丰富水源的土地，傣族的迁徙活动往往都沿着大江大河而进行，这是傣族历史上迁徙的一个重要特征。有许多傣族的历史传说讲述了当人们想要迁徙的时候，他们总是沿着大河去寻找和开拓新的沃土。他们相信如果一块土地有水，那么人类就有在这块土地上生存繁衍的机会。因此，我们能够看到傣族主要集中分布在湄公河、红河、怒江等大河的河段及三角洲地区。傣族今天的分布状况是历史迁徙的结果，这种迁徙的结果对傣族的水观念和社会生活产生了深远的影响。

一个傣族谚语说道："没有一条河流，你不能建立一个国家；没有森林和群山的山脚，你就不能建一个村寨。"鉴于此，当傣族建立一个新的村寨时，傣族选中的最理想的居住地就是背靠群山，前临一片平坦土地或山脚的地方。这样，清水能够从山里源源不断地流淌出来，村寨附近平坦肥沃的土地对于稻田耕作是相当适宜的，从河里获得灌溉用水也十分便利。今天，我们到傣族地区通常都能看到许多村寨坐落于山脚和平坝之间，"背靠青山、面对平坝"是傣族人建村寨的最佳选择，背靠青山可以使人们获得丰富的水资源，面对平坝则易于水稻的耕作。与此同时，如果人们不能找到合适的地方来建立村寨，如近些年来可利用的土地已变得日益减少了，人们一定会选择河流附近的地方居住。傣族择居时对水的依赖，是其民族精神中一种延续了数千年的内在思想观念的体现。

3. 水与社会生活

水在日常生活中的用途可分为饮用、烹饪、洗涤、沐浴以及祭祀，这对任何民族都是一样的。但是，不同民族对水的使用有着不同的习俗。傣族人民对水的使用是同日常生活、社会活动紧密联系在一起的，因此在许多方面和其他民族是不一样的。

傣族水文化的一些典型特点可以概述如下：在传统社会中，人们通过不同渠道来获取用于饮用、烹饪和洗涤的水。每个村寨通常都有一至两口专作取用饮水的井。直到今天，尽管许多村寨已经建立了自来水系统，但大多数村民仍习惯从井里取水。这是因为村民们相信源于大森林的井水比人工的自来水要洁净得多，味道要好。而河水则多被作为洗涤和沐浴之用。

在傣族地区，在位于路边或村旁小径的小木棚里常常能够发现盛满清水的陶罐及喝水用的杯子，这是村民们为过路人口渴时所准备的。这一习俗在傣族地区已延续了数百年，并且已成为傣族典型的民族特征。这是傣族人民施恩行善的一种表现，其目的是和其他民族一起分享这种美好的祝福。因此，傣族人民用水来表达施恩行善的做法，与其水观念也是密不可分的。

傣族通常被别的民族称为“水傣”。原因之一就在于傣族比居住在其周围的其他民族更喜欢沐浴。通常情况下，他们每天都会洗一次澡，有些人甚至一天洗上两到三次。每天劳作结束后，傣族们会到河堤边洗澡。根据傣族的风俗，男人们在河的上游洗澡，而女人们则只能在河的下游洗浴，这是人们一天中最为快乐的时光。河面上映射着灿烂的阳光，河里碧波荡漾，人们一边洗浴、一边嬉戏，相互泼洒着水花，不时地还会唱起优美的民歌。泡在水里，人们洗去了辛劳一天之后的疲惫，尽情地享受着的悠闲的时光。与此同时，这个时候也是人们传播新闻，促进相互间的紧密联系的最佳时机。

傣族的新年也被称为“水节”，或者被其他民族称作“泼水节”。在新年这一天，因为水在傣族的心目中被视为一种圣洁的物体，因此，人们彼此都会用橄榄枝沾水洒向对方，借以表达相互间的祝福。在洒水祝福的仪式结束后，人们在一天中都将沉醉于互相泼水嬉戏的欢乐中。

上述事例表明，水在傣族社会生活中具有丰富的文化内涵，对于傣族而言，水的重要性不仅仅局限于日常之用，其更为重要的作用在于它对整个傣族的社会传统、价值观念都产生了极其深远的影响。

4. 水与传统农业

在传统的傣族社会里，稻米种植是农业体系中最重要的部分。今天，绝大多数傣族人民仍在种植水稻。傣族的这种农业体系数千年来一直依赖于高效的水利灌溉系统。如果没有水源，是根本不可能进行农业生产的。例如，当秧苗插入稻田时候，就需要用到水；在种植和移植的过程中，秧苗茁壮成长，而在此期间人们需要多次更换田里的水。

稻作农业的灌溉体系是由多条自然河流及其支流所构成的，同时还包括一些人工沟渠。在傣族社会里，灌溉系统的管理是一项极其重要的任务。在过去每个村寨都有一名专职的管理者（水官）来管理灌溉系统的运作，负责水的调配。根据傣族的历史文献记载这一制度曾延续了数百年之久。例如，景洪地区 100 多年前就已经开凿了 12 条人工沟渠，并由此形成了一套完整的灌溉体系。50 年前，当地王国国王会指派去管理这 12

条沟渠。每年春耕之前，村民们都会被组织起来修补这些沟渠。在水渠修好后，将举行一个庆典仪式来祭祀水神并检查沟渠的修缮状况。水官的职责是把祭神用的一条满载肉、米、酒及其他物品的竹筏放到沟渠里，人们跟着这条竹筏向下游行进。在整个过程中竹筏如果在中途停止了，则预示着村民们将不得不重新修补这条沟渠（因为竹筏停止，表示水神对这次祭祀活动不满意）。检查结束后，人们将在佛寺里或佛塔旁举行一个庆典仪式，以表达对水神的崇敬、感激之情。

由于关系到农业生产，因此，水源调配在傣族社会是一项非常重要的工作。每年在农耕生产开始之前，村里的水官将分配灌溉用水，每户家庭所分到的灌溉用水的份额取决于其家中所拥有的稻田数及人口数。

5. 水资源的保护

在生产生活中，傣族人民强烈地意识到水是维系生命的基本要素。因此，他们知道保护水资源对于维护他们的生活是多么的重要。他们热爱水、崇拜水，并且不遗余力地保护着水资源，这是可以通过傣族社会的许多典型事例来证明的。

傣族通常喜欢沿着河堤和坝区居住。前面也曾经提到过傣族喜欢选择山脚地带来兴建村寨。50 年前，有大片的森林因被当地居民认为是归属于山神所管辖的地区或地方行政区“勐”时，而得到了完好地保护。这类森林便是人们通常所说的“龙林”，“龙林”一词在傣语里就是“神林”的意思。每个傣族村寨都有受到保护的“龙林”。例如，大约在 40 年前，西双版纳辖区内的“龙林”覆盖了整个地区 5% 的面积。因此，直到今天这一地区自然保留的植被区域仍达 30% 左右。“龙林”在傣族地区已存在了数百年，“龙林”里没有任何树木被砍伐，果实被采摘，也没有狩猎和放牧行为的发生。这块圣地里的土地、植物和动物都不受侵犯。表面上，人们是为神在保护这些森林；而实际上，根本的原因则在于传统的水文化使得人们意识到只有保护好森林，才能更好地维系水源。因此，大片的“龙林”得到了保护。作为水源林，“龙林”数百年来一直维护着当地的生态环境。

绝大多数傣族地区都地处热带，“龙林”的存在很大程度上有效地保护了当地的水资源。1958 年以前，傣族人民仅仅依靠河流及沟渠的供水就能满足生产需要，实施农业灌溉，当地并不需要修筑任何的水库来蓄水。生产中所需要的灌溉用水全都来源于自然。在景洪地区，当地最大的神山被称为“龙南”山。该山方圆万顷，当地的主要河流，特别是担负着当地50%以上农田灌溉用水的河流都发源于此山。过去，每个村寨都保护本村的“龙林”，因此，森林里流淌出的水完全能够满足村寨的需求，由于拥有很好的森林涵盖，一年四季水井里都能保持充裕的水源。

数百年来，傣族地区都种植一种名为“黑心树”的树木。这是一种既能保护水源，又能提供燃料的树，被傣家人种植于房前屋后、道路两边，它的生长周期很短，其枝干每隔一至两年就能被砍伐作燃料，一个家庭只需要种植十余棵就可以满足烧柴需要。今天，我们仍能看到许多家庭都种有这种树。人们砍伐黑心树作燃料，以代替从“龙林”中砍树，这种做法对保护森林是相当有好处的，它集中体现了傣族人民爱护森林、珍惜水资源的可贵思想，并且和傣族传统的水文化紧密相连。

从上面的论述中我们可以看到，傣族的水文化既是一种在对水人认识与理解的基础上从而形成社会生活传统，同时也是保护与利用水资源、水环境的制度与规范，作为傣族精神与社会生活中不可缺少的部分，对傣族的历史发展、定居、生计等都产生了广泛而深远的影响，尤其是水文化在历史上对于水源的保护起到了直接的作用，对于傣族这样一个以种植水稻为基本生计方式的民族来说，水文化对其历史发展与文明进程的价值更为明显。

二　社会变革与经济发展对水环境影响

1. 开发对水环境的影响

在20世纪50年代初随着中华人民共和国的成立，傣族地区迎来了翻天覆地的社会大变革。从那时起，傣族社会进入了一个新的发展时期，政治、经济、文化的发展均遵从于中央政府政策、计划，改变现实物质世界的现代工业、灌溉系统以及通信体系也在当地随之兴起，全国性的种种体制性的变化及中央政府制定的发展计划都对当地的环境产生了深远的影响。

森林是傣族居住区水环境的根基，这些地区的水源自于森林，良好森林成犹如天然的水库。因此水依赖于森林，森林的变迁直接影响到水的供给。在20世纪50年代以来，傣族居住区森林的变化对水环境产生重大的影响。

1958年，中国掀起了遍及全国的“大跃进”运动，这股浪潮也波及到了边境地区。“大跃进”期间，为响应政府的号召，当地居民砍伐大片的森林以种植农作物，使得许多地区保护了数千年的神山遭到了破坏。在西双版纳地区，20世纪50年代初期，森林覆盖率曾占到了该地区土地面积的70%，而到了80年代减少到了30%。

如果把前面所提到的“大跃进”运动算作是毁坏森林的第一个原因的话，20世纪60年代从内地迁徙人口去开发边疆地区的浪潮是造成毁坏森林的第二个原因。这个时期有超过10万以上的人口迁徙到了傣族地区。为了发展农业生产以及实现某些经济目的，森林遭到了大面积的开发。随着大量移民的迁入，橡胶、茶叶、甘蔗等经济作物得到了广泛种植，尤其在平坝地区森林更是被随之而来的经济作物的大面积种植所取代。近些年来，不但国营农场广泛种植橡胶、茶叶和甘蔗，就是当地的农户也在大量地种植这些经济作物。越来越多的森林，甚至是靠近村寨旁的水源林都遭到了开发。而与此同时，傣族地区也成为仅次于海南省的全国第二大橡胶种植地。[①] 经济作物产业使得当地政府和人民获得了可观的经济效益，推动了当地经济的发展，促进了人民生活水平的提高。但是，随之而来的是生态环境为经济的发展付出了沉重的代价。

20世纪60年代以后，为了改进灌溉体系，在傣族地区兴建了许多水库。水库的兴建有利于农业的发展，但是在修建水库的过程中，大片的森林遭到砍伐。一些例子表明当水库修好以后，库区周围所有森林植被都遭到了严重的破坏。随着林区面积的大幅度减小，水源也日渐枯竭；人们为了解决用水问题，又不得不修建更多的水库，由此而造成了生态环境的恶性循环。

上面分析的是影响环境变化的主要因素。傣族地区环境恶化的主要原

---

① 这里需要指出的是橡胶树林也可以视为一种森林，但它对于水土保持的功能与天然森林是完全不同的。天然森林有涵养水的功能，而橡胶树由于要产出胶水，不仅不能涵养水，相反要大量消耗水。橡胶树的种植过程中使用化肥等，使地处山脚的村子的地下水源也已受到污染。

文中所用到的大部分资料数据均为作者1983—2004年期间在傣族地区进行调查研究时所获得。

因是森林遭到破坏。环境的恶化直接导致了水资源的变化。过去当地居民的灌溉及日常用水主要依靠丰富的森林植被供给，而近年人们已不得不更多地依靠人工取水工程来获取水。当然，我们应该看到上面所提到的大多数国家项目作为基础工程而言，既是国家经济计划统筹安排的要求，同时也是当地经济建设发展的需要。例如水库的修建、经济作物的发展计划和自然保护区项目建设等方面都使得当地人民受益。但与此同时，环境保护往往受到忽视，甚至直到 20 世纪 80 年代也是如此，在建设项目中对生态环境保护重视远远不够。

2. 政治变革对傣族传统水文化的影响

20 世纪 50 年代初，一个新时代的到来，取代了傣族社会旧有的封建制度，从此以后，傣族地区被纳入了中央政府直接管辖的范围，随后的社会变化尤其是历次政治运动对傣族文化传统产生了深刻的影响，许多与水相关的传统习俗也随之发生了变化。

（1）传统的灌溉管理系统发生了变化。正如前面所谈到的那样，在傣族封建社会的灌溉管理体系里，通常拥有熟知地方条规和风俗习惯的专职管理者。但随着新的政治体制的建立，传统的灌溉管理系统已为当地政府的相关下属部门所取代，灌溉系统和水利工程的管理已由政府所掌控。各级水利局作为政府的一个部门，已经在地区（州）和县一级的行政区划所设立；而在乡、镇（区）和村一级的行政单位则建立了水管站；来自这些机构的专职人员负责对水资源的管理。

（2）大量与水相联系的传统文化消失了。这其中最典型的例子是神圣的“龙林”体系及村寨生态环境的变化：如上所述在傣族传统社会里，大片森林被视为神林来保护，村寨的生态环境也受到传统条规和习俗的保护。20 世纪六七十年代的“文化大革命”时期，由于民族宗教政策遭到践踏，宗教活动被禁止，民族传统被受到压制，大量的传统文化遭到了严重破坏。一方面，人们大面积地砍伐森林以进行耕作种植、橡胶生产和其他经济活动；另一方面，与神林相关的传统文化观念则被当作“迷信”，人们被迫改变自己的信仰，很多千百年来受到保护的“龙林”遭到了破坏。近些年来，傣族地区的橡胶种植业发展迅速，包括“龙林”在内越来越多的森林被砍伐。现在，随着林区面积的逐渐缩小和水源的日渐匮乏，一些傣族村寨甚至连人畜饮水都很缺乏，为了寻找新的水源，他们不得不向新的地方迁徙。

从20世纪80年代开始，环境保护问题受到了政府和当地人民的高度重视，随着确定森林权属、加强以法护林、建立自然保护区、开展植树造林等恢复森林的工程等，在当地政府与居民的共同努力下，森林植被又重新得到有效的恢复。到目前为止，森林覆盖率已由20世纪80年代初的30%上升到了60%左右，改善了当地的水环境。

3. 水文化的变化

20世纪50年代后期，整个傣族地区纷纷修建了人工灌溉系统。沟渠、水库和堤坝构成的新的灌溉体系逐渐取代了传统的灌溉系统。在有效地改善灌溉条件的同时，新的灌溉体系在防洪抗旱等方面也凸显出了积极作用。在西双版纳地区修建了150余座水库，使得每年有4万亩农田得到灌溉。随着社会的发展，传统水文化的许多方面也开始发生变化。近几年，许多傣族村寨在日常生活中已经基本使用自来水，这对过去花费大量时间及劳力从村里的共用井里取水的传统习俗产生了巨大的影响，导致水井文化发生了变迁，水井和人们日常生活的密切联系也逐渐消失了。过去在河里洗澡既是村寨社会生活的一个重要组成部分，而今天由于自来水的广泛使用以及河流的污染，已经很少有人会到河里洗澡了，使人们的日常社会接触大大减少。尽管发生了这些变化，在傣族社会里人们依然把水当作“圣物”，他们崇拜它、热爱它、敬仰它，在欢庆节日，进行宗教活动和日常生活中仍用水来表达祝福，以泼水来互致祝福依然是傣族传统节日中最重要的活动。

三　当前面临的水问题

大多数的傣族地区都地处热带，过去在自然植被的覆盖下，这些地区都有丰富的水源，能满足人们的生产与生活需要。后来随着社会的进步、人口的增长、森林植被日渐破坏、经济作物的发展以及工业项目的兴建，导致水环境发生变化，使傣族地区在当代社会的发展进程中面临许多与水有关的问题。

一是水污染。许多地方的河流被工厂及日常生活中排放的污水所污染。近些年来，随着橡胶生产、造纸业、制糖业以及采矿业等工业项目的不断发展，在给当地人民带来显著经济效益的同时，也对生态环境造成了严重破坏。在傣族居住区，橡胶与制糖是对乡村环境污染影响最大的因素。以橡胶加工为例，由于胶水的初加工基本都是在乡镇完成，因此在西双版纳各地都建有小加工厂，这些加工厂污水处理能力低，甚至不经处理就直接排放。2004 年笔者在考察时发现，景洪市大勐龙镇靠近市第二中学的一家加工厂每天都直接向河沟排放大量未经处理的污水，对附近村子的河流造成了严重的污染，过去村民们都在河沟中洗衣物、洗澡甚至洗菜，但现在附近河沟都已被污染而不能用。主要的污染源之二是种植业发展带来的污染。近年来傣族居住区大量种植了橡胶、甘蔗等经济作物，这些作物基本都种植于山坡上，在这个过程中大量使用化肥等化工产品，残余物质经雨水渗透到地下，对附近的村子水源造成了严重的污染，导致很多村子的水井不能再使用，甚至新开挖成的水井都不能使用。

二是水短缺。随着污染的不断加剧，传统的社会生活已无法继续进行。由于森林植被的破坏，许多河流的支流早已枯竭，导致了农业灌溉用水的严重不足。在有些村子，包括大勐龙等相对边远的地区的很多村子，村民们甚至连日用水和饮用水都很缺乏。过去傣族人民通过从水井和自然流淌的溪流中获取洁净水，但现在由于很多地区森林植被的破坏，这种传统的取水途径已很难进行，取而代之的是许多村寨修建了新的供水系统。近些年来，村民们纷纷投资修建水管系统把水从山里引出来，但不幸的是由于水源的枯竭，很多村子连山里也没有足够的水可引。因此，村民们又不得不重新开始挖井取水。

下面我们以两个村子的水环境变化来看傣族地区面临的水问题：

思茅地区孟连县上尹角傣族村。全村共 283 人。数百年来村民们一直从事稻作农业生产。20 世纪 70 年代以前，由于村寨背靠大山，并且四周被原始森林所环绕，因此村里获取洁净的水源是不成问题的。得益于良好的森林植被，不少森林被人们视为神居住的“龙林”而保护了数百年，人们有充裕的水源作为日用及生产灌溉，源于森林的溪流也源源不断地流进村里。村子旁边有一个潭被称为“龙潭”，龙潭水是村民们灌溉农田、沐浴洗澡的主要来源，同时龙潭也被村民们当作圣湖来看待。每年村民们都会举行隆重的仪式来祭祀湖神。龙林和龙潭为村民的生产、生活提供了充足的水源。20 世纪 60 年代以后，村子后面的森林遭到严重的毁坏，导致水源逐渐枯竭。现在，只能在雨季的时候才能看见山洞里有水渗出，但流出的水已非常浑浊，根本不能喝了。今天，村民们主要依靠挖井来得到洁净的水，但不幸的是由于森林的减少，有时甚至连井水都不能满足日常所需，日常用水的缺乏已成为困扰村民的一大难题。近年来人们所面临的更大的问题是龙潭的污染，过去龙潭作为维系全村农田灌溉的基础，对村里农业的发展曾起过重要的作用，但到了20世纪90年代，村里在龙潭旁建了一个甘蔗加工厂，结果龙潭被加工厂排出的污水严重污染。从此以后，村民们再也不能到龙潭洗澡、游泳了，传统的祭神仪式也随之消失，村里30%的农田灌溉面临着缺水的困难。

景洪市大勐龙镇曼飞龙村。由于当地坐落着具有800多年历史的曼飞龙佛塔，因此使得这个村远近闻名。曼飞龙佛塔坐落在村子后面的山上，现在已成为西双版纳地区的标志。曼飞龙村共有760人。在农业方面，村民们主要从事稻作生产，全村共有300余亩稻田，此外有35000棵橡胶树的橡胶种植业也是村里一项很重要的经济产业。曼飞龙村拥有悠久的历史和前临坝区、背靠群山的优越的地理位置。村寨背靠茂密的“龙林”，面对河流纵横的平坝，生态环境十分优越。从20世纪60年代到80年代，在错误政策的诱导下，为了种植橡胶和经济作物，当地农民不惜损害生态环境而大肆砍伐“龙林”。尤其最近几年，村民们为了经济利益而对一些森林进行了持续的砍伐，使得村里出现了缺水的严重现象。原先，村民们主要是从位于山脚和位于村旁低地的两口井里取水，但到了今天，情况已变得十分严重，山脚下的那口井已完全干涸，再也不能使用了，现在村民们都集中使用剩下的那口井。为了改变水源供应日益恶化的状况，人们想到了从森林里引水。为此，1996年村民们曾投入大量的人力、物力和财力，花费14万元修建了一套水管系统，但由于森林植被的大量破坏，即便从森林里也只能获取少量的水。现在更为严重的是随着环境的恶化，水源进一步地枯竭，甚至连浑浊的泥浆水也只能每周输送两次，这给村民的生产、生活造成了严重的威胁。为了生活，村里的一些家庭尽管住得很远，但他们仍然不遗余力地从村里仅存的那口井里取水。过去流经村旁，人们常常去洗澡、游泳和洗东西的那条小河早已受到了当地小橡胶加工厂的排放污染，河水根本不能使用，现在村民们只能用浑浊的水管水来洗澡和洗东西，日常用水的供应已成为曼飞龙村面临的一个严重问题。一个个背靠青山、面对河流纵横的平坝的村子面临严重的生活用水危机，这不能不发人深思。

四 水文化在可持续发展中的价值

综上所述，今天傣族居住区水环境问题已经十分突出，水环境的治理与保护已经成为可持续发展中急待关注的环节，通过技术与法律、经济等手段来治理与保护水环境仍然是重要的途径，但是水文化的保持与培育才是根本的。

水文化作为一种社会意识与社会规范支撑着不同的民族的生存与持续发展，对各民族的生态平衡起到积极的作用，而相反当社会变迁导致水文化的丧失则带来了人与自然之间平衡关系的改变，使人们缺少对于自然的敬畏及对水与人类生存关系的理解，从而最终也改变了人类的生活，对人类的可持续发展造成了危害。水文化作为一种社会意识、社会习俗与社会规范，对于平衡人与环境之间的关系、保护环境的发挥着重要的功能，这是我们在前面的研究中已经看到了的。水文化在当代的价值可以从下面两个方面来理解：

第一，水文化意识有助于人类平衡人与自然之间关系。这种意识是基于人类长期以来和自然共存的过程中所积累起来的对于水与人类生存之间的关系的深刻理解以及水与人类社会文明进程的理解的认识之上的，有了对水的深刻理解，人们才能亲水、保护水、爱惜水，注重平衡水与可持续发展之间的关系。在当代的水环境保护中，需要强化人类的水意识，这种意识是每一个民族保护水环境、获得可持续发展的文化基础。

第二，水文化是一种保护水环境的社会规范，这些规范包括了人们对于水源、水设施的禁忌、管理措施、利用以及保护水资源传统意识与传统制度，这些制度规范着人们的行为，要求人们去保护水环境，限制自己对于水环境的不良影响，这些社会规范是通过人们不同的观念、宗教禁忌、传统习俗以及传统的成文或不成文的规则体现出来的。这些传统的规范规定了人与水环境之间的种种关系，在历史上人们遵守这些规范，从而使水环境得到了保护，在当代的水环境保护与可持续发展中人们同样需要这些规范来规定人与自然之间的关系，使各民族自觉、主动地保护水环境，求得人与自然之间的平衡。

水环境问题是当今发展中人类面临的一个普遍问题，并不仅仅是傣族居住区面临着这一问题，但傣族的水文化为我们认识水文化与水环境之间的关系提供了一个生动的实例。在傣族的民族文化中，蕴含了许多与水有关的文化因子，傣族人民的思想观念、宗教、社会生活习俗以及在生产、生活中长期积累的知识经验构成了其传统的水文化。数千年来，傣族人民一直清楚地知道水是维系人类生命最重要的元素，懂得水是生命之本的道理。他们热爱水、崇拜水，保护水，把水看作是神圣的物质，在此基础上形成了崇尚水的思想观念，并把它融于民族精神中，成为本民族的文化精髓。在傣族传统社会里，人们保护着大片的水源林，这样做表面是为山神在保护森林，而实际上则是因为傣族对人与自然和谐具有清醒的认识，意识到只有在保护好森林植被的同时才能更好地维护水资源。如果热爱水、崇尚水的观念丧失了，与之相关的人类社会行为也将随之改变，传统的水文化也将面临瓦解和消失。20 世纪 50 年代以后，随着大部分“龙林”遭到严重破坏，环境发生了变迁，从而也导致了原先在传统社会里盛行的规范和习俗的消亡。发人深思的是为什么保护了数百年的水源林会在这短短数十年之内就被毁坏了呢？除了政策的失误外，一个很重要的原因就是在许多方面人们对水文化传统的态度和认识发生了变化。今天人们对于保持水环境已经没有足够的理解和规范，对于开发建设是否危害水环境，对于经济的发展是否有利于水环境的保护人们似乎没有强烈的意识。对于生活用水、生产用水的排放也十分的随意，甚至没有强烈的愿望，甚至付诸行动去反抗开发建设等对于水环境的危害。我们在农村的研究中了解到的很多例子证明水环境的恶化与当地百姓的行为有直接的关系，当地水环境的恶化与当地居民缺少水环境保护的意识及无限制的生活、生产行为有直接关系。这一切与传统水文化中的核心意识的丧失有直接的关系，尤其是年轻一代，对与水有关的传统文化及相关知识极其淡漠，许多与水文化相关的传统思想观念已经消失。

数千年来，水文化不仅仅是作为传统社会生活的一部分而存在于傣族社会中的，同时它还作为一项规范维系着人与自然之间的和谐发展。水文化最重要的价值就在于它让人们懂得了热爱水、珍惜水和保护水资源，这就是为什么我们不应该忽视水文化在当代社会的重要价值的原因所在，只有从思想深处对水的价值有深刻的理解，在社会中形成规范，才能促使人们珍视水。水文化是促使人们对水的产生与存在过程、对水与人类存在的价值产生深刻的理解重要途径，不仅是一种观念、习俗，同时也是一种与水密切相关的社会规范，通过这些规范可以对水环境的治理与保护产生积极的作用。因此重新理解水文化的价值对不仅对于傣族地区、对其他少数民族地区的可持续发展具有极其深远的现实意义。

水文化作为一种传统，具有鲜明的民族特色，今天在认识水文化时应尊重其特有的表达方式。例如自然的禁忌以及水的祭祀等是傣族等诸多民族水文化深层次的要素，对于水环境的保护产生了积极作用，因此应该得到广泛的尊重与恢复。这个问题上有两点必须要重新进行认识：一点是人需不需要对自然有所敬畏？历史证明人是必须要对自然有敬畏的，因为自然并不是人所能够随意驾驭的，人对自然的敬畏有利于强化人类对于自然环境的与生存之间的认识，也有利于限制人们对于自然环境过度利用行为，达到一种人与自然之间的平衡，规范人与自然之间在发展中的和谐关系，因此各民族在历史上对于自然的敬畏，对于平衡人与自然之间的和谐关系是有积极的价值的。第二，对于各民族对自然的祭祀表达了人对自然的崇敬，通过这种崇敬的表达，使得人们对自己行为的规范能够代代相传，因此各民族对自然的祭祀活动有较大的价值，在当代仍然是一种保护环境的重要的社会规范，不能等同于落后的迷信活动来加以排斥，相反对于自然的祭祀有使人们敬水、爱水、保护水环境的重要功能，在当代的水文化建设中，这一传统应该得到充分的尊敬、应该得到积极的恢复、应该鼓励各民族积极恢复对水的祭祀活动。政府应该在不同的民族地区设立有关水的节日，这些水的节日可以传统的祭祀习俗为基础，也可以在当代进行创新，通过不同的水节日来换取人们对于水的认识，同时使爱水、护水，保持良好的水环境的规范能够在每年的节日中再现，代代相传。

在挖掘与倡导传统的水文化的同时，也应当结合时代的要求促使新的水文化的形成。各民族传统的水文化是在传统社会中形成的，有其在当代的合理价值，但由于今天的发展环境的改变，传统的水文化还不足以适应今天的需要，因此还需要结合今天的时代特点，在传统水文化的基础上来发展新的水文化，如保护水的制度与法规的建设，水环境保护教育等，都是新的水文化建设的重要内容。

对傣族水文化变迁的考察给我们的又一个重要的启示是必须用科学发展观来审视发展。傣族居住区的自然环境虽然相对优越，但在现代文明面前也十分弱。在傣族的历史上，水文化对水环境的保护与利用起到了积极的作用，但在近年来的开发建设中，人们过多地注重了经济利益而忽视了环境保护，尤其是传统的水文化在这个过程中受到破坏，使水环境保护丧失了重要的社会规范，从而导致了当代发展中严重的生态危机。良好的水环境是发展的重要基础，但发展的结果导致了水环境的危机，这就背离了发展的宗旨，同时也将制约当地的可持续发展。因此发展必须考虑到环境的承受能力。水环境和水资源既是一个环境问题，同时也是一个支撑人们生存的自然资源问题。在这个特定的意义上说，未来的小康社会应该是一个在经济上达到了某种指标，同时也是一个人人享有良好水环境，拥有丰富水资源的社会，这样的社会才是一个可持续发展的社会。

五　在发展中建设水文化

实现水资源可持续发展的关键因素是什么？在笔者看来这不仅关系到自然环境问题，同时也涉及社会问题。尤其是地处热带和亚热带的大部分傣族地区，在很多情况下水能够为人力所控制。例如，如果当地的森林植被保护完好，那么人们既能享有足够的水源，也能顺利地防治灾害。因此，我认为人与自然的和谐发展是实现水资源的可持续利用，实现自然界和人类社会可持续发展的根本途径。笔者认为水文化是水资源持续使用和发展的关键因素，在傣族社会里重新构建水文化的观念体系已十分迫切：

（1）重新倡导传统的水文化。正如上面所提到的，水文化中包含了社会生活、民族习惯、原始宗教以及生产劳动等一系列重要内容，由这些内容构成了一个完整的体系。随着社会的发展，这个体系内的多个部分发生了巨大的变化。最为突出的是现在傣族的年轻一代对于传统的水文化已经越来越淡漠、水文化的传承已是一个迫切的问题。因此，当前对傣族传统水文化进行研究，整理并总结水文化的精髓是非常必要的。我们的工作重点应着眼于对傣族年轻一代的教育，帮助当地人民进一步改善并提高“爱水”、“节水”的意识，在立足于保护生态环境的基础上，促进当地的可持续发展。虽然传统水文化中的许多重要部分现在已经消失了，但我们应当利用传统水文化中的那些可能对现代社会产生积极影响的因素，使之与新思想、新观念相结合，更好地服务于当地的可持续发展。因此，新的水文化在包容传统的社会生产实践经验、社会的文化习俗和传统的水价值观的同时，还应当结合现代高科技的研究成果，只有这样才能对当地的可持续发展产生巨大的推动作用。

（2）恢复传统的水利系统。过去傣族人民拥有一套完备的水利系统来进行日用和灌溉。这套系统在历史上曾经发挥过重要的作用。随着水库、堤坝、沟渠、水管等人工水利设施的出现，传统的水利系统便逐渐遭到了废弃。今天，当人们越来越依赖现代水利设施时，一系列环境问题也随之出现。因此，我才提出重新恢复传统水利系统的想法，继续发挥传统体系的作用，使之为现代水利系统的有益补充。具体的做法包括：恢复对传统水源林——龙林的保护。近几年来，绝大多数的“龙林”遭到了砍伐或被作为他用（例如大片的“龙林”为经济作物所替代），这在很大程度上造成了水源的枯竭。因此，重新设计和规划“龙林”来防止水土流失已非常迫切。尤其是在村一级的行政单位，重新恢复传统的供水系统对于促进当地的可持续发展已十分必要。由于水源林能够有效地防止水土流失，因此过去为了经济利益而被开发用作种植经济作物的林地，现在应当退耕还林，村民们可以用传统的方法对这些森林进行管理。村里天然的水利系统将包括水源林、小水坝、溪流和水井等，村民们可以请专人帮他们管理这些设施。此外，坚持运用传统方法对水利系统进行管理，恢复传统的水文化习俗，也将有助于村民们重新树立“节水”、“爱水”的观念意识。应帮助当地村民重新规划建设更为科学的村子内水源、水渠、水井系统，解决目前存在的水问题。

（3）鼓励村民们积极参与水利系统的管理。传统水利系统向现代水利系统过渡，其中一个重要的表现就是对水利系统的管理从村民转向了政府。同时与水利系统相关的森林、水库、河流、沟渠和溪流等也一并归于政府的管理，村民们不再拥有参与管理水利系统的权利，这在很大程度削弱了人与生态环境之间的传统联系。例如，过去每个村都有一名专职的“水官”来管理水利系统，他们既管理河流、沟渠和溪流，同时也负责分派农田的灌溉用水。到20世纪60年代初期，政府在当地建立了水利管理部门，这一制度也随之消失。由于水利部门的管理一般很难兼顾到村一级的行政单位，到了耕作季节分派灌溉用水时，由于有时地处上游的村民可以获得充足的水源，而地处下游的村民则缺乏足够的水源，因此村民们常常会为此而产生矛盾和冲突。所以，现在非常有必要让村民们重新参与对水利系统的管理，并且在适当的条件下还可借助传统的管理方法。当然传统的水利系统是不可能代替现代水利设施的，但是如果我们能把两者的优点有机地结合起来，相互之间取长补短，充分发挥它们的积极作用，就能有效地改进水利系统的管理，进一步地推进傣族地区的可持续发展。

参考文献

江应樑：《傣族史》，四川民族出版社 1983 年版。

赵世林、伍琼华：《傣族文化志》，云南民族出版社 1997 年版。

朱德普：《傣族的原始崇拜》，云南民族出版社 1996 年版。

高立士：《西双版纳传统灌溉与环境保护研究》，云南民族出版社 1999 年版。

《德宏年鉴》，德宏民族出版社 1999 年版。

西双版纳州统计局编：《西双版纳统计年鉴》1983、1999 年版。

郑晓云：《社会变迁中的傣族文化——一个西双版纳傣族村寨的人类学研究》，《中国社会科学》1997 年第 5 期。

（本文入选 2001 年 8 月在挪威召开的国际水历史学会第二次大会，有英文、西班牙文在国外发表，中文修改稿发表于《思想战线》2005 年第 6 期）

傣族的水文化、水环境与健康生活

水环境与健康有直接的关系，而良好的水环境与当地的水文化又是密切相关的。在传统的考虑中，大多数科学家一般都过多地考虑水环境的变化是由于当代的经济增长、生产结构的调整所带来的污染等因素造成的，治理水环境也较多地从技术的角度考虑，对于当地的相关文化，甚至一个民族的文化也会对水环境变化产生深刻的影响考虑不足。我认为当代人类学家可以在这一个方面做出有说服力的解释，解决长期以来在水环境整治过程中以及人们的健康生活建设中所难以解决的一些棘手问题。

傣族是一个生活在中国云南省境内的少数民族，人口约 120 万。在傣族中，水环境和人们的健康生活有着密切的关系，而水环境的变化以及水环境的建设都与傣族的水文化有直接的关系，文化的因素在这其中起到了十分重要的作用。因此，对傣族水文化的认识不仅仅对于今天傣族地区整治水环境及保持人们的健康生活有重要的价值，同时也可以从人类学的角度提高人们对于文化与健康之间的关系的认识。①

一　傣族的水文化与水环境

傣族是一个十分崇尚水的民族。水不仅是一种生存资源，同时也被赋予丰富的文化内涵，这典型地反映在以下几个方面：

1. 水与傣族的生命观

傣族不仅相信天空和大地来源于水，而且认为人类生命的一半也是由

① 本文的资料全部依据笔者的田野研究，2000—2004 年，景洪市、孟连县、芒市。参考郑晓云《傣族的水文化与可持续发展》，国际水历史学会（IWHA）第二次会议论文，2001，挪威。

水创造的。因此，他们认为水是无比伟大和圣洁的。傣族把土地叫做“喃岭”（Namling），在傣语里“喃”（Nam）的意思就是水，“岭”（ling）的意思即土地。表明傣族把水和土地联系在了一起，把水看作是土地的一部分。

傣族仰万物有灵的原始宗教信。他们认为宇宙里的每种事物都有灵魂，太阳、月亮、星星、土地、动物、植物、石头以及其他物体都拥有不同的灵魂，因此奔流不息的水也拥有自己的生命和灵魂，是一种具有生命的圣洁物质。人们热爱水、崇拜水，主要是为了让水给人们带来好运，同时也是为了在遇到伤害的时候获得保护。今天我们仍能在傣族社会里看到许多关于崇拜水的活动以及与水有关的祭祀。当一个新生命诞生的时候，人们会用洁净的清水给这个婴儿行洗礼。而当某人死了，人们也会用洁净的清水去擦洗他的遗体，这包含了傣族信仰人是来源于水，最后也将回归到水的哲理。相同的例子还很多，例如傣族在挖井饮水的时候，作为对水的崇拜，他们经常建盖一座漂亮的房子去覆盖水井。这些房子有的像佛塔，有的则像民居，表明了对水的崇拜。在傣族村寨里水井所在的地方是一个非常重要的地方，笔者在一个傣族村寨进行考察时，一位老人曾对笔者说，因为水井里有神，所以我们必须为他盖一座好房子，只有这样（在他的保佑下）井里的水才会又满又甜。基于这样的理念，傣族社会里形成种种关于水井与井神的习俗，例如妇女不能在水井边洗浴，每年人们都必须对井神进行祭祀等。

2. 水与傣族的居住

在傣族的历史上，由于战乱频繁、自然灾害以及为找寻更富饶、更肥沃的土地而引发过频繁的迁徙。为了找寻具有丰富水源、适宜种植水稻的土地，傣族的迁徙活动往往都沿着大江大河而进行，这是傣族历史上迁徙的一个重要特征。有许多傣族的历史传说讲述了当人们想要迁徙的时候，他们总是沿着大河去寻找和开拓新的沃土。他们相信如果一块土地有水，那么人类就有在这块土地上生存繁衍的机会。因此，我们能够看到傣族主要集中分布在湄公河、红河、怒江等大河的河段及三角洲地区。傣族今天的分布状况是历史迁徙的结果，这种迁徙的结果对傣族的水观念和社会生活产生了深远的影响。傣族建立村寨时同样也要选择靠近河流的地方。傣族择居时对水的依赖，是其民族精神中一种延续了数千年的内在思想观念的体现。

3. 水与社会生活

水在日常生活中的用途可分为饮用、烹饪、洗涤、沐浴以及祭祀等，这对任何民族都是一样的，但是不同民族对水的使用有着不同的习俗。傣族人民对水的使用是同日常生活、社会活动紧密联系在一起的，因此在许多方面和其他民族相比有其特点：在传统社会中，人们通过不同渠道来获取用于饮用、烹饪和洗涤的水。每个村寨通常都有一至两口专作取用饮水的井。直到今天，尽管许多村寨已经建立了自来水供水系统，但大多数村民仍习惯从井里取水。这是因为村民们相信源于大森林的井水比人工的自来水要洁净得多，味道要好。而河水则多被作为洗涤和沐浴。

在傣族地区，在位于路边或村旁小径的小木棚里常常能够发现盛满清水的陶罐及喝水用的杯子，这是村民们为过路人口渴时所准备的。这一习俗在傣族地区已延续了数百年，并且已成为傣族典型的民族特征。这是傣族人民施恩行善的一种表现，其目的是和其他民族一起分享这种美好的祝福。因此，傣族人民用水来表达施恩行善的做法，与其水观念也是密不可分的。

傣族通常被别的民族称为“水傣”。原因之一就在于傣族比居住在其周围的其他民族更喜欢沐浴。通常情况下，他们每天都会洗一次澡，天热时一天洗两到三次。每天劳作结束后，人们会到河边洗澡，这一习俗是傣族社会的一种重要文化。根据傣族的风俗，男人们在河的上游洗澡，而女人们则在河的下游洗浴，这是人们一天中最为快乐的时光。河面上映射着灿烂的阳光，河里碧波荡漾，人们一边洗浴、一边嬉戏，相互泼洒着水花，或唱起优美的民歌。沐浴让人们洗去了辛劳一天之后的疲惫，尽情地享受着的悠闲的时光。与此同时，这个时候也是人们传播新闻，促进相互间联系的最佳时机。

傣族的新年被其他民族称作“泼水节”。在新年这一天，人们彼此都会用橄榄枝或鲜花沾水洒向对方，借以表达相互的祝福。在洒水祝福的仪式结束后，人们就会泼水狂欢，沉醉于泼水嬉戏的欢乐中。

4. 水资源保护

千百年来傣族人民强烈地意识到水是维系生命的基本要素，因此傣族人民热爱水、崇拜水，同时也不遗余力地保护水资源。傣族保护水资源主要是通过保护森林来实现的。在20世纪50年代以前的傣族社会中，傣族人民通过宗教规范对森林进行了很好的保护。在傣族的居住地区，大片森林被划定为神山，被认定为神居住的地域与居所，因此数百年来不能被砍伐，受到了较好的保护。良好的森林保证了稻田的灌溉系统有充足的水供给。

由于傣族人民在历史上形成并保持了自己的水文化，也就保持了良好的水环境，这主要表现在傣族的居住地区有充足的生活与灌溉水资源，水质处于无污染的良好状态。这种水环境与傣族水文化相互适应，对傣族人的生存与健康起着积极的作用。

二 傣族的水环境与健康生活

由于傣族在历史上保持了良好的水环境，因此，水环境对于傣族的健康生活起到了积极的作用，我们可以从下面两个方面来看：

第一，良好的水环境对傣族的食物系统产生了积极的影响。在饮用水方面，傣族在历史上都可以饮用源森林中优质、清洁的水。傣族人对水的使用是有严格限制的。傣族人一般不直接饮用河流中的水，而是饮用井水，人们认为井水源自森林中，再通过土壤的过滤，就可以更清纯、甘甜。在每个村寨都有水井供人们取水，修建井水都是选择可能出优质水的地方。人们每天在收工以后到水井里挑水，在家里边将水井里的水储存在陶罐里，这样在炎热的气候中也保持饮用水的甘甜与新鲜。清洁的饮用水在社会生活中也有着特殊的功能，根据傣族的传统，如上所述人们在每个村寨的出入口路旁都放置一个陶罐，每天都储存上新鲜的饮用水，让过往的行人可以随时取用。

良好的水环境与傣族的食物健康也有很大的关系。傣族是一个喜欢食用生鲜食物的民族，他们的很多食物都来源于河流、池塘、稻田等场所。如傣族人喜欢食用青苔，青苔是从河流中直接捞取的，但小河沟里的青苔人们并不食用。由于有众多的河流并且水质良好，丰产的青苔是傣族的重要的食料。傣族也特别喜爱食用各种生长在浅水及河岸边的植物，常食用的植物多达数十种，如蕨类、芋类植物及当地人称为水芹菜、水香菜、空心菜等水生植物。这些植物一般都是野生于水沟、池塘、山箐中，生长快，容易采集，是傣族重要的食物构成。根据傣族人的喜好，这些植物大多数不经过烹调而直接生食，从而也形成了傣族的饮食文化。傣族人能制作十余种调料用于佐食生蔬菜，用生菜蘸各种调料是傣族传统的美味。但是这种饮食文化又是基于有清洁良好的水环境来生长可食用植物的。此外由于居住在多河流的地方，人们也常在河流、水池以及稻田中捕食鱼、虾、螃蟹等水生动物。在傣族人的食物构成中，从自然环境中采集的食物是水稻以外十分重要补充，而这种食物构成与傣族生活在坝区良好的水环境有直接的关系，傣族居住区的水环境提供了人们丰富的植物与动物资源作为食物的重要补充，但这些对水依赖性较强的动植物的生长环境是否清洁，对于人的健康有很大的影响。

第二，与水相关的生活方式。傣族的生活方式与水有十分密切的关系，在生活的各个方面都有体现。傣族是一个非常爱好沐浴的民族，而相对其他民族而言傣族独特的沐浴喜好已经成为傣族的一个文化特征。在每日收工以后，传统的村寨生活中最重要的内容就是男女老少到村边的河边或者小溪边沐浴，人们在这个过程中，不仅洗去每天劳动所沾染的尘土，同时也可以在这个过程中交流信息、谈笑、嬉闹，也是一种娱乐活动。这种生活习惯既有利于人们的个人卫生，我相信这是过去傣族个人疾病，尤其是妇科病相对当地其他民族较少的一个重要原因。同时由于人们聚在一起打闹嬉戏、交流感情、交流信息，也能增加人们生活的快乐感及村民之间的沟通，对于保持村民之间的和谐及人们的精神健康也是十分有利的。

傣族新年被称为泼水节。在新年中最重要的活动就是泼水狂欢，人们用清洁水互相表示祝福，而高潮则是随意的用水泼洒狂欢，不在意人们相互认识或不认识，这个过程给参与者莫大的快乐与激情的宣泄，成为傣族人生活不可以缺少的一个重要内容。对傣族人的问卷调查显示，傣族人认为泼水节是人生中最重要的节日（问卷样本的100%），泼水是人生快乐的重要内容，能带来精神上的快乐，忘却精神上的不愉快与痛苦（问卷样本的100%），泼水儿狂欢是一种节日的嬉乐内容，但也是精神上的需要（问卷样本的96%）（郑晓云，1996）。

大多数傣族同时信仰佛教与万物有灵的自然崇拜。水在傣族的宗教信仰中占有重要的位置。人们认为水是神圣的物质，通过水可以达到很多信仰中的愿望。在每年的新年中人们都要用清洁水给佛像沐浴，在祭祀活动中也要通过滴水等来表达愿望，而个人也可以通过沐浴、滴水来了却一些心理上的不安。水是人们在精神上求得安慰与表达愿望的重要物质介质。

从上面这些分析中可看出，水既是生存的物质，同时由于被人们赋予了丰富的文化内涵，因此而对傣族精神生活与精神健康也起着十分重要的作用。

三 当代水环境变迁对健康生活的影响

在当代，随着傣族地区的开发与产业结构的调整，水环境已经产生了相当大的变化，并且对傣族人民的健康生活产了不利的影响。

1. 水环境的变化

（1）水环境污染。近年来在傣族地区建设了不少的工业企业，尤其是一些小的工业企业，如造纸、橡胶加工、榨糖等小工厂，这些小工厂由于没有严格的治污设施以及排放标准，废水、污水都直接排入河流，以至造成傣族整个乡村水环境的污染，在有的地方这种污染还非常严重。在农业生产中，目前过多使用化肥、农药对水环境也造成了危害。过去在农田中，螃蟹、鱼、鳝鱼等水生动物都十分丰富，而近年来随着化肥和农药的大量使用，这些水生动物越来越少。20 世纪 60 年代以来，傣族地区大量种植橡胶、甘蔗等经济作物，都是种植在山坡上并且大量使用化肥，化肥残留物随之渗透进山间的河流、溪水及靠近山脚的村寨的地下表层中，对傣族的饮用水环境等造成了污染。加之现在由于人口的增长，傣族地区村寨的规模以及人们的居住地域不断扩大，而与此同时，排水设施以及污水处理设施等都没有较好的规划与建设，因此生活污水是造成现在傣族居住环境污染的一个较大的因素。

（2）由于水环境的污染造成了人们在当前的生活用水，尤其是饮用水的短缺。傣族普遍生活在江河流域的河谷地带，大部分地区是热带或亚热带地区，水资源应该是十分丰富的，但是近年来伴随着水环境的污染，使得很多傣族地区，甚至在西双版纳这样雨量丰富的地区，农村中也出现了严重的饮用水缺少现象，很多地区包括水井都已经受到了污染，使得人们缺少清洁安全的饮用水。

（3）水供给方式的变化。目前在很多傣族居住地区，水的供给方式也从自然取水的传统的方式改变到了现在的管道供水方式，人们对于水井的依赖逐渐减少，而使用水管道来供给水，从山间取水通过水管供给到家家户户，这是一个较大的变化。很多村寨都建设了水管道，通过水管道设施供水，方便了人们对水的利用，在很多地区也是一种对应农村水环境污染的措施。但从目前很多地区村寨的实际情况而言，管道供应的水质不好，含有泥沙与水管的铁锈，水量也不足，因此人们只用它来洗衣物、洗澡等，并不能饮用，甚至在一些地方供水管道已经废置，人们的日常用水仍然是从水井中取得。在西双版纳的很多村寨中，农家开始自己打井取水，但在种植橡胶的地区，由于地表水被污染，井水也不再清洁，难以解决人们的饮水困难。

2. 水环境变迁对傣族健康生活的影响

近年来，由于傣族水环境的变化，尤其是水污染与水短缺等等以及传统的使用水的方式的改变，对傣族的健康生活产生了不同的影响，这主要表现在以下几个方面：

第一，改变了傣族传统的生活方式。如上所述，傣族是一个十分爱好集体沐浴的民族，但是由于水环境的污染，傣族人在村边、河边沐浴的传统习俗现在已基本改变了，污染的河流、溪水已经不能被用来作为集体沐浴的场所，今天已经很少能够看到傣族村民们在收工以后及劳作之余到村边的河流中沐浴，而是改在家中沐浴。由于传统的沐浴有娱乐、交流信息，增加村民们互相接触的功能，而这些功能改变以后，减少了村民们的接触以及娱乐的机会，使得村民们互相的来往减少了。今天的傣族村农民们除了节日等等场所以外，平日间互相的接触少了，村民的快乐感较过去减少了，这一点人们都有直观的感受，不利于村民的精神健康。再一个典型的例子是过去在村寨口人们都要放置水缸供路人饮用水，由于现在缺少清洁的饮用水，因此很多水缸都变成了象征性的摆设。在很多地方，甚至缺少洗涤衣物的清洁水，洗涤衣物都是在一些受污染的河沟里取水洗涤。由于水的污染，使得人们不得不在自己的家中挖井取水，而现在很多水井中所取出的水也同样受到污染，水质较差。水环境变迁的第二个不利后果是直接影响到了傣族人们的身体健康，一方面是缺少清洁的饮用水，而另一方面现在很多地方饮用水了可能已经受到污染，人们长期饮用不清洁的水，尤其是处于橡胶种植地周围的村寨，饮用水已经受到了污染，对健康产生不利。

第二，食物安全受到影响。如上所述，傣族喜爱食用生鲜食物，而这些生鲜食物大多生长在浅表水中。由于水环境的污染以及水的短缺，一方面使这些食物较过去大大减少，另一方面这些食物的来源环境已经受到了污染，同样会影响到人的健康。如傣族人喜欢食用的青苔，由于河流的污染，现在已经很少了。傣族人喜欢生食的很多生长在浅表水中的蔬菜类植物过去都是生长在清洁的水环境中，而现在往往这些蔬菜的生长都是一些被污染的水环境，这些蔬菜同样遭到了污染。在十余年前我到一些傣族村寨中做田野研究时还到水边采摘各种野菜食用，当时采摘生长在清水中茂盛的野菜时心中有一种十分快乐的滋味，暗暗感谢大自然的恩赐，也感慨傣族人民生活在一种良好的、自然资源富足的环境中。而近年来再到当年采摘野菜的地方，很多已是污水，人们仍然在这其中采摘可食用植物，这对我来说又是另一种强烈的感受。由于水环境的污染，对于整个的傣族食物系统都产生了较大的影响，今天很多地方的人们所食用的食物及所饮用的水都不再是清洁的，都可能受到了工业原料以及病菌的污染。根据一些卫生部门的统计，在近年来傣族地区胃肠道疾病明显增高，妇科病等疾病也较过去增长，虽然说更为严重的与水相关的疾病目前还没有被测定，但是从长远来说，水环境污染对于人的健康必然产生不良的影响，尤其是傣族大多数生活在乡村，水环境的变化直接影响到傣族及当地居民的身体健康与健康的生活。

四　水文化与健康生活的建设

从上面的分析可以看到，傣族传统的水文化与水环境有直接而密切的关系，水文化对于保持傣族地区良好的水环境起到了积极的作用。但是近年来由于水环境的变化，对于水文化也产生了较大的影响，甚至破坏了水文化，从而导致傣族健康生活的变化。目前水环境的变迁以及人们生活方式的改变，对于傣族传统的健康生活产生了十分消极的影响，如果不注重改变这种状态，对于傣族人民健康来说是十分不利的。傣族水环境的变化对傣族健康生活的影响至少表现在两个方面：一个方面是与健康相关的健康生活方式，一个方面是对人体健康的直接影响。

水文化、水环境直接形成了傣族健康的生活方式，这包括沐浴、平日的个人清洁以及洗涤衣物、生活环境等方面，也包括了宗教信仰中人们以水来象征幸福，以水来表示祝福、神圣以及在诸如新年的泼水节中，以水的狂欢来庆祝节日，使人们的精神上增加了快乐的感觉，有利于人们的精神健康。傣族是一个充满快乐感、幸福感的民族，这与傣族的水文化不能说没有直接的关系。在对人的健康影响方面，傣族的水环境直接影响到人们的食物系统的安全，在过去良好的水环境提供了清洁的饮用水，也提供了食物生长的清洁的水环境，尤其是傣族人喜爱食用生鲜食品，这要求这些食物生长的水环境是安全的，洗涤的水是清洁的。傣族传统的水文化造就了一个有利于傣族人健康的水环境，因此在傣族居住地区的水环境建设中，其传统的水文化仍然有十分重要的价值，在当代的发展中不能被遗失，也不能被破坏。在今天的发展过程中，当地政府以及民众重视了经济发展的速度，而忽视了保持生存环境的良好状态，水环境的恶化已经对于人们的生存造成了直接的威胁。因此今天整治水环境已经成为维持傣族人健康的一个重要的任务。

整治水环境，第一是要加大对于水污染的控制，要控制污染水源的小工厂，如橡胶、造纸、制糖等小企业的污染排放。第二是要控制在经济作物中过多使用农药、化肥等。水污染的控制将直接减缓傣族地区现在面临的生活用水短缺的状况，增大清洁的生活用水的供给。在水环境的治理中，必须要注重保持和恢复傣族传统的水文化，这些文化有利于人们加强对于保持良好水环境的重要性的认识，有了对水环境与人们长期健康生活方式之间互相关系的深刻认识，有利于人们去建设一个良好的水环境，而不仅仅因为当前的经济利益而放弃了长远的利益。

传统的水文化对于人们健康的生活方式以及食物安全、身体健康都有直接的关系，如若这些传统的水文化不被保持，甚至丧失了，那么傣族人民就丧失了保持一个民族健康的一笔重要的财富。傣族的水文化是一种重要的社会规范及发展中重要的社会资本，过去傣族的传统文化中限制人们在水井边洗涤衣服、洗澡等以保持水不被污染，也限制人们砍伐水源林，传统的宗教观念等对于人们保持良好的水环境也起着直接的作用，如果这些规范丧失掉，傣族人民将会丧失保持良好水环境的文化与社会基础，也将不利于这个民族的长远发展。

（本文发表于2005年3月25日法国尼斯大学举办的“面向全球化的中国医学与健康人类学：如何分享理论与实践”国际会议）

傣族地区的卫生变迁与环境冲突

本文所使用的“卫生”（sanitation）的概念指水与人类健康相关的设施、技术与生活习俗，包括生活用水（给水、蓄水）、厕所、沐浴设施、排水、污水处理，乡村水环境（水环境状况、水质量）等形成的一个循环系统。卫生既是一个人与自然之间的生态系统，也因为文化的差异而是一个社会问题①。由于水的使用带来了人们的生活设施的变化和进步，同时也形成了相关的习俗和文化，提升了人们的生活品质，降低了水传染及人类排泄相关的疾病，改善了人们的健康，因此卫生的进化是人类文明的重要标志之一。卫生的进化同时也和当地的环境状况有直接关系，人类卫生的进化不仅是利用人居环境尤其是水环境的结果，同时也需要和居住地环境保持和谐的关系。卫生设施的改善不仅促进了人民生活质量的提升，同时对水资源的消费与污水排放也必然带来了对环境的压力，因此卫生状况也是衡量一个地区环境状况的重要标志。

中国是一个城乡发展差别明显的国家，乡村的卫生变迁与城市相比有明显的特殊性，尤其是在少数民族地区，卫生的变迁状况不仅与当地基础设施建设与发展相关，还与其民族文化有较大的关系。在本文研究所依据的傣族地区，现代意义上的卫生状况的变迁开始于20世纪70年代以后，卫生状况的进化和傣族的传统文化有着密切的关系，尤其是和传统的水文化有关系，从传统的卫生状况到现代意义上的卫生的变迁，不仅反映了傣族人民生活状况的变化，同时也反映了傣族传统文化的变化。在卫生的进步在促使傣族人民生活水平提高的同时，也带来了对于居住环境的挑战。因此观察傣族卫生状况的变迁，考察这种变迁带来挑战，有利于我们认识

① Manoj Nadkarni. The Meaning of Sanitation：an Ecosystem Approach. Cerna Centre d’economie Industrielle. Ecole Nationle Superieure des Mines de paris. 2004.

当代傣族乡村水环境治理的挑战以及维持水环境可持续的途径，寻找农村生态文明建设最基本的着力点。本文将以西双版纳傣族地区为重点，考察傣族卫生状况的变迁和相关的文化习俗变化，卫生的改善对居住环境的影响等，探讨傣族地区卫生进步、乡村环境治理和生态文明建设的关系。

一 傣族传统社会中的卫生状况

傣族是一个主要集中居住在中国云南南部的少数民族，人口约 110 万。傣族也是一个跨境民族，历史渊源关系较近的族群还分布在越南、缅甸、老挝、泰国、印度等国。在中国主要分布于西双版纳、临沧、思茅、德宏等州市。

在中国大部分的傣族居住地区都是亚热带雨林地区，降雨充沛，并且傣族人的居住地区大多数集中在河谷地区，水环境良好。传统的傣族村寨都是建在用水方便的地方，例如河流和溪流旁，这为傣族传统卫生习俗的形成提供了条件，傣族人民在历史上形成了和环境特征相一致的卫生习俗和相关的设施等文化现象，并且一直保持到 20 世纪 60 至 70 年代。总体而言，由于傣族传统社会中可以轻易地在居住环境中获得并使用水，因此相关水的卫生设施较为简单。傣族传统卫生的特征主要包括以下的构成：

1. 个人卫生

沐浴：沐浴是傣族人民重要的生活内容，也形成了一种特有的传统文化。傣族的村寨周围一般都有河流和溪流、水潭等，使人们能够便利地使用水沐浴。人们一般在每天傍晚劳动结束之后都会到周村寨边的溪流旁沐浴，沐浴不仅是人们洁净身体的一种需要，同时也是人们的一种村寨的集体生活方式，具有社交、休闲的功能。在西双版纳地区，沐浴一般是男性在溪流上方，女性在下方，人们一边沐浴一边交流信息、说笑，年轻人们还可以尽情地戏水，妇女们洗涤当日的衣物。每天到河边沐浴成为人们的一种自小养成的生活习俗。

如厕习俗：在 20 世纪 70 年代以前，由于傣族村寨基本上都是在树林茂密地方，地多人少，个人排泄基本都是处在一种自然状况下，没有厕所。人们一般就选择村寨周围没有人的树丛中方便，由于过去傣族饲养家畜也都是采用放养的方式，人们的大便排泄之后很快会家畜食去，靠近河边人们也会在水边方便，因此对环境不会造成太大的污染，但是由于气温较高也会传染疾病。

2. 生活用水的设施

饮用水井。尽管傣族人的村寨都建在河流附近，但是傣族人在过去都不习惯直接从河流中取水作为生活用水，尤其是饮用水。人们饮水都是从水井中取得的。每个村子都有一到两个水井，人们每天都会到水井中挑水，过去使用陶器，现在使用金属制的水桶。由于水井是人们生活中最重要的设施，因此水井也被人们视为神圣的地方，每一个村寨的水井上面都会建起一个漂亮的建筑物，同时使用水井也形成了相关的习俗，包括禁止人们在水井周围洗澡、洗衣物等。

家庭水井。在傣族的村寨中，很多家庭都在自己的庭院里挖掘水井，方便自己取水使用。但是按照传统的习俗，人们在自己的庭院里挖掘的水井中的水一般只用于沐浴、饲养家禽和一般的洗涤使用，并不作为饮用水。因为家庭庭院水井的水质一般都不会好。

家庭储水。每个家庭洗涤衣物、蔬菜和其他食物等一般都是到河边清洗，但是饮用水全都是来自水井中的水。每天人们挑水回家，都会使用陶罐加以储存。每个家庭都会有二至三个陶罐用于储存生活用水。由于陶罐的透气性较好，因此储存水不容易变质。

二　傣族地区卫生状况的变迁

尽管传统社会中傣族地区用水方便、地广人稀，人们可以使用简单的卫生设施而生活，但它毕竟不是一种现代标准之下的生活品质，存在着各种疾病传染的潜在风险。随着人口的增多和社会的进步，自20世纪80年代以来傣族的卫生状况也发生了较大的变化。

1. 自来水的使用

傣族地区的使用自来水历史较短，在20世纪80年代后开始使用管道自来水。在西双版纳州的勐腊县，县城自来水的供应开始于20世纪70年代。初期使用打井取水的方式，1981 年建设第一个自来水厂，1985 年开始供应生活用水。农村的供水开始于 80 年代，一般从山上建设小水坝或者水潭，通过管道引入村子，再引入家家户户使用。至 1988 年，全县共有 65% 的农村使用了这种方式供应自来水①。但是农村建设的自来水设备由于是依靠自然溪流供水，供水不稳定，水的质量也没有保障，尤其是在雨季，水管里流出来的往往都是浑水。2000 年以来，傣族地区靠近城市的村寨已经开始使用城市水厂集中供水的方式，很多村寨已经直接使用城市自来水厂管道供应的自来水，水的供应相对稳定、质量也有了很大的提升。但是由于近年来自来水的价格相对较高，每立方米收费 2 元，在景洪市郊区达 2. 8 元，加之收费的不规范，使得农民能感觉到承受不了。因此近年来很多地区的农民自己挖掘水井取水，或自己出资到村寨周围的水源地引水。在景洪市郊区的农村，人们一般饮用水都使用饮用水公司生产的桶装水。

2. 目前用水的总体状况

目前的傣族村寨中用水的总体状况是多种水源并用，主要有以下水的来源：

（1）自来水。近年来傣族农村地区已开始普及自来水，由自来水企业直接向傣族村寨中供自来水。自来水人们一般只用于沐浴或者洗涤，只有一部分村寨的人们饮用自来水。

（2）饮用水来源。在很多村寨中人们还是按照传统的习俗到村子的水井取水饮用，这其中主要的原因是古老的水井中的水水质较好，甚至有特殊的口感。景洪市大勐龙镇的曼飞龙村在村边有一个古老的水井，这里的水水质较好，为人们钟爱。因此今天村民们仍然到这一个水井中取水饮用。村民们每隔二至三天都会用拖拉机、摩托车等到水井运水。在靠近城市的农村普遍使用企业出售的桶装水。

（3）自己架设管道引水。由于自来水的付费使人们感觉到较为昂贵，因此有很多农民自己出资架设管道到村子边的水源地引水入家使用，这样的水设施一次投资，但可以多年使用，不再支付水费，同时自己寻找到的水源的水往往品质较好。目前在一些靠近山的村寨中越来越多的村民自己

① 编撰委员会编：《勐腊县志》，云南人民出版社 1994 年版。

安装引水管道从山上的水源地引水使用。

（4）庭院水井，这种水一般只用于家庭的普通洗涤使用或者饲养家畜使用。

3. 沐浴习俗的变化

自从20世纪60年代以来，随着农村小工厂的大量建设，尤其是橡胶处理厂的建设，以及种植橡胶、甘蔗等经济作物的过程中大量使用化肥、农村的污水排放等地表污染的加重，傣族地区农村水环境普遍恶化，过去清澈的村边溪流、水潭大多受到了污染，人们不能再沿袭传统在溪流边洗澡传统习俗。随着农村住房的改造，人们在家里建造了沐浴的场所。更重要的是自来水的供应也使在家里沐浴变得方便，过去在家里沐浴需要到较远的地方挑水，因此一般情况下在家里沐浴是较为困难的。自来水设施普及之后，在家里沐浴已经不存在用水困难，自来水的出现带动了家庭沐浴的普及。今天家家户户都在家里面建有浴室，每天劳作之后都能够在家里沐浴，已经完全改变了传统的集体沐浴习俗。

4. 厕所的普及及如厕习俗的变化

自20世纪90年代开始，傣族地区农村就开始推行厕所的建设和使用，在当时每一个村子一般都要求建设一两个厕所。为了厕所的冲洗方便，有的厕所建设在村子旁的溪流上，引水流进入厕所，保证了厕所的清洁，这个时期是傣族地区农村厕所推广开始。厕所的推广使用实际上并不不是很顺利的，它一方面要改变人们的传统习惯，同时需要投资建设。在那个时代由于纸张较为稀少，大多数人如厕以后一般都使用竹片清洁，这样大量的竹片堆积在厕所中，往往造成堵塞，使厕所的推广使用较为困难。

自20世纪90年代以后，傣族地区的经济有了较大的发展，由于大量种植橡胶等经济作物，人们的收入也有了明显的提高，越来越多的傣族人开始重新建设住房。这个时候很多住房开始建设的时候都设计了厕所，一般将厕所建设在住房的侧面或者后面。早期的厕所没有冲水的设施，同时由于自来水的不普及，因此厕所推广仍然是困难的。自2000年以来，人们可以在市场上买到陶瓷蹲盆，用水冲洗很方便。今天在一些农村中也是用陶便器，用自来水自动冲洗。今天在大多数的傣族农村新建房屋中，一般都设置了两个厕所在不同的楼层，厕所使用瓷砖装饰、使用陶瓷便器，已经改变了传统的如厕方式。厕所已在农村中普及，但由于经济条件限制及习惯等因素的影响，厕所普及也还不完全。据2001年的统计，在西双版纳农村718户农户样本中，使用冲水厕所的有417户、旱厕的有148户，无厕所户为153户①。

5. 污水排放管理的变化

在过去，傣族农村的生活污水排放一般都是向房屋周围自然排放。傣族的住房是上下两层的干栏式建筑，上层住人、下层堆放杂物或者饲养家禽。厨房也在上层，因此生活污水的排放一般就直接排放到第一层后自然渗入到地下。这种排放当时在村寨人口不多、住房不多的情况下一般不会造成太多的污染。另外，由于傣族过去洗衣、沐浴、洗菜都是到村寨周边的溪流中，因此在家中的污水排放量并不多，一般是洗涤餐具等。

20世纪80年代以后，随着农村用电的普及，尤其是一些家用电器的普及，家庭用水量不断增大。在20世纪80年代以后洗衣机大量进入傣族农户的家庭中，今天洗衣机的普及率已经达到了百分之百，洗衣物已经完全在家里。以此随着自来水的普及，人们沐浴、生活用品洗涤、洗菜完全在家中，使得污水的排放量大大增加。在西双版纳景洪市大勐龙镇的傣族村寨中，到2000年初期，农村污水污染已成为一个较大的问题，大量的污水直排放到楼下，由于没有污水管道排水，居住环境周围受污染非常严重，在夏天不仅有臭气，很多家庭的水井提出的水都已经是受到污水污染的水。在这个时期，很多村子都开始进行了村寨道路的建设，修建了村寨中的水泥道路，与此同时往往在道路两侧修建了排水沟，将各家各户的污水排到排水沟，再排至村子周围的河流中，但是这一做法并没有彻底改变村寨环境污染的状况。因此在近年来很多村寨开始埋设地下排水管道。在景洪市大勐龙镇的曼飞龙村，2005年由村寨出资修建埋设了污水排水管道，将家家户户的污水用管道引入到排水的主管道中，再排放到1公里外的流沙河中。在景洪市郊区的曼占宰村委会，12个自然村中有10个已修建了地下排水管道。从此以后农民新建房子，都要自己出钱修建污水管道到村子的主排水管中，基本解决了村寨排水污染的问题，近年来很多家庭

① 《西双版纳傣族自治州统计年鉴2011》，西双版纳傣族自治州统计局编印，2012年。

庭院中的水井中的水又变得清澈了。

下面的表中反映了景洪市大勐龙镇农村卫生的现状。从表1中可以看出，大勐龙镇压作为一个在景洪市中等发展水平的农村乡镇，自来水已通达大多数农户家庭住宅，大多数住宅也已有了卫生间（包括洗澡与厕所），修建了自然村的下水道，但是仍然有50%以上的家庭在饮用井水。主要受经济状况的影响，表中所列的指标还未能达到100%。

表1　　景洪市大勐龙镇农村卫生现状

村委会	人口	户数	自然村	饮用井水户	自来水户	家庭卫生间（户）	有下水道村
曼景列	4925	1072	9	920	1072	957	5
曼南坎	2301	469	5	227	242	450	4
景龙	1960	457	4	320	457	457	4

资料来源：大勐龙镇政府，2012。

三　卫生发展、环境冲突及其影响

自20世纪70年代以来，傣族地区农村的卫生有了较大的发展，卫生状况有了较大的变化。自来水供应的发展，用电的普及使人们能便捷地使用抽水机等提水设备，极大地增加了人们在家庭中的水的使用量，同时也带动了家庭沐浴、厕所等相关卫生设施、洗衣机等家用电器的普及，方便了生活。厕所以及家庭沐浴室的普及改变了传统的自然状态下的卫生方式。由于家庭用水量的增大，导致了居住环境的污水污染，近年来人们开始建设村寨中的污水排水管道，一方面是解决了村寨中的污水污染问题，另一方面对于雨季的雨水排放也是有作用的。目前傣族地区越来越多的村寨中除了提升自来水的供应，进一步解决人们日常生活的用水供给问题的同时，也在越来越多地修建污水的排放设施。总体来说由于供水设施的发展以及卫生观念的推广，傣族地区卫生的发展使傣族地区民众的生活品质有了较大的提高，同时也提高了人们的健康水平，减少了疾病的传播，改善了农村的环境。钩虫病是过去在傣族地区发病率很高的一种疾病，根据流行病学调查随意排泄粪便是当地钩虫病传染的重要原因。在西双版纳景洪市1960年的普查表明，有46.3%的人患有钩虫病，根据这一现象当地政府采取了药物治疗、粪便管理的方法进行防治，尤其是推行厕所的建设。1979年在有关的抽样调查中，钩虫病的患者已经下降到11.43%，1993年的调查中，已经很难查到钩虫病患者。这其中重要的原因就在于农村厕所的普及和其他卫生条件的改善①。农村供水的改善在这其中起了重要的作用，由于农村供水的改善不仅改善了水的质量，也使厕所的推广使用、人们沐浴条件的改善成为可能。以上这一切都是傣族地区卫生的发展进步，提高了傣族人民的生活品质和健康水平。

与此同时，卫生的发展也带来了傣族农村严重的环境问题，这其中主要的问题仍然是水环境污染问题。当前相关的冲突主要源自以下几个方面：

一是近年来农村用水量提升较快，由于人口增多、家庭沐浴、厕所的普及、洗衣机的普及以及生活洗涤完全转入住宅内，用水习俗与傣族的传统产生了实质性的变化，农村中村民用水量不断增加，导致了生活污水大量产生。目前傣族农村中修建污水排水设施的村寨还是少数，因此大多数的村民仍然面临着污水的污染问题。

二是是在经济作物大量种植及种植过程中大量使用化肥和农药等，导致农村水环境的污染。近年来，在版纳地区大量种植橡胶、香蕉等经济作物，不仅山坡地已基本被开发，大量坝区农田也已改种香蕉，造成明显的环境冲突。在景洪市勐罕镇，橡胶种植面积达17.2万亩，是2007年的2.13倍，干胶产量1.27万吨，是2007年的2.14倍。香蕉种植面积3.78万亩，是2007年的1.5倍。大量的经济作物种植，造成了当地严重的面源污染与自然水量减少。经济作物种植一般都是在比人们住宅高的山坡地上，在多雨水的傣族的居住很容易造成地表渗透污染。与此同时在农村今天仍然有很多小型的橡胶等加工厂，由于没有污水处理设施，污水都直接排放到河流中，对傣族地区农村水环境造成非常明显的污染。当地居民已不能使用河沟中的水。在景洪城郊的曼景保村，由于当地橡胶处理厂的污水排放污染，村子中水井中的水已不能饮用，一口古老的水井目前已面临废弃。在勐罕勐，橡胶的种植造成了明显的河沟水量减少或干涸，不少橡胶种植区域内河沟在近年来出现干涸。这些现象都直接地影响到了当地居民身体健康和卫生水平的提高。

---

① 景洪县志编撰委员会编：《景洪县志》，云南人民出版社2000年版。

三是污水排放对河流的污染。很多村寨中修建了污水排污管道，但是这些排污管道的污水都直接排放周边的河流中，同样将造成河流的污染。在景洪市的流沙河流域，越来越多的农村建设排污管道都直接将污水排入这条河流中，导致了这条河流的污染不断加重，成为傣族地区环境治理的新挑战。很多村子的生活污水都直接排入了澜沧江，对澜沧江造成了污染。

水环境的污染问题直接影响到人们的健康安全和生活状态。傣族的生活与水环境有密切的关系，人们不仅频繁直接接触周边的水，同样傣族传统的很多食物都来自于自然的水环境中，如在水中采集野生植物、种植食用植物及捕捞小鱼、虾、蟹等，其中水生植物是傣族重要的传统食物来源。由于水环境的污染，接触水及食用污染水中的食物都危害到健康。尤其严重的后果是造成了当地很多村寨饮用水的短缺①。

卫生的进步的同时还改变了人们的传统，尤其是人们的传统水文化，包括人们的用水习俗和管理水的制度。在傣族的传统社会中，很多传统的用水习俗都不仅是一种简单的习俗，它和整个社会文化传统都有直接的关系。傣族是一个对水有深刻认识、近水、亲水、护水的民族。在傣族的历史上曾经频繁迁徙，迁徙和定居都是在选择在江河流域。在傣族的传说中的宇宙万物都是来源于水，人们的宗教信仰、生计方式、社会组织、社会规范和习俗等等，是有密切的关系，甚至是建立在和水的互动关系之上的。例如传统社会中在河边沐浴的习俗不仅是一种洁净身体的需要，同时也是一种重要的社交生活。傣族过新年的泼水活动具有娱乐的功能，也有表示祝福满足人们心理需求的功能。每个村子中集体使用的水井同样也有社交的功能，尤其是妇女能够在劳作之余在水井边相聚、交谈，因此妇女们都很看重到水井边，每天到水井挑水前都要打扮一番，可见妇女们把到水井挑水看做是有特别含意的事。因此在傣族社会中，水成为联系人们社会生活的纽带和黏合剂，这其中更主要的是维持着人们对水的认识以及和水的友好关系。然而随着水的使用方式的改变，人们社会生活中的很多方面也在发生变化，对水的可持续利用是有消极影响的②。

---

① 参阅郑晓云《傣族的水文化、水环境与健康生活》，载《全球化与民族文化——郑晓云学术研究文集》，中国书籍出版社 2005 年版。

② 参阅郑晓云《傣族的水文化和可持续发展》，载《全球化与民族文化——郑晓云学术研究文集》，中国书籍出版社 2005 年版。

四 结论与讨论

在过去的几十年中，随着经济的发展和人口的增多、城市化发展的影响，傣族地区的水环境已发生了较大的变化。这种变化主要表现在城镇和农村供水方式的变化、人们用水的方式变化以及相关的传统习俗由于水的使用方式的变化而被改变，同时在发展中出现的供水的不足、水环境污染等问题。近年来由于气候变化的影响，傣族地区还存在着水短缺的问题，尤其是2009年以来中国西南的大干旱也对傣族地区产生的影响，造成的自然水量的减少。傣族地区的卫生发展与这种状况是相交织的。

研究表明，傣族地区卫生的发展一方面使人们的生活品质和健康水平有了较大的提升，另一方面受水环境变化的影响，人们的卫生状况也并不都是向着正向的方向发展的，在卫生发展的同时由于水环境的恶化造成了对当地居民的影响，包括水质安全、饮用水的保障、水环境安全等对人们生活和健康的影响。随着卫生状况的改善，城乡家庭用水量剧增，同时也带来了生活污水排放量的剧增，城乡生活污水，尤其是在农村由于基础设施的薄弱使生活污水对水环境的污染更加突出，在一些地区成为农村较为严重的污染源。

近年来，由于农村包产到户的影响，农村中的生产关系和社会关系有了较大的变化，农村公益事业受到了较大的冲击，同样也影响到了水环境的状态。农村的村民不仅保护水环境的意识逐渐淡薄、保护和建设水环境的制度和措施也是欠缺的。在一些农村中，传统的农村水环境构成，包括水潭、沟渠、水井等设施都不能像过去那样得到村民们的保护、维修，甚至被破坏。很多村子中也丧失了过去曾经拥有的水景观，在历史上存在的保护水环境的社会规范和制度已经丧失。这种状况也是导致农村水环境恶化的一个因素。

水环境和卫生的发展有直接的关系。卫生的发展不仅是衡量人们生活质量提升的标志，同时也是衡量生态环境的重要标志，卫生状况的发展必须和生态环境尤其是和水环境保持一种平衡发展状态。今天傣族地区水环境的变化一方面受到卫生发展的影响，尤其是生活污水带来的水环境污染，另一方面水环境的变化，尤其是经济发展造成的水环境污染也同样影响到人们的卫生状况的进一步改善。因此在卫生发展的同时，不可忽视水环境的治理。必须要加强水环境的治理，才能真正使傣族的农村的卫生发展获得提升。

今天傣族农村的水环境治理，重点一是要保障人们的生活供水，使傣族农村不仅有足够的生活用水，同时也有安全的水供给。二是加大农村生活污水的治理，减少生活污水对农村环境的影响，尤其是在傣族地区生活污水和生产污水带来的对河流的污染。在加快污水处理厂建设的同时，大规模试验推广生物净水池等技术解决农村污水处理问题。三是要加强农村水源的管理，近年来农村中随意开采水源的现象较为突出，不保护农村的水源，将会对农村的饮水安全带来更大的负面影响。四是要加大农村水景观的保护和治理，对一个村子水景观构成的沟渠、水潭、水井和水源等都应该加以修整和保护，防止进一步的水污染，在维持农村优美的水景观的同时，也为人们提供一个安全的水环境，这样傣族农村会变得更美。

综上所述，今天在我们思考傣族地区的生态文明建设的时候，也必须从农村水环境治理这一个最基础的环节开始，才能够真正有效推动农村生态文明的建设，实现农村环境的可持续。傣族人民在历史上创造出了自己的生态文明，傣族人民有较高的生态文明意识和相关的制度，这些都将成为近年建设更高的生态文明的重要的文化基础。今天傣族地区生态文明建设不能仅停留在对传统的思考和留念上，还必须结合今天傣族地区生态环境变化和人们今天和水环境互动的具体实际，从生态建设最基础的环节出发，才能真正见到效果。

（本文原为英文写成，载 Evolution of Sanitation and Wastewater Technologies through the Centuries，IWA Publishing，2014）

人水关系变迁与可持续发展

——云南大盈江畔一个傣族村的人类学考察[①]

在当代的发展过程中，水问题已成为一个影响到发展可持续性的关键问题，并且越来越多的新问题不断地凸显出来，然而水的相关问题恰恰也是在发展过程中被忽略的问题，尤其是在农村发展中。自 2009 年中国西南遭遇到百年大旱以来，中国西南这些传统的丰水区域也受到了缺水的巨大困扰，云南省作为一个拥有四条国际河流的边境省份，在河流水资源问题上和周边国家也产生了相关的争执。那么当代水问题的出现除了气候变化的原因以外，人类活动是否也产生着相关的影响，人类和水之间互动关系的变化对未来水的可持续利用将产生什么样的影响，这都是有价值的科学话题，并有必要进行微观的验证。本文以云南省的大盈江流域的一个傣族村子作为研究的实例，来探讨人类和水之间互动关系的变化对当地农村发展以及区域性的水环境的影响。

一　研究点概况

大盈江古称太平江，其上游主支槟榔江发源于腾冲境内高黎贡山南麓，流入盈江坝子后在旧城区的下拉寨与南底河汇合后始称为大盈江。因此在《腾越厅志》中有这样的记载：“众流萦合名曰盈江。”大盈江是一条中缅国际河流，流经盈江坝子后在八茂附近出国境流入缅甸，在八莫注入伊洛瓦底江。盈江县位于云南省西南部，其西、西北、西南三面与缅甸为邻。大盈江是盈江县境内最大的河流，县境内河道长 145. 5 公里，径流

---

① 本文为与皮泓漪合著。

面积2726.6平方公里，占全县土地总面积的63.25%。大盈江支流众多，其流域内的居民占盈江县总人口的80%以上①。丰富的水资源滋润着流域内的万顷良田，深深影响着境内居民生产生活。

本项研究的田野调查地点项棒寨是一个傣族村寨，是位于大盈江水系中的众多自然村之一，属平原镇兴和村。兴和村下辖14个自然村，16个村民小组，项棒寨即是其中的自然村之一，距兴和村村委会约1公里多，距县城约6公里。据2011年7月的统计，当时全寨有89户，共400人，其中傣族占97.5%，全村寨村民信仰南传上座部佛教，五十岁以上、儿女已成家的老人在农历每月初八、十五、二十三、三十均要上奘房虔心侍佛。当地生计以水稻、甘蔗及早冬蔬果的种植为主，辅以牛羊养殖。全寨共有水田650亩，其中稻谷500亩，甘蔗150亩，虽然二者的种植比例每年会有些许变化，但水稻的种植面积远远大于甘蔗，大面积的水田对灌溉的需求是巨大的。

项棒为傣语音译，在傣语中是“坝子尾”的意思。项棒寨寨外有盏达河、木乃河、勐勇河三条河流，将寨子环绕于其中，项棒即位于盏达河与木乃河所形成的坝子中。盏达河（傣语，意为有眼（即脸面）的地方河），源于勐弄乡风吹坡，由北而南流经项棒寨东边，过县城西侧，在太平区的磨洪寨前注入大盈江，其河道全长24.5千米，径流面积198.6平方公里，是大盈江主要的支流之一；木乃河（傣语，意为弯曲的河），源于簿刀岭岗，由西北向东南流经寨子，将寨子分成主体的大寨和另一只有十多户的小寨，在寨子东南角注入盏达河，河道长约20千米；勐勇河（傣语，意为幸福的河流）源于小尖峰，由西北向东南流经寨子北边，在寨子东北角注入盏达河，全长约14公里。② 木乃河和勐勇河都是盏达河主要的支流，在项棒寨的东边汇入盏达河，两汇流处相距一百多米。当地人称木乃河为【nam ta】，【nam】是水的意思，【ta】是眼泪的意思，村民说此词形容木乃河在旱季时河水很少，就像眼泪一样。而称勐勇河则为【nam bəŋ】，【bəŋ】为澡堂之意，因为勐勇河流经寨子的西南处有地热，此处河水有一定温度，村民在附近建有天然的温泉澡堂。木乃河是村民日

① 以上资料来源于《云南省志·水利志》和1994年版的《德宏州志·综合卷》。

② 有关这三条河流的资料部分来源于1994年版的《德宏州志·综合卷》和1997年版的《盈江县志》。

常生活用水的主要来源，平原镇的部分生活用水也来自于木乃河上游，而寨子的灌溉用水主要来源于勐勇河和盏达河。

二 河流与生计

作为一个三面环水的寨子，项棒有着丰富的水资源及良好的水环境；而作为一个沿江河而居的傣族寨子，在世代的居住过程中形成了他们自己对河流的利用和管理方式，构建起了特殊的人水关系。人们的生产、生活乃至精神生活都与河流有着直接的关系，以河流为中心展开，人们利用河流获得生存资料，与此同时河流的变迁也改变着的人们的生活。河流与寨子村民生计的关系及对河流利用与管理可以从以下几方面来进行考察。

1. 日常生活中对河流的利用

木乃河流经寨子的河段多位于开阔地段，较勐勇河宽阔，水流较大，而且两岸多有沙滩，距寨子最近，因此日常生活中它与人们的关系最为密切。在20世纪六七十年代，河水未被污染前，临河的村民都是直接从河里打水饮用，在河中淘米洗菜。现在水质虽然不如以前，但人们依然充分利用河流延续着传统的生活方式。制作水腌菜是其中一个典型例子。坝子的傣族有吃水腌菜的习惯，但水腌菜的制作过程中得消耗大量的水，没有足够清洁水的地方是很难做出可口的水腌菜来的。水腌菜的制作过程复杂而又耗水：先将原材料大青菜的粗大的茎剥细，用水洗净；然后将青菜切细，用大量的盐腌渍，寨中一年常年在户勐街上卖菜的妇女，每天下午都会制作近30公斤的水腌菜，而这些水腌菜会耗用一百多斤的新鲜青菜及大量的水。除了水腌菜的制作外，平时人们对水的需求也很大，女人做饭洗菜需要大量的水，从地里归来的男人在水龙头前捧水洗脸擦身子，炎热的午后小孩在院子里直接拿水管往身上冲水洗澡，所以在院子的外面、寨子内水泥路的两边都会有排水沟。午后，女人们在河边寻一处平坦而有树荫的地方边洗衣服边聊天，拉着家长里短，说着最近的新鲜事。天气炎热的时候，孩子们光着身子在河中嬉戏玩水。傍晚夜色降临的时候，男人和老人去河中洗澡，这不仅洗去了身上的污垢，也洗去了一天的劳累。河流在不同的时候不同的人群当中扮演着相同的角色：清洁、放松与交流。

河流也为当地村民提供了食物来源。在七十年代以前，木乃河河水清澈，小花鱼、小飞鱼、挑手鱼、马刀鱼、小鲫鱼等各种鱼儿成群在水中流动。据村里老人描述："干季里，每当天气变化，或是太阳正烈时，站在河上的竹桥上可以看见河中鱼成群的流动，还不时地有小飞鱼跃出水面。"这些鱼类不仅体现出了当时自然环境的美，而且更为那时的人们提供了生活上的帮助。六十年代，村民的生活水平比较差，肉类的限量供应使村民饭桌上肉类缺乏。村里的老人说那时他们经常在木乃河上撒网捕鱼，一小时即可捕三四斤鱼。除了在河流中捕鱼外，村民还会在稻田边的沟渠中捕鱼。每年七八月份稻谷开花时，小花鱼便会从河中经灌溉沟渠进入稻田产卵，孵化小鱼，也只有在稻谷开花的这段时间内可以捕到小花鱼。挑选一个涨水过后的傍晚，将沟渠的上段用石头，泥沙等堵住，使水不再往下流，然后在下段用石头等把沟渠堵成一个小缺口，并将自家编织的竹雨篓埋在缺口处，等这段沟渠中的水快流尽时，小花鱼便会顺着水进入鱼篓中，一晚上即可以捕到两三斤。这些鱼在那个物质相对贫乏的年代不仅丰富了人们的餐桌，而且使人们的生活多了种乐趣，即便在今天那些美好的回忆依然是人们自豪的谈资。

2. 水与人生礼仪及节庆

在傣族，水不仅是一种生产生活中不可或缺的自然资源，更是一种神圣的媒介物质。它在傣族人生中的重要时刻扮演着重要的角色，最典型的就是人的出生与死亡之时。在当地，当小孩出生后，家中的老人都会从山上或水边采来一些草药，熬成水后给婴儿和母亲擦洗身体、进行洗礼，洗去污晦，以保佑母子平安、迎接新生命的到来。在人去世后（小孩夭折除外），也会用藿香叶等熬水擦洗身体，意在将人在世间的一切烦恼与罪恶都洗净，干干净净的去西方极乐世界。出生与死亡时对水的利用，显示了水的圣洁性。新生的婴儿经过水的洗礼，不仅去除了身体上的污秽，更是获得了进入这个世界的认可；而死亡时的清洗不仅清洁了肉体，更是洗去了人这一生在人世间所有艰辛与罪恶，带着干净的灵魂进入另一个世界。水的圣洁性带给人们平安健康与纯洁，人来源于水最终也将回归于水。

作为一个全民信仰南传上座部佛教的寨子，泼水节也是当地人们的一个重要节日。每年 4 月 13—15 日的傣历新年时，项棒寨的村民都会聚集在木乃河边举行盛大的泼水节。之所以会选择在河边，是因为河边取水方便。节日的头一天，寨子里的青年男女会到山上去采摘树枝鲜花，采回来后由中老年男子制作成“水树”，竖立在河边。第二天早上，寨子的老人要在“水树”边念经、举行佛事，当佛事活动完后，由佛爷用树枝向念经的老人身上洒清水，然后泼水活动开始，人们（尤其是年轻人和小孩）开始互相泼水。第三天活动结束。泼水节不仅是侍佛的老人们举行佛事活动的重要时候，也是寨子成年劳动力在农忙时的放松，孩子们相互嬉戏增进相互间感情的时候。

除了傣历新年外，在农历新年的第一天，当地的傣族人民都有抢新年第一桶水的习俗。在大年初一早上五六点钟天还没亮时，家里的男人都会早早起床，来到河边打第一桶新水。在打新水之前先得向土地公公及水神祭献，当地称为“买水”，其过程是：先将糯米笆笆及饵丝放在河边，点燃一对香、一支蜡烛及冥币，然后将一枚硬币扔入水中，在这个过程中人们会念一些祈祷平安与保佑的话语。当买水仪式结束后，便可以打水回家了。这一天，女人休息，而男人则取代了平日女人的角色。新水打回家后，男人便开始忙活着用新水为全家人准备美味的新年第一顿饭，以及家中猪、牛、鸡等牲口的喂养。人们认为吃过一家之主的男人用新水做的饭后，全家人一年四季都会平安幸福，家庭兴旺，而家中的牲畜在这一年中也会有很好的长势。今天人们虽然不再去河里打水吃，但打新年第一桶新水的习俗依然延续着，只是“买水”的地点从河边转移到了自家院子的井边或自来水龙头旁。

3. 农田灌溉

作为一个稻作民族，水稻种植对农田水利灌溉的要求很高，“有水无肥一半谷，有肥无水望天哭”形容了水对于水稻种植的重要性。在河床高时，人们开挖沟渠，沿河用竹石笼打坝截流，直接引河水灌溉农田。现在项棒寨的灌溉用水主要来源于勐勇河，极少部分间接取自于盏达河。坝区田地平坦，田间地头灌溉沟渠交织无数，只要有水稻的地方就会有灌溉沟渠，不论大小。项棒寨现共有灌溉沟渠主干道 15 条，其支流具体数目不详。这些沟渠中有的是有着几百年的老灌溉沟，有的是近几年国家出资新建，也有自然形成或村民自己开挖的，除了国家修建的之外，其他的村民都很难分清楚哪些是谁修建的，是什么时候修建的。

虽然项棒寨及其所属农田有充足的灌溉水源，但在项棒所属的整个盈江坝子，河流分布不均，有些远离河流的农田灌溉困难，而盈江坝是重要的产粮区，为了解决灌溉问题，兴建了盏达河西沟引水灌溉工程。因其位于盏达河之西，而命名为西大沟。西大沟工程于1978年开始勘测，1979年破土动工，历时八年，1987年底落成，1990年又对西大沟进行了部分重建和维修，给山脚下的沟体部分建立了沟盖，以防止山上泥石滑入沟中堵塞沟渠。西大沟渠首位于莲花山乡高里户蕨坝寨脚，沟线沿盏达河右岸山脚环绕至莲花二村，沿途有木乃河、勐勇河补给，全长11.5公里，灌溉稻田蔗地面积达13100亩。除了西大沟外，近几年国家对当地的农田灌溉也给予了大力支持。从1997年开始，国家在当地推行农田水利改造项目，投资修建主灌溉沟渠。2010年，兴和村就利用国家专项资金修建了三条主要的灌溉沟渠，每条花费40万元。

项棒寨所处地理位置的特殊性，使寨子的水资源特别丰富，外加上各种灌溉沟渠的作用，在这里没有过干旱的困扰，即使在2010年西南大旱时，项棒寨的农作物也没用受到什么影响，反而早冬蔬果都获得了大丰收，只有种植在山地的甘蔗受到了些许影响。

4. 水能利用

傣族以稻米为主食，在电力出现以前，谷子都是用水碾、水碓、水磨来加工。20世纪60年代以前，河床水位高，人们直接在河边开挖沟渠，用竹石笼堵水，将水引进寨子，作为碾房动力能源。寨子以前有两座以水为动力的水碾碾米坊，一座为土司后代思家独家经营，一座在村外，由村里的龚家人合资，引勐勇河与盏达河河水做动力。位于寨内的思家辗房直接用石笼堵水将木乃河水引入寨内做石碾子的动力。据《盈江县志》记载：“水碾分为上、下两部分，下面为木质水伞，置于石制的龙窝中。水伞中轴伸出上部碾台，以轴为中心砌有圆圈形石碾槽。轴头穿横木，横木一端或两端装石轮，急流冲转水伞，中轴旋转，带动沿石槽转动以加工槽中谷物。”现在在村民家中依然可以看到遗留下来的部分石头碾子。据相关统计，在50年代时，整个盈江县仅水碾就有一百五十多个。因为水碾加工粮食的效率高，一昼夜可加工400—500公斤，在1960年以前，粮管所、粮店的大部分粮食都是委托农户加工的。当时都是粮食加工好后，再由村民用肩挑或用马匹驮运到粮店。20世纪60年代末70年代初，由于河床的下降，引水困难，加之农村电力的发展，新动力能源的出现，开始使用水电加工，碾坊逐渐退出了历史的舞台。

三 河流的管理

1. 河段管理

在河流的管理方面，人们一直沿用历史上“河流流经哪个寨子，该河段就由哪个寨子管理”的不成文的规定。但在80年代以前，河流是由寨子统一管理，本寨子的人只能在所属河段中捡自家用的石头，多拿则会被罚，其他寨子的人则不能在该河段采石，即使要采也必须经得所属寨同意。若是盗采一经发现后，河流所属寨可以将盗者家中的猪和鸡等捉走，供全寨人一起吃，而盗采者不能有任何反抗。据老村长说：合作社时期，若人们从河里捡石头卖，则每年需向寨子缴纳20元钱。随着80年代的包产到户，河流的管理也发生了变化，管理者由寨子转向了个人，即：河流流经谁家的田地，该河段就由谁管理；若是河流两边均有农田，则该段一分为二，各家一半。针对这种分法，在盏达河的一段十多米的河道中就有一起因为河道权属问题而产生的纠纷，至今未解：河西岸一直是龚家的稻田，而去年另一村民则在相对的河东岸新开了一块稻田，由此新开地者认为他也有权享有该河段的一半，但龚家因为他是新垦地，拒不承认。各家对自家所属河段的沙石享有处决权，在别人的河段采石须经由所属人同意。

2. 灌溉管理

傣族是一个稻作民族，水稻这种需要精耕细作的种植方式对灌溉有着极高的要求。云南各地的傣族都形成了各具特色的灌溉方式，并由此而形成了一套严密的灌溉管理方式。项棒寨也不例外，世代居民在水稻的种植过程中形成自己的一套实用的灌溉管理方法。

在民国时期，盈江地区大多采取的是“谁修建谁管理”的灌溉管理制度。由沟渠的修建者共同推举出一位“沟头”来负责灌溉管理。“沟头”主要负责每年沟渠岁修的组织，通水日期，分水水口水平的设置；

汛期沟渠的巡视和小事故的排除维修，重大险情时通知用户抢修；出工清算以及水费的交纳等等。“沟头”的报酬是由受益农户筹集稻谷或者是分部分田地给他种植，而不需承担任何义务工。灌溉用水户每年集会一次，确定来年的管理人员，及处罚偷放水或拒不出工的农户。处罚的办法是：“沟头”及受益农民一起到违约者家中抓鸡、捉猪、拉牛马折款，请所有人吃一顿饭，严重者还会加倍的处罚。这些沟渠管理多为民间自发组织，也有部分为封建把头所操纵。

从50年代农业合作社开始，直到1982年分田到户前，项棒寨的灌溉沟渠由合作社指定专门的人员管理。当时项棒寨有5人，一般选年龄较长者（其原因有二：一是因为这活相对较轻松，所以照顾年长者；二是因为年长者更了解各田地的情况），但这些人并不完全脱离劳动，只是在插秧到割谷这段时间内负责全寨的稻田灌溉，决定哪块地该什么时候放水，放多少水，以及沟渠的清理维护等。每人每天记11—11.5个工分，而当时成年男劳动力每天最高可得12个工分。并根据管理成效决定继任或更换。若是哪块土地需要新建沟渠，则由寨子全体一起去修建。

80年代田地分到各户后，灌溉沟渠的管理按照“谁受益，谁管理”的原则，由村民共同引水，共同灌溉，共同管理。即此条沟渠灌溉了哪些农田，就由这些农田所属村民共同管理，沟渠的维护以及放水的具体情况都由村民自己协商。在每年插秧的前后几天，受益户会一起相约去清理灌溉沟渠，主要是将沟中杂草清除，以保证水流的畅通。在稻田需要放水灌溉时，人们在田间地头碰见了打一下招呼即可，若没有碰见则不用特意去说，只需按照自己稻田的需水量来自行决定放水口的大小，谁都不会多放或不会不顾及其他农户的稻田情况。在谈及这种没有成文规定每家放多少水时，用水时村民会不会因为放水不均而发生矛盾冲突，村长说“人们都是按良心来做事的”，所以在灌溉上村民间不会有什么大的冲突，即使有也只是小矛盾，村民自己就协商解决了。村里老人也说，至今还没有人因为灌溉用水而闹大矛盾打架的。

1987年西大沟建成后，也成立了相应的管理组织。据《盈江县水利志》记载：“1987年西沟设专业管理人员4人，实行分段管理，其报酬由受益区按面积交纳水费解决，水费标准为每亩交原粮5千克（稻谷）。”针对西大沟的管理，兴和村也成立了“平原镇西大沟兴和村灌区用水户协会”，并制定了相关章程。现在西大沟的管理由平原镇水管所指定的

“沟站长”实行分段管理。“沟站长”要负责任，并有一定的威信，多由灌区的社干部担任。其主要职责是询视沟渠，检查是否有塌方堵塞渠道，以及闸门放水量的控制等。“沟站长”的报酬为300元/月，其来源于受益户所交纳的水费，水费按照每亩灌溉面积10千克粮的标准来收取。而现在“沟站长”的报酬主要由镇水管所来支付。

3. 汛期治理

大盈江水系水患自古即存在，一直危害着流域内各族人民的生产生活。江河洪泛年年发生而且都发生在5月至10月的雨季，其原因主要有两方面：一是气候原因，该地常年受西南季风的控制和印度洋暖湿气流的影响，夏秋季节常见暴雨，冬春季节则少雨干旱。而县境内的河流主要靠降雨补给，上游降雨，下游涨水，雨停则水位降落，洪峰历时短就成了当地河流的主要特征。二是地质原因，江河上游峡谷河段都属岩石河槽，而在下游的盆地河段则都是砂卵石沉积河床。上游水流湍急，挟沙能力强，大量的沙石被带至下游盆地河段沉积下来，汛期河流更易泛滥。

在河流洪泛的面前，人们采取了各种积极有效的措施来治理河流，防范洪灾。据史料记载，大盈江干流及主要支流盏达河、南底河等的防洪治理，始于清朝后期。清末民初在防洪治理上采取的是农户自防，以田围埂，水来土掩，岸垮打坝的方式。据《盈江县水利志》及《云南省志·水利志》的相关记载，在20世纪30年代到1952年盈江解放前，当地的防洪一直采取以土司下设的衙门或村寨与几户筑堤联防，责任到江河岸边田的方式；冬春修加土培堤，雨季防洪堵决口都由耕种江边农田的农户包干，堤决罚款。虽然采取的是责任到村或户的严厉的防洪措施，但由于当时的技术原因及农户经济原因，所修建的防洪设施都不牢固，而且都是临时的治标工程，因此“十年防洪九成灾”在当时就成为了常事，小灾基本年年有，十多年则可能有一次大灾。

解放后，当地政府对大盈江的水患开始了有规划的治理。1952年提出了“以治标为主，坚持防（洪）重于抢（险）”的治理方针；1966年提出了“上堵、中筑、下排”的全面治理办法，但是这些治理都只是针对大盈江干流及主要支流南底河及盏达河，而对于项棒寨外围的木乃河、勐勇河这样的次级支流，依然采取的是村寨或几户联防的方式，以“水来方堵”的治标方法为主。现年69岁的老村长形容项棒寨雨季的防洪是

"年年冲，年年堵"，"插完秧后，男人们就都去堵水"。在50年代到70年代末的农业合作社时期，每逢雨季河流涨水，危及两岸时，全寨的男人都要去堵决口，以防止洪水冲毁堤岸，淹没农田。堵水时采用的都是竹石笼竹梢工程与竹桩竹梢工程相结合的技术，其主要方法是：等洪峰过后，人们先在决口处打下竹桩，然后竹梢垫于竹桩后的底部（将竹梢垫于底部既可以保护其上的竹笼，又可在一定程度上在削减水能，稳固竹石笼），再在竹梢上放置编织好的竹笼，最后往竹笼中装入大的河石，以堵住缺口。竹石笼分为两种，小的长2—3米，称为鸡嘴笼或短石笼；大的可达5米多，称为长条石笼，用途较短石笼广。平均每个竹笼可装河石5—6立方米。这种就地取材的方法很好的适应了当地的实际情况，在70年代以前，整个坝子地广人稀，劳动力相对不足，每逢雨季便急大量的人力去防洪堵水；加之当时物质缺乏，没有足够的财力、物力投入其中，而寨子的家家户户都种有大量的竹子，因此在财力物力缺乏的情况下，这种传统的治水方式便得到了很好的应用。

在1982年包户后，河流的属权关系随着农村农业合作社的解体而发生了变化，由村寨管理变成了个人管理，坚持"谁受益谁负担"的原则，即河流流经谁家的农田处就由谁负责治理，若是几户的共有农田则由那几户共同承担防洪任务。这种方式一直持续到今天，采用的依然是传统的竹石笼竹梢工程。竹石笼不仅可以起到堵决口护堤岸的作用，而且可以起到顺水导流的作用。制作工艺简单，就地取材，方便而且经济实用是竹石笼一直沿用至今的原因，但由于竹制石笼底部浸泡于水中，常年受水流的冲击及沙石的磨损，而露出水面的部分又常年受风吹日晒雨淋，很容易腐蚀损坏，这不仅影响防洪的成效，而且损坏的竹石笼每年都得重置，加重了防洪的工作量。后来在县政府"自力更生，勤俭防洪"政策的指导下，采取群众自筹为主，国家补助为辅的办法在解决资金不足的前提下提高防洪成效。由政府提供一定数量的铁丝或钢筋用于村民自己编织铁丝笼，以取代传统竹笼易损坏的缺点，延长使用寿命，节省劳力的同时提高防洪成效。改良后的钢筋石笼工程取代了传统的竹石笼竹梢工程。今天在项棒寨外围的河流中还可以看一个个与河岸成100°—120°角顺流而置的石笼，静静地守护着两岸的农田。

除了汛期的水利工程治理外，人们越来越注重生物治理，重视从源头上去解决问题。河头水源林大多被划归为国有林而保护起来。而且已被开垦为甘蔗地的山地近几年也有部分被种上了各种经济林木，在一定程度上对水土起到了保持作用。寨子周围开始栽种大叶柳、凤尾竹、黑竹等，这些对于水土保持都有很好的作用。大叶柳为嗜水性乔木，其枝条易于自行繁殖，易成活，生长快，生长于江河岸边其可以很好的固定水土。而凤尾竹和黑竹等竹子，根系发达，易于栽种，7 年即可成林，能够固结土壤，保护河岸，防止雨水的剥蚀，对于堤岸的维护起到很好作用。生物工程与水利工程相结合不仅提高了防洪管理的效率，而且提高了植被覆盖率，改善了寨子的环境。

四　人水关系的变化

本文所考察的人水关系的变化重点在 20 世纪 80 年代以来。这因为这一时期随着农村生产责任制的推行，农村生产关系发生了较大的变化，家庭为生产主体的出现，也同时影响到了人水关系的变化。下面我们从几个典型的方面来加以考察。

1. 河流的污染与资源退化

清澈的河水，成群的小鱼，与当时傣族人民的生活习惯有着直接的关系。20 世纪 60 年代以前，傣族人民依靠自然，过着一种很环保的生活，日常生活中的很多用品都是取之于自然，如用芭蕉叶以及其他的树叶来包装东西，拿竹篾当绳子拴东西，这些天然的枝叶，使用完后不管被弃于何处，都可以很快的腐烂化解，那时河中漂过的大多只是树叶水草，而田地里使用的肥料都是农家肥或者庄稼收获后的枯枝，加之人口较少，这样的生活方式对当时环境造成污染很小。因此那时河水很清澈干净，人们直接从河里打水饮用，在河边淘米洗菜，沐浴洗衣。

60 年代末期，随着化肥农药及各种塑料包装袋的出现，河流逐渐受到了污染。人们将使用完后的包装袋扔进河里，有的顺水流至下游，有的被冲置于两岸，或沉于河底，这些东西都不能分解，加之人口不断增多，各种生活垃圾也随之增多。岸边的居民随手将垃圾倒进河里，河水被污染，人们再也不可能直接从河里打水饮用了，而是每家都在院子里挖井，取井水引用。现在各种塑料袋的使用特别频繁，一个家庭每天使用的数量也是很惊人的，装任何东西都用，而且用后就丢掉。项棒寨的桥头堆满了垃圾，各种颜色的塑料袋混杂其中，河中也不时会漂来各种塑料袋。人们甚至将病死的猪直接丢进河里，天热腐烂后臭气难闻。

河流污染严重破坏了传统的人与自然和谐的局面。河流水环境的变化使鱼失去了它们的生存环境，加之各种不合理的捕鱼方式，使鱼的数量急剧减少，已趋于灭绝。以前人们用鱼网或鱼篓捕鱼，但是后来人们用土炮炸鱼，甚至将生石灰撒入沟中，这样一次的捕鱼量很大，但是对鱼及其他生物的伤害却是巨大的。再后来，电捕鱼器盛行，以电击鱼。虽然这些方法较之于传统的鱼网和鱼篓对鱼的捕捞量大，但破坏性极大，因此河中的鱼越来越少，以前一两小时所捕到的鱼，现在一两天也很难再捕到，从河中捕鱼来做为饭桌上的菜已经成为大多数村民的回忆。村里早几年时也有关于“不准炸鱼”的乡规民约，但无人遵守。如今“河中鱼儿成群”美景早已不复存在。不仅仅是鱼类，其他的生物也一样，沟渠中的田螺，黄鳝都已只停留在人们的记忆当中。傣族人们喜食水中的野生植物，如水芹、水香菜、藓类等等，但这些今天项棒人的餐桌上已经很难见到，不仅是因为数量的减少，更是因为河流水质的污染，让人们不再放心地去食用。

2. 河道资源的过度利用与河道的破坏

随着社会经济的发展和河流权属关系的变化，人们开始积极地去发掘河流的各种附加价值，使河流能最大限度地满足人们的经济需求。20 世纪 80 年代以前，人们并没有发现河石河沙的经济价值，只是按需取用，后来当意识到河石河沙所带来的利润时，人们便开始向河流无止境的索取。

80 年代后期，河中挖沙采石现象逐渐增多，并随着拖拉机等运输工具的出现，挖沙现象越来越严重。挖沙的河段主要集中于木乃河与盏达河的交汇处以及勐勇河与盏达河的交汇处，以盏达河的情况最为严重。下游的挖沙不仅使所挖河段河床下降，而且由于流水的冲刷作用，河中上游的河床也会随之下降。据目测，木乃河的河床在近二十年来下降了 3—4 米。寨子原来的老石桥就是由于河床下降，使桥墩失去坚硬的基底而坍塌。由于前车之鉴，现在河流上每一座桥，不论石桥还是水泥桥，也不论大小，在距离桥 10—20 米的下游，人们会用石笼在河中筑起一道坝，防止该段沙石冲走，维持坝以上的河床高度，以保护桥。

现在在河流的两汇流处，每天河中都会有两到三台挖掘机在河中挖沙作业，其挖沙量也是惊人的，按照河中挖沙村民的估计，每天他们至少会从河中挖走1000多吨沙石，多数是运往县城附近销售，而“3·10地震”的灾后重建工作更是加大了对沙石的需求。除了河中挖沙外，附近还有不少砂石厂，这些石厂的原料也是来自于河流中的河石，按照石场每天工作1—2小时即可生产碎石10多立方米，每年正常工作250天来计算，其耗石量也是巨大的，尤其是在对建筑材料需求量大的时候，这个数据只会有增无减。

面对河道挖沙采石日益加剧，河道破坏的现象，项棒人民开始关注与保护河流，尤其是在对勐勇河的管理上，不仅不在河中挖沙，还在中游和上游筑坝，以保护桥和水头。在项棒寨所属山地的山脚下，勐勇河上游，有这样一块小石碑：“告示：项棒寨，拉屯散（河边项棒寨的一块水田的名字）田头，第一水头严禁采石拉沙，如造成水头塌方，由采石拉沙者负有全部责任。由此界碑上二百米，下三百米，如有违者罚款500—1000元，望予合作。2011年7月”虽然这石碑所立时间不长，但却清楚的反映出了村民对河流的保护意识。这种在河流上游筑坝，当地人称为“打水头”，在上游的河中 用石笼筑起一道小坝，在雨季可以防止中下游河水太大，而在旱季时又可以决坝用于灌溉，其作用类似于一个小水库，可以起到一定的蓄水防洪抗旱的作用。项棒寨“打”的这个水头不仅起到了保护水头的作用，而且对勐勇河流经地区的稻田起到很好的灌溉作用。

兴和村村委会从2000年开始就对河流挖沙现象进行了治理，制定了“不准在河中大量采石挖沙”等规定，但由于河流一直由所属自然村各自管辖，因此执行效果很差。由于坝子的这些河流都是沙夹石结构，且雨季河水冲刷力大，易在河中形成冲积堆。大的冲积堆会将河水分流至两旁，影响河道，而雨季涨水时也可能危及两岸农田。这种位于河中的冲积堆是应该被清理，但是河两岸则是禁止挖取的。但这种规定并没有得到很好的遵守，河两岸依然有人在挖取。针对这种有乡规民约但现在却无人遵守的情况，老人们的解释是：包产到户后，河流也分属个人，人们都忙于自家生产，以小家的利益为重，集体性减弱，不服从管理，也无人敢管。

虽然河流的挖沙采石现象已得到了改善，但对河道所造成的严重破坏却是一个不可逆转的事实。据盏达河边一位三十多岁的村民描述：在他小时候，也就是二十多年前，盏达河河床高，河面很宽。雨季涨水时，河面宽度可达 10 米，两岸的稻田经常会被淹没，河水最深处可达到 2 米，湍急的河水经常会在河中形成旋涡，使人畜不敢靠近。而今天的盏达河则是另一景象：大多河面宽度不超过 3 米，河中无很大的河石，水流平缓，河两岸则是大片的干枯的沙石，高低不等，河床高度下降了至少 1 米多。河面的下降，使原本是河道的很多地方现在被开垦成了新的农田。在八十年代以前，项棒寨所属的稻田直接引用盏达河灌溉的有 60 多亩，而今由于水位下降，这些稻田全是从其他寨子的稻田引水灌溉。

河床下降，导致水位下降，无形中对人们的生活产生了影响，其中最明显的是井水的变化。传统的项棒人有在院中打井取水的习惯，以前的井只需一米多深就会有清水溢出，后来深至两米多才有水溢出，现在两米多的井已干枯弃用，而三米多深的井在旱季时也经常干枯。水位的下降还对当地植物产生了一定影响。傣族喜竹，每个寨子周围都会有许多竹子，人们用它来围田围地。据老人说以前这些竹子一年四季都是绿色葱葱，但由于河水降低，两岸养分减少，现在每到旱季，部分竹叶还会枯黄。水位的下降对当地人产生的最直接也是最重要影响就是农田的灌溉问题，在旱季，水源不好的田地由于土地底部水缺乏，只能靠天吃饭。传统的灌溉方式也深受影响，河床高时，人们直接从河岸挖缺口，用石笼堵水，挖沟将水引进农田。当河床下降得越来越深时，这种简单的堵水挖沟也不能将河水引出，因此以前用这种方式从盏达河引水灌溉的农田，现在也都改用其他灌溉水源了。据老人说，木乃河南边的壮丁寨有一块地为沼泽地，水量丰富，淤泥深，人畜均不敢进入，但随着木乃河河水的降低，这块天然湿地现在已经变成水田了。

3. 引水工程发展与用水方式的变化

河流环境与村民的关系最为密切的体现在日常生活用水中，而发生变迁最显著的也是这方面。在河流未污染前，人们直接从河中打水作为日常生活所用，后又改用井水，但洗衣洗澡依然在河中，但由于河水水位的下降，旱季时部分水井会出现干枯现象，村民的饮水不方便。为了解决村民的饮水问题，兴和村在 2007 年建立了人畜饮用水工程，在距村委会约三公里的木乃河上游，采取村民集资与国家补助、县财政补贴相结合的办法，筹集资金 180 万元，兴建了饮水工程，将木乃河上游未污染的河水用管道引入各村寨。项棒寨从2008年起，全寨都用上了自来水，水井已成了备不急之需，有的村民家的井甚至都弃用。饮水工程建好后，采取有偿使用的原则，按用量收取水费，专项专支，并于2009年成立了“人饮工程用水户协会”，并制定了相关管理章程，由用水村民共同管理，聘请维护人员对引水管道进行维护。维护人员要求懂相关技术、有责任心的当地村民，以不定期的检查和维护供水管道，负责雨季取水口及储水池的清理，各寨管道的重铺与修检等。

自来水管进村后，不仅方便了人们的生活，更是在一定程度上影响了人们的传统生活方式。以前很多需要在河边进行的日常活动，现在大多都在院子里进行，妇女在家中淘米洗菜，小孩在院子里用水管冲凉。而太阳能热水器的使用，使更多的人在家中沐浴，尤其是妇女和年轻人，傍晚在河中沐浴的人群大多是老人和男人。河流作为一个沟通与交流的场所，正在慢慢丧失它以往的功能。

五　结论

通过以上的分析我们可以看到，在过去的50年中当地的人水关系发生了较大的变化，尤其是在20世纪80年代以来。这一个村子由于地处三条河流之间，拥有较好的水环境，为当地人们提供了生活的便利和生存的资源，包括农业灌溉和日常生活所需的水资源，同时人们也可以从河流中获取鱼类等食物资源。当人类和水环境的关系处于一种良好平衡的状态的时候，河流为当地人们的生计提供了有力的支撑。

然而在过去的50年间，尤其是20世纪80年代以来，由于生产关系的变化，人类和水之间的关系也发生了较大的变化，直接导致了河流状态的变化。在20世纪60年代到80年代间，由于生产的需要而过度砍伐了对河流生态环境有重要平衡作用的河岸森林，导致了河流生态平衡被破坏。与此同时在这一个时期由于生产关系的变化，河流相关的资源，包括农业灌溉的水资源的管理由民众的传统管理方式过渡到了政府管理，农民的对水管理的参与权也逐步丧失。而更为严重的是20世纪80年代以来，随着农村生产责任制的推行，家庭联产承包制代替了过去的集体化生产方式，同时在这个过程中也使得当地民众对水资源管理的责任和权力模糊化，取而代之的是对河流资源的过度开发和对河流的非友好行为的扩大，包括大量的开采河沙、污染河流，同时现代水利工程的建设，包括供水设施的建设，也使得人们从观念到行为上与河流的关系逐渐疏远，导致了人水关系的巨大变化。因此今年我们可以说，当地民众的思想观念、生产关系、经济利益、行为的变化是河流生态安全最大的影响力，人水关系的天平已经偏向于人类活动，人类活动的结果直接对河流产生了不良影响，今天的人水关系趋向于非良性的关系。

在历史上，人们利用河流相关的资源，包括水资源、食物资源、森林资源等的过程中，已经形成的相应的文化关系，人们治理河流的同时利用河流资源获取生计、提升生活的品质，两者平衡的时候，人类和河流之间保持一种平稳的关系，在这种关系上形成了相应的文化，这就是水文化。水文化包括了人们对水的观念、水和人们的日常生活，宗教生活、农业生产、节庆活动相关的社会习俗、社会规范、管理制度、治理水的技术等文化现象。这些水文化的内容在我们研究的地区也非常丰富，同时对于平衡人水关系起到了积极的作用。然而令人遗憾的是今天这种文化资源正在逐渐丧失，导致人水关系的失衡。

在研究过程中的又一个现象是今天随着现代水利工程的发展，很多当地的民众往往会认为河流和自己的生计的关系在疏远，甚至河流的状态和自己的生计并没有关系，尤其是青年一代对于河流和当地人类生计生活的关系的理解变得越来越淡漠，在人水关系之间更注重从经济利益的角度向河流无度索取。这种现象导致了人水关系的进一步失衡，将不利于当地的可持续发展。事实上人水关系的失衡已经带来了一系列不良的后果，那就是频繁的洪水灾害、河流资源的退化、水短缺等现象。如果河道受到进一步破坏，那么将导致更严重的洪涝及对农业灌溉的影响，将直接影响到当地民众的生计与生存，这都是可以预见的直观后果。因此今天我们有必要继承传统的水文化、维持平衡友好的人水关系，才能实现当地的可持续发展。本项研究虽然只是大盈江这条国际河流流域上的一个局部，但是它也具有普遍性，如何构建了良好的人水关系，是涉及当地民族众的可持续生计乃至于这一条大江河未来的一个关键环节。

（本文载《中南民族大学学报》2012 年第 4 期，《中国社会科学文摘》2012 年第 10 期全文刊载）

Safeguarding Water Culture Heritage Against Climate Change: The Case of Yunnan Province, China

Abstract: Water culture heritage refers to the water-related aspects of human culture that developed through history and continue to function during the present time. Water culture is structured by human consciousness, institutions and physical constructions related to water, and has played an important role throughout history in the management, usage and protection of water. Climate change affects not just the natural environment, but also water culture, especially the historical heritages of water culture. For example, water shortages or drought might destroy ancient structures and facilities, and therefore lead to changes of the structural function of water culture. Global climate change has become a new and important factor having an impact on water culture heritage. Using case studies from Yunnan, China, this article examines how water shortage and drought in recent years has had an impact on water culture heritage, and evaluates its influence on water sustainability.

Keywords: Climate change, Water culture heritage, Protection, Yunnan Province

Introduction

Global climate change has become a predominant issue in recent years. It has a huge influence on both the natural environment and cultural heritage, including water culture heritage. By altering the water environment, climate change affects water culture that formed around water use. For example, because of water shortages and drought, in many places the conditions of water use have changed greatly, as can be seen in changes to water facilities, in social norms and water institutions. Together these add up to changes in water-related cultural heritage. Research shows that changes of water culture will eventually lead to an altered relationship between water and human beings (Zheng 2012). That will have far-reaching effects on sustainable water use. As a consequence how climate change affects water culture heritage, and how that affects the sustainable use of water are fundamentally important topics for research. Based on cases from Yunnan Province, China, this article examines the influence of climate change on water culture heritage and its protection.

Concerning Water Culture Heritage

Water culture is the water-related culture that developed historically through the interaction between humans and water. Briefly put, water culture relates to water use and management. It includes people's understandings of and ideas and feelings about water, management measures, social norms and laws on water, social behavior in the use and treatment of water, and the material results of harnessing and reconstructing the water environment, among other things. Water culture can be expressed through religion, literature, art, institutions, social behavior, material construction, among other aspects.

Water culture is the result of a long historical process that objectively exists in the human society. When humans interact with nature, especially with water, the result is perceptions, feelings, understandings, ideas, management measures, social norms, laws, engineering of the water environment, and other cultural contents, which are expressed through religion, literature, art, buildings, and other elements. , Water culture is therefore one of the core elements of civilization. Nowadays, traditional cultures generated in the context of different ethnic groups, states and cultures, are all important components and cultural heritages of human culture. Water culture exists in different ethnic settings, areas and states. It is not only comprehensive and profound, but also very rich and colorful in the context of different societies and cultures. Water culture as a cultural phenomenon has existed throughout different human phases and emerges diversely, as in spiritual behavior and system to material construction, for example.

The theoretical structure of water culture as a discipline should include the following four elements (Zheng 2012):

(1) *The element of conception*: people's awareness, understanding, worship of water, and the sentiments about it, which are expressed through religion, literature, art.

(2) *The element of institution*: social norms, customs, laws and regulations for the use, management and control water.

(3) *The element of human behavior*: people's patterns of behavior regarding the treatment and use of water.

(4) *The element of material culture*: including the tangible heritages of physical construction, which includes cultural meanings and symbols in the process of the use and treatment of water and the beautification of the environment of water throughout history and today becoming a cultural heritage, such as canals, channels, wells, bridges, dams, and "waterscape" facilities that have culturally symbolic meanings and cultural contexts.

Because water culture is generated from a long-term interaction between humans and their natural environment, and exists in the contexts of different nationalities, countries, regions, and cultural backgrounds (especially religious background), water exists and is used within various contexts and cultural and social relationships. Further, at different times the relationship between humans and water has been different. So water culture has time properties. Water culture demonstrate continuity among the different periods of human history, many cultural factors related to water were shaped long ago, but have been retained until the present and thus have become our cultural heritages.

We also can divide water culture heritage into material and non-material parts. The former includes construction for improving and using water its environment, and comprises wells, canals, dams, historical hydraulic structures and artificial water landscapes, water-related religious facilities, city fountains, and irrigation facilities that carry a cultural connotation. Intangible cultural heritage includes social norms, customs and institutions for managing water, behavior patterns involved in treating water and using water, and traditional concepts regarding and knowledge about water.

The Influence of Climate Change on Water Culture Heritage

Since 2009, Yunnan Province the most serious drought disaster in a century. So far it has persisted for four years. Millions of hectares of agricultural land and millions people have been affected, 412 rivers and many more springs have dried up, and the lake water levels have declined. As a result the water culture heritage has been severely damaged.

Case of terraces in red river basin

For 300km between Xinping County, Yuxi City to Yuanyang County, Honghe Prefecture hundreds thousands of hectares of terraced rice field (one of the world's largest terraced landscapes) is distributed along the two sides of the valley. The existence of terraces is inseparable from irrigation development, so they are also a successful example for water use. Within this area, the history of human land use begins with slash-and-burn agriculture, but with the great progress of irrigation people began to build terraces from around 13 century. That led to a great promotion of the local agricultural civilization.

Because of the dense forests that line the Red River Canyon, a dense fog is evaporated from the river and becomes "stored" in the forest in the top area of the canyon. These then become transformed into water, which later flows back into the river. In that way a local a water cycle is formed in the canyon. A large number of water diversion ditch were constructed that depended on this water cycle to irrigate the rice terraces and supply the hillside villages. Following the features of local natural environment, local people skillfully planned and constructed the environment of the Red River valley along to form an ecological landscape of river, terraced fields, villages, and forest. The average elevation above sea level of the river is more than 400 m; terraced fields lie between about 400—1600 m; the villages are located at about 1600—1800m; and above 1800 ms grow the protected forests, local reservoir for irrigation.

The terrace landscape is rich in water culture. As an agricultural ecosystem, irrigational works is the foundation of terraced fields. All water resources for terraced irrigation all come from peak forests, so forests determines the state of water resources. There's a close relationship between local people's idea and water resources from forests, while local Hani people (one of national minorities) believes everything is derived from water, so it is necessary to protect water resources. Another obvious feature of local terraces is that filled of water all year round, in maintaining a 20—30 cm height. What aspects of terraced water cultures are manifested? Firstly, as water resources for terraces, forest is believed to be god's place of residence, so it has a strict protection for many generations. People cannot enter into forest to cut trees or even graze. Religious idea plays a positive role in the protection of water resources. The existence of terraces relies on the large irrigational system that is consisted by thousands of ditches. To build, protect and effectively use such a huge irrigational system needs the help of corresponding social relations and institutions, people from a village or several villages to work together to construct irrigational canals, some of which is 50 to 60 kilometers. Even for different villages with different ethnics, through effective cooperation that is held together by the corresponding social relations and social norms for a long history, not only built a large number of irrigational canals, but also effectively guarantee the normal operation and daily maintenance of irrigational canals and related interests' distribution (Zheng 2005). Terraced irrigational systems as well as the mass of terraces is not just a category of agriculture production; it is also one category of cultural heritage. In recent years, the local government has been actively seeking to have this agricultural landscape of terraces recognized as by UNESCO as a world cultural heritage site (Fig. 1).

Fig. 1 Landscape of terraced fields

Climate change in recent years, especially the successive years of drought, has affected the terrace ecological system. The reduction in the amount of rainfall has significantly decreased the volume of water flowing from the forest. This has led to a water shortage and drying up of many terraced fields. In 2010 there was a total around of 3000 hectares of terraced fields in Yuanyang County, of which 8000 hectares of terraced fields had dried up. For example, in Shan Ja village, a Yi Nationality village of 96 households, most of terraced fields was dry and only about 30 percent now have water. In some villages in the area of the Tuguo Village Committee, around 50 percent of terraced fields were completely dry, and an approximately 10 cm crack had formed the ridges between fields. Such fields must be abandoned for rice cultivation because cracks both make water retention difficult, as well as destruction of fields and terraces if there again be too much water. Damaged terraces have been converted for maize and bananas cultivation. Nevertheless, agricultural production has declined, because in 2011 alone the drought forced some 6000 farmers to seek work outside their home county (Fig. 2, 3).

Fig. 2　Dry paddy field

Fig. 3　Partially dry paddy fields

From the perspective of water culture, the huge terraced landscape is a result of local people using water resources and developing agriculture in the Red

River valley over thousands of years. At the same time this is an important agricultural water culture heritage. . If it could be included in the UNESCO World Heritage list, then it will give " water culture heritage " a new meaning. However, because of the effects of climate change, the protection of such a cultural heritage is fast becoming a huge challenge, in that the reduction of water resources will surely threaten the cultural heritage. If the dry weather continues, an increasing number of terraced fields will dry out and rice farming on them finally will be abandoned permanently, as they are converted for planting other crops.

In such a way this water culture heritage handed down through a long history will be changed at the material level, and therefore will affect other water cultural factors established on the terraces at the same time. For example, many local farmers leave to work elsewhere because of drought. With no rice farming nobody manages the related irrigational facilities, leading inevitably to a decrease in traditional rice terrace production and perhaps to the abandonment of this mode of production. Loss of production and production of technology will change the corresponding management system, social norms, traditions of water use, and traditional concepts and behaviors. So conceivably the entire traditional water culture system would change or even collapsed. Should most terraced fields dried up because of a lack of water resources, assuredly this most precious cultural heritage will disappear as a result of climate change.

The case of the old town of Lijiang

Located in the northwest of Yunnan Province, Lijiang City, was included in the list of UNESCO World Heritage at 1997. Lijiang Old Town, also known as Dayan Town, is an important part of the Lijiang cultural heritage. It was built during the Early Song (10 century) and Late Yuan dynasties (in the late 13 century) . The old town is located in the Yuannan-Guizhou Plateau, at 2400 m above sea level. The old town has an area of 3. 8 km^2, is a famous ancient county fair and market town. Now the old town has more than 6200 households and 25000 mostly Naxi inhabitants. . Lijiang is located in the southwest mountain region of China, so the regional climate is characterized by having a vertical distribution. Yi Long mountain is the highest mountain in the local, the peak covering in show throughout the year. The average annual rainfall is about 1000mm. The rainy season is from May to October. Although precipitation can fall during 85 percent of the year, it is concentrated in July and August.

Lijiang Old Town is renowned as a "water city" where water and buildings have been combined with great skill, filling this old town with the aura of water. Three rivers, sharing a common source in the Black Dragon Pool, flow through the Lijiang Old Town in the east, center and west. The Jade River, is a natural drainage system flowing north to southeast across the whole town. The water of Jade River originates from several underground springs that first flow into the Black Dragon Pool, the most famous water in the entire local landscape, then from there into the Jade River. The Jade River is divided into three, East, Middle and West rivers, by a three-hole water channel under the Jade Dragon Bridge. This is the fundamental structure of today's urban water system in Lijiang Old Town. The other two rivers are man-made. The West River was excavated during the Yuan Dynasty, and the East river in the Qing Dynasty.

Those three rivers pass through the different sections of the city, and their many tributaries lead water to the front of houses in the town. This forms a delightful urban landscape; a scene of harmony between humans and water, with water everywhere in front of houses, and many bridges throughout. Criss-crossing urban rivers and water channels are not only convenient for everyday life, but also fill this ancient town with the vitality of water, which forms the basis for an abundant water culture.

Thousands of years of symbiosis between human and water has endowed the old city a rich water culture heritage. First, water environment constructions of the city itself comprise a water culture heritage. These include the landscape of Black Dragon Pool springs, the water diversion works system, bridges, facilities for water use, and other hydraulic structures. Second, customs, social norms, taboos, knowledge, folk beliefs, and other cultural factors involved in using or protecting water throughout Lijiang's long history are very rich. For example, a large number of bridges. In the old town of Lijiang 354 bridges cross the Jade River.

Local residents love and protect and maintain many customs related to it. For example, before 10 a. m. only drinking water can be taken from the river, and dishes be can washed and vegetables cleaned、only after 10 a. m.. Residents can observe those water customs conscientiously. Many written and unwritten rules exist for the protection of local water. There are also many folk belief activities related to water, including sacrificial rites and launching lotus lanterns or paper boats on the river, among other traditions. In brief, water has been associated with this old town's constructions and also with the local spiritual life and social life. (Fig. 4).

Fig. 4 The Black Dragon Pool before the drought

Since the 2011 rainy season Lijiang City has experienced an unusually drought that continued from autumn until the following spring, and rainfall has continued below average. For instance, in January 2012 precipitation was only 0.98mm, or 5.45mm lower than in January 2011, constituting, a reduction of 85 percent. Until February 2012, 65 rivers and streams in Lijiang City have been dried up, as has. Black Dragon Pool, the source of life for the town. Many springs have dried up in Black Dragon Pool Park (Fig. 5, 6). Although the springs have dried-up times in history, if annual rainfall is 970 mm or more

Black Dragon Pool can maintain itself year-round as a source of water; if annual rainfall is less than 880 mm, there will be seasonal drying of springs; but if the annual rainfall is less than 880 mm over a number of years, water depletion will last until the following year. In 2011, the old town had an annual rainfall of only 807.9 mm, which emerged as a major cause of the drying-up of the springs (Fig. 7).

Fig. 5 The Black Dragon Pool before the drought

Owing to the requirement of heritage protection, at present water is supplied to the city by other channels, . Although water can be introduced now from other places, that would sustain the historical water landscape only to a certain degree. Rather, it has been changed greatly when compared to the past natural water environment, especially the function of water landscape.

As with the water culture heritage, climate change has harmed the water landscape in the old town, within which the functions of many traditional water facilities have changed. For example, the function of Jade Dragon Bridge, which divides the river into three streams, has been lost; the water landscape of Black Dragon Pool has disappeared; water ditches in the central square of the city that formerly blocked water for washing the city's streets, have now lost this function. In fact, the more serious problem is that the traditional customs, social norms, values, and activities for water use and protection that were formed

Fig. 6 The Black Dragon Pool before the drought

Fig. 7 The spring after the drought in The Black Dragon Pool

during the history of Lijiang have been changed because of the change of water environment's functions. This could lead to the collapse of the entire traditional water culture. Although Lijiang is a marvelous example of world water cultural heritage, it can be so easily destroyed by a greatly changed water environment.

Climate Change and Water Culture Heritage

Yunnan Province is not only diverse geographically, but is also the ethnically most diverse province, being home of 25 indigenous ethnic minority peoples. Yunnan shares borders with Myanmar, Laos and Vietnam, and shares four international rivers; the Mekong River, Red River, Salween River, and Irrawaddy River. As a consequence not only does Yunnan boast a large number of local water culture heritages, but also different water culture heritages of ethnic origins.

The two brief case studies presented above exemplify only a small part of Yunnan's rich water culture heritage. , Now, owing to the impacts of climate change, especially the drought problems over the past few years, many ethnic minority water culture heritages have been influenced in many different parts of Yunnan Province. How best to protect the local water culture heritage in different places and for different ethnic groups has become a major challenge.

The cases analyzed above show that climate change has had a direct impact on water culture heritages, not only material cultural heritages like the historical legacy of the various water-related facilities and structures, but also on knowledge, ideas, behaviors, religious factors, social norms, social customs, and other non-material cultural factors that have been constructed on the basis of water environment. If water environment and patterns of water use are changed, those water cultural elements formed on the basis of water environment over many centuries or millennia will change or even disappear. These changes will ultimately lead to changed relationship between water and humans, even to the disintegration of water culture, and have an impact on sustainable water use and eventually on human sustainable development.

So how does climate change affect water culture heritages? Extensive investigation by author in recently years demonstrate an inherent law, as follows. Climate change first often affects the material level of water culture heritage, including water landscapes formed through a long history, water constructions and facilities to improve the water environment, including wells, water channels, reservoirs, spring outlets, agricultural terraces filled with water and other agricultural landscapes, urban rivers, among other artifacts. As a result of climate change, water shortage, drought or flood may destroy material cultural heritages. Water and many water culture heritages are symbiotic, such that often a single drought period may prove fatal. For example, as in the case of the terraces along the Red River Basin and their many water landscapes, a time of drought or the drying-up of rivers may affect water culture heritages for many years or even cause a permanent loss of their functions. Non-material cultural factors of water culture could be changed or even disappeared during the change of water environment and material factors, because many non-material cultural factors themselves are dependent on material cultural factors. For example, the Dai people of Yunnan Province used to take a daily bath in a river or a ditch around the village. However, because of either pollution or drought problems, this custom is difficult to maintain. Similarly, there is usually a communal well in a Dai village, and beautifully formed constructions above it provide he locus for many traditions related to water culture. It has become an important cultural site for the whole village. Now as many Dai wells have dried up, so the corresponding social customs changed. If climate change makes water environment and water culture heritage change completely, people will adopt new water use patterns such as tap water, and abandoning the water use pattern related to traditional rivers, wells and channels. Among the various types of water culture heritage, non-material water culture heritages are the most likely to be lost.

The two case studies in this article also showed that under contemporary circumstances, not only different factors in the development process, like urbanization, over-exploitation of natural resources, water pollution, population growth, among others, have had an impact on water environment and water culture, but also that climate change also will have destructive effects on water culture heritages. However, currently the negative effects of climate change on water culture heritages is not receiving enough attention. In general, at present many water culture heritages would not be destroyed by human activities, especially in national parks, natural reserves, cultural heritage areas, and other public places. However, damage from climate change is not man-made, and is beyond human control. It is therefore potentially more harmful than human activities for water culture heritages.

Although climate change has become an important threat to water culture heritages effective coping measures are lacking to deal with its negative impacts. In the face of climate change, how best to protect water culture heritages and at the same time to develop fully functions of water culture heritages to address it, are two of the leading problems that must be overcome if we are to construct sustainable relationships between humans and water in the contemporary age.

A large number of studies showed, water culture has important roles in solving the water crisis and the achievement of sustainable water use. Water culture is not only a precious cultural heritage and an important constituent of the contemporary ecological civilization, but also an effective means for dealing with water crises. So the disintegration and loss of water culture will lead directly to a changed relationship between humans and water. That, might make the sustainability of water resources and water environment difficult, and even endanger the very survival of humanity (Zheng 2008). I believe, therefore, that it is an important and urgent to devote serious levels of attention to the potential for damage of climate change on water culture heritage, and to make policies and take measures for the protection of water culture heritages, and in that way to address the negative impacts of climate change.

Conclusion

In recent years, global climate change has influenced greatly natural environment, as well as having become an important for water culture heritage. Climate change is an unconventional factor, quite unlike conventional factors such as urbanization, population growth, and over-exploitation of natural resources and so on. However, it has a greater potential that such conventional factors to destroy water culture heritages. Through the analysis of two cases from Yunnan, it was demonstrated that in recent years drought problems caused by climate change have had a profound impact on both the material or non-material cultural aspects of water culture heritages. Climate change directly affects elements of water culture heritage at the material level, through which it is likely to affect other dimensions of the whole structure of water culture, or even destroy them permanently. Because climate change has had enormous negative impacts on water culture heritage, it is necessary to devote more attention to it. We should develop effective plans and countermeasures to protect water culture heritages faced with climate change. At the same time, we should also see water cultures could provide an effective way of dealing with water crises caused by climate change. How water culture be applied to address climate change is a frontier problem and worthy further exploration.

References

Zheng Xiao Yun. (2005) Ethnic Water Civilization and Irrigation in China Reaches of Red River. FARMING JAPAN, Vol. 39—5. 2005. Tokyo (English).

Zheng Xiao Yun. (2008) Water Culture: A New Way to Understand the ECO-Civilization of the Ethnic People In Yunnan. Yunnan Educational Press House. 2008. Kunming Chinese and English.

Zheng Xiao Yun. (2012) *Water Culture and its Role in Water Management: with Case Study on Mid Reach of Red River.* The Cultures of Water Management, Dordrecht: Springer Publishing.

(本文为2012年6月11日至12日在越南顺化召开的“全球气候变化下的湄公河流域——GMS与恒河流域的博物馆与文化遗产”国际会议论文。原载 Facing Climate Chonge, Social Sciences publishing House, Hanoi 2013.中文译稿载《社会科学战线》2013年第10期)

当代的环境问题及其文化背景

——云南几个实例的人类学分析

在当代人类面临着诸多的环境问题，甚至是环境危机，包括空气污染、水污染、水短缺、沙漠化、森林减少、气候变暖等，不仅影响到了人类当代的生计，也影响到了人类的可持续发展，因此寻求化解当代的环境问题的途径和方法成为人类发展中难题。当代人类面临的环境问题，除了较快的城市化、工业化、过度的资源开发和利用、过度消费、贫困等原因外，是否还有人们没有足够关注的其他原因，化解当代的环境问题除了技术手段以及以法律法规为核心的制度建设以外，还有没有其他的途径？

人类学对环境的关注主要体现在人类与环境之间的文化关系上，包括人类对环境的认识、相关的社会规范、行为、环境利用及物质结果，同时人类学关注这种文化关系在不同民族、不同社会中的差异。在人类学的视野中，环境问题的出现和人类的文化有直接的关系，然而环境问题的文化因素并没有引起人们足够的重视。笔者认为要从根本上解决环境问题首先要从文化的角度去认识问题产生的本质，同时也必须要通过相关文化的建设才能达到解决问题的目的。本文将通过中国云南一些实例分析来说明环境问题的出现和相关文化背景的关系，以及通过文化的途径化解环境问题的可行性。

一　云南一些环境问题实例的文化背景分析

云南省是中国西南一个边疆省份，人口约 4450 万人（2005 年），同时也是中国民族种类最多、地貌多样性、生物多样性最典型的省份。在云南省近 96% 的国土面积是山区，平地不足 4%。云南省也是众多大江大河的发源地或者是上游区，如澜沧江（湄公河）、红河、怒江（萨尔温江）、长江、珠江等，这种地貌特征造成了云南典型的生物多样性。由于河流众多、地貌单一性强、生物多样性突出，也造成生态环境的脆弱性。近年来云南出现了一系列典型的环境问题，包括水环境污染、水短缺、森林破坏、土地退化、水土流失等问题，都与云南的生态环境特点有关，这其中森林的退化、水污染、水短缺是云南省环境问题中最典型的问题。这些问题的出现，一方面和云南省的开发建设，过快的城市化以及对资源的过度利用有直接关系，另一方面也潜藏着深刻的文化原因。下面我们通过几个例子来加以分析。

实例之一，水环境污染：滇池水环境问题

滇池位于云贵高原中部，是中国第六大淡水湖泊，地处长江、珠江、红河三大水系的分水岭地带。滇池水面面积约300平方公里，有20多条主要河流注入湖中。滇池也是昆明市工农业生产以及城市生活的重要水源，是昆明生态平衡、气候平衡的重要因素。20世纪80年代以来，滇池逐渐被污染，并且呈越来越严重的势态，成为中国污染最严重的湖泊之一，被中国政府列为三大重点治理的湖泊之一。

滇池污染和治理经历了不同的阶段，20世纪80年代滇池污染主要是由于滇池周围的工业排放以及城市污水排放所造成的，这其中主要的原因是工业排放和周边的环境破坏，而90年代以后污染滇池的周边工业已经得到了治理，一批污染环境的工厂被关停。90年代以来对滇池污染的主源是滇池周围不断增加的人口和不断扩大的城市化进程、农村产生的变化。目前滇池周围居住有400万人口，城市化推进和人口的增加所带来的环境压力成为滇池污染最主要的原因。城市中大量的废水通过河道直接排入滇池。根据监测，29条主要流入滇池的河流自1988年以来水质基本为5类、劣5类，最靠近昆明市区的滇池草海的水质也属于劣5类，属于重度富营养状态。在入湖污染总构成中，城市生活污染仍然占主导地位，占入湖总量的74%。①

城市生活污染对于滇池的污染不仅是因为污水处理设施以及废弃物处理设施的落后，更重要的滇池周边居民的社会行为和观念导致了滇池污

① 《昆明日报》，2007年2月28日。

染。滇池周边居民缺乏保护滇池的意识及其保护滇池的良好行为，普遍的观念和生活行为直接导致滇池污染。很多居民直接将大量的垃圾投进河道，将滇池河道变成了垃圾场、或者在滇池河道两旁大量堆放垃圾。据昆明市滇池管理局网站报道，截至2007年年底，滇池管理局有关部门在滇池的主要河道中打捞起垃圾1.6万吨。2005年11月在昆明市滇池管理局组织的清理河道工作中，10天时间就打捞起垃圾和其他漂浮1070吨。捞起的垃圾中不仅有生活废弃物、还有猪、狗的尸体。[①] 2005年6月500多吨垃圾堵塞了盘龙江，在闸口堆积的厚度超过了4米、长度超过1公里。昆明市官渡区滇池管理局组织200多人进行了4天的清理。[②] 为了阻止滇池周边居民向河道中丢倒垃圾，政府有关部门曾经在周围的农村修建了大量的垃圾收集房，但是人们并不愿意多走几步将垃圾丢进收集房，而是将垃圾丢在房外。政府曾经投资在一些农村中修建旱厕，但是没有多久就由于没有人使用被废弃。除此之外，每年清明节前后，滇池周边的农村中人们会大量焚烧纸、香等祭祀用品，废弃物也同样大量流入河道，污染河水。

从上面这些现象可以看出，滇池污染和滇池周边居民的观念和行为有直接关系。人们缺乏保护滇池的观念和自觉的行为，没有形成热爱滇池、保护滇池的思想观念，社会生活中缺少相应的社会规范，不良的生活行为直接导致了滇池的污染。这一切说明，滇池污染和保护滇池的相关文化的缺失有直接关系。

形成这种现象的原因是多方面的。一方面，最近几年滇池周边居民的结构发生了较大的变化，大量的外来人口涌入昆明，对昆明城市建设和滇池保护的认识很少，对滇池在历史上和昆明的城市文化、环境空间构成、气候的相互关系缺乏了解、对滇池缺乏热爱及亲近的感受。据调查，在调查样本中有90%的昆明居民平均每年到滇池边不超过3次，有60%的80年代以后出生的年轻人一生中到过滇池不超过5次，其中有16%的人在一生中只到滇池一次。另一方面，由于滇池周边缺少让人们亲近水的场所，滇池岸边的很多地方都已经成为商业场所，这一切导致人们生活和滇池的割裂，是造成人们对滇池缺乏认识，进而导致相关文化缺失的重要

① 云南日报网，2005年11月10日。

② 云南信息港，2005年6月6日。

原因。

实例之二，水短缺：西双版纳橡胶种植及其环境问题

西双版纳地处热带雨林地区，在历史上这里森林茂密，环境优美，20世纪50年代森林覆盖率达到70%以上。20世纪60年代以后，由于当时的政策环境影响导致了大量的森林被砍伐，森林覆盖率80年代初期下降到不足30%。在80年代以后随着森林的保护和生态恢复建设，森林覆盖率上升到了50%左右。在20世纪90年代以后，由于橡胶需求迅速增长，西双版纳的橡胶种植面积迅速扩大，大面积农民自主管理的自留山被改为种植橡胶。自2000年以来，西双版纳州新种植橡胶林地达到300万亩，其中农民自行开发有树林的耕地285万亩，侵占国有林和集体林种植橡胶15万亩。橡胶种植面积从1988年的116万亩增加到了2006年的615万亩。①

橡胶种植面积迅速扩大，导致了严重的生态问题。一是导致了森林的破坏。近年来大量的橡胶种植都是开垦有林地种植的，将有林地开垦种植橡胶，成为植被单一的林地，严重影响了当地的生物多样性和自然形成的生态功能。二是导致了气候的变化，据监测在过去的50年间，西双版纳地区四季的温差明显加大，相对湿度下降，景洪市1954年每年雾日为184天，2005年只有22天。三是导致了严重的水短缺和水污染。由于橡胶树产出胶水需要消耗大量水分，同时橡胶种植和加工的过程中污水排放导致的水环境污染，造成了西双版纳当地严重的生活用水短缺，农村中普遍缺少饮用水和其他生活用水。当地农民饮用水问题已成为了一个严重的问题。

在笔者跟踪研究了20多年的景洪市大勐龙镇曼飞龙村，自从20世纪90年代以来，村民们将村子土地范围内所有的森林全部砍伐种植橡胶，其中很多森林是千百年来受到传统规范保护的神林、水源林，护寨林等，村民曾经因为非法砍伐森林受到政府有关部门的处罚。随着橡胶面积的扩大获得了较高的经济收入的同时，村民们也感受到了生态环境的变化带来的负面后果，这个村子目前已经成为严重缺少生活用水的村庄，很多家庭自己挖井取水，但是水井中水也是受到污染的，此村子目前只有一口饮用水井，已经不能满足人们饮用。村子周边的河流也早已被污染不能使用。

① 《中国青年报》，2007年6月12日。

更为严重的由于这一个地区天然森林的大面积减少，导致了雨季的洪涝频繁发生，很多环境灾难都是历史上没有过的。目前这个村子里面基本已经没有了森林，然而在20年前这个村子森林覆盖面达到50%。当时笔者到这个村子调研的时候，人和环境之间的关系是另外一番景象：村子周围有多条小河流流过，河水清澈，人们收工以后都可以到小河中洗澡、洗衣服、洗菜，河里的水清澈甘甜，每天傍晚妇女们挑着担子去水井挑水，这种传统的乡村生活已经延续了千百年。村子背后的山间、密林遮天蔽日、夏天野果随处可采，生态环境良好。

按照傣族的传统，森林是不能被随意砍伐的，人们到森林中去砍柴也只能砍一些枯枝而不能砍伐树木，如果有村民将刚刚被砍下的树枝拿进村子，都会受到处罚，人们自觉遵守对森林保护的传统。日常生活中的烧柴是种植一种称为黑心树的速生树，砍伐树枝来使用。村寨的森林也被严格划分为水源林、护村林、神林等的不同的功能森林，加以严格保护。在20世纪50年代以前整个西双版纳地区90%的森林都被划为当地土司直接管理的神林，以神灵名誉加以严格保护，被保护的原始森林面积多达10万公顷。[①] 西双版纳傣族人民对于森林和水有强烈的保护观念，也有社会中的保护规范、人力自觉遵守保护森林和水环境的传统规范，限制自己对森林和树木的行为，对水源进行保护。[②] 传统文化在西双版纳傣族地区历史上的森林得到保护中产生了重要的作用。但在当代，人们的观念已经在对经济利益的追逐之下被改变，人们对森林的神圣感已经消失，同时传统社会中对森林管理的社会规范已经丧失，砍伐森林已经没有了传统规范的限制，文化传统丧失是西双版纳森林被大面积砍伐的重要原因。

实例之三，森林管理的风险：基诺族与环境的关系变迁

西双版纳州景洪市基诺山区是基诺族人民世世代代居住的家园，全乡土地总面积622.9平方公里，这里没有一亩天然的平地，全部是山区。由于这一地区地处热带，森林资源丰富，森林覆盖率达78%，有国家级自然保护区8.6万亩，国有林53万亩，其中有国家级自然保护区8.6万亩，耕地17万亩。生活在基诺山区的基诺族人民自古以来就以茂密的原始森

① 高立士：《西双版纳傣族传统灌溉与环境保护》，云南民族出版社1999年版。

② 参阅郑晓云《傣族的水文化与可持续发展》，载《思想战线》2005年第6期。

林为生计，人们的精神世界，社会规范、组织制度、生活方式以及物质生活都和森林有直接的关系。森林养育了基诺族人民，基诺族人民也对森林寄托了自己的一切。基诺民族是一个崇尚自然崇拜的民族，他们认为世间万物都有神灵，森林中的每棵树、每种植物、动物都有神灵，因此人们对森林抱有强烈的敬畏，非常注重对森林的保护。

人们对森林的利用有深刻的认识。在基诺族的传统社会中“刀耕火种”的山地农业是重要的生计基础，但是开垦森林的时候人们有一套循环的科学方法，一方面将耕种的土地限制在一定的范围内，另一方面将耕种的土地划分成不同的片，循环耕种，让森林有重新成长的机会。在土地的权属上，到20世纪50年代基诺族的森林和土地权属已经十分明确，为不同的村子所有。森林和土地由村子拥有，再分配给村寨中的家庭使用，在传统权属关系上，森林和土地是基诺族人世世代代拥有的财产。为了保护森林，人们不仅有依附于自然崇拜之中的生态观念，也有对森林的规划利用以及保护森林的社会规范，例如将森林划分为水源林、耕地林、风景林、道林、神林等。在传统的社会规范中，人们不能砍伐森林树木，在耕地以外的森林之中一棵小树也不能砍，违反者将受到传统规范的处罚。在传统社会中，人和森林之间有着一种包括了人的观念、社会规范、制度、行为构成的相关文化，是森林得到保护的重要基础。

自20世纪50年代以来，基诺山区人类和森林之间的关系发生了根本的变化。首先是森林的权属关系发生了变化，经过一系列森林政策的调整，森林的权属关系由村社拥有村民集体使用到20世纪50年代以后的国家所有集体使用，80年代初划定国有林、集体林、自留山，明确国家、集体、个人之的森林权属与利益关系，再到1999年开始的退耕还林，农民的耕地基本被退为林地，基诺人延续了千百年的山地农耕就此结束。退耕还林政策使基诺族的森林权属关系彻底发生了改变，当地的农民不再是森林的主人，这种根本的变化改变了基诺族森林文化的根基。

其次，由于历次政治运动的影响，基诺族自然崇拜中的生态文化观念也已经改变，人们不再对森林保持敬畏，同进不再相信森林中有神灵。传统社会中保护森林的社会规范大多数也都丧失。保护森林的责任从基诺人自己转向了政府。

这些变化带来的环境风险表现在以下几个方面：

1. 由于人与森林已不再是一种依存关系，仅仅是一种利益关系，人们也不再是生命的主人和保护者，因此就使得森林安全存在威胁。在当地人的生计受到威胁时，人们就可能再次砍伐森林来维持生计，这在近几十年来已经有很多例子。

2. 人们将森林作为获取经济利益的对象。近年来人们在森林中或者是直接砍伐森林扩大种粮食种植面积，发展经济作物种植，这在一定程度上是合理的，但是经济作物的种植面积的扩大也就意味着森林的缩小。1978 年与 2006 年相比，橡胶面积从 18 亩增加到 77981. 7 亩；茶叶面积从 4769 亩增加到 15127. 7 亩；砂仁面积从 1705 亩增加到 2006 年的 18152 亩；水果从 84 亩增加到 4207. 9 亩。近年来农民为了扩大经济作物种植而非法砍伐森林的现象也很突出。

3. 人们不再主动进行森林管理。由于权属关系的变化及相关的观念、社会规范的丧失，人们已不再是森林的主人，人类与森林的关系变化为一种利益为主的关系，因此当地人已不再主动保护森林。

二　文化与当代环境问题

通过上面这几个例子我们可以看到，不论是在传统的农村还是在当代的城市社会环境中，环境问题的出现除了受到城市化、工业化、资源开发等发展因素的影响以外，还有着深刻的文化背景，很多环境问题的出现都和相关的文化有直接关系。文化因素对环境的影响表现在以下两个方面：

一是当地居民原有的环境相关文化在当代社会中淡化或丧失，从而导致了环境问题的出现。任何一个民族在千百年的发展过程中为了生计和生存的需要，和当地的环境都已经有了深入的互动关系，在这个过程中通过对当地自然环境的理解以及对环境的利用，发展起来和当地环境相适应的文化。这种文化可能贯穿在不同民族的精神世界及其现实社会生活中，尽管不同民族对于自然环境的文化表达方式不同，但是大多数文化都包括了对自然的敬畏及其对环境资源的保护和合理利用。这一点在云南的少数民族传统社会中广泛存在，已经得到了很多人类学研究的证实。[①] 一般意义

① 参阅郑晓云著《水文化与生态文明》，云南教育出版社 2007 年版；郭家骥主编，《生态文明与可持续发展》，中国书籍出版社 2005 年版。

上的传统社会也包括了新的城市化浪潮之前的社会，例如中国20世纪80年代以前的传统的城市和乡村。在80年代以后新的城市化浪潮之前，当地的居民往往可能已经生活了几代人甚至数十代人，和当地的环境已经有了密切的联系，这种联系包括从精神到社会规范、行为的内容。在过去，昆明市的市民对滇池认识和感情就是几代人的传承和沉积，人们不仅有对滇池的热爱并通过亲近滇池环境（假日休闲、旅游、体育运动，采集水生食物等）、文学、音乐、绘画的方式表达出来，居住在滇池周边的居民也有与滇池共生的文化，这一切构成了人们与滇池相关的文化，但这些文化在当代的发展中的基本丧失了。环境文化的丧失使人们和环境之间的关系从精神世界和社会行为都可能出现裂痕，环境对于人类来说可能仅仅是一种居住的场所，一种获取利益的对象，甚至是一种对立关系，从而导致环境问题的出现，造成对环境的危害。这一点在当代的很多农村发展中都得到了印证，在上面所举的西双版纳傣族橡胶种植过程中出现的环境问题，其原因除了人们对经济利益的追求外，更重要的原因是传统环境文化的丧失，由于人们生态观念的改变、传统社会规范和管理制度的崩溃导致了人们生态行为的无规范化状态，最终导致了严重的环境问题。如果传统还在发生作用，人们的社会行为就可能受到传统规范的节制。在基诺山区同样由于人类与森林关系的变化，传统生态文化的丧失，使得一系列的环境问题和严重的环境风险显现出来。这一切都证明了当代环境问题存在的文化背景因素，也说明了一个民族、一个地区的传统生态文化丧失之后，环境问题的出现就往往是必然的。

二是环境文化的缺失。人们也许会认为，没有明显文化因素影响下的环境问题的出现与文化无关。但事实上，没有相关的环境文化也正是导致环境问题出现的直接原因。由于当代较快的城市化进程，往往改变了一个地区居民的结构，居住结构由于新移民的涌现而进行了重新组合，在当代中国社会中这种现象已变得十分突出，在一个城市中“本地人”的比重不断下降。人们迁移到新的地方居住，除了自己的住所之外，面对的往往是一个陌生的居住环境。因此今天我们往往处在一个城市化推动下居住者重新组合的时代，在这样的境遇下，居民与当地的环境的关系是表浅的，甚至没有形成当地的环境相关文化，缺乏相关的环境文化作为居民与当地环境之间的纽带。人类学对于少数民族地区人类和环境相互关系的研究表明，当人们在一个地方居住数百年以后，人们和当地的环境之间也会发展起来一种文化联系，这种文化联系就是当地的人类深入当地环境中的根基。但人们开始在一个新的环境中组成新的社会的时候，是没有传统社会中这种文化意义上的环境根基的。因此，人们可能对当地的环境没有应有的认识，感情、甚至是保护的生态观念，也可能没有相应的保护环境的社会规范、制度，对环境的社会行为就可能没有约束。这样导致了环境文化的缺失，没有环境文化的结果必然导致环境问题的出现。在上面所列举的滇池环境问题例子中我们同样可以看到，由于城市化的快速推进以及城市居民结构的变化，使得传统生态文化淡化的同时，新的环境文化并没有建立起来，人们缺乏对有当地环境应有的认识、观念、亲近感、社会规范，因此导致人们对当地环境的不关心，不良的环境行为直接导致了当地环境问题的出现。

在环境文化缺失的状态下还可能出现环境友好的反文化，也就是有意地反环境友好行为。事实上在很多居民的环境行为中，并不是因为人们不知道自己的行为对环境可能造成的危害，也不是不知道环境受到危害的结果，而是出于某些习惯、自己生活便利、经济利益，甚至是有意发泄心中的不满情绪等而做出危害环境的行为。这种行为就是一种环境友好的反相行为，在当代的中国的城市化过程中普遍存在。一些生产者为了自己的经济利益不顾及可能导致的环境结果，结果造成了生产性的环境污染和破坏。在一些居民中，也存在一些不利环境的习惯和行为，一些河道边的居民为了自己的方便而将垃圾抛进河道中，例如一些农村中存在着将死亡家畜的尸体抛进河里，城市中的人们习惯把死去的老鼠丢到街面上的习惯，这些现象在今天仍然可以看到。不利于环境的观念、行为在人类学的视野里，同样是一种文化，但这种文化是一种和环境友好相反的文化，对环境问题的产生和存在同样产生着不可忽视的影响。

总之，我们对环境问题的出现后面的文化背景没有深刻的认识，就不可能真正理解环境问题出现的原因，那么也就不可能从根本上找到解决环境问题和化解环境危机的有效途径和手段。事实上，在当代很多环境问题的化解之所以不能取得有效结果，原因也就在于没有从文化的角度去理解与化解环境问题。

下面让我们对于文化与当代环境问题之间的关系再做一些简单的经验性阐释。

笔者认为人类涉及环境的文化包括了观念层面、制度层面、社会行为层面及物质建设四个层面。

在观念层面上，包括了人们对环境的认识、环境感受以及由此产生的环境价值观。尽管不同的民族对环境的认识有所不同，价值观念有差异，但它是人类对待环境最重要的因素，它可能导致对待环境的不同文化结果，包括人们如何利用环境、改造环境以获得生存的资源和更多的利益，如何平衡自己利益需求与环境、资源可持续利用之间的关系。这一切之所以是一种文化结果，是由于人们的环境实践活动往往是由不同的生态观所引导的，人类活动的生态结果也是由此而导致的。对环境的不同认识、环境价值观，可能导致人类不同的生态行为结果，这一点已为大量的事实所证实。

制度层面是人们建立在对环境的价值观之上的保护环境的制度体系，包括了人们的社会规范、环境和资源管理制度等，是人们的价值观的体现。在对待环境上，人们对环境有什么样的认识，形成什么样的环境价值观，那么就可能形成对环境的相关制度。制度要素的存在目的是将人们的行为规范在环境相关价值观认可的范围之内，限制人们的环境行为。由于人类文化是以不同的民族、社会、时代来划分的，因而人类对于环境的制度建设也有较大的差异，一方面与不同的民族文化背景有直接的关系，它建立在不同民族的生态价值观之上；另一方面由于时代的不同而存在着制度建设的发展问题。

在涉及人类和环境的关系中，人类的社会行为层面也是十分重要的因素。人类的环境行为受到观念的支配，相关制度和社会规范的约束，因此在这个意义上来说，有什么样的环境观念以及环境制度、社会规范，那么人类的社会行为就将会形成什么样的环境行为模式。不同的环境行为直接影响到人类活动带来的环境后果。如果人类认为自然环境是一种取之不尽的资源对象，对于利用环境并没有任何限制，而是无限制利用，那么就可能带来对环境资源的无限制使用，人类和自然环境之间的关系就变成了一种满足自身需要的索取关系。相反如果一个民族认为人类需要和环境处在一种平衡关系中，那么人类就会节制自己的环境行为，有序地利用环境，适度地开发自然资源。人类的环境行为也可能处在一种无限制状态，这就是在环境文化缺失的状态下的行为，这样人类对其自然环境和人类生存的关系没有明确的认识，也没有明确的制度或者不遵守制度，根据自己的利益需求和便利利用环境、对待环境，这样就可能造成对环境的危害物质建设是人类在不同的环境的认识以及环境价值观指导之下，通过人类的建设能力去改造环境的物质结果，例如水利建设、城市环境建设、农业建设、森林建设、沙漠化治理等等工程。这种物质结果是人类为了自身的生存利益和发展的利益而进行的，也体现了人类对生态环境的认识及环境价值观。物质建设一方面是为了改良自然环境，或减少自然环境对于人类生存的危害，另一方面则是通过环境建设获得更多的生存资源以及更高的生存利益需要。人类环境建设层面的努力在于改造自然环境使自然环境更适合人类的生存，能够为人类提供更多的生存资源，但是人类的环境建设的物质结果对环境安全的影响是可能存在不同的后果：在人类历史上，有大量的环境建设工程改善了人类的生存条件，为人类的生计提供了更丰富的环境资源，也有大量的环境建设工程危害到了环境，从而也危害到了人类的生存和可持续发展。

在上述的文化结构中，我们可以看出，环境问题的出现往往是人类活动的结果，而人类的活动及对环境造成的结果与人类对待环境的观念、制度及人类的行为有直接的关系。

三　文化是否可以成为化解环境危机的手段？

在人类学视野中，人类学与环境之间要取得一种平衡关系，就必须有相关的文化作为其中的纽带。没有这种纽带，人类与环境之间就可能是分离的、甚至是对立的，这是当代环境问题产生并存在的最根本原因，同时环境文化的缺失是当代很多环境问题得不到根本解决的关键原因之一。因此在当代解决环境问题、化解环境危机，文化建设是不可缺少的重要手段。我们可以武断地说，在任何一个时代如果没有人类和自然之间的一种良好的关系，也就是一种文化作为人类和自然之间的平衡关系的纽带，那么人类永远也不可能真正解决环境问题。因此人类建立起一种人类和环境之间的文化作为人与环境之间平衡相处的纽带，是人类化解当代的环境问题和环境危机的重要手段，也是有效防范新的环境问题出现的重要途径。

笔者在对水文化的研究中提出，在当代保护水环境、化解水环境危机的途径有三条：一是制度的途径，二是技术的途径，三是文化的途径。[①]

---

① 郑晓云：《水文化与生态文明——云南少数民族水文化研究国际交流文集》，云南教育出版社2007年版。

事实上，不仅仅是水环境问题，在对待整个环境问题中这三条途径都是适用的。

制度的途径以规则、法律、体制等手段来实现对环境的保护；技术对于化解环境危机，尤其是当环境问题出现后提供了科学的解决手段；文化则是人们的认识、观念、感受甚至是宗教等因素形成的精神层面，以及人类对待环境的行为、社会规范、制度形成的环境相关的文化（或称生态文化）。在当代应当说这三条途径都是重要的，但文化是源头上的要素，如果一个民族、一个社会或地区的人们有对环境的重要性有深刻认识，同时也有保护环境的相关文化要素，那么环境就能得到好的保护，人们甚至可以为了长远利益而放弃一些眼前的利益。而当一个社会必须通过制度来保护环境，在环境问题出现后再通过技术的手段来加以化解时，不仅成本很高，并且效果难以预料。由于我们所处的时代是一个快速开发与建设的时代，环境所面临的压力是前所未有的，制度与技术的手段在这个过程中是必须强化的，但我们更应当认识到文化也是同等重要的手段，甚至是根本的。因此今天我们解决环境问题仍然需要通过文化、制度、技术三条种途径，并且缺一不可。

在当代，文化的意义体现在两个方面：第一，维持人与生态环境之间的友好关系；第二，通过文化建设可以解决环境问题。

第一个方面，人类将自然环境作为自己的居住场所及获取生存资源的对象的同时，必须要拥有对于环境的认识、利用环境的价值观以及相关的社会规范、保持环境良好的社会行为等文化，这种文化如果是和环境的可持续利用相适应的，是有利于保持环境和人类发展的平衡关系的，那么这就是一种良性的文化。环境相关文化对于人类活动的生态后果将产生直接的影响，这已经被大量研究所证实。在笔者近年来对云南少数民族水文化的研究中进一步证实，水文化和现实生活中相关结果，包括水资源的利用、管理、水环境建设，水环境问题的出现都有直接的关系。笔者从一些民族的神话中寻觅到水观念产生的源头，发现很多民族的水观念到现实行为和神话都有关系，今天人类对水的很多社会规范和社会行为，都来源于水神话，例如傣族、哈尼族、佤族等。在各民族的文明史上，水文化不仅对各民族的生计维持产生了积极的作用，同时对其文明进程也起了重要的作用。在历史上很多民族的迁徙与定居都与水有直接关系，同样在很多民族中，人们以宗教的名义保护了水源及水源环境，包括湖泊、河流、森林等，如藏族、纳西族、傣族、哈尼族等。而在红河流域等地区，水利灌溉的发展直接导致了当地农业模式从山地农业到稻田农业的转型，修建了数百万亩梯田，促进了当地文明的提升，也创造了亚洲农业文明史上的奇迹。这一切都是水文化的历史意义所在，同时也是人类文化对环境产生不同的影响的意义所在。① 对这些前工业化的少数民族社会中与环境相关文化研究中表明，环境文化的存在是使人类与自然环境达到平衡的重要因素，有了这种文化，人们才有对环境的深刻认识并在这种基础上形成相应的环境价值观，去引导对待环境的制度与规范建设，限制人类的环境行为及对环境的过度利用，达到人类生存与环境良好的平衡状态。

第二个方面，既然人类要达到与自然环境之间的平衡，就必须有文化作为纽带，通过文化的建设来化解当代的环境问题将是一种根本的、有效的选择。在环境问题出现之前，文化是人类与环境之间和谐关系的润滑剂，它能够有效地防范环境问题的产生，环境问题出现之后，文化可以作为一种手段去解决环境问题。研究表明，在前工业化社会中，人类和环境之间的平衡关系得益于文化，而当代大量的环境问题出现是由于文化的丧失。而在当代环境问题已经出现的时候，如何通过文化这一种手段化解环境问题，是我们需要认真研究的，也是人类学在环境问题研究中面临的挑战。

我们有必要对一个民族、一个地区传统的环境文化进行深入的研究，整理，使它成为当代环境文化建设的重要基础，尤其是在当代快速变化的社会环境中阻止这些传统文化的进一步流失。同时，努力去构建一种结合各民族传统环境文化、适应当代社会发展、环境状态的新的环境文化，通过文化建设去化解当代的环境问题和环境危机。当一种新的环境文化被建立起来，人们有了对环境的深刻认识，人类具有了平衡人类需求和环境承受能力之间的长期利益的价值观、有了保护环境的行动计划、不利于环境的行为受到限制、更多有利环境和人类可持续发展的物质建设得到发展，那么环境问题就可以从根本上得到解决。

（《云南社会科学》2008 年第 5 期，《中国社会科学文摘》2009 年第 3 期全文刊载）

① 郑晓云：《水文化与生态文明——云南少数民族水文化研究国际交流文集》，云南教育出版社 2007 年版。

云南少数民族的水神话:文化结构与寓意

水神话是普遍存在于人类社会中的一种典型神话，其最重要的价值在于人类可追忆的历史往往都是从水神话开始的，这不论是在西方还是在中国都是一样。在很多民族中，除了洪水神话之外，同时还有关于水的各种相关神话，例如与天地万物起源有关的神话，江河、湖泊水神的传说等神话。水神话里表达了人类的诸多文化观念，对于水神话的研究有助于我们理解人类对于水的观念的来源、变迁，乃至于今天很多文化行为的记忆背景以及观念的来源。尽管水神话在世界各地各民族中都广泛存在，但是在不同的民族中有不同的特点与文化内涵，本文将通过中国云南少数民族的水神话的结构及文化喻意考察来揭示水神话对于各民族的自然观、自然崇拜及相关的文化行为等的影响，以期加深对水神话及其文化结果的认识以及不同民族有关水的文化行为的理解①。

一　云南少数民族水神话的特点

云南少数民族的水神话有诸多自身的特点：

1. 云南少数民族的水神话与汉族及中国其他民族的水神话传说有很多差异。在中国历史上典型的神话传说中，人类的历史也是从水与水神开始的，典型的神话中记述了治理洪水的神与传说中的英雄。当大地被洪水淹没，受到洪水危害以后，天神命令一些神人对洪水进行治理，例如中国

① 云南省位于中国西南，人口近4500万人，其中少数民族人口占总人口的33%左右。云南省是中国少数民族种类最多的一个省份，有土著民族25种，其中包括了数百个不同民族的支系。

较早的治理洪水的传说中，有一位叫巨灵的河神，又名九原真母，本领非常大，能够造山川、使江河改道，曾经改造过黄河河道，被道家奉为造物主。另一个传说中，当天地刚刚建起来的时候，大地就遭到了洪水的肆虐，上帝派遣了巨人朴父和他的妻子一同去治理洪水，这对夫妻本领非常大，他们个子有千里之高，腰围差不多和身子相当，但在治理洪水的过程中十分的潦草，他们开挖河道，有的地方挖深了，有的地方挖浅了，有的地方甚至阻起来，许多年都没有把洪水治理好，造成了洪水的继续肆掠，天神恼怒他们懒惰，就罢了他们的职务并给予处罚①。在中国神话传说中，真正使天下洪水得到治理的是大禹，大禹因为治理天下水患而受到万国拥戴，功高盖世，从而成为天子。中国的起始在洪水之后，尧舜也成为中国首世之君②。在随后的时间里，治理洪水、疏通江河、修通数以千条的川河，让洪水灌入江河，从而使水能够通达九州大地，福泽万民，是中国古代洪水神话，也就是以汉族为代表的洪水神话的主要特点。

在中国西南少数民族的洪水传说中，关于洪水泛滥以后治理洪水的英雄故事并不多，大量的神话故事主要还是在洪水以后人类怎样繁衍生息，如一些人在洪水中乘坐葫芦、瓜、铁箱子、大鼓等逃生工具躲过洪水以后重新开始繁衍，这其中大量的故事又是叙述在洪水以后留下来的一对兄妹通婚以后，繁衍后代而形成了今天的人类，这是中国西南少数民族水神话与以汉族为代表的中原水神话的不同之处。

2. 云南少数民族的水神话丰富多彩，很多民族虽然都有以洪水为主题的神话，但是这些神话传说反映的内容都是不同的，例如在洪水的起因方面，有的民族如纳西族、傈僳族等，其洪水传说中导致洪水泛滥的原因主要是天神惩罚人类乱伦等恶行，而在苗族等民族中往往又是因为一些动物的过失或动物为了拯救地球惹怒了天神而导致洪水泛滥，在景颇族等民族中洪水的来源是因为恶魔作乱。关于洪水前和洪水后人类的生存状态有的民族的神话反映了洪水泛滥之前已经存在一个人、神以及人与世间万物灵性相通的，即人与天地、鸟、植物、动物、天神都可以互相对话的世界，而有的民族的洪水神话中，则反映的是洪水之前人类世界是一个混沌的世界，只有在洪水以后人类才真正起源。藏族、傣族、哈尼族等民族的

① 袁珂：《中国古代神话》，中华书籍 1981 年版。

② 丁山：《古代神话与民族》，商务印书馆 2005 年版，第 180 页。

水神话中反映了世间大地是由水而生成。总而言之，关于洪水不论其起源的传说还是神话故事内涵，在各个民族中都是有较大差异的。

3. 水神话反映了丰富的文化内涵。在各民族的水神话中都反映了这个民族的精神意识、愿望并具有丰富的文化内涵。在大量的洪水神话中反映了洪水过后大地上只剩下一对兄妹，在神的指引下，兄妹通过结婚而生育子女，繁衍成今天的人类。这一切反映了云南少数民族早期的婚姻形态，在今天的民族志资料中也有印证，大量的民族志资料记叙了在20世纪50年代很多少数民族中还存在血缘较近的人们通婚的事实，与各民族的婚姻形态是相符合的。很多水神话中反映了当地的民族关系，例如很多神话都传说了在洪水泛滥以后，遗留下来的人们并不仅仅是一个民族，而是多个民族，从而反映了各民族之间较早的渊源关系。再如各民族的水神话中都反映了人们的善恶观：水神，不论是引发洪水的神还是江河的神，都有善性与恶性，或者是一个神有善恶两个方面，既可以肆掠大地、祸害人类，又可以滋润大地，给人们带来生存的资源。

4. 云南少数民族中的很多神话都有其独特性。例如上面所谈到的很多民族普遍存在的洪水神话中，在洪水肆虐以后人类所遗留下来的仅仅是两兄妹，而通过兄妹通婚，繁衍人类，这种兄妹通婚是中国西南少数民族中洪水神话中较为典型独特的现象，又如以上所提到的洪水神话中所反映出的民族关系、水与天地万物形成的关系等，也都是云南少数民族水神话中较独特的方面。

5. 水神话中表达了人的自然观以及人与自然之间的关系，各民族中有大量的水神话是记叙水神灵的，这些神灵存在于江河、湖泊甚至水井、农田、森林之中，它能够保佑人们有足够的水来维持生计，同时也会祸害人类，因此人类必须保持一种和自然的良好关系，也就是保持与神的良好关系才能获得继续生存的条件，而不至于受到水神的惩罚，带来祸害。

二 洪水神话

在中国西南的各个少数民族中几乎都有关于洪水的神话，这些神话丰富多彩，包容了有关人类起源、婚姻家庭、社会、人与自然的关系、善恶观等大量的文化内涵，尽管各个民族的洪水神话有较大的差异，传说的内容也不尽相同，但都有一些共同的特点：

1. 在洪水以前，人类已经存在，而那个时候的世界是一个自然、人类与世间万物互相可以通话，神、鬼、人互相可以沟通并共存的世界。那个时候的自然也和今天的自然有较大的差异，人、鬼、神、动物、植物生活在同一个世界，互相沟通、互相对话，也互相斗争，甚至最终带来洪水，这是很多民族洪水来源的共同特点。总体而言，洪水是一个人、鬼、神、动物、植物，甚至海洋等共存的世界中各种因素互相作用的结果。基诺族的神话中传说在洪水以前，白天出现了七个太阳，夜里出现了七个月亮，一直晒了七天七夜，动植物都被晒死，火焰升腾为乌云，大雨倾盆而下，淹没了大地与人类，从而产生了巨大的洪水灾难①。在洪水来临之前的世界中，人类已经生存在大地上，种地、生产、结婚、繁衍子孙，在独龙族的神话传说中，洪水泛滥之前，人和鬼怪共同生活在一个世界上，人的孩子由鬼“布兰”带大，而布兰的孩子则由人来带，人帮鬼怪布兰带的孩子个个都能长大，而布兰帮人带孩子时则千方百计把人的孩子吃掉，这样，鬼怪布兰越来越多，人越来越少，于是人和鬼之间展开了艰巨的斗争，终于鬼怪被人间的猎人射死，尸体被抛入江中，鬼怪的尸体在江中突然发胀，把江水全给堵住了，引起了洪水暴发，向四面倾泻，把地上的一切都淹没②。在景颇族的创世纪神话中，传说洪水以前，已经有一个人、神、鬼、自然、动物、植物等共同生存的世界，而这一切都是由于造物主宁贯娃所创造的，他原来居住在高高的太阳山上，过去世界没有天没有地，也没有万物，一切都是混沌的。于是宁贯娃花了很大的力气造了天、造了地，并且打造了大地上的平坝与高山，在平坝上开辟了九条大江，当大地造好以后他感觉到寂寞，又照着自己的样子用泥土捏了很多小泥人，有男有女，小泥人放到地上就成了活人，和他一样高，他便把一男一女配成双，让他们一户一户过日子，并且又用泥捏了很多鸡、鸭、牛、马、狮、虎等飞禽走兽，让野兽在林间嬉耍，鱼儿在水中游玩，小鸟在天空飞翔，使大地充满了生机，但同时他也造出了一个恶魔，这个恶魔就是后面使得大地被洪水淹没的罪魁祸首③。在傈僳族的创世纪神话中，洪水以前

---

① 杜玉亭：《基诺族史》，云南人民出版社 1985 年版。

② 李子贤编：《云南少数民族神话选——独龙族》，云南人民出版社 1990 年版。

③ 李子贤编：《云南少数民族神话选——景颇族》，云南人民出版社 1990 年版。

女神不仅创造了天、地，也创造了河流、峡谷，使天地凑合在一起，随后又造了男人、女人，造了世间万物，让人们在大地上生存繁衍，让动物、植物也能够繁衍，风调雨顺，万物茂盛生长。各种农作物几乎都同时成熟，那时候天与地之间距离都很近，天上地下的人都可以互相来往，人们很容易就到天上。由于天上生活条件比较好，人们都纷纷向天上跑，天上人多了以后，搅乱了天界，由此而使得造物的女神认为应该重新造人类，于是决定发洪水将人类毁灭①。由上可见，各少数民族的神话中都反映了在洪水以前，存在着一个混沌的世界。

2. 关于洪水的来源。关于洪水的来源各民族的传说也不尽相同，概括而言有以下几个方面：一是洪水是为了惩罚人类而发作，例如在纳西族中，洪水的原因是因为在天上两个兄妹互相爱慕，结为夫妇，不料两兄妹结婚引起了众神的愤怒，被视为乱伦行为，于是天神发洪水而毁灭人类。在傈僳族的传说中由于人在天地之间互相行走，使得天界的秩序被搅乱，于是天神决定发洪水毁灭人类、重新造人。

二是恶魔作怪。在景颇族的神话中洪水是由于造物主宁贯娃与恶魔高佐洛雷之间互相争斗三天三夜，恶魔高佐洛雷在临死之前施法使天河倒泻，大雨倾盆，一时间天水茫茫，大地被洪水淹没，只剩下一对在高山上放牛的姐弟看见大水淹来，急忙用牛皮做了一个大鼓漂在水上才得以幸存。

三是与一些动、植物有关系。在苦聪人的传说中，有一个寡妇把一棵树栽在路旁，没有几年便长成了一棵巨大的树，巨大的树叶遮天蔽日，使得大地都变得黑暗无光，人们为了夺回阳光，用大火将巨树烧断，剩余的树桩最后也被蚂蚁吃完，而树根最后冒出来一股洪水加上暴雨使得洪水到处泛滥，淹没大地②。在德昂族的神话传说中，螃蟹是水的娘，螃蟹不高兴的时候它走到哪里，水就发到哪里，人和动物都淹死了。在苗族的神话传说中，远古时有一段时间一连七年天上没有一朵云，没下过一滴雨，天天烈日当空，将大地上晒得枯焦，人也即将失去生计，于是人们托付了猴子到天上去求天公降雨，天上的天公可怜人间无雨，于是降了一些雨，而猴子不满意天公不肯把更多的雨水降到大地上，非常生气，将天宫门口放

① 李子贤编：《云南少数民族神话选——傈僳族》，云南人民出版社 1990 年版。

② 李子贤编：《云南少数民族神话选——苦聪人》，云南人民出版社 1990 年版。

着的水缸推倒，使得整整一大缸天宫上的水都倾倒在大地上，造成大地洪水泛滥，淹没了世间万物①。

四是在很多民族中洪水起源并没有什么特别的原因，而是大自然的一种现象。在基诺族中，洪水前有七个太阳、七个月亮，随后也产生了洪水。而在彝族等很多民族中，都描述了人类本来是平安生活的，后来由于洪水自然的发作，而其中比较特殊的是在洪水发作时，都有一些善良的神扮作人、动物、植物等提示平安生活的一些人或者是采取一些方法使很少的人，尤其是一对兄妹逃过洪水，得以生存，最后繁衍人类。

3. 洪水神话以后的人类繁衍。在很多民族的神话中，都反映了洪水以后人类的重新繁衍。在大多数民族的神话传说中，洪水以后一对兄妹藏在葫芦或大鼓中得以逃生，最后兄妹在神的指点下，结为夫妇，并且繁衍人类。在基诺族的神话传说中，一对兄妹在洪水中由于躲进大鼓而生存下来，最后兄妹在神的同意下结为夫妇，生儿育女。在苗族的传说中，一对兄妹躲进了一个葫芦，当洪水退去之后，兄妹走出葫芦，为了生儿育女，兄长希望请求天公同意他们结为夫妇，但是妹妹不同意，于是他们求助于天意，走到了一座山上，找了一对大木头，将木头从两座山的山头滚下去，如果木头合在一起，就预示着他们能够成亲，于是他们这样做了，大木头真的合在了一起，于是他们结为夫妻，生下一个肉团，繁衍出了很多的人。这种在兄妹两人幸存以后，通过滚实木、石磨盘而决定能否成婚，也就是顺天意的传说，在傈僳族、怒族、彝族等很多民族中都存在。

在一些民族的传说中，躲过洪水以后并不是一对兄妹从葫芦中得以生存，而是多个民族得以生存。基诺族的传说中还有在洪水以后当地的哈尼族、彝族、基诺族、汉族由于一同躲在葫芦里得以逃生。多个民族同时在葫芦里得以逃生的传说在德昂族、怒族等民族中都有，在独龙族的传说中一对兄妹在躲过洪水灾难以后，通过和磨盘、滚石头等方式顺天意，结成了夫妻，兄妹俩生了九男九女，在生子女的那天晚上，两兄妹在山头上倒了一桶水，这桶水流下去就成了九条江，而九对兄妹长大以后，大哥和大姐住在了东方的一条江上，成了汉族；二哥和二姐住到了怒江边上，成了怒族；三哥和三姐来到了独龙江边，成了独龙族；其他兄弟姐妹住到了其

① 李子贤编：《云南少数民族神话选——苗族》，云南人民出版社 1990 年版。

他六条江边，分别成为六个民族[1]。在纳西族的传说中，幸存的兄妹并没有结婚，而是哥哥到天上重新找了一个仙女成婚，再繁衍人类至今。

在以上的论述中我们可以看到，根据大多数少数民族的传说，人类曾经有过两个世界，一个是在洪水以前的世界，在那个时候是一个人、鬼、天、地、动物、植物共生的世界，在那个世界中人与世间万物甚至鬼神都可以通话。另一个世界是在大洪水之后，一对兄妹或少许不同民族的先民幸存下来，经过通婚等，使人类再次繁衍起来并形成了今天的社会，而在洪水以后的人类繁衍发展过程中，已经不再存在人与神、天、地、动物、植物之间的灵性相通、语言相通以及相互之间的交往。

三　关于世界起源的水神话

并不是所有民族都有洪水神话，或者说人类的早期起源都与洪水有关，在一些民族的传说中世界万物本来就是由水而来，或者由神灵用水而创造。在傣族的神话传说中，世间万物都是其神话人物帕雅英用水与自己身上的排泄物造成的[2]。藏族的水神话传说中，天地未形成时什么也没有，后来逐渐出现了大海，在大海面上漂着蒙蒙的雾气，四面八方刮着大风，大风和雾气使大海中激起了很多硬块，这些硬块集在一起形成了大地。海中出现了一条巨大的鳄鱼，钻到海底将大地背在自己的背上，形成了大地，有了大地之后，最先出现了山、出现了树，然后天神再造人类以及动物、植物等。在这个传说中大地和人类都是来源于大海，源于水，是水、雾和大风最终造成了大地以及人间[3]。在红河流域的哈尼族中，各种创世纪神话中都讲述到了在世界初始时，天地之间仅有一片汪洋大海，而汪洋大海中的雾气中生出了鱼和水生物。有的神话则传说，在远古时期，天地之间有三股水，一股是甜水，变成了山泉水，一股是咸水，就是海水，一股是淡水，也就是江河水，同时哈尼族还认为天上有一个天池，天

---

① 李子贤编：《云南少数民族神话选——独龙族》，云南人民出版社 1990 年版。

② 郑晓云：《傣族的水文化与可持续发展》，国际水历史学会第二次会议论文集，挪威伯尔根大学编印，2001 年。

③ 《大地和人类的由来》，李子贤主编《云南少数民族神话选》，云南人民出版社 1990 年版。

池里有一条与大地相连的神秘水沟，时刻将天池中的生灵之水送往人间，世界之初就是一片汪洋大海，再由汪洋大海中生出了水生物，最后再由水生物中生出人类。

在一些民族中，水曾经给人类带来恩惠，最典型的就是傣族泼水节的传说。泼水节是傣族的新年，也是民间最重大的传统节日。传说在很久以前有一个凶恶的魔王，他杀人放火，无恶不作，一次它抢来七个美丽的姊妹做妻子，这个魔王本事很大，刀杀不死、石头也砸不死，七个姊妹商量以后，把魔王灌醉了之后，诱出了魔王的弱点，用魔王的头发将魔王的头搬掉，但是魔王的头一落地立即燃起熊熊大火，只能抱在怀里用水浇才能扑灭火，七个姊妹轮流抱着魔王的头，其他人挑水来浇魔王的头，这样浇了很久时间才浇灭了魔王头上的火，从而救了人类，从此以后人们就通过泼水的方式来纪念七个姊妹，同时也把水作为消除灾祸的神圣物质。

四　水神话中反映出的文化观

各民族的水神话尽管多种多样，并且反映的往往都是超自然的现象，但这些神话中却反映了大量的现实的文化观，神话中也透露出了大量人类历史上人与自然之间以及人与人之间、民族之间的丰富信息，下面我们从几个方面来看少数民族水神话中所反映出的丰富的文化内涵。

1. 民族关系。在很多民族的水神话中都反映了各民族之间的关系。在基诺族的神话中，洪水以后哈尼族、彝族、汉族、傣族、基诺族 5 个民族的先民在一个葫芦里得以逃生，当洪水退去，人们从葫芦中出来，他们各自选择自己居住的地方，傣族和哈尼族选择了山区，汉族和基诺族选择了坝区，而汉族走得更远，留下了基诺族、哈尼族、傣族。基诺族住在山下的平坝地区，但是他们并不会种植水稻，因此他们种植的稻谷收获很差，而在山上有打不完的猎物、采不完的野菜，砍倒树木之后就可以随意种地，长出谷子，令基诺人很羡慕，而傣族人精于种植水稻，他们从葫芦里出来之前，他们的先人就指点了他们种植水稻的秘经，因此他们就与基诺族人商量，说你们不会种植水稻，你们可以到山上去，那里有很多很多的动物，每天都有吃不完的肉，有摘不完的野菜，不用劳动就可以生活，基诺人听了十分高兴，于是与傣族交换了居住地，所以今天的傣族就住在坝区，而基诺族则住到了山区。傣族到坝区后由于他们在洪水以前就会种植水稻，因此他们的日子也越来越好过，基诺族到了山区以后每天打猎，妇女到箐沟里抓螃蟹、小鱼，扑昆虫，采集野菜，同样也是吃不完、用不完，大家都很满意，因此当地几个民族相处都十分和睦①。在苦聪人的神话传说中，洪水以后仅剩下兄妹两人，他们在葫芦里得以逃生，结婚以后生下了子女，这些子女就是今天克木人，苗族、哈尼族、佤族、傣族等民族的祖先。这些神话传说中反映了当人类社会在洪水以后再一次繁衍的过程中，相互之间有着长期居住与交往的密切的历史，并且认为都是来自一个祖先或者有过共同的患难经历。在现实生活中，这些传说中有共同来源的民族也正是长期居住在共同地域中的民族，如傣族、哈尼族、基诺族是自古以来就居住在同一地域的民族，怒族水神话传说中同源的民族也是长期居住在一起的民族，长期以来不同民族之间不可割裂的社会经济、文化交往使得人们将不同民族的历史通过洪水神话联系在一起。

2. 兄妹婚姻。兄妹婚姻是云南很多少数民族水神话传说中普遍存在的在洪水以后人类新的一个起始，通过兄妹通婚而繁衍为今天的人类，但是兄妹通婚所透露出的信息也是丰富的。兄妹婚姻普遍被认为是反映了人类早期的婚姻形态，在云南很多民族中 20 世纪 50 年代的民族志资料中都还表明存在近亲结婚的现象，而很多民族中的传说以及歌谣都有对于兄妹通婚的赞颂，在现实生活中也有很多兄妹通婚的实例，洪水神话中兄妹通婚与各民族婚姻的发展过程有可以印证的关系。在基诺族中，20 世纪 50 年代还有很多近亲结婚的事例存在②。在洪水之后，兄妹通婚繁衍人类之所以成为神话的主题，一些观点认为是反映了人类早期社会中曾经存在过血缘婚的过程，也就是婚姻并没有被排除在有直系血缘关系的亲属之外，而有的学者认为这一主题表达了各民族繁衍人类的强烈愿望③，笔者认为，兄妹通婚之所以被人们普遍作为洪水神话后人类繁衍的主题，原因有两个方面：第一个方面是由于神话的产生所需要的神秘性与长期性的需要，在各民族的相关洪水神话中，两兄妹获得生存的机会以后，他们要结为婚姻并不是一帆风顺的，都通过了曲折的过程，要么受神的点拨而结

① 郑晓云：《最后的长房——基诺族父系大家庭与文化变迁》，云南大学出版社 2005 年版。

② 郑晓云：《基诺族婚姻调查》，《云南少数民族社会历史调查资料汇编（五）》，云南人民出版社 1989 年版。

③ 杨知勇：《洪水神话三议》，《宗教 · 神话 · 民族》，云南教育出版社 1992 年版。

婚，要么是通过种种艰难的测试天意的方式，顺天意而成婚，要么通过了各种艰辛的考验，最后才结婚，这些内容使得神话故事丰富多彩、生动、感人，而如果两个生存下来的人并非兄妹，那么他们就可以顺理成章地达成婚姻，繁衍人类，这样也就没有更多的故事可言，更不能增加神话故事的神秘性与感人性，这与神话存在的特殊性不相符合，而兄妹之间通过曲折的历程达到婚姻，从而繁衍子孙后代，这也表达了人们对于人类在灾难之后艰难的繁衍历程的一种追忆。

第二个方面，兄妹通婚对于一个民族来说，有助于人们维持一个民族的认同以及作为一个民族血缘关系的纯洁性，这应该是一种非常贴切的隐喻，因为人类的发展是从血缘关系网络逐渐扩大到社会网络，是由一个小的网络逐渐扩大到大的网络，而这其中维持一个民族一致认同的凝聚力除了在随后演化出来的文化的因素之外，在人类早期一个社会群体并不大的时候，血缘关系就显得十分的重要，而兄妹正是血缘关系最紧密的纽带，作为一个民族核心凝聚力的具体体现，这应该是一种合符的解释。

兄妹通婚的神话中诸多要素在很多民族中大致相同，也反映了神话有传播性，而不完全是在某些民族中特有的，而是有起源的源头，随后在不同的民族中传播开来，经过不同民族加工，从而变异成各民族自己的神话。

3. 少数民族的水神话中反映了人类起源与生计基础的关联性。在藏族、傣族、哈尼族等民族中，世间万物都是由水而形成的，天、地、人、动物、植物、山河、大地都是由水而创造，源自于水。这一切反映了人们对水的崇敬与神秘观念，尤其是这些民族的生计都与水有着十分密切的关系。在哈尼族、傣族中，由于这两个民族都是种植水稻的民族，水对于这两个民族的基础生计有着非常直接的利害关系。哈尼族大多居住在大江河的两岸，修造梯田种植水稻，因此水对于维持梯田农业有着十分重要的意义；傣族自古以来以水稻种植为生计基础，在历史上曾经有过频繁的迁徙，其迁徙规律基本上都是顺着大江大河进行的，选择江河谷作为居所以利于种植水稻。因此，这些民族都对水有着特殊的崇敬，对水的崇敬融入了人们对于人类起源朴素的追忆之中，同时也产生了与水有关的神话。

4. 水神话反映了人们对水的善恶观。在很多民族的水神话中，水是有灵性的。一般而言水是恶性的，它冲击大地，毁灭人类，往往也被鬼神用于惩罚人类或者毁灭人类的工具，因此它有恶的一面。在很多民族中有很多关于水神的传说，认为河流、山泉、水井等都住有水神，而这些水的神灵必须要加以认真的对待与供奉，水神灵才会不伤及人类，否则水中的恶鬼就会伤害人类，或者发洪水，或者使水泉干枯，使河流枯竭等。但是水也有善的一方面，在很多民族中水是纯洁，拯救人类的物质，在藏族、傣族、哈尼族等民族中，水都被奉为人类最神圣的生存资源。在傣族泼水节来源传说中，水与恶魔的危害被消除有直接关系，因此傣族人崇敬水。不论在哪个民族中水都有善、恶两个方面，这在神话中都得到了体现。

5. 水神话，尤其是洪水神话反映了地球曾经历过一次全球性的洪水灾难这一事实，这一点已经为人们所广泛接受，洪水神话正是对于人类遭受过了这一次劫难中的一种记忆。

五　水神话的文化结果

由于人们对于水具有敬与畏两种感受，同时人类曾经经历了因洪水而带来的一次全球性的劫难，人类在自然的灾难以后重新繁衍，从而留下了对这一次自然灾难的深刻记忆，各民族水神话的产生与这些背景有密切关系，因此水神话也必然的融进了各个民族的精神世界与社会生活中，必然带来丰富的文化结果，这一切在今天各民族的精神与社会生活中都有种种体现，各民族中的很多文化现象与水神话是相因果的，有内在的文化关联性。在云南的少数民族中，关于水的观念后面基本上都有神话传说作为支撑，或者说很多观念都是基于神话之上，人们对水神灵的崇敬与祭祀往往都是根据水神话而来的。因此水神话不仅是一种传说，也与现实生活中的很多文化现象有直接的关系，水神话在现实生活产生了很多相关的文化后果，虽然这其中有的后果并不是直接源于水神话，但其中有较强的关联性。下面我们从一些方面加以说明。

第一，各个民族都有对水的崇敬，都认为水是必不可少的生存物质，因此水在社会生活中成为人们表达自己幸福、吉祥等愿望的重要媒介。在很多民族中有在新年的第一天到来时到水井或河流中取水的习俗，如哈尼族、德昂族、纳西族及滇中的汉族、藏族，在每年新年的第一天凌晨就要早早到河边或井边去取水，往往以谁家能够取到第一桶水为吉祥。新年取水的习俗最能够反映水在人们生活中对于富足、吉祥、平安的象征意义，因此它是新年开始的第一件大事。文山的壮族人中每年初一早晨破晓时人们就要来到河边抢挑第一桶水，谁能够抢到新水谁就吉利，人们认为喝了新水以后一年中能避邪、强壮，当新水被取回家中后人们要在门前燃放十二个特制的大鞭炮，以示新春入门、吉祥如意。在基诺族、佤族中，行过婚礼后的新娘在第二天一早就要用竹桶到水井边去背一转水，这样就说明她已经开始了在这个家庭新的生活，背水是新娘开始在一个新的家庭中生活开始的象征。

傣族、布朗族、哈尼族等民族都把水作为一种神圣的物质，人们认为通过水可以消灾免难，例如临沧、西双版纳地区的傣族人信仰佛教，在佛教活动中水是一种神圣的物质，人们在念经的过程中要通过滴水来表达好的愿望，每年新年中第一个重要的活动就是用清水为佛像沐浴净身。在很多民族中，水和水神还被人们作为表达自己愿望的媒介，例如丽江县石鼓乡的普米族人认为通过对水神的乞求可能获得财富、人口等，可以达到自己好的愿望，因此人们每年在春节的大年初一要到村子的龙潭边去祭祀龙神，向龙神要人、要牲畜、要庄稼，乞求人气兴旺、粮食丰收。

第二，对水的畏忌使人们要崇敬水，把水与神灵联系起来，是人们表达对水的崇敬最好的方式，这在很多民族中都有种种生动的事例。很多民族都会将水井装饰得很漂亮，在傣族中人们在水井上面要建盖漂亮的房子，有的是建盖成佛塔的形状，有的建盖成住房的形状，而有的则建盖成龙头的形状，不能让水井裸露在自然的环境中。在很多地方凡是有水源和水潭处人们会建盖寺庙，祭祀龙神，例如丽江纳西族在黑龙潭周围建盖了很多壮观的建筑，这些建筑虽然不完全与水神有关系，但是选址在龙潭周围也同样折射出了水文化的含义。对水神灵的崇敬还反映在一些禁忌上，在墨江县的哈尼族中，人们不能在村寨饮用水的水井边打水洗脚，更不能在水井周围大小便，狗不能在水井边洗澡，据说狗在水井边洗澡后水潭、水井会干枯，从此不会出水。在傣族中妇女不能在水井边洗澡。

第三，由于对水的崇敬，各民族都存在着对水的祭祀。在西盟县的佤族中，每年重要的宗教活动开始于祭祀水神，佤族居住在半山坡上，村寨中一般没有水井和河流，生活用水使用竹子搭成水槽从山上的泉水出口处将泉水引入村寨，因此对于各个村寨来说，每年修补水槽、祭祀水神是一项重要的活动，人们认为水槽里也居住有水神，祭祀水神能够保佑水流畅通，一年四季清水不断，因此在每年的年底全寨人都要出工修补水槽，同时对水神进行祭祀。修补水槽和祭祀水神的过程在每个村寨都要历经多日：第一天每家出人到村寨外去修补水沟，有的水沟长达七、八公里；第二天砍伐竹子对村寨内的水沟进行修补；第三天就可能是请巫师祭祀水神，看鸡卦。通过鸡卦来预测这一年水畅不畅通，水是不是充足，随后举行隆重的仪式，乞求水神保佑当年水源畅通、丰富。在祭祀活动结束的时候，全村还要举行传统的重大节庆活动——拉木鼓。人们将祭祀水神和修复水槽做作为一个重要的节日，在修复结束后全村人要欢庆，通宵达旦地吃喝、跳舞、唱歌。在过去傣族每年都要组织各个村寨修复灌溉的水渠，每当修复水渠的工作结束以后，村寨的头人要带领全村人对于水沟神进行祭祀，杀鸡甚至杀猪祭祀，乞求水沟神保佑水沟畅通，水源丰富，保障人们的生产灌溉及稻谷丰产。

第四，水神灵崇敬与自然资源的保护。由于人们对水神的崇敬，因此人们也将一些特定的地方划为水神灵的居所，并加以保护、祭祀。一般水的源头者被认为是水神灵的居所，因此人们对出水处都有特殊的敬畏，在各个民族中由于很多出水地，尤其是水源，都会被认为是神灵居住的地方而受到人们特别的保护与祭祀。例如各个民族对水源林都有保护的措施，基诺族、佤族、哈尼族、彝族等主要居住在山区的民族对于水源林都加以特殊的保护，在水源林内不许砍伐树木，甚至也不能采摘野果，不能让牛、马等进入。一些民族对于水潭有特殊的保护，不能在水潭中洗澡、洗菜。西双版纳的傣族在过去的千百年中更是将大片的森林划为有神居住的龙林加以保护，龙林之内不能让牛马进入，也不能进龙林砍树木、砍柴甚至不能采摘野果，由于大片龙林的存在与保护完好，西双版纳地区的河流沟渠有充足的水保障农田灌溉①。各民族对森林中的水源林都特别加以祭祀，如基诺族每年都要对各村寨的水源林进行祭祀，祭祀的时候要杀鸡，供奉各种果品、食品，然后人们跪拜敬香进行祭祀。在纳西族中对于水源的出水口都要在每年举行不同形式的祭祀活动，由巫师东巴主持。各个民族往往将水潭称为龙潭，不仅要每年祭祀，在水潭边还要建盖庙宇供奉龙王。

（本文英文稿载联合国教科文组织水历史丛书之《水的观念》一书）

---

① 参阅高立士《西双版纳传统灌溉与环境保护研究》，云南民族出版社 1999 年版。

Meeting Place of Chinese Culture and Water: The Case of the Nine-Dragon Fountain of Yuxi City, China

Chinese Tradition on Fountains

The Chinese can boast a long history of utilizing fountain water, but their approach and views on natural fountains is clearly different from other, particularly western countries. The Chinese people have always endowed fountains with religious or cultural connotations, the dragon being the most popular symbol of the religious ones. Thus, the places where fountains gush out are often referred to as dragon fountains. People prefer to have temples or related buildings near fountains. Therefore, they have little interest for jet or drop type fountain outlets with artistic creations built above the fountain outlet as people have e. g. in many European cities.

Some Chinese people think that changing of the outlet violates the sanctity of the fountain: the ideal was to build a pool near the outlet to enjoy the fountain and the clear water as well as to build temples to sacrifice to gods and saints or other buildings for to enjoy the fountain, as in the case of the Bao Tu Fountain of Ji Nan City, the most famous fountain in China (Fig. 1). Jin Nan, the provincial capital of Shandong province, is located in the central west area of Shandong province in the eastern part of China on the lower reaches of the Yellow River. Peoeple built pools around the outlets of the fountain and sub-fountains, to watch and enjoy gush of the fountains as well as built buildings and gardens for memory to famous people and to take pleasure in the fountain. In the season of summer, watch the gush of fountain was very important activity in the city life.

Fig. 1 Bao Tu Fountain of Ji Nan City, the most famous fountain in China

The earliest function of the fountain Chinese city was irrigation, but as local communities developed, it received new and more extensive functions, often endowed with profound cultural connotations, especially, it connected with most typical culture, the dragon culture in popular cases. Moreover, it has become a landmark and center of social life for local urban and rural settlements. Thus, the dragon fountain has become the meeting place of Chinese culture and water, one of the important symbol of Chinese culture.

The Nine-Dragon Fountain

The Nine-Dragon Fountain of Yuxi City, Yunnan Province, in Southwest China is a typical example of Chinese dragon fountain culture. It is located 10 km northwest of downtown Yuxi, comprising nine fountain outlets. The gushing volume of the fountain water is considerable all year round and forms a river called the Nine-Dragon River. Since its utilization started, it has been an important water source for local agriculture and has irrigated tens of thousands of hectares of farmland. Since the outlets are surrounded by ominously quiet hills, dense forests, and crystal clear ponds, the scenery is wonderful. Thus, it has been a popular tourist attraction since the Ming Dynasty which considered water an important component of the cityscape and people's social life.

At the end of the Ming Dynasty, about 300 years ago, people started building many religious and sightseeing buildings near the fountain. Most of them are situated along the stone cliff behind the largest fountain. An oblong pond called the Large Dragon Pool, about 110 square meters in area (Fig. 2, Fig. 3, Fig. 4), was built of stones at the outlet of the largest fountain. The water gushing out of the fountain is crystal clear, one can even see the carps swimming at the bottom. The main buildings include the "Nine-Dragon Palace", a temple dedicated to the dragon king (Fig. 5, Fig. 6, Fig. 7), the "Five Si Temple" dedicated to the tiger, the monkey, the chicken, the sheep and the rabbit, the "Tower of Three Saints" dedicated to Sakyamuni, the founder of Buddhism (Fig. 8), Lao Zi, the founder of Taoism, and Confucius, the founder of Confucianism, the pavilion where tourists can listening to the fountain, as well as the Opera Building for staging operas, etc. (Fig. 9). There are also three pine parks planted with large pine trees dozens of meters high, said to have been planted by monks during the Ming Dynasty. All the construction was done with the fountains in mind which enabled perfectly blending the buildings into the natural landscape

Although the Nine-Dragon Fountain is a natural attraction, it also has profound cultural connotations deriving mainly from the relationship between Chinese culture and water-it is a symbol of Chinese culture. Firstly, because it is linked to the most important natural god of Chinese culture-the dragon. Chinese people believe that dragons live in fountains and spit out the fountain water, which is why they hold fountains sacred. That is also why a temple of the dragon king was built beside the largest fountain to honor him. According to a legend, the water is spit out by nine dragons, hence the name the Nine Dragon Fountain.

The founders of Buddhism, Taoism and Confucianism-considered sacred by the people-as well as some animal gods of local legends and myths are also hono-

Fig. 2 The main fountain in the Nine Dragons Fountain

Fig. 3 The second big fountain and waterscape

red there, which also serves to increase the sacred status of the fountains. The Nine Dragon Fountain is also the most important place for local urban social life where, during the annual fountain festival, tens of thousands of local people come to attend the largest temple fair in Yuxi City to make sacrificial offerings to the dragon god, watch opera performances and engage in other recreational ac-

Fig. 4 The channel of the fountain flows into the Nine Dragons River

Fig. 5 The dragon's temple near the main fountain

tivities. In normal times, it was a famous scenic spot where people could relax. In the past three centuries, the Nine Dragon Fountain has changed from a water source for agricultural irrigation to an important local attraction. Since the

Fig. 6 the statue of the dragon king and his wife

Fig. 7 The sculpture of dragon in the temple

fountain is an object of worship, the local people are eager to build waterscapes in the city. The big waterfall built as a symbol of the city is one of the big waterscapes built in recent years (Fig. 10).

Fig. 8 The buddhism temple near the fountain

Fig. 9 The arena in the fuontains park

Concluding Remarks

The past three centuries have seen the Nine Dragon Fountain change from a

Fig. 10 The big waterfall was built as the symbol of the city

water source for irrigation to an important landmark for the townspeople. And fountain worship has caused the local people to sacred, loved and enjoyed water and waterscape, to build waterscapes in the city-some large waterscapes have been completed in recent years.

References

the fountain protection office of jin nan city. 1998. a view on famous fountain o f jin nan. jin nan pree house. jin nan.

the committee of reconds of Yuxi editing. 1994. the city reconds of yu xi. china book bureau. bejing.

published at water fountains in the worldscape. published by international water history association and kehramedia inc, 2012. finland.

（本文载《世界景观中的喷泉》一书，国际水历史学会、KEHRAMEDIA INC 联合出版，2012 年，芬兰）

弘扬水文化、彰显云南的生态文明

——记念2006年世界水日

一　水文化的当代价值

联合国教科文组织确定的2006年世界水日的主题是“水与文化”，这一主题有的鲜明的时代意义。云南的学者为这一主题的确定也做出了积极的贡献。

1. 水与文化的关系密不可分：水是人类生存的基础，水也铸就了人类文明，人类社会就是一部与水相依存、治水、用水、亲水、乐水的历史。中国水利水电研究院谭徐明先生指出“华复文明是因洪水而催生的文明”，清华大学马吉明教授指出“对水的敬畏使我们成了龙的传人”。北京大学王铭铭教授认为离开了水就不能真正认识中国社会。世界各民族、各国都有水文化，对不同国家水的利用、保护产生了积极的影响。《中国水利报》3月9日在记念世界水日的特刊中说道：“全世界有多少种文化传统，就有多少种方式来审视、使用和赞美水。世界各地不同的文化传统、风俗习惯以及社会价值观决定不同地区的人们认识和管理水的方式。”

2. 水资源与水环境问题是21世纪人类可持续发展中面临的最突出的问题之一，受到了全球的广泛关注。今天水环境治理的科技已有了长足的进步，人们对于投入其中所需要的大量资金也并不怜惜，但是科技的进步与资金的投入往往不能阻止水环境的恶化，进而彻底解决水环境问题。这其中重要的原因就是传统的水文化的丧失或缺少应有的水文化。研究表明在各民族的历史发展中，水文化作为一种社会意识与社会规范支撑着不同的民族的生存与持续发展，对各民族的生态平衡起到积极的作用，而相反当社会变迁导致水文化的丧失则带来了人与自然之间平衡关系的改变，使人们缺少对于自然的敬畏及对水与人类生存关系的理解，从而最终也改变了人类的生活，对人类的可持续发展造成了危害。清华大学教授胡和平先生认为“水危机的产生是人类社会水文化发展滞后和缺失的产物”。

水文化是人们在生存实践中所形成的或在当代发展起来的对水的观念与认识、使用与保护水的习俗、制度、规范、宗教、节庆及相关水的规范性活动等。

笔者认为在当代保护水环境、化解水危机的途径有三条：一是制度的途径，二是技术的途径，三是文化的途径。制度的途径以规则、法律、体制等手段来实现对水环境的保护；技术对于化解水危机，尤其是当水环境问题出现后提供了科学的解决手段；文化则是人们的观念、行为、宗教、社会规范与水环境相融合的结果。应当说这三条途径都是重要的，但文化是源头上的要素，如果一个民族、一个社会或地区的人们有对水的重要性有深刻认识，同时也有保护水环境的相关文化要素，那么水环境就能得到很好的保护，人们甚至可以为了长远利益而放弃一些眼前的利益。而当一个社会必须通过制度来保护水环境，在水环境问题出现后再通过技术的手段来加以化解时，成本不仅很高，并且效果难以预料。

不同国家与地区的不同民族的人们在生存实践中所形成的或在当代发展起来的对水的观念、使用与保护水的习俗、制度、规范、宗教等构成水文化的要素，对是当代解决水危机、营造良好的水环境、实现可持续发展的重要基础，是从源头解决水环境问题的有效手段，很多传统的智慧在今天仍然有挖掘利用的价值，可以加深今天人类对于自己与环境之间关系的认识，从而达到保护水资源的目的。每个民族、每个地区的人们都怀有对水的崇敬以及科学合理地利用、保护水环境，那将对水资源的可持续利用产生积极影响。

水文化作为一种社会意识、社会习俗与社会规范，对于平衡人与环境之间的关系、保护环境发挥着重要的功能，水文化在当代的价值可以从以下两个方面来理解：

首先，水文化意识有助于人类平衡人与自然之间的关系。这种意识是基于人类长期以来与自然共存的过程中所积累起来的对于水与人类生存之间的关系的深刻理解以及水与人类社会文明进程的理解的认识之上的，有了对水的深刻理解，人们才能亲水、保护水、爱惜水，注重平衡水与可持续发展之间的关系。

其次，水文化是一种保护水环境的社会规范，这些规范包括了人们对于水源、水设施的禁忌、管理措施、利用以及保护水资源传统意识与传统制度，这些制度规范着人们的行为，要求人们去保护水环境，限制自己对于水环境的不良影响，这些社会规范是通过人们不同的观念、宗教禁忌、传统习俗以及传统的成文或不成文的规则体现出来的。这些传统的规范规定了人与水环境之间的种种关系，在历史上人们遵守这些规范，从而使水环境得到了保护，在当代的水环境保护与可持续发展中人们同样需要这些规范来规定人与自然之间的关系，使各民族自觉、主动地保护水环境，求得人与自然之间的平衡。

3. 水文化在当代建设中的意义。水文化应当成为当代建设中的灵魂。在城市建设中，应注重水与城市建设的融合，保存或创造亲水环境。不随意将自然的水环境改造成人工景观。

在乡村建设中，注重传统水环境的保护，使良好的水环境成为新农村建设的重要内容。

水利工程建设中应当使当地的水文化得以延续，注入文化的要素。

二　云南丰厚的水文化资源是人类文明的重要组成部分、是云南各族人民对人类的伟大贡献

云南省各个民族中都有自己对于水的认识及利用水的社会史与当代的方式，都具有自己的水文化。傣族把水视为圣洁的物质，从种植水稻的灌溉系统到泼水节、保护水源的“龙林”等都是水文化的重要内容。在基诺族等山区民族中，历史上曾经规划有保护水资源的森林，对水资源进行有效的保护；在红河流域的傣族、红河流域的哈尼族、彝族、傣族等民族人民利用自然环境的优势修建了蔚为壮观的梯田，同时对山顶的森林进行保护而达到保护水的目的，这一切正是当地人基于对于水环境的深刻认识、保护以及巧妙利用的结果。在大理、丽江等地的白族、纳西族中人们充分资利用水环境修筑了农业灌溉系统，同时将居住环境、社会生活深深地融合在一起，创造了人与水共生的景观，凡是到过丽江古城的游客，无

不为古城中条条清澈溪流与座座古老的建筑巧妙融合的景观叹为观止。这种水文化是各民族在社会发展中形成的对水的充分认识及利用的结果，是各民族留给当代的一份丰厚的文化财富。由于有了水文化，云南的自然环境得以保持良好，云南的壮丽河山成为今天云南人民生存的和谐家园。云南地处诸多大江大河的源头，云南各民族人民传统的水文化对水环境的保护同样对云南之外的区域做出了巨大的贡献。因此，云南人民自古以来就热爱自己家园的环境保护，创造出了丰富的水文化，以水文化为核心的生态文明应当得到更充分的认识、更进一步的弘扬、传承。我们可以在这里自豪地说云南各民族人民的生态文明是一种伟大的文明！对各民族水文化与水的社会史的认识，不仅有助于开发利用各民族的传统智慧、总结水环境变迁的历史经验教训、加深对于可持续发展观的认识，也将对世界水文明做出一份特殊的贡献。

三 积极推动云南的水文化研究、建设与普及

建议云南各学科合作加强水文化的研究工作。如上所述，云南各民族丰富的水文化资源，为水文化的研究提供了广阔的舞台，而云南快速发展建设中的水文化建设也十分迫切。这一领域的开启不仅仅是一笔文化财富的开发，也是今天云南可持续发展的需要。

建议各级政府在发展建设中更加注重传统水文化的汲取，注重将水文化与城乡建设更好地融合。

建议学术界与政府加大水文化的普及，一方面总结、创造新的水文化，另一方面让民众了解水与人类文明进程的关系，加深对水与人类生存关系的理解。

共享水：人类共同的生计与和谐之道

——为2009年世界水日而作

今年世界水日的主题被定为“跨界水——共享的水，共享的机遇”，我认为是有特定的内涵并且有重大的现实意义的。

水是大自然赐给人类共同的生存资源，没有水人类就不能生存和发展。但是由于人类生存的自然环境和社会环境的差别，导致了人类享受水资源这一大自然恩赐的不平等。虽然生存在同一个星球上，但人类对水的享受却有着极大的差别，有的国家水资源丰富，而有的国家水资源则非常贫乏，甚至在一个国家之内不同地区之间对水资源的享有也有极大的差别。

我认为，人类对水资源享有的差别来自于两个方面：一方面是自然环境形成的，另一方面则是历史与现实的社会环境造成的。如果说一些地区和国家之间的水资源享有的差别是由于历史上形成的居住环境格局差异造成的，已难以重新选择，那么今天还有一个更重要的原因就可能是历史与现实中国家之间和地区之间的分割造成的，即一些共同享有水资源的国家之间由于政治、经济、文化等利益关系形成对水资源的分割而造成了人们享有水资源的差别。一些国家和地区通过对水资源的控制和垄断以获取政治和经济利益，从而造成了国家和地区之间的发展不平衡，甚至导致冲突和战争，即使在一个国家之内也常常存在与水资源相关的纷争甚至导致冲突。

我们还必须深刻地认识到，人类对水的享有具有关联性。水资源往往并不为一个国家、一个地区或一个民族所独享，水资源涉及人类共同的利益，而区域的水资源也往往涉及不同的国家与地区，水跨越了国家、民族和地区的界限。在我们的地球上，一条河流往往流经多个地区，甚至多个国家，一个湖泊也可能为多个国家所共有，因此水资源并不是均等地分配在不同的地区和国家，这也是一种现实。以云南省为例：云南省是亚洲众多大河流发源地，是澜沧江（湄公河）、怒江（萨尔温江）、元江（红河）、长江、珠江等大江大河的重要发源地区。这些大江大河往往流经多个国家和国内多个省区，水源地区生态环境的保护及水资源的保护和利用，不仅涉及云南省自身的可持续发展，同时也涉及中国和东南亚其他流经国家的经济利益和政治关系。在这个意义上来讲，我们共享水资源，但又由于地理环境和政治、经济的原因形成相关的利益关系，解决不了这其中的利益关系就可能造成更深层次的矛盾和冲突。因此对流域水资源的保护并形成良性的共享机制对于河流流域的和平、共享经济和社会利益、实现共同发展具有重大的现实意义。

在当代的社会发展环境中，不论是国家之间还是一个国家内的地区之间，都必须进行有效的合作，协调水资源的分配、通过政治手段、经济手段、技术手段来解决水资源分配的不平衡，这样才能化解矛盾，促进人类的和平和共同发展。因此促进水资源的共享，是化解当代很多国家、地区以及一个国家内部危机和冲突的重要手段，同时也是促进人类和平与共同发展的关键所在。否则人们会将因为越来越严重的水资源享有的不公平和水短缺而影响到经济的发展，甚至会产生更多的矛盾和冲突。今年联合国教科文组织确定的世界水日主题其重要的意义就在于此。

笔者认为当前实现水共享要着重解决以下问题：一是促进人类对于水共享有更多的理解，无论是不同国家之间还是一个国家内不同地区之间的人们都应该对共享水资源有更多的共识和更深的理解，共同致力于解决水共享之中所存在的问题。二是促进共享水资源的更多机制的形成，包括对共同利益问题的关注、共同保护、共同开发和共享水资源的利益机制的形成，促进协调共享水资源矛盾的国家和地区之间的组织机制的形成。三是通过工程技术手段解决地理环境造成的水资源共享不平衡状态，实现更优化的水共享，包括引水工程、水利改良工程等。

对于中国来说，今年世界水日的主题也具有重大的现实意义，因为中国也同样存在如何与其他国家以及在国内实现的良性的水共享和水资源保护问题。对外来说，我们必须要协调好和周边国家共享跨国河流的利益关系，加强与流域国家的合作，共同保护流域的水资源、共享水和利用水资源，使国际河流成为促进流域国家经济社会发展和地区和平的纽带，尤其是作为跨国河流上游国家要积极负起更重的责任，促进与下流国家的河流保护和利用合作，化解河流流域之间的政治和经济纷争。对内而言，由于中国是一个水资源分布不平衡的大国，因此要大力促进不同省区，不同地区之间的水资源利用和保护的合作，形成更完善的水资源合作保护、利用以及资源补偿机制，进一步打破体制上的分割状态。同时实施更多科学合理的水资源调配工程，通过工程技术手段实现水资源的更有效配置，改变由于环境和当前发展过程中所形成的水资源分布不均的状态。笔者认为水利工作应注重在促进人类水共享方面的宣传教育工作，处理好“硬”与“软”的关系。让我们通过对今年世界水日主题的理解，为促进人类更良好的水共享、将水共享转化为人类共同发展的机遇而作出更大的贡献。

（载《中国水利报》，2009 年 3 月 26 日）

水文化:城市水环境的灵魂

一　城市水环境问题的出现往往是水文化缺失的结果

在当代，城市发展的速度越来越快，城市规模也越来越大，水环境问题已成为城市建设与可持续发展的关键要素。越来越多的城市缺水或面临着水污染的问题，人们对水的接触仅仅源自于老天下雨及自来水龙头，水的价值在城市中仅仅体现为一种商品及日用消费品，人们离水环境越来越远，甚至感受不到水的商品价值与使用价值之外能够给人带来的娱悦以及亲水、与水共生的氛围。

当人和水的关系变得越来越遥远的时候，那么水在城市里的价值与作用是什么呢？人们可能淡忘了节约水、爱护水的意识，而仅仅是用经济支付能力来对待水，同时对水环境的爱护也失去了自觉性，于是河流往往变成垃圾场，污水排放地、水岸边也往往成了收费公园，水环境和市民之间似乎没有什么关系，城市水供给与水环境的保护似乎仅仅是政府的职责。在著名的城市昆明，与高原明珠滇池相连的很多河道污水盈灌、河道入湖口处布满垃圾，每到节日前当地政府组织的打捞人员打捞起的河面垃圾数以白吨计，这一切都是缺乏水文化的后果，如果市民有较强的环境意识，河道中就不会出现大量的垃圾。

因此，人和水的关系的不良变化，事实上就是城市水文化在淡化的表现。没有水文化的城市，不可能成为一座水资源节约型的城市，也不可能成为人和水环境共生、共享乐、和谐共处的魅力水环境城市。城市因水而生，因水而得灵气。在人类历史上，诸多的大城市都是建立在大江大河流域及水利便利的地区，或者通过人工的手段来改善水供给，建设新型的城市，从长江流域的武汉、重庆到湖畔的扬州、巢湖，海边的上海、天津直至北京等城市，无不是依水而建、因水而生、因水而发展，人们不仅依水建立并拓展了城市，还通过自己的智慧改善了水环境，造就了一大批伟大的水利工程，如大运河、都江堰直至现代的十三陵水库等。在历史上人与水的共生关系在各个城市中都十分显著，人们创造了丰富多彩的水文化，这些文化既表现在物质方面，如人们关于水的各种设施、供水系统、水景观等设施，同时也表现在制度与精神文化方面，如用水、保护水的制度、机制，享乐水的环境，抒发对水的情感的文学艺术作品等。然而这一切在当代的城市建设和发展中，水利往往只是城市的配套工程，灵魂性的文化价值正在人们的生活中渐渐淡化。因此，当水在城市生活中仅仅成为一种消费品及商品，当河流、海洋、湖泊仅仅成为人们排放污水的场所，那么这就表明水文化已经离城市人远去，城市也将走入不可持续发展，甚至是悲剧性的困境边缘。今天要建设魅力水环境城市，水文化建设仍然是其中的灵魂，水文化应成为城市魅力的一个重要组成部分。

二 水文化建设的目标是构建城市人与水的和谐关系

水文化建设的目标是要构建人和水之间的和谐关系，要培养起人们爱水、亲水、悦水、保护水的意识，同时要使市民能够享受水环境、感受水环境的魅力；对于城市管理来说要建立起保护水环境的制度、机制以及有效的途径。因此作为水文化来说，它既是一个城市的魅力所在，是人们在城市生活中能够感受到的文化，同时水文化的建设也是一种保护水环境的途径与手段，因为只有人们有了与水和谐共处的强烈意识，有了对自己生存的城市水文化的强烈感受，人们才能够自觉地保护水环境。

今天在城市中，水环境污染与水短缺等问题越来越严重，我们在不断提升科技的能力，通过科技创新来改善水环境，在建更多的污水处理厂来净化污水，同时我们也在强化种种管理制度与法规，但是我们缺少对人的水意识的关注及对人与水环境关系的关注。技术与制度往往都是被动的，都不是根本的，而文化才是源头上的要素。人的意识及其行为对于城市的水环境意义重大，这种意识不仅仅是普通市民需要，同时也贯穿在政府的决策与行动中。有了强烈的水意识，那么政府在一些经济项目决策过程中也就可以意识到应该是考虑长远利益，而作为每一个市民来说就有可能改良自己的环境行为。因此，水文化中所包含的人们的水素质，即人们对水的观念以及行为，对于水环境的保护有重要的意义，对于城市的水可持续利用，创建魅力水环境城市同样也有巨大的意义。

另一方面，水文化也是人和水之间的一种和谐关系，是人们亲近水的切身感受，这种感受要通过文化氛围和物质氛围而显现出来。在城市建设和发展中要有足够的空间，使市民能够与水接近，使人们感受到水和自己的居住环境不可分离，水是自己居住环境的一个部分，如自然的河流、湖泊、海岸，人们能够轻易地和这些水环境接触，从中体验水、感受水、热爱水、乐水、亲水或者通过一些人造景观来建设一些新的水场所，例如城市中的喷泉、人工湖泊等等。有丰富文化内涵的、标志性水景观及建筑物，也是人们亲近水的必不可少的场所，尤其是现代一些新兴城市发展的场所。这样的例子在欧洲国家十分普遍，在欧洲的很多国家、城市中包括罗马、巴黎等这样的缺水城市中，也有大量的壮观、造型精美的城市水喷泉群等人工水景观存在，人们利用一切可能的机会去让市民亲近水，如沐浴、水上运动、水上交通、水上旅游观光等，使人们有了亲水的感受。

一个有充足的水资源、水环境良好的城市，一个让人处处感受到水文化的存在，体现出水文化的城市，才能够称得上是一座魅力水环境城市，如果缺少了水文化，那么只能说这座城市有完善的水利工程，但人和城市水之间的关系将会越来越疏远，水将被更多地视为消费品、商品，水环境责任将被更多地视为政府的责任，而与市民无关。

三　城市水文化的内涵

城市的水文化包括以下几个方面：

一是人们对水的认识。认识到水与人类生存与文明进程之间的关系，认识到水在生活中的重要性，尤其对于水与城市共生关系的认识。作为城市水文化来说，还应当让市民知道本城市水环境的历史变迁，水与本城市形成与发展之间的关系，目前的城市水供给状况及存在的问题等。

二是保护水的机制以及习惯。在不同的乡村及城市中，历史上都有保护水环境、水资源、水场所、水工程的传统机制、市规民约、法规等，这几乎在所有的城市都存在。在当代还包括在人们使用水的习惯，包括节约水、循环用水等方式，科学文明的污水的排放习惯及爱护、保护水环境的行为等。

三是各个城市千百年来所延续下来的人和水之间的互动传统，与水相伴的娱乐活动，如赛龙舟、游泳、沐浴、水疗、水上餐饮娱乐等水生活，民间的水祭祠、水风俗、水崇拜，如有很多城市人们在新年的时候都要到河里挑第一担水以求吉祥。还有对于水神的崇拜与祭祠，从而使人们产生对水的敬慕。在很多城市中，龙潭等水场所都是重要的宗教与人文场所。

四是水景观与亲水的场所。在城市中自然形成的喷泉、河流、湖泊、瀑布、海岸、河岸、湖岸景观等，以及依照城市的水环境建设而建立起来的人工景观，如喷泉群、人工湖、河道、海、河、湖岸边景观等。在这些水景观与场所周围，人们能够享受城市中的水环境，例如有幽静的湖岸可以散步，河道边的景观可以享乐，有游水的场所，等等，使人们能够亲近水，感受到一个城市丰富的水资源，优美的水景观，从而感受到水环境与城市之间的关系，感受到水环境对于自己生活的重要性。

五是人们抒发对水的情怀的文学、绘画、雕塑、音乐等艺术活动与作品，城市规划建设中的水景观设计艺术等，从中抒发人们对水的感受，真正做到人水共生，人水和谐，人水一体，人与水环境有一种和谐的关系。

由于城市的规模和所处的自然状态不同，不同的城市可能有不同的水文化内涵，在海岸边、河流边、湖泊畔或在高原上的城市中，水环境千差万别，但是水文化的建设内涵都是一致的，都应该要建设一种人和水之间的和谐关系、亲近关系，都要通过物质的手段、制度的手段来实现这种关系的完善状态。水文化既可以是一种传统，因为不同的城市都已经存在了千百年，人们与水已经有千百年的共生关系，在这个过程中，不同的城市都已经形成了既有的水文化。这些文化传统对于今天保持人水和谐，保持城市的水环境，促进城市的可持续发展都具有重要的价值，因此在城市的扩张和新建过程中，这些传统都应该被总结、发扬光大，同时水文化也可以在当代得到构建。

四　构建城市水文化的理念

在当代，城市水文化应如何构建，也是一个大的难题。

首先，当代的水文化建设应有观念、制度、物质三个层面。从观念上来说，要做到市民有文明的水素质，科学认识水的价值，认识水与城市存在的关系，并把这种认识贯穿到行为中来，养成节约水、保护水环境的文明行为；在制度上有完善的制度，通过法律、法规以及科学的手段来保护水环境，治理水环境，保持城市水环境的良好状态；在物质层面上有完善的污水处理设施建设，有标志性的水景观建设以及人们亲水乐水的场所，等等，这些要素都是一个城市必不可少的。

不同的城市有不同的传统、自然风貌、区位特征等，水文化的建设都可以结合具体的实际进行规划、实施。

其次，在当代创建城市水文化，有一些理念是需要重视的。

第一，每个城市都应该制定水文化建设规划，将水文化的建设纳入整个城市发展建设中规划，逐步实施水文化建设工程，从宣传教育提高人的水素质到完善机制，完善保护水环境的设施，直至提供人们的亲水场所以及显示水文化的水景观等等，都要有一个整体的规划。水文化不能被视为水利部门的行业文化，因此水文化要从水利行业中走出来，成为城市的共同文化，成为城市文化不可缺少的组成部分。

第二，要尊重城市的公共水环境权益。在当前的城市发展中，原有的公共水环境权越来越多地被轻视，甚至被损害。过去属于城市有机组成部分的湖泊、河流、河岸、水边，往往都成为一些部门甚至私人占有的风景点，成为被围墙围起来的收费场所，将很多城市自然的组成环境与市民割绝开来，造成城市公共的水环境有机组成部分在城市的发展建设中被隔裂，使市民与水环境越来越多地处于隔离状态，不仅城市的水环境受到影响，也使人们与城市水环境的距离被拉开。这种现象从新中国成立后就已十分突出，在近年来很多城市建设中更为严重。事实上，城市的水环境是城市有机的组织部分，也是一种公共财产，不论属于哪一级政府管辖，都应尊重其公共性，使市民享有的这种公共利益不受损害，这样才能构建起城市的水文化。只有提供了大众亲水、爱水的环境，人们才能感受到城市中水环境的灵魂效应。因此一些现有的已经被占为他用的湖畔、河道、河岸、海岸等城市水环境的组成部分，尽管已经被企业或者其他建设项目所占有，都应该逐步退出，还予其城市自然景观效应，使它成为城市水环境的组成部分，成为人们亲水乐水的场所。

第三，要重视水环境的自然状态。在过去很多城市中都有自然的河道、湖泊等存在，但是在城市建设中，大量的传统水环境都被进行了重新改造和建设，往往使传统的湖泊、河流、水岸等失去原有的功能。例如在一些城市过去布满河道，但是为了建设的需要，将大量的河道覆盖，或由于很多河道受到污染，人们并不是采取治理污水的方式来改善水环境，而是将大量的河道进行覆盖，这样使整个城市自然的水环境失去了原有的风貌和功能。因此，在当代的水环境建设中，也应该恢复水环境的自然风貌与状态，这也是一个城市魅力水环境的关键所在。在景观改造中应尽量考虑到原有水环境的风貌与功能，而不是去做大量人为的改造。水环境工程的最佳目标应是让工程主体回归自然状态。

第四，水文化的建设并不仅仅是一些水资源丰富的城市如上海和江苏、福建等省的一些城市才需要，才可能进行建设，缺少水的城市，更需要进行水文化建设。如前所述，水文化建设既是目标，也是手段，不论水资源丰富的城市还是水资源贫乏的城市，都可以通过水文化的建设来实现城市的可持续发展，保护水环境，创造城市与水相关的新的魅力。

国外城市水环境建设和保护的考察与思考

在过去的十余年间，笔者先后到过近二十个国家的数十个城市进行学术活动，其中有的活动与水环境有关系，多次出席了联合国教科文组织等主办的水方面的国际会议，也进行了一些专题的水环境保护的研究与考察。在这个过程中，考察了一些城市的水环境与水文化建设情况，参观了相关的设施，接触了很多当地的专家。在不同国家的不同的城市中，都存在一些相同的水环境问题，但是也都有一些好的经验值得借鉴。根据笔者的实地考察的感受与初步了解，国外城市水环境保护中一些有益的经验如下：

一、创造并保持人和水环境的和谐关系。在城市的水环境保护与建设中，保护人与水环境的和谐关系是至关重要的，使居民与水环境之利益保持在一种密切的状态中，市民一方面利用水，也享受水环境，从而产生水环境的意识并付诸行动。因此在城市的发展建设中，创造人与水近距离接触的环境，使城市的水环境和居民的生活、休闲、工作、感受等密切相关，概括而言这主要体现在以下几个方面：

一是在城市的规划建设中，尽量保持原有水环境的自然风貌，使城市的水环境与城市的建设融为一体，例如城市原有的河流、湖畔、池塘、泉池及湖岸、海岸、河岸等自然的场所，尽量保持它和城市建设的有机统一性，而不被隔离并变成一些其他的用途的场所。在笔者所到达的很多国外城市，这一点都十分的突出，如在缅甸首都仰光、越南首都河内及挪威、瑞典的一些城市中都有城中湖泊或海岸，这些景观都被自然地维护着，使它和城市自然构为一体，而没有被改做收费公园，甚至被围墙分隔成不同的区域用作他用，而是显现出了这些自然形成的水环境与城市良好的一体化状态，这样的城市还很多。总之，在水环境较好的城市，原有的水环境总是与城市建设和规划保持一种有机的融合状态，原有的自然水景观并没有受到更多的改变。这些水环境一方面成为城市的有机组成部分，另一方面创造了人和水之间的接触关系，使人们能够有机会亲近水，把这些水场所作为景观及娱水场所，从中得到休闲并感受城市水环境的魅力，真正创造出一种人和水之间的和谐关系。

二是将城市的水利工程建设与城市的景观建设及市民的水生活结合起来，在水利工程中融入文化的内涵。城市的建设离不开水利工程，而在国外很多好的水利工程总是在结合城市的水利供水、污水排放等功能需要的同时又结合了市民水享乐需要以及城市美化的需要，使水利工程和城市的景观建设、市民的水享乐相结合，因此在很多城市，尤其是在很多欧洲城市中，水利工程本身也是城市的一些著名的景观，如在意大利首都罗马，城市本身是建设在一块缺水的土地上的，但是通过一系列伟大的引水工程的建设，不仅解决了罗马的供水问题，同时在城市中水工程也融入了艺术，使大量的水利工程成为城市的景观，在罗马一系列城市的象征性景观都与水有关系，一些重要的桥梁、引水渠及城市中众多壮观的喷泉群如西班牙广场的喷泉群，都成为罗马城市标志性的景观。罗马是一块缺水的土地上建立起来的，但今天诸多壮观的引水工程、桥梁、喷泉群等到使这座城市颜然成了一座水城。漫步罗马城，一座座雕塑群和喷泉融为一体，展示了古代人的智慧、艺术气质以及工程技术内涵。在法国首都巴黎的协和广场上，也有一些大规模的以雕塑为主体的喷泉群，成为城市中壮观的象征性水景观。总之，在很多国外水环境较好的城市中，水环境不论是自然形成的还是人工工程，它总是被视为城市不可缺少的一个部分，它的自然状态基本上不会改变，而新的水利工程总是能够和城市建设有机地融为一体，成为城市新的景观，使城市建设和水环境保持一种和谐关系，尤其是有让市民感受得到的水环境，这样也就拉近了人、市民和城市之间的距离，使市民能够感受到城市水环境的存在，感受到水对于城市魅力的重要性。

二、重视水意识的宣传与教育，提高市民的水环境素质。笔者所到过的很多城市中，对于水环境的保护的重要手段是政府对市民以及外来游客的宣传教育，以提升市民的环境素质，使市民有爱护水环境、节约水的自觉的意识。水环境的良好状态与民众的水素质是分不开的。在笔者所考察过的埃及第二个城市亚历山大市以及法国尼斯市，两个城市都是处于海岸边、拥有数以百万计居民的城市，由于市民有较高的水环境素质，因此这两座城市尽管与海相连，但是海岸边没有任何污染，水环境保持非常好，这样也就带来了城市的魅力，吸引来了更多的游客。埃及的亚历山大城有300万人口，如果没有良好的市民素质，没有较好的水环境控制手段，那么水环境污染是非常容易发生的，但是尽管城市与海近在几十米之间，地中海岸的海水仍然清澈见底，城市和海岸的水环境十分融洽。法国的尼斯是一个著名的旅游城市，尼斯本身只有80余万居民，但在夏季游客多的时候，游客的总数甚至超过了本地人。为了保护水环境，尼斯市市政府不仅通过各种媒体对市民进行教育，同时也对游客进行全方位的环境教育。对于市民来说，在环境的管理上，除了政府的管理以外，有各种市民的团体，尤其是社区的团体，对于环境进行监控与管理，对居民进行爱护环境的宣传教育，大量内容都有是针对水环境的，因为水环境是尼斯城市的根本利益所在。社区的团体会自觉地对社区内的水环境以及居民的行为，甚至是一些企业的污染排放等进行监测，如果发现了问题，社区内的环境管理委员会会自行进行监督，制止不良的行为和后果发生，如果有了不良的后果，首先进行自我整治，不能整治则交政府处理。同时为了防止游客的大量涌入而造成对环境的危害，在游客到来时，尼斯市到处都有政府的广告宣传品，告诉游客在日常的生活中应该如何爱护环境，尤其是爱护尼斯的水环境，这样市民及游客都知道政府的要求从而尽量地遵守。市民的环境意识与素质成了水环境保护重要环节。

水环境素质教育是很多城市重要的工作。这种教育一方面是使人们了解水在人类文明发展史上的作用及在当代人类生存中的地位，另一方面是让市民了解本城市的水资源供给状况。在很多国家，水历史教育是全民教育的重要内容，旨在让民众了解水与人类文明的关系，从而提高人与水的共生意识。因而对水与人类文明之间的关系的认识是民众必不可少的基本素质，在很多国家中政府与民间都不遗余力地通过各种途径让人们了解水与人类生存的关系，了解水在人类文明进程中所产生的作用以及我们当代面临的水危机。在很多国家都成立了水历史学会，例如在德国、英国等都有水历史学会，国际上也在联合国教科文组织的倡导下，于1998年成立了国际水历史学会，每两年召开一次全球性国际大会。在很多国家还建有水历史博物馆，通过博物馆让人们了解水和人类文明进程的关系及当地水环境的变迁，从而使民众了解水、认识水、爱护水，这一点是国际上十分重要的做法，所产生的积极意义是巨大的，如果缺少了人们对于水与人类生存和发展之间关系的了解和认识，那么自觉地爱护水、保护水环境的行为就很难贯彻在人们的行动中。

让市民了解本城市的水资源与供水、污水排放、水危机等到状况与背景，也是十分重要的市民教育内容。在日本就有很多现代化水专题博物馆，如水历史、城市供水等博物馆。在日本的东京就有多座相关的博物馆，例如东京水道历史馆等，博物馆通过各种实物以及声像、历史市景水生活复原场景等，生动全面介绍了东京有历史记载以来的供水工程建设，人们用水的习惯，水环境的变化以及当代存在的水问题。这些场所基本上都是免费的，市民可以自由参观，中小学生、学校也都组织学生前往参观。在博物馆内还提供各种文字资料，普及水环境知识。同时在日本的很多城市中，还编辑印刷有关水环境、水资源状况方面的图文并茂的画册，尤其是针对学生的画册。各种历史与现代的水工程如引水道、水坝、水处理等水设施、水景观等都印有精美的宣传品，这些资料图文并茂，不仅介绍了水工程、水环境历史与现况，同时也配有关于水源地优美风光的图片，使人们感觉到水的亲切、可爱。宣传品针对市民发放或者列入学生课程，使学生从小就知道水与人类发展存生之间的关系及本城市的水环境状态，从而提高市民的水素质。

三、注重保护与水相关的历史工程，尤其是水文化遗产。在欧洲城市水工程的建设自中世纪就开始了，不论是在法国、英国、意大利还是北欧国家，都有很多伟大的水工程，如运河、引水河道、引水桥梁、喷泉、大坝、水力发电站等。这些工程如前所述，往往融合了供水的功能以及创造城市新景观、水享乐场所等理念和需要，从而成为重要的水相关文化遗产。这些工程在历史上往往并不仅是作为工程而受到保护与修复的，同时也是作为文化遗产而受到保护的。在欧洲的很多城市中，历史上不同的时期当地的政府以及管理者都对这些遗产不断地进行修复、保护、重建，使之能够成为城市的一个组成部分，更不至于在城市的建设中被破坏。这在《水、时间与欧洲城市》（*water*，*time and european cities*：*history matters for the furures*，by petri. s. juuti& tapio s. katko）一书中有详细介绍。水工程相关文化遗产的存在不仅仅美化了城市，增加了城市的文化氛围，更使人们体会到水在城市中的存在，因此保护水文化工程遗产是很多城市中重要的工作。此外日本大分县也是一个典型的例子。过去是阿苏火山区域，干旱缺水，土地贫瘠、人们贫困，而自 17 世纪以后这个地区的人民开始了大规模的水工程建设，建设了大量的水坝、饮水区、桥梁等等，从而改善了这一地区的水供给问题，创造了一个良好的水环境，促进了农业的发展，而今天有关的水工程设施不仅仅发挥着输送水的功能，更成为这一地区重要的文化遗产，例如日本第一座有输水的大型石桥、石拱桥等都在这里，当地政府将这些饮水区、桥梁、大坝等等，指定为重要文化遗产予以保护，成为城市中水和人共生的灵魂关系的象征，总之水文化遗产的保护体现了人民对于水环境的爱护，更是人与水共生的一种理念的象征，它不仅是城市的水景观，同时也是人们的一种与水共生的象征，而在很多发展中国家，传统的水工程往往被破坏、改变，这造成的都是一些不良后果。

四、好的水控制与环境治理方式。水环境保护较好的城市总是有良好的水控制与环境治理方式。这些方式既有工程方面的也有人文方面的，而当代更重视生态和人文方面的方式，在很多城市中，水控制都是严格的，例如在法国的于斯市建有完整的污水排放系统，污水的收集管道延伸到这个城市的家家户户，污水百分之百通过管道输送到大型的现代化污水处理厂中，通过净化处理再经过管道排放到海底一百米以下的海底，这样保证了水环境的良好，同时对工业排放有严格的要求和控制，城市也有完善的水质监测系统，笔者曾经访问过于斯市的污水处理厂以及水环境控制试验室，试验室在于斯市的水海岸建有多个水环境监测点，每天或者每周对不同区域点的水质进行监测和化验、分析，以提供政府进行水环境的控制，而在当代水环境的控制和治理，除了利用工业的方法以外，生态方式和人文方式是最先进的理念，在法国等欧洲国家越来越多的利用人工湿地等生态方式进行污水的处理，一些科学家创造出了人工湿地方式的污水处理系统，这种系统不仅仅应用在生活污水处理中甚至应用到了企业污水、医院污水等的处理中，方式是建设一些不同规模的人工湿地过滤池，在这些人工过滤池下部是过滤层，而过滤池的表面种植上了很多漂亮的水生植物，不仅产生了环境的过滤功能，同时也美化了环境，这样的好处是能够避免工业处理污水中造成的一些使用化学方式的二次残留化学物质的污染，同时水控制的环境治理更注重人文的方面，也就是建设一种水文化，这种水文化包括了强化人和水环境之间的关系，创造优美的水景观、水场所，让人们能够感受到水、接触到水，同时进行水的教育，完善水质的管理制度，使人们能够参与到水环境的管理、保护之中来，成为城市水环境、保护、治理、享受的主人。

通过对国外一些城市水环境建设与保护一些初步考察，笔者总体的感受是：水环境较好的城市总是贯穿了这样一种理念，即将市民与水环境的关系建立在一种和谐的状态下，让市民不仅有较高的水环境素质，了解水、认识水，了解水在人类历史上的地位和角色，同时也了解水与自己所居住的城市之间的关系，知道本城市水资源的供给状态以及水环境的状态，同时也让市民有亲近水的机会，也就是通过城市的水环境保护，自然和人工水景观的保护与建设，创造一种城市的水环境之间的融洽关系，同时更提供市民与水环境之间的一种亲近场所，使人们能够了解水环境，同时利用水环境，更要享受水环境，在水环境的保护和建设中，做到市民、政府与相关的工程之间不脱离，市民能够积极地参与到水环境的建设和保护中，成为水环境的保护、建设与享受的主人。而在一些水环境保护不好的城市中，往往市民与城市的水环境之间是脱离的，相比之下，如果说我们中国的很多城市有什么不足的话，那就是城市的建设和发展过程中，尤其是在当代，发展和建设往往使脱离了和城市远远的水环境之间的关系，市民只知道使用水、消费水，而城市的原有自然水环境风貌，往往被改造，例如河流被覆盖、改造，水岸环境被改建为公园，甚至是收费的、不对外的场所，使得市民缺乏水素质的教育，政府缺少相关的宣传，市民对于城市的供水状况、水资源状况、水环境的状况等缺乏了解，因而市民对于水环境的支持、参与、共享越来越少，造成水环境意识淡薄，而在水环境的建设保护中政府过度的主导，未将政府的行为与市民的利益结合起来，尤其是知情权、享乐水环境的权利等组合起来，造成了市民和水环境之间的脱离，这一点是城市水环境保护中尤其是发展中国家，如中国目前较快拓展的城市建设发展过程中较为突出的，同时水工程仅仅是一种供水或者说排水工程，而没有和城市美化、美观结合起来，使这些工程成为单一的工程，而不能够显现美化城市、塑造城市新景观等功能，因此，城市水环境保护最重要的理念的关系，让市民能够与水环境之间的关系密切起来，了解本城市的水资源状况、供水状况，甚至于水危机状况，水的污染排放等状况，同时也创造市民娱乐水的环境，使城市原有的水环境成为城市有机的组成部分，而不被侵占，提供市民娱乐水、亲近水的场所，在工程的规划和建设中，照顾到城市的景观建设、美化等需要，使这些工程融入艺术、融入文化，成为城市的组成部分，当然这方面好的样板在中国也是存在的，例如云南省个旧市，作为一个百年锡矿城市，市中心在50年代由于洪水泛滥而造成了一个新的市中心的湖畔被人们今天起名为金湖，这个湖畔既是自然灾害的结果，而今天成为市中心一个永久性的市内湖，成为城市景观不可缺少的组成部分，人们没有排干这个湖畔，使它还原为生活或者生产用地，而是保持了它的自然形成的水湖畔状态，市民也有较好的水环境素质，尽管在湖周围每天都有数千人散步，但是无人将垃圾扔进水中，因此在城市中保持了这个湖畔的水环境的良好状态，而这个湖更成为这座城市的灵魂所在。

民本是水利发展的根本理念

人类的生存与发展离不开水，人类社会的和谐也同样离不开水。在人类社会的发展史上，无数的水灾水患及干旱缺水造成了民众生计的缺失，甚至造成社会动荡，而无数水利工程的兴修给当地民众带来了生存的资源，促进了当地社会经济的发展，让民众安居乐业。可见，水利与一个社会的和谐有着直接的关系。

水利是一个大的概念，如何理解水利呢？我们可以从技术的角度将其理解为一项项工程；也可以从经济发展的角度来理解，它为人们提供了更多的生产资源，创造更多的经济价值，等等。但从社会发展的角度，从水利的根本来理解，水利，应解读为以水利民、以水利国。水利基于水、重在利，利为利民、利国。

因此水利的发展是有其核心价值的。纵观历史上伟大的水利工程，在民众的记忆中留下的不完全是工程的伟大、技术含量的高低、创造的经济价值的多少，更多的是这项工程给民众带来的恩惠，是一项工程包含着的精神价值。从大禹治水到修筑都江堰，长江、黄河治理到大运河的开挖等诸多水利工程，为千古称赞、为社会广泛认可的更多的是一种理念、一种精神、一种价值观。大禹因为成功治水而为英雄，李冰父子因修筑都江堰而为人们广为传颂，根本的原因就在于他们实施的工程始于安民、最终惠及万民，体现了民本水利的理念。古代的水利工程及人物甚至还被广泛地赋予神话色彩，产生出种种关于水利的神话，更表明了水利与民众之间深入精神领域的密切关系。

水利的发展应以民众的根本利益为首，水利必须惠及民众，利于民众。民得利则利国，民安则国安。但是由于当代经济、社会环境的变化，水在社会中的角色除了是一种生存资源外，更突出地扮演着商品、消费品的角色，围绕水的权利的关系、体制关系等日益复杂，水利发展也与这些关系的变化密不可分，很多水利工程更多地体现着某种利益关系，与民众的利益关系不是密切了而是疏远了，或成为“政府水利”而非“民众水利”，民众对水利的参与权、知情权、直接享有权越来越弱化，甚至在一些地方还出现了民间与政府、地方与地方之间水利益的直接冲突。在一些水利工程中，民众的利益或人性化的因素体现得很少，如一些水利工程占用民众公共资源，但没有进一步考虑到将民众充分享用水利成果规划到建设中去，建设一些公园、水景观等附属设施。在一些水利工程中，技术的含量越来越高，但人文的内涵越来越少。在西南的很多农村中，传统的水利中体现着政府与民间共建共管的关系，在20世纪50年代以后随着水利体制的变化，水利的建设与管理基本由政府包揽，水利在民众与政府之间转换成了利益关系，民众与水利之间的关系发生了根本的变化。虽然当代水利的出发点也都是为了改善水供给或水环境，但其中的核心关系显然体现着多重的利益与价值。水利离民而去，民众往往也不关心水利发展，更产生不了流传民间的当代水利神话，这样的结果很难使水利发展成为构建和谐社会的坚实基础。

发展水利，民本为基础、民享是目标，这是水利发展的根本价值所在。水利的发展目的是为了人民的生计与幸福，做到了这一点，社会才会和谐安宁；而水利的目标为让民众享受到水利的好处，不论是从物质层面上还是精神层面上。这样，水利发展就成为和谐社会建设的推动力，水利就可以成为和谐社会的基石。因此我认为在当代的水利发展中，应将惠民作为水利的根本价值体现，水利发展应体现民众的利益、水利规划与建设中应构建一种工程与民众间的和谐关系、体现人文精神、体现文化。总之，水利发展不可忘记民本这一根本的价值追求，这是构建和谐社会的需要。

都江堰：认识人水互动关系历史的典范

都江堰作为一个有2200多年历史的伟大水利工程，不仅反映了人类改造自然的智慧及技能，也不仅是一项重要的文化遗产，同时它也是我们认识人和水之间互动关系历史的一个重要的典范。水是人类生存不可缺少的重要资源，同时人类的历史是也是一部人和水互动的历史，通过人和水互动关系的历史这把钥匙，我们可以打开一扇认识人类历史新的大门，都江堰这一个典型的范例就是一把钥匙，不仅让我们对人类的历史有新的认识，同时对当代也有重要的启示。

首先，都江堰水利工程反映了人类改造自然环境的智慧和努力。在历史上，人类总是不断地改造自然环境，尤其是水环境，使之更有利于自己的生存和发展，都江堰正是这样一个典范。在都江堰修建之前，成都平原是一个水旱灾害十分频繁的地区。岷江是长江上游水量最大的一条支流，同时也是成都平原的主要水源，但是岷江上游地势起伏，山势险峻，支流众多，每年的雨量集中在夏季，加之和成都平原的落差较大，都江堰和成都仅仅有50公里，落差竟达273米，因此每年的夏季就有可能造成成都平原洪水泛滥，造成良田被毁、民众流离失所的重大损失，成为古代蜀地发展的重大显患。在冬季，往往又因为岷江上游没有足够的降雨而造成成都平原干旱。修建都江堰正是为了夏天对于江水水流的控制，在冬春季降雨较少的时候提高灌溉的面积，促进农业生产的发展。秦昭襄王五十一年（公元前256年），李冰为蜀郡守，调集大量的人力，在岷江出山流入平原的灌县，建成了都江堰。都江堰选址在岷江和成都平原的交汇处，规划设计充分考虑了当地的自然地理特征，将岷江一分为二，通过修建鱼嘴、离碓、宝瓶口等关键工程，使都江堰成为一个集防洪、灌溉、航运等功能为一体的综合水利工程，不仅有效地降低了成都平原洪水泛滥的风险，同时也提升了成都平原的灌溉效益，保证了大约300万亩良田的灌溉，促进了农业生产的发展，使得成都平原从一个旱涝灾害频发的地区成为供水充沛、生计适宜的天府之国。都江堰的修建体现了当时修建者对当地环境治理的认识、建设规划过程中高度的智慧和工程建设中卓越的技能，同时都江堰水利工程的修建惠泽当地2000多年，表明了成都平原成为天府之国得益于这一个水利工程的修建，得益于历史上成功的水环境治理。这也证明了人类历史上一个具有普遍性的道理，这就是人类社会的形成和发展、今天人类良好的生存环境往往都是因为历史上水环境的有效治理而获得的。如果没有都江堰的修建，那么也就没有今天成都平原发展成天府之国。

在人类历史上，科学技术的进步往往也是伴随着人类改造社会环境、利用水资源的过程而产生的。在都江堰的修建过程中，一系列巧夺天工的工程都蕴含着令人叹为观止的科学思想和高超的技术。例如通过利用水资源的思想和科学的工程规划，化害为利，同时通过鱼嘴、离碓、宝瓶口等点穴性工程项目遏住了大自然的穴道。在这些工程中，使用了大量当时先进的科学技术，包括通过修建鱼嘴将上游奔流的江水一分为二、自动分配内外江水量的四六分水技术，修建飞沙堰进一步控制流入宝瓶口的水量的技术，起到了分洪和减灾的作用，保持了灌溉区水量稳定。为了观测和控制内江水量，李冰雕刻了三个石桩人像放于水中，以“枯水不淹足，洪水不过肩”来确定水位。还凿制石马置于江心，作为每年最小水量时淘滩的标准。这种水文测量技术在世界上都是较早的。同时在修建的过程中还采用了以火烧石、使岩石爆裂修建水道的技术，用竹笼装卵石的办法堆筑堰等技术。从这些科学技术的发明和应用中我们可以看到水利工程的修建对科学技术发展的巨大贡献。

水利工程的贡献非常直接地反映在对当地经济发展的贡献上，这一点在世界各地都是最直观的，不必多言。但事实上成功的水环境治理不仅改变了当地经济发展的条件，同时也改变了人类社会的状况，促使相应文化的形成和人们生活方式变化，这对人类社会来说同样是非常有意义的。都江堰的修建也同样反映了这一点。都江堰在修建以后2200年来形成了和都江堰相关的诸多文化现象，包括将李冰父子加以神化等水神崇拜，修建了二王庙、伏龙观等祭祀场所，围绕着水神崇拜每年的典礼、庙会、节日等，都形成了系统性的文化现象。每年当地政府都要举办庆典活动和年节活动，参加的人数以万计，成为当地社会生活中重要的内容。与此同时还产生了和都江堰相关的文学、艺术、风俗、文化景观等都江堰水文化现象，这些都影响到了人们的精神世界和生活方式。都江堰的修建，改变了人们生存的自然环境，使水资源的利用更加便捷多样，尤其是在都江堰修建以后使得岷江流域水上运输和交通十分便捷，这同样改变了当地人的生活方式。总之，在都江堰修建以后，不仅人们的经济生产受到它的积极影响，当地的社会生活、生活方式、文化习俗也因为都江堰的修建而被改变，同时这种影响远不止于都江堰地区，而是整个成都平原。假设没有都江堰的成功修建，那么成都平原上的历史就将是另一种历史。人类的很多文明兴于水的成功治理，也可能灭于水的失败治理，这样的例子在人类社会中比比皆是。

都江堰作为一项伟大的水利工程，它的成功修建使人们能够控制当地的自然生存环境，做到“水旱从人、不知饥馑”，这是人类利用自然的最高境界。人们也在利用都江堰修建带来的水资源便利推动了社会、经济、文化的发展，从中我们可以看到自古以来人类总是在努力改善自然环境，创造更适宜人类生存的条件，这个过程中推动了人类社会、经济、文化和科学技术等各方面的进步。为了治理水，人类产生了技术、制度和文化创造的动力，而这些要素的提升，又提升了人类治理水的技能。人类社会中的制度、技术、文化、经济、生活方式的改变和发展往往都在人水互动的过程中获得。人类社会中大量的实例也表明，人类在历史上的可持续生存，尤其居住区包括城市和农村社区的形成和发展往往都是成功水环境治理的结果，没有历史上成功的水环境治理，就没有今天的城市和农村，都江堰这一个伟大的水利工程也充分地证明了这一点，而今天回顾都江堰的历史给我们的启发也正在于此。

都江堰修建以后的历史影响表明了当地的历史也表现为一部人和自然环境，尤其是水环境互动的历史，它为全人类认识人水的互动关系提供了一个鲜活的个案。今天人们在享受自然环境的同时，对人类历史上人水互动的关系的认识已渐渐淡漠，弱化了人们对以水环境和人类生存之间关系的认识，影响到人类生存环境的可持续。因此为了人类的可持续发展，今天我们更需要通过都江堰这样的例子来加深对人类历史发展的认识，这也正是近年来联合国教科文组织、国际水历史学会等国际组织在国际上积极推动水历史研究与普及的重要目的。

（本文载于《中国社会科学报》，2014 年 3 月 28 日）

水资源可持续利用是红河流域生态文明的基础

——答《中国水利报》现代水利周刊问

现代水利周刊（记者刘雁飞）：红河流域抚育了流域内众多不同的民族，呈现出了丰富的民族文化，而这些都和水有直接的关系。您深入研究红河流域民族文化这么多年，请您简单谈谈水与红河流域民族文化的关系。

郑晓云：红河是一条跨越中越两国的大河，但是它的生命和价值并不仅仅在于它奔腾不息的河水，更在于其地理环境特征和各民族文化相交融的人文内涵。红河流域作为一条民族迁徙的大走廊，曾经有诸多的民族在这条大走廊中繁衍生息。同时各民族人民也在这条大走廊中产生文化融合，产生了很多红河流域民族文化的共同特征。生活在红河沿岸的各族人民在漫长的岁月中创造发展了红河流域较高的农业文明和多样的民族文化，而水是红河流域生态文明的基础。

现代水利周刊：此次会议的主题是红河流域的民族文化和生态文明，您认为什么是红河流域的生态文明？

郑晓云：党的十七大提出要建设生态文明。我理解的生态文明包括不同层面上的要素，包括精神层面的要素如生态理念、价值观、宗教、生态感受、文学艺术等；社会行为层面如人类对待自然、利用自然资源的社会行为等；制度层面如对待生态与环境的社会规范、制度、机制等；物质层面即人与自然互动的结果及所形成的各种物质性生态，如农田、人工景观、人工湖泊、运河、大坝等人工生态与环境。

红河流域各族人民在长期和当地环境的互动过程中形成了对自然环境的观念、利用和保护自然资源的制度和社会规范等。由各民族发展起来的生态文化构成了红河流域的生态文明。

现代水利周刊：红河流域生态文明的具体特征有哪些？

郑晓云：概括而言，红河流域的生态文明具有以下整体性特征：

第一，红河流域的生态文明是基于不同的地理环境之上的生态文明。由于红河流域具有不同的地貌特征，又形成了地理环境多样性之上的生物多样性，生物多样性决定了红河流域的生态与环境多样性特征。红河流域的生态文明就是建立在这种生态与环境多样性之上的，人们对不同的生态与环境的适应而形成了基于地理环境与生物多样性之上的生态文明。

第二，红河流域的生态文明是建立在民族文化多样性之上的。红河流域居住着数十个不同的民族，各族人民都在适应当地环境的基础上发展了自己从精神到制度、社会行为、物质创造等不同要素构成的生态文化。但是由于民族文化的不同，即使居住在同一个地区，他们的生态文化也会因为民族文化的不同而产生差异。

第三，红河流域的生态文明是基于流域内各民族人民不同的生计形态的文明。流域各民族人民在适应当地地理环境的基础上发展起了自己的生计系统，包括不同形态的农业、传统手工业、现代工业、渔业等生计形态以及城市和乡村居住形态等。各民族的生态文明都和自己的生计系统有直接关系。各民族都会因为自己的居住形态而显示出不同的生态文化，居住形态是生态文化中物质层面的要素，不同的城市和乡村建设都能显示出人们的生态文化。

第四，在今天红河流域的生态文明还显现出了传统和现代相结合的明显特征。在不同的生计方式之上以及不同的居住形态之中，都包含了人们的传统生态文化和现代生态文化建设的内涵。

现代水利周刊：您刚才提到水是红河流域生态文明的基础。经过您这么多年的实际考察和研究，红河流域的水资源管理有哪些特点？郑晓云：水是红河流域整个生态文明的根基。对于水资源的开发和利用，红河流域已形成了一套完整的机制。

第一，在水资源保护方面：森林是红河流域最重要的水源地。各民族都有严格的制度保护村寨森林不被破坏。如在今天红河中游地区，可以直观地看到每一个哈尼族村子都被森林所包围，他们认为森林中有各种神灵，这些神灵为人民提供了水，使人民得以生存，对于森林他们十分敬畏。另外，对森林的保护除了传统观念与习俗发挥作用外，各地区各民族还有制度化管理。

第二，在水资源的分配方面：人们修筑了大量的沟渠引水灌溉，而灌溉的面积是不均等的，这样也就形成了人们从修筑灌溉系统到分配使用水资源的一整套社会规范。如我曾经到过的元阳县的胜利村和宝山寨的入口处至今仍然可以看到复杂的分水系统，在分水口处还可以看到人们安置了木刻的度量装置。在今天虽然水沟所有权已经由过去的土司所有或私有转变为公有，但仍然要按照各流经地的用水量进行分配，不能私自开沟放水，否则偷水是要受到处罚的。

第三，在引水设施保护与管理方面：从过去到现在红河流域的水沟管理都有一套严格的制度，各地都制定了村规民约来约束村民的行为，使人们能够按制度来管理、保护水沟。另外，水与村民的精神世界有密切的关系，红河沿岸很多民族都有与水相关的宗教崇拜，因此，人们每年祭祀水神，同时也教育大家爱护水沟、保护水沟。水沟是不同的人出钱开挖建成的，因此对水的使用也是有偿的。人们根据分水槽上的刻度来决定水流量的大小，并收取相应的水资源使用费。

第四，在饮用水方面：过去当地人选地建寨时都要考虑是否有水源可供人畜饮用和灌溉农田，并且要养育水源林，因此在很多村寨中都有水井可供使用。由于水井在人们心中的重要性，人们已普遍在水井上建设了房舍，只留下几个出水口，这样就能保证不污染水源。另外，人们还年年祭祀，祭祀水井神，目的是祈求井中水不干枯和水干净，饮水的人能健康长寿。

现代水利周刊：您认为，未来红河流域发展中，在水资源保护上应注重哪些方面?

郑晓云：水资源的可持续利用直接关系到红河流域数以百万计的民众的生存。在未来的发展中，应注重水资源的可持续利用与水环境的保护，我认为重点应该放在以下几个方面：

第一，注重弘扬红河流域各民族传统的水文化。红河流域千百年来各族人民在生产实践中形成的水的文化、水的观念、传统的水管理制度与管理方式，尤其是人们对于水与人类生存的自然平衡的传统观念有十分重要的价值。对于一些有利于水资源可持续利用传统文化应注重传承，如各民族祭祀水神的传统，这些传统应得到恢复，甚至组织一些较大规模的祭祀活动。

第二，注重保护好红河流域传统的生态系统。在红河流域，森林、居住地、梯田三位一体的生态系统是当地各族人民在千百年的生存实践中所形成的一种人与自然和谐相处的生存格局，这种格局是一个有着相互联系的系统，不论哪一部分的改变，都会对整个系统的运作产生影响。在这个系统中最重要的是对能涵养水源的森林的保护。

系统的第二个方面是人的居住。随着人口的增加红河流域的居住压力增加，因此，首先要保护传统的水利用模式，对于传统模式不能轻易改变；其次要保持已形成的居住格式，不能扩大与迁移；第三要保持水的清洁，防止水环境污染。

另外，梯田的存在不仅仅是农业文明的标志以及当地人们生计的需要，同时梯田也和森林一样是这个生态系统中不可分割的一部分。红河流域大面积的梯田由于长年被水浸泡，形成了一种山地湿地生态系统，具有湿地的功能，因此红河流域大面积四季不干的梯田的存在，也是红河流域生态系统保护的一个重要环节。

第三，需要避免在发展与开发中，我们可能对水环境造成的不利后果。目前的红河流域各地经济发展速度很快，开发的形式也多种多样，对于梯田文明将会产生重要的影响。如在目前的退耕还林中，很多退耕的森林在进行茶叶、果树等经济作物的种植，但应该看到茶叶、果树等林木的生态功能和天然林的生态功能是不能同日而语的，甚至有的经济林木还需要消耗大量水分，不能像天然林一样有效地涵养水分，因此在退耕还林以及扩大森林面积的过程中，仍然需要以发展树木种植为主，适度控制经济林木的种植面积。未来的开发应注重开发项目和水环境保护以及水资源可持续利用的关系，同时我们可以把红河流域以水文明为核心的生态文明作为认识人类发展和水环境之间相互关系的一种天然博物馆，使人们在了解红河流域水文明的同时，增加对水与人类生存之间关系的认识。

第四，增强当地人民的自我发展能力，创造良好的水环境。在红河流域水资源的可持续利用过程中，当地人民的自我发展和保护能力是十分重要的，水环境直接关系到当地小康社会建设，也关系到子孙后代的生计问题。要使当地老百姓更多地增强发展意识与发展能力，积极参与到水资源和水环境的保护与整治中来。

（原载《中国水利报》，2008 年 2 月 14 日）

让水文化为解决全球水危机注入活力

——答《中国水利报》现代水利周刊问

现代水利周刊：您曾经说过，水文化是一个全球性话题，这是基于什么原因？

郑晓云：这一点可以从两个方面来理解。首先水文化不是一个概念性的话题。水文化具有普遍意义的理论框架，同时水文化又具有民族性、地方性，甚至是不同文化背景的特征。在不同的民族中、在不同的地方文化背景下，在不同的文化背景尤其是不同的宗教背景下，水文化对呈现出不同的特性，例如对于水的认识，中华文化和泰国等东南亚国家的文化背景中的人们就不一样，佛教文化、伊斯兰教文化、基督教文化、印度教文化背景中的人们对水的理解和认识也同样不一样，因此水文化和人类文化的多样性是一致的，在人们文化中具有多样性，使得水文化在人们文化中呈现出五彩缤纷的状态。从这个意义上来说，没有哪一个民族的水文化能够代替世界上其他民族的水文化，因此也使对人类的水文化的理解、尊重、研究和应用显得非常复杂。

其次，今天人类面临着共同的水一可持续发展的问题，提高水供给的质量、解决水短缺的问题、减少水污染、合理配置水资源、化解水危机等涉及水的问题都是人们面临的共同问题。今天在全球层面上，文化对于化解水危机、实现人类的可持续发展的重要性已经受到了越来越多的关注。笔者在几年前提出了化解当代水危机的三条途径：其技术的途径、制度的途径和文化的途径受到了国际学术界的广泛重视和认同，原因就在于把文化因素作为一个和技术、制度平行的因素加以考虑，在过去还没有把文化看得那么重。在我们高度重视解决水问题过程中的技术和制度因素的同时，今天越来越多的科学家新认识到文化是一个不可少的因素。因此水文化不再某一个民族或者某个国家的话题，而是一个在解决人类面临的水问题过程中都有广泛意义的话题，因此它是一个全球性的话题。

现代水利周刊：您认为，当前，国际上对水文化的研究处在一个什么状态？研究水文化，对解决世界水危机有何重要价值和作用。

郑晓云：近年来本人曾经数十次前往20多个国家进行相关研究和学术活动，对国际水文化研究和应用有一定的了解。

客观而言，国际上对水和文化的关注成为个共同的关注。时间并不长，水文化作为一门学科或一个专门的研究领域都还很年轻。在很多国家对于水的社会现象研究，从人文科学的角度研究水问题，关注是问题已经由来已久，在很多的大学和研究机构中都有相关的人文社会科学研究涉及水问题，同时对开展水的教育和保护水环境的社会工作，这些工作事实上也是今天我们所谈的水文化的组成部分，但是将使文化提出来并且到一个全球层面上来也不过十多年的历史。一个重要的开端是1999年在联合国教科文组织国际政府间水文理事会的协调下成立的国际水历史学会，学会成立后在推动全球性水文化的建设上作出了积极为富有成效的努力。自20世纪初联合国教科文组织开展了关于水文化多样性的讨论，并且在2007年正式设立了水与文化多样性项目，成为水文化研究在全球层面上开展推广工作的一个重要标志。我本人是这一项目的积极参与者，就我个人的理解，水一文化多样性也就是使文化在不同民族、不同文化背景、不同地区和不同国家之中的一种文化现象。项目设立以来已经就水与文化多样性相关工作作出了积极有成效的努力，目前正在规划中的工作包括成立一个国际水一文化多样性学会、在联合国教科文组织国际水教育学院开设水文化课程、促进将水文化多样性纳入国际政府间水文理事会的政府对话议程等。在联合国教科文组织的推动下，水文化在全球层面上将会有一个较快的整合和发展。

在今天水问题和水危机成为人类生存及可持续发展的一个巨大的挑战，在过去的几十年中所形成的这种挑战在人类历史上表现出前所未有的严峻性，人类为治理水环境，应对水危机，化解水问题做出了种种努力。不同国家推动了水科学的发展、强化了水管理法律法规、建设了无数的水利工程，但是人类面临的水问题仍然没有得到根本的化解，水危机仍然成为影响到人类可持续发展的最严峻的环境危机。为什么人类的科技进步、制度建设、工程建设在积极推进的时候，水问题仍然在加重，除了工程技术的进步及制度建设外，我们是否还有什么更为根本的手段？答案是肯定的，一个重要的因素被忽略了，这就是水文化在当代水治理中的价值。我们不能不深入地认识水在人类生存以及人类文明形成的过程中所扮演的重要角色，尊重不同地区和民族、文化背景中的水文化在当代水环境治理中的重要价值，建设和当代发展相适应的水文化。因此水文化是当代治理水环境，化解水危机、解决水问题过程中至关重要的手段和一条重要的途径。

现代水利周刊：在2009年水利部首届水文化论坛上，您提到了“水文化权”。水文化权的概念是什么？提出这一概念有何现实意义？

郑晓云：水文化权是国际上水文化研究一个比较重要的概念，它指的是一个民族和这一个地方保护和利用自己水文化的权利，同时也表现为对不同民族、文化背景（尤其是宗教）、不同社区人们传统的水文化获得尊重的权利。水文化权要求在水的管理和利用中传统的水文化能够获得尊重和应用，人们有权根据自己的传统知识进行水资源的管理和利用。在联合国有关组织“水与文化多样性项目”的背景介绍中就指出，水文化权和文化权一样是基本的人权，不同的传统水相关文化是实现水资源可持续利用过程必须得到尊重的权利。在国际环境中，水文化权体现在不同民族、不同文化背景中社区的传统文化价值受到尊重和与应用。水文化权的探讨，尊重和应用，对于我们国家尊重和保护民族在长期的历史发展进程的水文化、促进传统水文化应用同样具有重要的意义。我们在水资源的管理和利用过程中，应当充分这种当地人民的涉及水的相关文化，并且保护、传承好各民族的水文化，促进各民族人民对水资源管理和水环境整治的参与，这一切不是政府行为能够完全取代的。通过上面对水文化权的简单描述，我们可以理解国际上对水文化的研究不仅是一个学术问题，也是个政治问题。

现代水利周刊：从国际视野看，中国的水文化研究处于一个什么状态？从国际经验看，如何更好地挖掘弘扬中国的水文化？

郑晓云：如果从国际视野中来看今天中国水文化研究的现状，中国的水文化研究已经取得了一定的成效，有一批学者长期致力于这一领域的研究，尤其是对中国传统水文化有了较深入的研究，并且构建起了中国水文化的框架结构，对于水文化在当代水环境治理和可持续发展过程的应用也进行了大量的探索，尤其是受到了国家层面上的高度重视，在本月中水利部举办了中国第一次政府主办的水文化论坛，更是意义深远，必将推动中国水文化研究走向一个新的阶段。就我所知，国际上还没有哪个国家从中央政府的角度来推动水文化的发展和建设，从这一意义上说中国的水文化研究目前在国际上仍然是属于领先地位的。但是我认为也有一些差距。这主要反映在以下几个方面，第一个方面是中国的水文化研究和应用的社会基础并不广泛，目前主要是期限于水利行业中的推广水文化的研究和应用，水文化的行业性较强，社会基础不够广泛，社会的参与度不高，这一点和西方的发达国家相比较有较大的差距。笔者曾经参加今年八月份在日本大阪和京都举办的水宣传教育和学术研讨活动，活动的参与包括政府官员、专家学者、社会公众、学生等各个社会阶层，活动内容和活动方式也是丰富多彩的。在国外很多大学和研究机构都有从事很多人文社会科学学科，如历史学、社会学、哲学、法学、经济学、文学、艺术学等不同的角度对水问题进行研究和教育，这一点在我们国家的教育体系中也是有较大的差距的。

第二是中国水文化理论体系建设显得薄弱，目前对现象的研究较多，但是涉及水文化的相关理论，尤其是一些与水文化相关的、涉及更深入的思想观念、社会关系、文化权益、水文化教育、水文化应用和保护等方面的相关问题，研究不够深入，产生的成果也不多。对中国自古以来大量积留下来的水利工程遗存从文化遗产的角度加以研究、认定和保护的工作远远不够。

第三是中国的水文化普及和教育远远落后时代发展的需要。

中国是一个泱泱大国，并且是一个多民族构成、具有悠久历史和高度文明的国家，各民族的水文化伴随着中华文化的发展和中华文明的形成而存在，水文化是中华文明的重要构成因子，也是中华文化不可剥离的组成部分。因此今天我们首先要对中华水文化在中国文明进程中所扮演的重要角色有更深刻的理解和认识，要加强对传统水文化研究挖掘和保护，将中国各民族传统水文化在当代的发展中发扬光大。我想途径有很多，也难以数言而尽，在这里我只想提出一个建议，那就是设立一个国家层面上的“中华水文化建设工程”，这个工程包括水文化的理论研究、中华水文化遗产的认定和保护、水文化的教育（保护学校和公众教育）、水文化应用、水文化的国际交流等方面的内容。只有通过这样大的工程的推动，才能使中国水文化研究和应用迈上一个新的台阶，也才能和中国这样一个泱泱大国和发展的势态相协调。

现代水利周刊：如何推进水文化领域的国际交流与合作，让中国优秀的灿烂的水文化，走向国际，为全球解决水问题注入东方中国的水文化血液？

郑晓云：就我所知道的情况和自己的经历，中国的水文化以及涉及水的相关问题的国际交流和合作是远远不足的。我曾经参加过很多重要的涉及水的国际学术活动，这些活动中中国学者参与很少，声音很弱小，常常使我感到非常遗憾。事实上大家都知道，水的问题从来不仅仅是一个学术问题，在国际层面上更是一个复杂的政治问题。因此在国际水研究和合作的领域如果中国的专家学者没有足够的参与，也就把握不了话语权，从长远来说对中国的国家利益是不利的。例如目前在国际上很多专家都把水文化和当前的气候变化联系在一起，提出水文化是应对当前气候变化的重要手段，目前广受全球关注的哥本哈根气候变化大会召开在即，我们的专家学者从水文化的角度是否为中国政府参与这次会议提供了理论支持？这可能就是个明显的差距。因此从中国的国家利益出发、从推动学术发展的角度、推动国际合作出使中国的水文化彰显出更广泛的价值，都必须要大力推动水文化领域的国际交流和合作。要做到这一点，我提出几点建议。

一是加强对海外水文化的研究。包括理论研究和实地考察到这样可以使我们了解国际上水文化研究现状、借鉴有益的经验，同时也可以使我们和国际学术界有对话的可能。

二是加强与相关国际组织与学术机构的合作。国际上有很多涉及水文化的国际组织和机构，应加强和这些机构、组织的合作与交流，建立长期合作关系，这样必然能够推动中国水文化的国际交流和合作。

三是积极参与相关的国际活动，主办水文化国际会议。要鼓励中国专家学者更多地参与到国际学术活动中，在交流学术的同时发出中国学者的声音，把握话语权。应该主动地举办国际性的水文化交流活动，尤其是申办一些大型国际学术活动，如世界水论坛等，可将中国水文化论坛办成中国国际水文化论坛。目前一个较好的机会是争取申办 2012 年国际水历史学会全球大会。

四是加强人才队伍建设。加强水文化的国际合作交流和合作关键是人才队伍。目前我国涉及水的国际合作和交流中较大的问题是缺少足够的，能够从知识结构、语言能力、交往能力方面都适应国际交流专家学者队伍还比较小。因此要针对国际学术交流和合作刻意培养一批专家学者，创造条件促使专家学者更多地参与国际水文化交流合作。

（原载《中国水利报》2009 年 12 月 24 日《现代水利周刊》）

应对云南百年不遇干旱的对策

目前全省上下正在积极努力，抵抗今年极端干旱天气带来的灾害，但是与此同时我们也必须积极做好应对明年可能出现的持续性干旱天气带来的更多自然灾害，这与目前的抗旱工作一样重要而紧迫。从一些国家历史上的例子来看，干旱等自然灾害的出现往往可能持续多年，必须从根本上加以治理。

近来，笔者一直在认真关注今年的干旱带来的影响以及全省抗旱工作的进展，并前往一些地区进行了调研，思考对应来年可能出现连续性干旱天气的途径，笔者认为，对应极端天气的影响必须有长期的战略及长短结合的措施，必须从根本上加以治理，必须着力提高全省对抗自然灾害的能力，而不能是只针对时下。以下是一些思考及具体工作建议。

一　对今年云南出现极端干旱天气的认识

今年云南出现了60年来没有遇到的干旱天气，给广大的农村地区带来了严重的灾害，造成了严重的损失。这种极端的天气的出现，其根本原因是什么，是否有一定的必然性？有两方面的原因是较为直接的：第一个原因是全球气候变化的直接关系，这一点不必多言；第二个重要原因，与云南省60年来自然环境的变化也有直接的关系。60年来由于各种原因的影响，导致了云南自然环境的巨大变化。20世纪五六十年代非科学性的资源开发、80年代以后迅速的经济发展对自然资源的需求而导致的资源过度开发、环境污染，加之人口增长、迅速的城市化带来的城市规模扩大和农田面积的缩小等，都导致了云南省环境的较大变化，这其中最大的变化就是自然生态功能的退化。森林面积减少、水环境污染和水资源减少、环境退化（包括森林、河流、湖泊、农田面积、地表等）、城市面积扩大等都是导致气候变化的重要原因。以云南省的森林覆盖面积而言，在20世纪50年代云南省的森林覆盖面积达到70%左右，在80年代初下降到30%左右，在目前恢复到50%，但是其中的很大一部分已是次生森林。在西双版纳州，大量的橡胶林取代原始森林，改变了原有的生态功能。因此今年云南出现极端干旱天气并非偶然。认识环境变化与极端气候灾害之间的因果关系是十分重要的，使我们改变侥幸的心理，对从根本上做好应对未来可能发生的连续性的干旱天气带来的灾难有重要的意义。我们不能把原因仅仅归结到全球气候变化之上，要针对我们云南省影响气候变化的深层次原因做好防范应对措施，继续改善云南省的城乡生态环境，减少影响云南生态环境恶化的因素。

目前我们仍然面临着全球气候变化加剧的景况，以及我们自身的环境退化对气候的影响等多种因素可能造成的连续性干旱天气灾难的可能性，因此我们没有必要去期待明年是否会风调雨顺，而是要做好长期应对恶劣自然气候变化的各种准备工作，提高抵抗自然灾害的能力，提前做好应对措施，这才是最根本的。

二　利用好雨水资源、立即广泛开展农村储蓄水设施的建设

云南省是一个森林植被较好的省区，雨水资源丰富，但是对于雨水资源的利用水平仍然较低，雨水作为一种资源的价值还没有真正被认识到。目前水的贮存主要是通过水库来完成的，农村中家庭贮存雨水的设施还不普及。若通过大规模的建设农村家庭贮存雨水的设施，建设水窖、贮水池、贮水桶等设施，将会大大有利于明年抵抗可能出现的干旱天气带来的灾害，减少损失。目前云南雨季即将到来，若能够在雨季到来之前建设起大规模的贮存雨水设施，每一户农户补助2000—3000元计算，不到10亿元就可能为30万—40万户建设储水设施，如每个农户能够储存20—30立方雨水，那么这将对云南农村未来的抗旱和日常生活的便利性起到积极的作用。家庭收集利用雨水资源在云南很多地区已有推广运用，作为近年来推广的“五小工程”已见成效，例如在红河州已经有成功的经验，由

于在一些县推广了收集雨水的水窖建设，很多农户在去年贮存了雨水，对今年的抗旱起到了积极作用。笔者曾经在越南、泰国等一些国家考察过雨水收集设施，这些雨水资源较丰富的国家都在积极利用雨水资源，解决家庭旱季用水问题，这是一条值得大规模推广的经验。昆明市目前也已启动了建设10万个小水窖的工作。但目前在云南仍然有大力推广运用的必要与空间，如果错过今年六七月份到来的雨季收集雨水的机会，那么如果明年旱季到来出现持续性干旱就可能带来更多的损失。

因此笔者认为大力、大规模推广雨水收集设施的建设是一项非常急迫的工作，应当作为一项专项工作立即着手研究和实施。目前全省在抗旱工作都已有了大力兴修水利的措施，其中修建水窖等“五小工程”也已列入了计划，但应在当前的各种计划中权衡轻重缓急，优先将农村家庭雨水收贮设施建设作为实施工程，由省各相关部门进行协调。建议在今年雨季到来之前在全省农村修建100万个左右收集贮存雨水的家庭水窖、水池、水桶等贮存设施，在城市设计相应的贮水设施，作为应对来年可能干旱的措施。应立即组织专家进行调查和论证、拨付专项资金，立即在全省受灾农村和城镇推广实施。

三　全面开展农村水源与水环境治理工作

事实上今年的干旱天气也在拷问我们的水资源管理体制，尤其是农村的管理体制。笔者通过大量的调查研究表明，目前的农村用水主要是依赖政府建设的水利设施在支撑，但基层的水管理由于体制、资金等原因，建设与管理都难以到位。农村中农民自身的水资源管理和水环境保护存在很大的缺失，农民自身对水环境保护和建设的积极性不高、权限缺失，导致农村水环境退化。在农村地区很多村寨中原来存在的水井、水塘、水沟、水源林等供给水的资源由于没有得到很好保护，往往都已经被污染、枯竭、废弃，很多农村的水源被破坏。一些地区农村中过去存在的水塘、湿地、泽地等具有生态功能的水面都被挤占他用。事实上这一切自古以来都是农村维持生态功能、解决水供给问题，抵抗自然灾害的重要资源。因此整治农村水环境、加强农村的水源建设和保护对抵御干旱有重要的价值。每个村子都保护几个水井、一个水塘、一条水沟、一块水源林，就能有效缓解干旱。如果农村自然蓄水的水面能扩大，就有对气候起到调节作用。

因此，全面开展农村水源与水环境治理工作是一项重要的工作。可在水源周围种树，恢复水源周边的植被；对公共水井、水塘等水设施加以清理保护，使之发挥涵养水、供给水的功能；清理修复被挤占的农村水塘、沼泽地、河沟等历史上存在的水面；同时积极寻找和建设新的农村水源。这些简单的措施将会对明年可能出现连续性干旱天气带来的灾害发挥积极作用。因此建议通过行政手段，由政府协调大规模地开展农村水环境整治工作，重点是修复农村村寨中的水源、水井、水塘、水沟、水源林等水源设施，制定管理措施，同时积极开发可能的新水源，使之发挥生态功能，有效地应对干旱天气。总之，调动农村自主管理水源、治理水环境、保障水供给的积极性是化解水危机、应对干旱的重要途径；实现政府建设管理与民间管理、自给相结合，是农村解决水问题的重要理念。

四　加强环境教育、构建现代水文化

笔者曾经到过很多国家进行水文化课题研究，对比之下感到目前我国、云南省在环境教育方面与很多国家存在较大的差距。尤其是在建设现代水文化、开展节水教育、培养起有利于环境保护和节约用水的行为有较大的差距。很多国家的经验表明，国民环境素质和一个国家环境良好状态有直接关系。云南省是一个缺水的省份，但是我们在节约用水、爱护水环境方面的宣传教育和行为培养却存在着较大的缺失，在城乡的公共场所很少见到宣传节约用水的场所和制品，这也导致民众节水意识淡薄、社会上浪费水的问题突出。因此应对极端气候变化带来的干旱灾害，构建现代水文化是十分重要的，这包括了加强水教育、提高公众的水意识、培养起保护水环境、关爱水的行为等。

今年的极端干旱灾害，使云南人自古以来第一次真正感受到了缺水的困境和危害，使我们对当前所面临的水危机有了一个清醒的认识。如果我们能够抓住这次机会，真正认识到水和人类生存之间、水和人类文明发展之间的深刻关系，培养爱护水、节约水的意识和行为，这可能变坏事为好事，对云南省未来的水环境保护和应对极端干旱天气有重要的价值。因此我们应该抓住这次难得的机会大力开展水环境教育，积极进行水文化建设。

因此建议制定全省水文化建设规划，在全省开展水文化建设。这包括编制水文化建设纲要、开展水环境保护和节约用水的大规模宣传活动、举办专家报告会和专题展览；开展水环境保护教育、中小学生开设专门课程、培养公众保护水环境和节约用水的良好行为；开展乡村水环境整治、制定城市节约用水规范、总结推广节约用水方法和技巧、建设整治水环境的民间社会组织、发展节水经济和节水技术等等。

五　开展大规模生态修复、提高抵御自然灾害能力

良好的自然环境是有效涵养水分、抗御干旱的重要条件。云南省丰富的水资源也得益于云南省较好的自然环境，尤其是森林对水分的涵养。因此只要有较好的自然环境，尤其是有较好的森林植被，就可以涵养水分、供给用水、减少极端气候变化带来的干旱等自然灾害的影响。笔者最近到基诺山区考察，由于这里森林植被良好，在今年的干旱天气影响下，虽然同处这一地区的平坝也受到了干旱的影响，但受到的影响较少，表明森林植被良好对抗御极端气候有较大的作用。近几十年来云南省由于各种因素所导致的森林植被的变化对于云南省的区域性气候变化产生了重要的影响。因此应对长期的气候变化还要立足长远，开展大规模的生态修复工作，改善已经退化了的生态环境，才是抵抗自然灾害的根本之道。必须要加快着手大规模开展绿化山川、修复生态环境和生态功能的工作。

建议要加快全省新的植树造林工作，加快落实省委关于建设“森林云南”决定，提高植树造林的指标和进度要求，加倍提高植树造林的效益。加快推进“七彩云南”环境保护行动计划的实施，加快绿化山川的工作。同时各地都应该做好城乡的绿化工作，加强城乡的居民居住区的植被建设和绿化工作，尤其是水源地区和水塘、水库、河流等区域。要加大退耕还林、退耕还湖、退居还林等工作。

在城市化建设的过程中，要注意保护好原有的生态功能，注重城市化和自然生态环境之间的平衡关系，在新城区建设与旧城改造过程中要保护好原有的水源，包括出水口、水井、河流沟渠、水塘等水设施。在城市建设规划过程中，要注重规划新建城市好生态功能，要规划保护一定的农村

自然环境作为涵养城市的必要功能块，而不能在城市化过程中简单地将农村、农田变为城市。

六 防范水源的无序开发、保护好水资源

近年来出于满足人口不断增加、经济发展以及抗旱等的需要，很多地区都在不断地加快开发新的水资源，寻求新的水源来源，包括开挖水井等措施。在今年的抗旱工作中，也明确提出了大力寻找和开发新的水源、开挖水井等工作要求。这些工作无疑是必要的，但是也带来了水资源受到新的破坏的风险，在这个过程中必须要严格防范对水资源的无序、过度开发所导致的对水资源的新的破坏，尤其是地下水资源，不能因为抗旱工作的需要而过度挖掘地下水。如果处理不好这其中的关系，还将导致新的干旱问题和水问题。

因此对开发新的水源要有严格的管理和评估、报批制度，必须要加强管理。一方面鼓励当地政府和农民积极开发新的水源、建设相关取引水设施，同时又要严格管理开发过程。尤其是对开发利用地下水资源、开挖水井要进行严格的管理。不能因为今年的抗旱工作而造成新的水源破坏。

（《云南智库要报》2010 年第 4 期）

云南当前抗旱及建立应对干旱灾害长效机制研究

一 要充分认识到云南干旱灾害的长期性和严重性

2009年以来云南省遭受到了百年未遇的干旱，2011年下半年以来云南省干旱范围逐步扩大，干旱呈发展严重态势。根据省气象局专家对1959—2011年53年来云南降水量变化趋势异常情况的分析，近十年来来，云南年降水量累计减少了12.36mm。研究同时认为，目前云南省正处于连旱异常现象最严重的波谷位置，而连旱现象在云南历史上通常持续周期为16—20年，本次周期开始时间为2009年。由此看来，离开异常周期还需要很长一段时间，云南省长期干旱的形势不容乐观，打一场长期抗旱的攻坚战刻不容缓。

云南地处低纬度高原，自然地理环境复杂多样，受季风气候影响明显，其降水时空分布变化很大，干湿季分明。出现在2005年、2009年、2010年的干旱都属于春夏连旱，对云南大春收成产生了巨大影响，而大春收成的好坏则决定着全年粮食收成的好坏。秋季是水库池塘蓄水季节，通常要蓄水渡过干季，但是2011年云南干旱持续到了秋季，造成全省大范围水库池塘蓄水严重不足，同时也影响当季小春种植。由于2012年春季继续干旱的严峻事实，我们认为2012年度干旱程度将更为严重，其后续影响将更大。

干旱灾害除了受全球气候变暖的影响外，会随着水及其他有限自然资源供给压力的增加，将有可能在云南频繁出现，其影响程度将越来越严重。无论是缺水地区还是在水资源丰富的地区都有可能出现，云南省跨境水资源国际冲突也有可能会增加。在残酷的事实面前我们必须要科学认识到干旱灾害可能造成的严重后果。

首先，干旱持续时间较长，危害程度难以预料。干旱具有渐进特性，它的影响是相当一段时间的缓慢积累过程，因此，很难说干旱是什么时候开始、什么时候结束的。通常需要2—3个月的累加才会导致干旱的发生，但干旱可以持续数月甚至数年。因此降水恢复正常并不标志着干旱的结束。由于干旱的渐进性，要准确界定干旱的持续时间、量化干旱所造成的影响很困难。

其次，干旱的影响范围较大。干旱是非结构性和分散的，其影响的地理范围比洪水、热带风暴和地震等其他自然灾害更大，可以同时影响本国或邻国作物产量和水资源供给等。近几年，不仅云南连年大旱，东南亚地区也出现了大旱。干旱的影响范围很大，尤其云南省地处多条大江大河的上游，是我国和东南亚地区的生态屏障，连年大旱不仅使云南省每年有2000多万人受灾，同时也造成了境内河流径流量减少，对下游地区和国家的水资源供给造成了一定影响。

再次，干旱对经济社会的危害较大，其危害程度还将随着干旱的持续时间日益加大。根据我们2010年、2011年对云南省部分州市干旱情况的调查发现，干旱一方面严重制约了当地农业、工业、水电等产业的发展，致使农产品供应严重不足，农产品的物价不断攀升，危害了当地经济发展。另一方面，干旱使当地水冲突事件增加，城乡低收入人口和农村劳动力转移就业人数剧增，加速了农村空壳化，对当地城市和农村的社会稳定也造成了较大的影响。随着干旱的持续时间越长，灾区水供给和粮食安全问题将日益凸显，还将会造成更大的经济损失和社会不稳定。

最后，干旱严重破坏了自然生态环境，诱发了更多的自然灾害和疫情。云南省有部分发生较严重旱灾的地区，同时还出现了严重的病虫害；个别干旱地区突然出现单点暴雨，造成了滑坡、泥石流和洪涝灾害。根据国内外的经验，随着干旱的持续时间越长，诱发的自然灾害可能更多，并可能会导致人畜疫情的发生。

从以上调查分析，我们可以得到以下结论：

1. 云南的干旱灾害影响及其后期治理将是长期性的。基于我们的研究，此次大干旱将会对云南造成至少10年的影响，因此干旱的后期治理也将是一个长期的过程。

2. 干旱灾害的影响将是严峻的。干旱灾害不仅给云南省受灾地区人民群众的生产生活带来极大负面影响，在抗旱过程中消耗大量的人力、财力、物力，降低了当地经济的可持续发展能力，还严重破坏了灾区及其周边地区的自然生态环境，诱发了其他自然灾害和疫情的发生，增加了受灾地区的社会不安定因素，严重影响了灾区的经济发展和社会和谐稳定，长期的干旱将导致农村社会的严重结构性变化。此外，由于云南有多条国际河流，边境线长，持续干旱还可能导致更多的国际水冲突问题发生，对东南亚地区的和平和稳定也将造成影响。

3. 应对干旱需要长期艰苦的努力。干旱的治理是一个长期不懈、艰苦努力的过程。干旱发生的时间、空间具有不确定性，近几年旱灾发生的空间范围有不断扩大的趋势，任何地区无法预测是否会发生旱灾、何时会发生旱灾以及旱灾将会持续多长时间。即使一个地区的旱灾解除之后，还必须进行长期的工程治理、环境治理和社会治理等工作，才能切实消除干旱灾害带来的严重后果。目前，有效防止旱灾和尽量减少旱灾的损失是云南省必须积极面对并努力实现的目标，不断提高我省各级政府及民众应对干旱等极端天气灾害的能力建设已经迫在眉睫。

4. 必须将干旱治理作为一项系统工程。当前应急性的抗旱救灾工作还不是一项真正意义上的干旱治理工程。对于干旱的治理不仅仅要着眼受灾地区的抗灾救灾，更重要的是要树立防旱减灾的理念，尽量降低灾害的影响。因此，现在必须要在正确认识旱灾的特点和危害性的基础上，着眼于全省，以风险管理为前提，从制度建设、组织保障、环境治理、科学技术保障、社会治理、工程建设、政策措施等多方面全面入手，对干旱进行治理，建立健全防旱减灾体系。

二　目前抗旱工作中存在的问题

1. 缺乏应对干旱等极端气候灾害的重视和准备，各级政府应对干旱灾害的能力不足。一是缺乏应对干旱等极端气候灾害的必要准备。云南省各级政府都还没有建立针对干旱等极端气候灾害的长效机制，包括组织保障、制度建设、资金和物资储备、防灾减灾和灾后修复计划等，因此往往也就没有对待次年可能再次发生旱灾的准备。目前很多地方政府都已经制定了对付旱灾的应急方案，但是这些方案都是在干旱出现后才启动，没有做提前预防的准备，这样就造成各级地方政府在旱灾出现之后艰难的疲于应付。旱灾出现后，各级政府都投入了大量的人力、物力、财力进行抗旱工作，虽然取得了积极的成效，但因缺乏长期的应对极端气候灾害的工作安排的，抗灾资金、物资、人力都严重不足，受灾损失仍然较大。

二是对干旱的长期性和严重性认识不足。在我们的调研中，很多基层政府对于未来如何应对长期极端气候灾害还没有认真考虑，仅是全力以赴应对眼前的难关。同时一些政府官员对于干旱天气的长期危害或者可能出现的周期缩短等严峻形势在思想上认识不足。由于存在以上问题，当极端气候灾害出现时受到危害的程度就可能大很多。事实上 2009 年云南省出现百年不遇的大干旱之后，正是由于一些地区政府干部对于干旱灾害危害的长期性和严重性在思想认识不足，对次年可能再次出现的干旱没有准备，导致了对次年干旱灾害的应对不力，这就是一个沉重的教训。

2. 抗旱的组织和服务体系不健全。一是现有各级政府抗旱救灾办难以适应工作需求。目前省、州市、县（市区）三级政府的各级水务部门都设有防洪抗旱办公室，但是作为一个事业单位，在目前面对大旱灾的状况中以及未来可能出现的更多极端天气灾害情况下，从大的组织协调能力和功能来说已经很难适应，加上工作人员少，专业技术人员缺乏，抗旱救灾能力明显不足。

二是乡（镇）、村委会、村小组缺乏抗旱救灾组织。目前乡镇的抗旱救灾主要是在乡镇党委政府领导下，以水管站为主，组织其他乡镇工作人员组成临时抗旱救灾小组；村委会和村民小组则是以村干部为主临时组织村民进行抗旱救灾，临时性的特点非常突出，缺乏有效组织，抗旱救灾资金、物资（如水桶、水泵、抽水机、油等）、技术人员和人力非常缺乏，难以有效抗旱救灾。

三是抗旱救灾的服务体系严重不足。由于严重的干旱危害出现在最近几年，因此各级政府对于抗旱的服务体系基本还没有进行有效的建设，这表现在基层的天气预报服务不到位、对旱情的监测、分析和研究严重缺乏、对应干旱的农业科技推广落后、抗旱的资金和物资储备严重不足、水源勘察和开发不够、水资源缺乏有效管理等，在旱灾来临时，降低了各级政府的抗旱能力，难以有效地降低干旱的危害。

3. 缺乏抗旱工作的专项资金和物资准备。虽然说在各级政府的抗旱工作中都从不同的渠道积极筹集或安排了相应的资金和物资，对于抗旱工作起到了积极的作用。但是在干旱天气出现之后临时筹集或者安排资金，存在着资金严重不足、资金的规划不好、使用效率低、针对性不强、抗旱效益不好、难以有效监管等问题。同时因为没有抗旱的物资储备，在旱情发生之后才进行调拨采购，往往出现物资短缺、难以及时到位的现象，降低了抗旱工作的成效。调研表明，在一些有相关物资储备的地方，这种储备物资在抗旱工作中就发挥了较大的效益。

4. 森林采伐过快，生态修复滞后。目前云南省虽然说植树造林等生态修复有很大的进展，但是目前在20世纪80年代初林权改革之后大量种植的农民自有林也到了成熟期，在很多农村地区普遍存在着大量采伐销售自有林木的情况。一些地区指标控制不严使得森林砍伐速度不断加快，森林大量减少，甚至有的地方按照目前的下达的采伐指标，五年之内将有可能砍光现有的森林，这已经成为一个严峻的问题。而目前，云南省的森林采伐量仍然巨大，根据《国务院批转林业局关于全国“十二五”期间年森林采伐限额审核意见的通知》（国发［2011］3号），云南省在“十二五”期间仍然将采伐森林3229.14万立方米，其中天然林采伐1945.51万立方米、人工林采伐1283.63万立方米。虽然处于大旱之年，但森林采伐仍将大幅增加，如2009年以来连年干旱的文山州，“十二五”期间年森林采伐限额指标为211.2万立方米，与“十一五”期间134.76万立方米相比增加76.44万立方米，增长56.72%。其他地州市在“十二五”期间规划森林采伐限额指标都有较大增长。在一些地区退耕还林工作开展多年，但是仅退耕没有还林，森林的恢复速度慢。与此同时生态修复的工作进展不理想，在农村中针对水源林、水潭、水井的修复管理工作还没有普遍开展，很多地方的水源林权属问题没有解决。森林是涵养水分的重要环节，如果云南省的森林砍伐过快，生态修复滞后，就不能有效地减少干旱天气的危害。

5. 作为抗旱主体的民众参与程度低。在抗旱工作中政府起到了主导的作用，但是作为抗旱主体的市民及农民参与程度不够，面对旱灾很多农民放弃受旱的农作物到外地打工，留下老人和孩子，使农村劳动力缺乏的状况更加严重。虽然说外出务工或一定程度上的搬迁移民能够暂时缓解干旱灾害的压力，但是在抗旱工作中农民参与不足也严重影响到了抗旱工作，尤其是长期的抗旱成效。在我们调查的一些农村中，农民们都反映目前抗旱缺乏劳动力，拉水的多是老人孩子，更没有劳动力来修建小型水利设施或者解决干旱带来的困难。

在城市中，对公众的节约用水、科学用水的宣传教育强度不高，广大民众对于面临的旱灾认识不足、自觉的行动不足、政府节水的强制性措施不足。

6. 农村小水利设施缺口仍然较大。目前在农村中，对于抗旱发挥效益较高的小水窖、塘坝、蓄水池等小水利设施建设缺口的仍然很大。尤其是历史上很少发生旱灾，但近两年发生了严重旱灾的地区（如昭通），小水利设施严重不足。开展新的地下水开采从技术到力量都不足。

7. 水利体制僵化，水利改革力度不足。目前主流的水利工程是政府主导建设及管理的，对于乡村水利的体制进行了一些改革，但是仍然不足，水利工程建设的投资来源渠道单一、管理体制单一，都是制约着水利发展的重要原因。社会资本、社会力量、村民参与到水利的建设和经营、管理过程中的程度较低，仍然是制约农村水利发展的重要原因。就发达国家而言，大量的水利工程都是社会资本投资、社会力量在经营管理，美国和日本等国家近代最重要的农村和城市水利发展阶段中起到关键作用的项目都是社会资本的进入而推动的，并不是政府投资经营管理的，这一点值得思考。

8. 云南省水利欠账太多，水利工程不足，很多水利工程陈旧老化。目前云南省的水利工程适应不了应对极端气候灾害的要求，很多水利工程建于20世纪六七十年代，有的水利工程只有主干工程，配套的灌溉工程不足甚至没有修建，严重影响了水利工程的效益。目前，云南农村水利化程度仅达到38%，比全国平均水平的50%低了12个百分点，至今仍有3000多万亩基本农田得不到有效灌溉，1400多万农村群众饮水不安全。已建成的5514座水库中，约57%处于病险状态，还有13座中型、252座小（一）型水库和2868座小（二）型病险水库急需进行除险加固，有98座中型病险水闸对下游人民群众的生命财产构成了威胁，设施简陋。这种现象在云南省是普遍存在的，因此在抗旱工作中显现出云南省工程性缺水的状况十分突出。

9. 缺少与周边国家的沟通。就目前云南省出现的大面积干旱问题还没有和周边国家进行有效通报，通报有关情况和合作的可能性，共同应对干旱灾害可能出现的蔓延。在2010年的大干旱过程中周边一些国家也受到干旱的严重影响，由于沟通不足，出现了对云南省较多指责的声音，影响到了云南省的整体形象和对外开放。目前云南省正在大力推进桥头堡建设，如果严重的干旱再次蔓延到澜沧江等江河中下游国家，必将会对云南的桥头堡建设产生负面的影响，因此迟缓的对外沟通和对外宣传将会对云南是不利的。由于对周边国家的相关宣传工作不足，目前云南旱情已引起一些周边国家学者和官员的议论。

三 云南应对极端气候灾害的对策建议

1. 加强认识、夯实长期应对干旱灾害的思想基础。建议由省委省政府通过有效的手段和渠道对广大干部进行干旱等极端气候灾害对云南省影响的严重性和长期性以及减灾防灾知识的教育，强化对以干旱为代表的极端气候灾害对于云南省未来可能成为一种普遍性、常态性的自然灾害的认识。要有充分的思想准备和工作准备，做到痛定思痛，未雨绸缪。从目前的情况，干旱天气灾害在云南省将有可能成为长期性的严重灾害，不论在思想上、组织上、制度上、技术上、财力上都必须要有长远的准备，才能有效地将灾害的影响降到最低。

2. 制定《云南省应对极端气候灾害长效机制》方案。建议要立即着手制定《云南省应对极端气候灾害长效机制》方案，使云南省未来在应对干旱等极端气候灾害的过程中有长期的应对策略和准备，改变目前临时应对的工作方式。长效机制方案包括组织机构、制度保障、财物保障、技术保障、环境治理等内容，建议由省政府牵头组织有关部门尽快开展这项工作。各个州市、县（市区）也应该尽快制定各自的《应对极端气候灾害长效机制》方案。确实加强云南省各级政府应对干旱灾害的能力建设。

3. 成立应对极端天气灾害的组织机构。由于干旱等极端天气灾害将成为未来云南省长期面对的现实，为了有效减灾防灾，建议成立全省性的组织协调机构。建议成立直属于省政府的云南省人民政府应对极端气候灾害办公室或相关机构，负责全省性的应对极端灾害天气的工作，负责实施长效机制、全省性的防灾减灾工作组织协调、抗旱的资金和物资储备协调、信息收集和处理、技术开发、调查研究、体制改革等抗旱的专项项目的推动工作。在乡镇以上政府也成立相应的常设机构。虽然这样的机构在全国目前还没有，但是对于云南省来说是目前形势发展的必然要求，也表明了云南省应对极端气候灾害的决心和思路。

建议成立云南省应对极端天气灾害专家委员会，为省委省政府提供决策咨询。成立云南省干旱治理研究机构。

4. 应当立即研究制定抗旱物资的储备制度。应立即研究抗旱物资的筹集、采购、储备的方式及管理、使用的体制机制，建立抗旱物资储备制度，促使物资尽快到位，有效保障抗旱减灾的物资需求，提高抗旱能力，尽量降低旱灾带来的危害。

5. 多渠道筹集资金，完善防旱减灾财力保障体系

云南省防旱减灾财力保障体系主要以各级财政投入为主，其他社会资金为辅，实行定量投入与临时补助、长期财力积累与短期多渠道募集相结合的筹资方式。主要包括：

（1）建立财政常备防旱减灾基金

省级财政每年提取防旱减灾救助准备金。建议云南省从 2012 年开始按照每个县市区 100 万元的标准（根据地方经济发展水平适当调整提取标准）提取防旱减灾准备金，全省每年总计为 1.3 亿元，今后每年根据财政收入增长比例同步增加。该基金主要用于抗旱救灾及抗旱物资贮备，以帮助受灾居民自我救助和灾后发展生产。基金实行省级统筹，由财政厅管理，设立专户专账，专款专用。

（2）多渠道筹集防旱减灾资金

一是作为国际和国家的生态屏障，积极争取中央的生态补偿资金、生态环境建设资金中的 15% 的比例用于防旱减灾资金。

二是要求大中型企业必须按照上年利润的 0.5% 的比例提取防旱减灾资金，企业发生的防旱减灾等公益性捐赠支出准予在计算应纳税所得额时扣除。

三是省内电力企业每年必须安排总电量的 10% 用于支持抗旱无偿用电，并且每度电提取 0.1 元作为抗旱资金。

四是各级政府要从用于农田水利建设的土地出让金中提取一定比例的资金用于抗旱减灾，如提取 3%—5%。

（3）研究和制定防旱减灾资金管理使用制度，有效监管，提高资金使用效率。

6. 临时全面停止森林采伐。为了应对当前的干旱灾害，建议全省全面停止一切形式的森林采伐，实施休克疗法，全面冻结森林采伐指标的审

批，为期 2—3 年。这一休克疗法将会对云南省的生态恢复有较大的益处，而且在大旱之年实施这一政策，也容易得到民众的理解。

7. 加大水利改革的力度，有力推动社会资本进入农村水利建设、经营的方式和渠道。积极推动社会资本参与农村水利的建设、经营和管理，鼓励社会资本进入农村经营水资源开采、水利设施建设和销售经营活动。社会资本可以在农村进行水源开采经营、水利工程的建设及经营，成立社会资金投资的水务经营企业，开放与培育水市场。可以采用政府资金配套、减免税、其他金融政策支持等优惠的条件吸引社会资本参与。

8. 提高抗旱的科技服务水平。在目前的抗旱工作中，必须大力提高相关的科技服务水平。这包括以下方面：一是加强对干旱的综合监测体系建设。目前云南就干旱监测而言从指标体系到监测的网络（涉及气象、森林、农业、水利、社会管理等多领域）、各监测部门的资源共享机制等都还没有健全，这对应对干旱等极端气候灾害极为不利。二是提高天气预报水平，对于地方天气预报单位要加大设备更新的力度，提高天气预报的准确性。同时更重要的是根据近年来大气环流和天气变化的特点，及时调整天气预报的重点台网建设的布局，改变目前台网布局不合理的现状。针对云南省的旱情分布地区，增加天气预报网点建设。三是要加快抗旱农作物品种的培育和推广，根据云南的气候变化特点调整云南的农作物结构，从长远实现生物抗旱。四是要加快农作物抗旱化学制品的推广工作，通过政府补贴的办法，使农民能够购买并且大规模使用有助于农作物提升抗旱能力的化学制剂。五是加大相关部门的技术人员的培养和引进，提高抗旱人员的科技水平。

9. 临时提高水价，控制城市用水量，加强城乡节水措施，提高水资源利用效率。作为临时应对措施，适当提高自来水价格，扩大梯度水价的价差，通过价格的调节作用来限制对自来水的消费，有效控制城市用水量。在城市，进一步加强对干旱天气危害性影响的公众宣传教育，指导公众科学用水，节约用水。在农村，要把传承、发展各民族传统的水文化和现代节水教育相结合，进一步强化节水和生态环境保护的意识教育，树立节约用水、科学用水的理念，并通过科技培训和节水技术的推广指导公众合理管理和使用水资源。

10. 实施农村生态修复工程。农村生态的良好状态直接影响到当地的水土保持，也是防治旱灾的重要环节，但目前云南的农村生态修复工作还没有提上日程。应立即开展农村水源的修复和保护规划，使水源的开发利用规范化、制度化、科学化，实现农村生态环境的良性发展。目前的重点是开展农村居住地区水资源的保护工作，包括了农村的水井、水潭，河流支流、水源林等。一方面是要保障这些水源的完好，防治污染和水源枯竭，使乡村有一个良好的水环境；另一方面是要解决全省性水源林的林权问题，对已经被归入集体林之外的水源林应重新调整产权关系，对于集体林要进一步明确责任关系。云南省由于特殊的地理环境，水源林面积在全省森林面积中占有较大的份额，同时在云南农村水土保持中占有重要的地位，因此调整水源林权属问题十分重要。

11. 开展生态补偿机制探索。仅仅依靠云南省自己的财力和中央的临时补助，是无法完全解决云南当前和今后长期的生态修复、抗旱和旱灾的后期治理问题的。要使云南省的生态环境能够尽快修复并能长期发挥生态屏障的作用，必须要将国家框架下的生态补助机制的建设作为云南生态环境建设的重要财力支柱。生态补偿机制虽然已经有多年的议论，但是一直没有真正提上日程。建议要由省政府牵头、组织专家进行研究。一方面由专家发表言论，形成相应的舆论环境，另一方面积极向中央提出建议，由中央政府协调建立河流生态补偿机制，目前重点要建立生态补偿机制的是珠江和金沙江两条河流流域；或者设立资源环境税，结合主体功能区划分，根据各省区生态环境建设任务和责任，加大中央财政对生态环境建设专项资金的转移支付力度。

12. 要及早开展和周边国家关于极端气候灾害的信息沟通和协调工作。要主动向周边国家通报云南的旱情，建立起一种经常性的沟通机制，有可能一起进行信息交流减灾防灾工作的合作。通过这些工作最有可能使周边国家对云南的行情有客观科学的了解，减少对云南的误解，这样从长远来说对云南桥头堡建设营造一个和谐的周边环境是非常有好处的。同时要大力开展对外宣传工作，让国内外了解云南旱情发展的势态以及我们在抗旱和生态文明建设中做出的积极努力。建议要邀请东南亚国家的新闻媒体到云南采访报道旱情和抗旱工作，使周边国家对云南的旱情和抗旱情况有更深入的了解。

13. 制订《云南干旱治理及修复工程规划》并探索将其纳入国家规划的途径。云南此次大干旱的后果是十分严重的，防止进一步的干旱及干旱修复工作不仅艰巨，而且影响到中国西南的生态安全。如果云南干旱得不到彻底解决，未来50年云南将会有可能出现沙漠化现象，100年后的云南将可能成为沙漠地区，使中国西南失去生态屏障。因此云南应当立即探索将《云南干旱治理及修复工程》纳入国家规划。从短期来说，必须制订十年期治理工程，投资千亿元，围绕干旱治理进行云南的生态修复与建设，有效阻止云南干旱的进一步扩大。可探索结合2011年国务院发布的《全国主体功能区规划》中实施国家重点生态功能区保护修复工程，每五年统筹解决若干个国家重点生态功能区民生改善、区域发展和生态保护问题，根据规划和建设项目的实施时序，按年度安排投资数额。优先启动“西部地区国家重点生态功能区保护修复工程”，将云南干旱治理纳入规划的内容。

（本文为相应研究课题的总报告。课题成员包括：宋媛、崔江红、郭娜、官珏）

后　　记

经过半年断断续续的整理编辑工作，这一本论文集即将付梓。这本文集汇集了我本人在过去近 20 年来关于水这一个主题研究的主要文稿，其中大部分是近年来发表的。从文集的内容来说，主要集中在对中国水问题的研究探讨上。虽然近年来频繁到海外访问研究，也写了几十万字的关于海外水调查研究的文稿，但限于篇幅并且大多数还没有发表，也就没有收录到这本文集中，待下一步集中精力整理出来作为海外访水的专题文集出版。在这个文集中有两点需要说明：一是在这些论文中，有一部分是直接用英文写成并且发表在国外，没有翻译成中文便直接收入文集中，双语发表的有中文稿件则使用中文稿件。二是在国外发表论文的注释，为了尊重原文发表刊物，保留了原来的文种和注释方式，因此在这本文集中英文稿件的注释方式是不相同的，希望读者理解。

在这一本论文集即将出版之时，我真诚地感谢所有在我的研究工作和成长过程中给过我帮助的人，也感谢二位国际上享有崇高声誉的大家为本书作序。希望这本文集的出版一方面有助于学术交流，另一方面也作为对帮助过我的所有师长和朋友们的回报，更期待着大家的批评指正！

郑晓云

2014 年仲夏